西北高教评论

第十一卷

Northwest Higher
Education Review

宋觉 主编

中国社会科学出版社

图书在版编目（CIP）数据

西北高教评论.第十一卷/宋觉主编.—北京：中国社会科学出版社，2023.12
ISBN 978-7-5227-2887-2

Ⅰ.①西… Ⅱ.①宋… Ⅲ.①高等教育—文集 Ⅳ.①G64-53

中国国家版本馆CIP数据核字（2023）第240414号

出 版 人	赵剑英
责任编辑	郭如玥
责任校对	王　龙
责任印制	郝美娜

出　　版	中国社会科学出版社
社　　址	北京鼓楼西大街甲158号
邮　　编	100720
网　　址	http://www.csspw.cn
发 行 部	010-84083685
门 市 部	010-84029450
经　　销	新华书店及其他书店

印刷装订	北京君升印刷有限公司
版　　次	2023年12月第1版
印　　次	2023年12月第1次印刷

开　　本	710×1000　1/16
印　　张	22.5
插　　页	2
字　　数	371千字
定　　价	128.00元

凡购买中国社会科学出版社图书，如有质量问题请与本社营销中心联系调换
电话：010-84083683
版权所有　侵权必究

主 办 单 位：西北政法大学

主　　　编：宋　觉

常务副主编：闫亚林

副 主 编：宋鸿雁　王若梅

编委会委员（按姓氏笔画排列）：

　　　　　　王　涛　　王　瀚　　王军哲　　王志刚　　王洪才
　　　　　　王若梅　　支希哲　　邓志辉　　司晓宏　　田建荣
　　　　　　白　华　　刘江南　　闫亚林　　孙　华　　杨　涛
　　　　　　杨旭东　　张立杰　　张师伟　　张晓云　　苏三庆
　　　　　　李维民　　宋　觉　　宋鸿雁　　陈　鹏　　陈万强
　　　　　　陆根书　　范永斌　　苗润才　　罗　云　　庞青山
　　　　　　周海涛　　周朝成　　郑庆华　　郝　瑜　　姚聪莉
　　　　　　胡莉芳　　袁　宁　　袁本涛　　贾　宇　　郭　华
　　　　　　郭　捷　　郭立宏　　郭线庐　　眭依凡　　崔　岩
　　　　　　崔智林　　阎光才　　蒋　凯　　董小龙

编 辑 部：郭艳利　吕润平

英 文 编 辑：刘红岭

网 络 编 辑：朱凤翔　余　涛

目　　录

高教理论

论我国高校交叉学科建设的价值定位 …………………… 宋　觉（3）
自主发展视域下高校外语教师专业素质探究 …… 窦　坤　桑元峰（15）
新制度主义在高等教育研究中的运用及趋势探讨
　　——基于20种核心期刊的实证研究 ………………… 段肖阳（27）

高教管理

基于全过程培养的博士生导师履职
　　能力评价研究 ………………… 李　圣　程　颖　李春林（45）
陕西地方高校创新创业教育课程建设
　　成效及问题分析 ……………………………… 王若梅　唐　攀（64）
基于OBE理念创新卓越法治人才培养方案
　　——以西北政法大学为例 ………………………… 何玉军（82）
法学专业"课程思政"教学质量监控：内涵、
　　问题与完善路径 …………………………………… 薛　亮（95）
新时代"枫桥经验"视域下平安校园建设的
　　具体路径 ……………………………… 步洋洋　王成成（106）
西部地方高校发展生态的检视与调控 ………… 杨　子　杨科正（119）

教学研究

商科学生创新能力培养的实践教学模式探索 …… 李晓宁　崔　健（135）
新时代高素质涉外法治人才培养创新与
　　实践研究 ……………………………… 张超汉　候柔倩（150）

刑事法学课程群中的鉴定式案例研习课程：地位、
　　功能及实现路径 ·· 谭　堃（176）
"证据、证明与事实认定（EPF）"视域下"证据法学"
　　教学改革实践 ·· 李　锟（188）
新文科下法科生毕业论文写作的问题、方法与路径
　　——基于实证素材的省思 ····································· 许　聪（209）
法科研究生项目驱动培养模式创新 ································· 董青梅（230）
工程认证背景下的线上+线下多元化混合教学设计
　　与困境对策研究 ···················· 殷春武　何　星　何　波（243）

思政课程与课程思政

新时代高校行政管理专业课程思政建设：理论指引、
　　核心元素与路径创新 ··· 周　伟（255）
红色资源与党史教育融合的价值内涵、场域基础
　　与实践路径
　　——以陕西地区为例 ················ 刘文沛　陆欣悦　曹　宇（269）
课程思政视域下专业类课程教学设计研究
　　——以"社会保障学"课程为例 ················ 李文琦　李佳莹（282）
基于第四届陕西本科高校课堂教学创新大赛之
　　课程思政创新分析 ······························ 闫亚林　张翌鑫（295）

比较研究

一流本科教育如何炼成：MIT教育教学创新的历程、
　　经验与启示 ······································· 宋鸿雁　李延康（313）
伊朗法学教育历史沿革及现状问题探析 ························· 王永宝（333）

《西北高教评论》稿约 ··· （351）

Contents

Higher Education Theory

On the Value Positioning of Interdisciplinary Construction in Chinese Universities ································· Song Jue (3)
Exploring the Professional Quality of College Foreign Language Teachers from the Perspective of Self-development
　　································· Dou Kun　Sang Yuanfeng (15)
The Application and Trend of New Institutionalism in Higher Education Research: An Empirical Study Based on 20 Core Journals
　　································· Duan Xiaoyang (27)

Higher Education Management

Research on the Evaluation of Doctoral Supervisor's Performance Ability Based on Whole Process Training
　　················· Li Sheng　Cheng Ying　Li Chunlin (45)
Research on the Effectiveness and Problems of Innovation and Entrepreneurship Education Curriculum Construction in Local Colleges in Shaanxi Province ···················· Wang Ruomei　Tang Pan (64)
Innovative and Excellent Legal Talent Training Program Based on OBE Concept: Taking Northwest University of Political Science and Law as an Example ································· He Yujun (82)

Teaching Quality Control of "Curriculum Ideology and Politics" for Law Major: Connotation, Problems and Improvement Path
.... Xue Liang (95)

The Concrete Path of Safe Campus Construction from the Perspective of "Fengqiao Experience" in the New Era
.... Bu Yangyang　Wang Chengcheng (106)

Inspection and Control of the Development Ecology of the Local Universities in Western China　................................ Yang Zi　YangKezheng (119)

Teaching and Learning

An Exploration of Practical Teaching Mode for Cultivating Innovation Ability of Business Students　........................ Li Xiaoning　Cui Jian (135)

Research on Innovation and Practice of Training High-level Foreign-related Legal Talents in the New Era
.... Zhang Chaohan　Hou Rouqian (150)

Exemplary Case Study Courses in the Criminal Law Curriculum Group: Status, Function, and Path to Realization .... Tan Kun (176)

Teaching Reform Practice of Evidence Jurisprudence from the Perspective of Evidence, Proof and Fact-finding (EPF)
.... Li Kun (188)

Problems, Methods and Paths of Law Students' Graduation Thesis Writing under the New Liberal Arts: Reflections Based on Empirical Materials .... Xu Cong (209)

Programs Driven Law Graduate Training Model Innovation
.... Dong Qingmei (230)

Online+Offline Diversified Blended Teaching Design and Dilemma Countermeasures under the Background of Engineering Certification
.... Yin Chunwu　He Xing　He Bo (243)

Ideological and Political Education

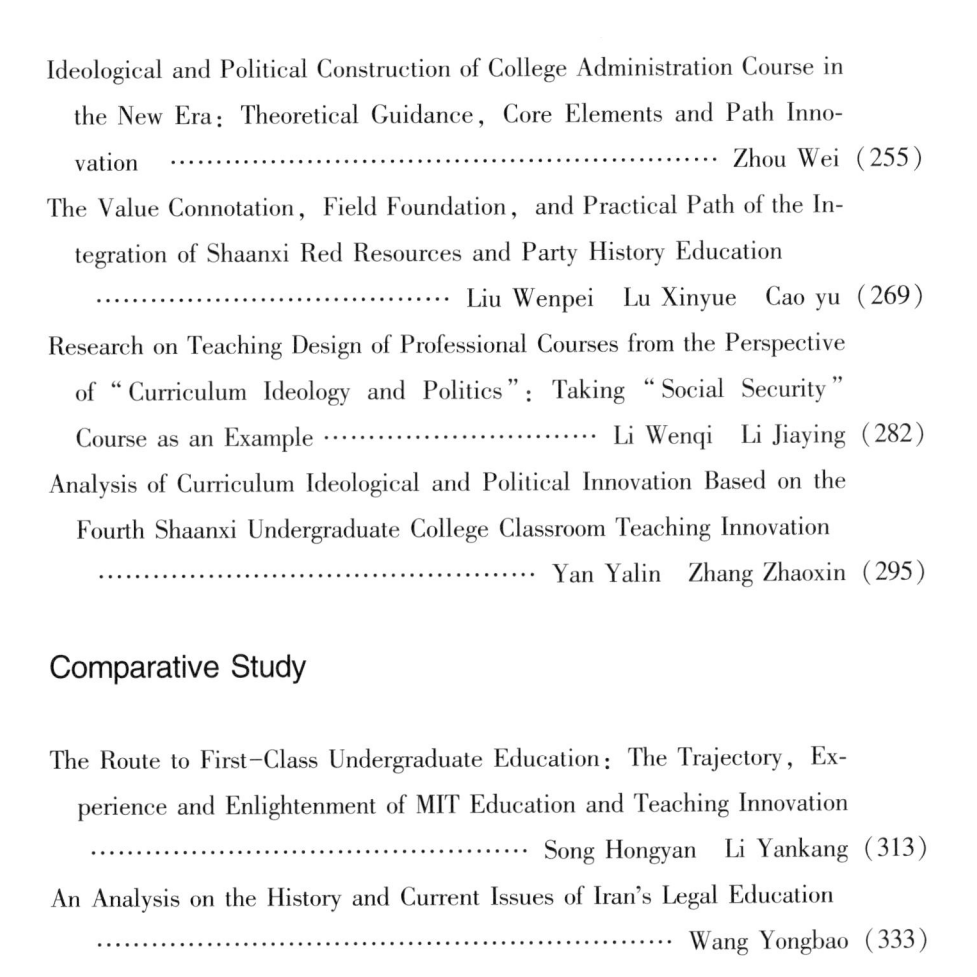

Ideological and Political Construction of College Administration Course in the New Era: Theoretical Guidance, Core Elements and Path Innovation ·················· Zhou Wei (255)

The Value Connotation, Field Foundation, and Practical Path of the Integration of Shaanxi Red Resources and Party History Education ·················· Liu Wenpei Lu Xinyue Cao yu (269)

Research on Teaching Design of Professional Courses from the Perspective of "Curriculum Ideology and Politics": Taking "Social Security" Course as an Example ·················· Li Wenqi Li Jiaying (282)

Analysis of Curriculum Ideological and Political Innovation Based on the Fourth Shaanxi Undergraduate College Classroom Teaching Innovation ·················· Yan Yalin Zhang Zhaoxin (295)

Comparative Study

The Route to First-Class Undergraduate Education: The Trajectory, Experience and Enlightenment of MIT Education and Teaching Innovation ·················· Song Hongyan Li Yankang (313)

An Analysis on the History and Current Issues of Iran's Legal Education ·················· Wang Yongbao (333)

高教理论

论我国高校交叉学科建设的价值定位

宋 觉[*]

摘 要：发展交叉学科已经成为大学学科布局优化和学科结构调整的重心所在。较之传统单一学科，交叉学科建设的价值定位有了质的变化。立足我国高校交叉学科建设新方位辨析其价值定位，是实质性推进交叉学科建设的重要前提。本文认为，服务国家重大战略、促进知识生产、支撑复合型创新人才培养、助力优化学科布局，是我国高校交叉学科建设的主要价值追求，以此为牵引，对于把握学科发展大势、更新学科建设观念、创新学科建设组织形式、探索学科交叉融合内在机理、切实增强学科的服务功能都大有裨益。

关键词：高等学校；交叉学科建设；价值定位

从20世纪下半叶开始，各类交叉学科在全球科学技术和高等教育领域迅速兴起，数十年内始终保持着旺盛生机与活力。"交叉学科研究""交叉学科理论""学科交叉模式"等话语所承载的新学科理论、新学科范式、新学科方法频频登上学科殿堂。1976年，《交叉学科评论》在英国创办。1980年，国际跨学科学协会正式成立。许多世界知名大学的交叉学科研究十分活跃。交叉学科热在我国学界也产生了一定反响。1986年，《交叉科学》杂志在天津创办；1987年，《交叉科学文库》第一辑出版。应该说我国交叉学科建设在酝酿起步阶段势头甚好。[①]

然而，长期以来，我国相对固化和慢节奏更新调整的学科制度设计在很大程度上阻碍了学科间的交叉融合，学科标准及评价体系的惯性运转也未能助力于交叉学科的创生与成长。

1995年开始实施的"211工程"相关文件中，虽然出现了"大力发

---

[*] 宋觉，西北政法大学研究员，研究方向：高等教育管理。
[①] 郑晓瑛：《交叉学科的重要性及其发展》，《北京大学学报》2007年第3期。

展对国民经济发展具有重大推动作用的新兴、交叉学科"的文字，但仅有鼓励倡导意涵。此后，相继推出的"985 工程"和"双一流"建设，基本延续了这种"口号式"的表述，较少具体举措和要求。2020 年 12 月，国务院学位委员会、教育部发布《关于设置"交叉学科门类"、"集成电路科学与工程"和"国家安全学"一级学科的通知》；国家自然科学基金委员会在同年成立"交叉科学部"，这应视为交叉学科建设的重大转折点。2021 年 12 月，国务院学位委员会印发了《交叉学科设置与管理办法（试行）》，进一步对交叉学科的设置条件和组织建制做出了明确规定。2022 年 2 月教育部等三部门印发《关于深入推进世界一流大学和一流学科建设的若干意见》，开启了第二轮"双一流"建设，把"推进学科交叉融合"作为一流学科建设的重要内容。

国家对高校交叉学科建设的实质性重视是以教育部《研究生教育学科专业目录（2022）》的正式发布为标志的，该《目录》十分醒目地把"交叉学科"正式列入学科门类（即第 14 个学科门类），并下设 7 个一级学科和 2 个专业学位类别；《普通高等学校本科专业目录（2023 年版）》也首次在工科门类下增设了交叉工程类专业。"两个目录"的发布标志着我国高校交叉学科建设正式跨入常态化发展阶段。至于教育部等五部门 2023 年 2 月印发的《普通高等教育学科专业设置调整优化改革方案》更加明确地提出了"打破学科专业壁垒，深化学科交叉融合"的新要求，为高校学科发展，特别是交叉学科建设指明了清晰具体的前行方向，提供了难能可贵的合法性制度保障。

学科是大学这一特殊社会组织得以赓续近千年的坚固基底。学科建设是现代大学的基础工程和永恒主题。政府的调控引导和社会的热切关注，固然对推动高校的交叉学科建设工作十分重要，但归根到底起决定作用的还在于学科建设的主体自身。本文认为，在我国实质性地迈入学科交叉融合新阶段的当下，唯有理性检视过往学科建设的得失，清醒面对学科发展的现状，才能掌握学科布局结构调整优化的主动权，再度聚焦高校交叉学科建设。

交叉学科是两门或者两门以上学科交叉融合而形成的一门新学科，是学科交叉后自然形成的新理论体系。交叉学科建设，是"学科主体通过营造学科交叉氛围，开展交叉学科研究，建设新兴交叉学科等方式，持续不断地推动重大理论和现实问题得以解决，不断提高学科发展水平的一种实践活动"。① 交叉学科建设与常义上的学科建设既有密切联系,又有本质区别,前者是后者的一个新的组成部分,二者在建设内容、建设路径及建设的方式方法方面有诸多相同或相近之处;而交叉学科建设是一种新的学科建设形式,学科间的渗透交叉和融合是其衍生的内在机制,多学科和跨学科属性是其本质特性,因而,其建设路径和模式也有别于常义的学科建设。无论是把交叉学科建设作为一项战略性和前瞻性较强的学科建设工程,还是把其作为一项常态性工作,抑或作为学科建设者的研究活动,都应当深刻认识和准确把握交叉学科建设的科学意义、价值取向和基本功能。在现有文献资料中,关于交叉学科功能价值的研究,有的强调知识生产价值,有的关注对接国家战略需求,未能完整把握交叉学科建设的价值定位。对高等学校交叉学科建设而言,这个问题同样存在。本文着眼于价值实现的确定性指向,把高等学校交叉学科建设的价值实现定位在四个方面,即服务国家战略和经济社会发展重大需求,大力促进知识生产,有效支撑复合型创新人才培养和助力优化现代大学的学科布局。

一 服务国家重大战略

社会服务是现代大学的重大使命。在大学的功能理念集群中,"社会服务"功能的地位和作用不断攀升。从全球高等教育发展动向来看,大学的社会服务功能仍然在不断强化之中,其中,最为引人瞩目的是,在一些西方国家甚或诱发了"参与型"大学的蓬勃兴起。这昭示着大学范式的新变革,其宗旨性主张是"大学的核心使命就是参与社会并致力于服务社会,主动对接区域社会经济发展战略需要,而教学和科研只是履行这一核心使命的途径"。② 从"社会服务"到"参与社会",大学的社会服务功能有了质的跃升,对于重新审视我国高校长期秉持的社会服务理念颇有启迪。

习近平总书记在全国高校思想政治工作会议上指出,我国高等教育发

---

① 崔育宝、李金龙、张淑林:《交叉学科建设:内涵论析、实施困境和推进策略》,《中国高教研究》2022年第4期。

② 蒋喜锋、刘小强、邓倩:《大学的社会参与运动还是"参与性大学"的崛起?》,《西北工业大学学报》2022年第1期。

展方向要同我国发展的现实目标和未来方向紧密联系在一切，为人民服务，为中国共产党治国理政服务，为巩固和发展中国特色社会主义制度服务，为改革开放和社会主义现代化建设服务。"四个服务"新论断体现了科学性与价值性的统一，不但是我国高等学校功能理念的升华，也是对大学社会服务功能的重塑和超越，使大学的服务使命更为艰巨神圣，视野也更为宏阔。

以"四个服务"为根本遵循，以影响甚广的"社会参与"宗旨为参照，审视我国高校"服务国家重大战略"这个价值命题，不难发现，包括学科、专业、课程、教师、学生等在内的诸多办学要素都具备社会服务潜能，但其中起基础性作用的说到底还是学科，特别是最具生机活力处于学科最前沿的交叉学科。其他办学要素的服务功能多为学科要素的扩充和延伸。因此，加强高校交叉学科建设就是对国家重大战略需要的积极响应；只有大力推进学科间的交叉融合，才能快捷高效地适应国家重大战略的需求。

从战略需求的导向性来看，国家重大战略需求的实施急需交叉学科发挥支撑和引领作用。一般来讲，国家战略是以维护和增进国家利益为根本、以合理调配和运用国家资源为手段、以前瞻性规划设计为导引的一种国家建设发展方略。国家战略具有涉及领域广泛、时空跨度较大的特点。国家"十四五"规划纲要以"四个全面"为战略布局，以立足新发展阶段、贯彻新发展理念、构建新发展格局、推动高质量发展为战略导向，提出实施和推进十多项国家战略。比如，围绕"坚持创新在我国现代化建设全局中的核心地位，把科技自立自强作为国家发展的战略支撑"，提出"深入实施科教兴国战略、人才强国战略、创新驱动发展战略"；又如，围绕"增强制造业竞争优势，推进制造业优化升级"，提出"深入实施制造强国战略"等。"十四五"规划纲要提出的重大战略涉及诸多领域和重大问题，主要包括扩大内需、乡村振兴、新型城镇化、区域协调发展、可持续发展、应对人口老龄化、就业优先、国家安全、粮食安全、能源资源安全和金融安全等，这些国家战略有着清晰的实践导向，预示着国家阶段性改革建设的重点难点和突破点。高校交叉学科建设就是要从这些还在实施和将要推动的国家战略中找准自身的服务领域和服务方向，以积极主动的服务自觉，捕捉服务机遇，承担服务重任，在服务国家重大战略中发挥学科优势和交叉学科的支撑、引领、促进和推动作用。

从战略要求的综合性来看，国家重大战略的实施和推进需要交叉学科的精准对接。国家重大战略一般都有完整严密的逻辑架构和要素复杂的内容体系。高校交叉学科服务国家战略找准对接点十分重要。在传统单一学科难以成功对接时，就要谋划以多学科跨学科和交叉学科为特色的对接策略，以增强对接的精准度；在现有优势学科和特色学科依然力所难及时，就要通过学科间的交叉融合实现对优势特色学科的功能重塑和再提升，以学科的新优势和新特色适应战略需求，以提高对接的成功率。对理工科高校而言，要密切关注以人工智能、清洁能源、机器人技术、量子信息技术和生物技术为主的全新技术革命带来的系列前沿课题的研究，高效能地对接经济产业转型升级的新需求和全球科技竞争的新态势。要对国家重大战略和社会需求的层次结构进行区分，根据时间跨度、类型结构和内容设计的不同，结合高校自身的学科特色和优势，力求准确切入、精准对接。要把国家战略和经济社会发展重大需求的目标指向作为高校学科结构调整优化新的重要依据，密切关注国家和地方战略规划的制定和发布，找准服务的切入点。

从战略需求的多样性来看，不同类别的国家战略要求高校积极创建灵活多样的交叉学科组织形式。不同领域及行业产业的国家战略，对服务主体的要求也不尽相同；同一战略的不同组成部分和环节，也会对服务主体提出差异化要求。因此，高校交叉学科服务国家战略需求，不但要有与之相适应的学科组织形式，而且要有运行良好的机制保证。多学科交叉融合的新样态，要求服务国家战略的学科组织形式应当具有充分的灵活性、多样性和自由度。根据国家和区域战略需求本身综合性、复杂性、行业性和地域性等特点，要有灵活多样的学科组织形式与之匹配。面对国家重大战略需求，综合实力较强的高校应当成立研究中心、实体性研究院或重点研究基地；面对重大科技需求，成立未来技术学院或军民融合研究院；面对新型产业和产业升级改造需求，成立产业学院或校企合作平台；面对社会治理或民生领域多元需求，组建项目组或课题组。[①] 灵活多样的交叉学科组织设置或组建因校而异、因需而异，其运行机制也各有特色。

---

① 陈婕：《新时代我国大学发展要服务国家战略》，《中国高等教育》2022年第2期。

二 促进知识生产

大学是知识生产的重要基地，大学学科建设与知识生产息息相关。

从学科发展总趋势来看，现代学科发展继续呈现持续分化与不断整化相统一的基本态势，学科在高度分化基础上展现的综合化趋势愈加强劲，"特别是自20世纪30年代以来，现代科学发展中聚合化趋势也越来越明显，越发在推动新兴学科发生的进程中占据优势地位"①。这种以前沿性重大理论和现实问题为研究对象、以学科间多元性交叉融合为主要途径、以富含特质交叉学科衍生为结果的新型学科发展模式对当代科学发展影响深远。2022年12月，中国科学院科技战略咨询研究院等单位联合发布的《2022研究前沿》报告，遴选出2022年全球自然科学和社会科学11个大学科领域中较为活跃或发展迅速的165个研究前沿学科，在提炼总结当前科学研究8个整体发展趋势的同时，对11个学科领域的近期发展趋势分别做了简要概括，从报告内容中可以看出，一方面，学科分化、细化、深化的势头仍然不减，学科分支越来越多，越来越细，研究越来越深；另一方面，学科整化趋势更加强劲，学科间渗透交叉融合所体现的学科发展综合化聚合化特征明显。当代学科发展向分化和整化两端持续双向发力，再现了整个现代科学综合—分化—综合的发展轨迹。高校学科建设只有顺应学科发展大势，把交叉学科建设适时调整为学科建设的阶段性重点，才能为现代大学知识生产提供具有旺盛生命力的学科供给。

从知识生产模式来看，传统的知识生产主要在单一学科知识体系内孕育成长，并接受相应的学科标准和学术规范的评判。伴随着科学研究范式的逐步演进，大学知识生产的内在动力机制和外在表现形式都有了新变化，即在单一学科知识框架难以应对综合性复杂性强的研究对象和研究问题时，跨学科研究就会应运而生。在跨学科研究中，不同学科的理论与方法就会碰撞，不同的思维线路相互启发借鉴，逐步演生出成熟的知识成果。这种知识生产新模式的本质特征在于多学科交叉融合，这也正是交叉学科促进知识生产的内在逻辑。在这种模式中，知识生产的问题导向更为

---

① 李春林、刘仲林：《现代科学发展学科交叉模式探析——一种学科交叉模式的分析框架》，《科学学研究》2004年第3期。

典型，学科组织运转可以实现多元互补，基础研究与应用研究有机结合，理论探索与实践验证有效衔接。

从知识成果产出来看，学科的交叉融合能否产出新的知识成果，决定性因素是研究主体。不论是兼备多学科知识背景的个体研究人员，还是不同学科领域、学科方向研究人员组成的研究团队，都会影响到学科交叉融合多元模式的选择和运用。现代科学技术发展已充分证明，许多重大科技原创性突破都是以学科交叉融合途径得以实现的，研究主体综合运用不同学科的理论、知识、范畴和方法促成了新知识体系的创生。恩格斯在《自然辩证法》一书"物理学"札记中论述"电化学"时提出的在不同学科的"接触点"上"可以期望取得更大的成果"的预言，已经被现代交叉学科的理论和方法反复证实[1]。不仅如此，随着现代科学技术的迅猛发展，学科"接触点"的表现形式日益多样，学科间交叉渗透的途径和机理也逐渐明晰。从学科"接触点"到"交叉点"再到新兴学科"生长点"，都是对学科交叉融合的表征，而新知识的生产和新科技成果的生成正是这些"点"上结出的硕果。有学者以25年为一个时间单位，对百年（1901—2000）来诺贝尔奖获得者的学科背景进行统计分析，得出的结论是：具备知识交叉背景的诺贝尔科学奖获得者人数占整个诺贝尔奖获得者人数的百分比从第一个25年（1901—1925）的29.73%上升到第四个25年（1976—2000）的49.07%，百年来持续呈现稳步上升趋势，表明了科学研究主体多学科知识背景对促进不同学科的渗透交叉和融合、推动原创性科研成果产出具有非常重要的作用。[2] 交叉研究领域不仅能够创造出新的知识，而且也成为重要的学科增长点。现代科学研究中出现的这种学科交叉融合现象在不同学科领域和不同学科门类中普遍存在，并以各自不同的新知识成果产出验证了交叉学科发展的广阔前景。

三 支撑复合型创新人才培养

人才培养是大学学科的首要服务对象。专业是大学人才培养的基本单

---

[1] 宋觉、李睿：《简论学科生长点——从恩格斯的学科"接触点"谈起》，《运城师专学报》1987年第4期。

[2] 李春林、刘仲林：《现代科学发展学科交叉模式探析——一种学科交叉模式的分析框架》，《科学学研究》2004年第3期。

元。学科与专业相互依赖、互动繁密、进退同步、运行同向。一般来讲,大学的专业设置既受制于学科要素,同时又受社会职业分工要素的影响,对这两个方面的充分关照演化出不同大学各具特色的专业布局,正是这种学科逻辑与职业逻辑的有机结合,形成了大学专业体系的基本形态,而由于大学之间在类型和层次结构上存在较大差异,即使同一专业在不同大学也呈现不同样态。

学科设置和布局优化,首先要考虑人才培养对学科的要求。适应这种要求,必须在学科和专业两个方面同时建立开放性动态调整机制,使学科要素与专业要素能够实现高效率的融通与转换,比如,学科团队与教学团队的角色转换,学科资源与课程资源的形式转换,学科平台与教学平台的汇通共享。学科体系支撑专业体系,专业体系及课程体系又从特定视角再现学科体系。因此,学科与专业一体化建设一直保持着很强的稳定性。如果说传统单一学科尚能对应支撑精英教育阶段"高级专门人才"培养目标实现的话,那么,随着时代的变迁和当代经济社会发展对复合型创新人才需求的猛增,传统的人才培养模式必然被学科交叉培养新模式所替代。大学生就业中出现的一些老旧专业毕业生"无业可就"与复合型人才"供不应求"现象的同时出现,说明了高校人才培养模式实现转型的现实必要性。

学科交叉培养模式是一种通过多学科交叉融合渗透、资源融汇共享的复合型跨界人才培养模式。一些高校在本科教育中推出的双学位制、主辅修制和跨校、跨院系、跨学科选课制就是对这种新培养模式的尝试性探索。而在研究生教育实践中,"构建多学科集成与交叉的培养环境与机制,培养能够解决综合性重大科技和社会问题的复合型创新人才,已经成为各国研究生教育发展的共识和趋势"。[①] 从 20 世纪 50 年代开始,世界一流大学的人才培养模式相继发生巨大转变,"跨学科""多学科"成为这一转变的共有特征。通过大力发展交叉学科助力探索新的人才培养模式已经成为各国高等教育改革的重要走向。教育部等三部委印发的《关于高等学校加快"双一流"建设的指导意见》也明确要求"制定跨学科人才培养方案","探索跨院系、跨学科、跨专业交叉培养创新创业人才机

---

① 范明献、肖雪:《学科交叉与协同融合:新文科背景下的研究生培养模式改革》,《中国高等教育》2022 年第 24 期。

制",这对包括一流高校在内的所有本科高校人才培养模式的探索创新都具有政策导引作用。

跨学科人才培养模式,一方面,能够满足社会对复合型创新人才培养之急需;另一方面,能够为新时代青年学生实现优异学业提供多样性选择模本。从学科专业一体化建设意义上讲,这种人才培养新模式的探索构建,又能够反过来推动现代大学学科建设沿着"多学科""跨学科""学科交叉融合"的轨道良性运转。大学的办学主体要持续深化对交叉学科支撑人才培养模式创新独特作用的认识,在做好学校层面战略性谋划的同时,鼓励和调动院系及学科内部改革创新的自主性。不论是本科教育还是研究生教育,都应按照"多科性"原则构建课程体系和知识体系,用内涵更加丰富、更为前沿的交叉学科体系服务高质量的复合型人才培养。

大力发展新工科、新医科、新农科、新文科,是新时代我国高校学科专业一体化建设的创新之举,具有很强战略前瞻性。坚持育人为本理念,探索复合型人才培养新模式也是"四新"发展应有之义。当前,各学科都在积极探索实践路径,确定建设重点,总体而言,只有坚持学科专业结构优化与人才培养方案修订和知识体系提升重构同时同向发力,才能助推"四新"发展走深走实。

四 助力优化高校学科布局

学科布局是高校学科体系建设的首要环节。不同类型、不同层次高校的学科布局应当与本校的办学定位和办学特色相匹配。以固本强基、择优培育、优势引领、彰显特色为建设导向,努力打造布局合理、相互支撑、协调发展的学科生态体系已经成为我国高校的共同追求。处于高等教育普及化新阶段的我国高校学科布局,还应当密切关注全球科技竞争新动向,适应学科发展新趋势,紧贴学科前沿,着眼交叉融合,强化薄弱部位,突出建设重点。

密切关注学科发展大势,主动迎接交叉学科时代到来,是高校优势学科布局的着眼点。以战略思维探索交叉学科建设之道,是当下高校学科布局优化的重心所在,也是各高校面临的共同课题。然而,在高校交叉学科建设实践中,认识不到位、决策不果断、发展不平衡的现象仍然多见,学科长期固化而带来的学科创新能力不足的问题,学科设置盲目随意导致的学科结构紊乱的问题，追求数量重复设置导致的学科"同质化"问题等，都影响到高校学科的优化布局。大力发展交叉学科，为当下优化高校学科布局提供了良机，只有把握好学科演进规律，充分利用国家学科专业调整优化的政策工具，就会掌握学科布局优化的主动权。

高校学科建设主体对学科交叉融合和交叉学科建设的有益探索，为当下高校交叉学科建设提供了宝贵的研究成果和丰富的实践经验。刘伟、王轶、杨东通过对国内高校学科交叉融合模式的系统研究，归纳出三种学科交叉模式，即"引进模式"（聚焦本学科问题，引进他学科的理论、方法和技术，促进本学科的发展）、"输出模式"（聚焦他学科问题，输出本学科的理论、方法和技术，为解决他学科的问题服务）和"合作模式"（聚焦多学科共同问题，组织多学科协同攻关、交叉融合）；通过对国内高校交叉学科设置路径的系统梳理，概括出三种交叉学科建设的路径：一是学位授予单位在学科目录外自主设置具有交叉属性的二级学科，如"科技金融""网络与信息安全""土地资源学"等；二是学位授予单位在学科目录外自主设置交叉学科，按二级学科管理。截至 2021 年 6 月 30 日，全国已有 160 个学位授予单位自主设置了 616 个交叉学科；三是在学科目录内的"交叉学科"门类下设一级学科，如"集成电路科学与工程"和"国家安全学"。从有关"双一流"建设高校推动学科交叉融合的实践来看，北京大学前沿交叉学科研究院充分发挥本校理、工、医、人文社会科学学科齐全的优势，建设了十多个交叉学科研究基地，形成了具有"北大特色"的交叉学科建设模式；浙江大学以面向 2030 的"学科汇聚研究计划"推动学科交叉融合，陆续启动了十多个学科汇聚研究计划，使"浙大方案"已显雏形；中国人民大学立足人文社会科学学科优势，深入推进学科交叉融合，形成了以学科交叉融合助力新文科建设的"人大模式"。[①] 所有这些成果和经验，不仅为我国高校交叉学科建设提供了可供借鉴的参照和模板，而且在一定程度上昭示着我国高校进一步优化学科布局的重点所在和现实走向。虽然各校的顶层设计不尽相同，路径选择也有差异，模式塑造也各具特色，但从整体上对我国高校交叉学科建设的示范和引领功效是毋庸置疑的。

[①] 刘伟、王轶、杨东：《深入推进学科交叉融合助力新文科建设——中国人民大学的创新经验与战略规划》，《大学与学科》2021 年第 4 期。

积极适应国家重大战略和经济社会发展需求，切实提升学科创新能力，是优化高校学科布局的关键环节。在一定意义上，需求方向影响甚至决定学科发展方向。经济社会发展呼唤交叉学科，高校学科布局应当顺势而为。在发展交叉学科、增强服务能力上，综合性大学要高标定位、超前布局、示范引领；行业性大学特别是中央单位划转地方高校要紧抓学科二次调整之机，通过新兴学科、前沿学科、交叉学科重塑和提升传统优势特色学科的创新能力，使基础学科、应用学科各安其位，各显其能，各建其功；地方性大学要结合地方特色产业，有选择地确定主攻方向，使交叉学科在服务地方的学科群中脱颖而出。

主动对接"两个目录"，深化一流学科建设，是高校优化学科布局的难得机遇。近期颁布的"两个目录"是高校学科布局优化的最新指南，有较强的规范性和前瞻性，在交叉学科设置上有大的突破。以"两个目录"为依据发展交叉学科，要重视打造学科团队梯队，创新学科组织形式，为交叉学科建设储备能量。要以自主特色发展为契机，着眼长远，立足当前，大胆培育学科生长点。学科结构优化调整，主体在高校，但不限于高校，政府主管部门应加大统筹协调力度，供给学科信息，强化分类管理，给高校学科布局优化提供有效指导。

On the Value Positioning of Interdisciplinary Construction in Chinese Universities

Song Jue

Abstract: The development of interdisciplinary disciplines has become the focus of optimizing the discipline layout and adjusting the discipline structure in universities. Compared to traditional single disciplines, the value positioning of interdisciplinary construction has undergone a qualitative change. Analyzing the value positioning of interdisciplinary construction in Chinese universities from a new perspective is an important prerequisite for substantive promotion of interdisciplinary construction. This paper believes that serving the country's major strategy, promoting knowledge production, supporting the cultivation of compound innovative talents, and helping optimize the layout of disciplines are the main value pursuit of cross disciplinary construction in China's colleges and universities. Taking this as a traction, it is of great benefit to grasp the trend of disciplinary development, update the concept of disciplinary construction, innovate the organizational form of disciplinary construction, explore the internal mechanism of interdisciplinary integration, and effectively enhance the service function of disciplines.

Keywords: higher education institutions; interdisciplinary construction; value positioning

自主发展视域下高校外语教师专业素质探究[*]

窦 坤 桑元峰[**]

摘 要：外语教师教育经历了教师培训、教师教育和教师专业发展三个阶段。"培训"或"教育"可以由他人来进行和管理，而"发展"只能依靠自己发挥主观能动性，实现教师的自主发展。本文探讨的是高校外语教师在自身的教学实践中所进行的自主发展。即，在自主发展视域下外语教师如何达成专业素质的提升，最终促进自身的专业发展。在此基础上，本文从教师自我意识的提升、教育理论素质的提升与教学素质的提升三个层面探讨了外语教师专业素质发展的路径。

关键词：自主发展；高校外语教师；专业素质

一 引言

习近平总书记在全国教育大会上深刻解答了"培养什么人、怎样培养人、为谁培养人"的一系列根本性问题。而要解决好"培养人"的问题，首先要解决好"靠谁培养人"的问题。显然，"真正让学生刻苦读书学习"，根本上要靠广大的高校教师。教师除了要有过硬的政治素质以外，精湛的业务能力、高超的育人水平、娴熟的方法技术是教师潜心教书育人的核心。显然，仅做教学一技之长的教书匠已远远无法满足时代和自

---

[*] 基金项目：2021年陕西省教育教学改革研究重点项目"新时代高校外语类'课程思政'建设的理论研究与实践"（编号：21BZ053）。

[**] 窦坤，教育学博士，西北政法大学外国语学院教授，主要从事教育学原理、英语教育、外语教师教育方面的研究。桑元峰，西北政法大学外国语学院教授，研究方向：外语教师教育、教育管理。

身专业发展的需要。

在以"学生为主体、教师为主导"的教育理念下,教师不仅要教书"育人",也要"育己"。叶澜教授曾说:"教育是一个使教育者和受教育者都变得更完善的职业,而且只有当教育者自觉地完善自己时,才能更有利于学生的完善与发展。"[1] 美国著名教育家杜威在谈到教育命题——"教育即生长"时也曾说:"常态的儿童和常态的成人都是不断的生长。他们之间的区别不是生长和不生长的区别,而是各有适合于不同情况的不同的生长方式。"[2] 显然,教育要培养真正的人,就必须首先对教师进行作为"人"的基本的观念的熏陶,必须使教师本人意识到不仅学生是一个人,自己也首先是作为一个"人",才能更好地成为"师"。

二 外语教师专业发展的研究现状

外语教师教育的系统研究起步较晚,以其为专题的研究一直未给予足够重视。早在20世纪80年代,以理查兹和纽南(J. C. Richards & D. Nunan)为代表的语言学家指出,在外语教学领域对外语教师教育的研究几乎无人问津(under explore)[3]。到了80年代中期,国外的外语教学研究中较少有关教师教育的文章,实证研究更是罕见。到了90年代,有关研究明显增多,人们开始意识到除了教学方法或教材外,教师本人才是理解和提高外语教学的关键[4]。这表明,人们在一定程度上已经开始对语言教师是谁、语言教学是什么以及语言教师如何学会教学等问题进行重新思考和概念的重构[5]。进入21世纪以来,国内外外语教师

---

[1] 叶澜:《教师角色与教师发展新探》,教育科学出版社2001年版,第3页。

[2] [美] 杜威:《民主主义与教育》,王承绪译,人民教育出版社2001年版,第58页。

[3] JC. Richards & D. Nunan, *Second Language Teacher Education*, Beijing: Foreign Language Teaching and Researching Press, 2000.

[4] 刘学惠:《外语教师教育研究综述》,《外语教学与研究》2005年第5期。

[5] Freeman, D., "Redefining the Relationship Between Research and What Teachers Know", In K. Bailey and D. Nunan (eds), *Voices and Viewpoints: Qualitative Research in Second Language Education*, New York: Cambridge University Press, 1996; Freeman, D., K. E. Johnson, "Reconceptualizing the Knowledge-based of Language Teacher Education", *TESOL Quarterly*, 1998, 32: 397-417.

教育研究将重点从关注教学方法转向关注教学中的人,如诺顿(Norton. B.) 对于"教师的自我认同"这一命题的提出,为外语教师的专业发展指明了方向,代表了关注教师的内在需求的研究趋势。Freeman, Allwright & Bailey, Woods 等人提出了"教师自主发展"问题,表明了外语教师专业发展更加倾向教师个人理论在其个体成长中的作用。[①] 我国的外语教师教育只是在进入 21 世纪后才作为一个独立的研究领域受到重视[②]。我国学者[③]辛广勤提出"大学英语教师在岗自我发展";贾爱武提出"从教学哲学观透视外语教师专业发展";熊金菊、吴宗杰提出"师徒教师教育中的身份改变";黄远振提出"英语课程理念向教师个体观念的转化";吴一安提出,教师作为教学中的人,其成长是从教学实践中成就的。教师只有自主地发展,方能在成就学生的同时,也成就自己。文旭从"全人教育"的角度重新定义了外语教师的角色定位;钟美荪,金利民从英语专业的发展和命运共同体的角度提出了教师发展的建议。

不难看出,以上都标志着外语教师教育已经从"方法时代"开始了向"倾听教师自己的声音"的转向。但大多数研究,一是仍然是从外部的角度对教师应该具备的专业素质进行规范和描述,较多关注外语教师的共同特征与一般属性;二是对个体教师应有怎样的个性特征、教学风格则鲜有论及,教师的个人教学理论等个体因素大都被忽略;三是更鲜有从教育学、哲学的角度对外语教师的专业发展提供理论支撑。显然,无论外语教师教育被称作是"培训"还是"培养"抑或是"教育",都反映出一个问题:它仍然是外部信息自上而下完成的行政指令,没有自下而上的从

---

① Norton. B., *Identity and Language Learning: Gender, Ethnicity and Educational Change*, Harlow, England: Pearson Education, 2000; Woods, D., *Teacher Cognition in Language Teaching*, Cambridge: Cambridge University Press, 1987.

② 徐锦芬、文灵玲:《论外语教师教育的创新研究》,《外语教学》2013 年第 1 期。

③ 辛广勤:《论述大学英语教师在岗自我发展》,《国外外语教学》2006 年第 3 期;贾爱武:《从教学哲学观透视外语教师专业发展》,《河南大学学报》2006 年第 1 期;熊金菊、吴宗杰:《师徒教师教育中的身份改变——以英语出任教师为例》,《宁波大学学报》2007 年第 3 期;黄远振:《英语课程理念向教师个体观念的转化》,《课程·教材·教法》2007 年第 1 期;吴一安:《外语教师专业发展探究》,《外语研究》2008 年第 3 期;文旭、夏云:《全人教育在外语教育中的现实化》,《外语界》2014 年第 5 期;钟美荪、金利民:《英语专业本科人才改革与教师专业发展》,《外语界》2017 年第 2 期。

教师发展的角度出发，以满足外语教师自身内在需求和完善自身的愿望为立足点的外语教师发展思路。

从教育哲学的主客体理论上讲，教师应该把自身作为主体，作为目的发展自己。本文认为，教师以"教学为职业"与以"作为教师的人"的身份和角色出场是迥然不同的。教师是主体，但并不意味教师自然具有主体性。教师只有认识自己，自为的选择，才能主动地建构与生成，最终在促成学生成长的同时，也成就自己。因此，仅依赖"外铄"是远远不够的，"发展"还需要依靠自己发挥主观能动性，充分发挥教师内部的自我"发展"意识，最终才能实现教师素质的提升与专业发展。

三 外语教师专业发展的路径

教师的自主发展需要外部的"唤醒"与内部的"觉醒"结合才会是有效的。正如富兰（Fullan）所说，"命令无法完成改革"。[①] 它建立在只有教师本人内部产生改变的动力、教师思想和观念的革新前提下方能奏效。正如杜威认为的，观念是不太可能以观念的形式再传给另一个人的。因为，对于听到的人来说，它不再是观念，而是另一个已知的事实。所以，只有当听到的人亲自考虑问题、寻求解决问题的方法时，他才算真正在思维。[②] 显然，观念总还是一个外在于己的别人的东西，只有外部环境与教师内部动力结合，方能激活教师的自主发展意识，使自己从理念的状态转换化为现实的行动，由"可能的主体"转化为"现实的主体"。

这部分将要探讨的是教师怎样将内部意识的"唤醒"转变为可行的实际行动，从而实现从"可能的主体"向"现实的主体"的转变。在当今时代背景下，我们认为，自主发展视域下外语教师素质发展的策略与途径可以概括为"外部资源整合+内部自主意识构建+教师共同体团队"三维一体式教师自主发展策略。从外部（外部培训、公共教育理论等）施加影响，以外部资源为手段和途径，以教师共同体团队为依托，以内部自

---

① 肖川：《教育的理想与信念》，岳麓书社2002年版，第104页。
② ［美］杜威：《民主主义与教育》，王承绪译，人民教育出版社1990年版，第170页。

主意识，即教师的自我发展观为引导，促使内部（教师自主发展意识）朝着良性的方向发展，使教师的个体发展在内外因素共同作用下得到实质性提高，最终实现教师"整体人"的发展。归纳来说，一个场域（教师发展共同体）、两个层面（理论与实践）、三对关系：一是教师和自我的关系；二是教师与外部一切资源的整合的关系。这里主要指教师与外部公共教育理论的关系；三是教师和教学的关系。

基于以上，外语教师素质发展包括外语教师的自我意识与角色定位、外语教师的教育理论素质、外语教师的教学素质。最终需要外语教师构建个体教学哲学的能力与素质，即：教师在教师发展共同体场域下，通过增强教育理论的学习、打扎实教育理论的功底，在教学实践中不断提升教学能力，构筑个体教学哲学，从而实现外语教师素质的提升与专业发展。

（一）外语教师与自我的关系——自我意识的提升与发展

从教育学和心理学层面讲，"自我"意识在教师自主发展中的作用，无论什么时候都是不能替代的。而教师在教育过程中发挥什么样的作用以及如何发挥作用，一方面取决于教师的学生观，另一方面取决于教师的自我意识。所谓自我意识，就是教师如何看待自我，如何感知自己和体验自己。石中英教授认为，无论是作为官吏的教师，还是作为专业人士的教师，都在意识中将自己功能化了，将自己看成是肩负着某种特殊的社会功能的人，而没有注意到自己也是"人"，并作为"人"而存在着。教育要关注人的存在问题，教师本人必须要撕破"教师"这个"面具"，回到他本来的丰富的人性状态。① 高校教师自身素质如何、对专业发展投入如何都直接取决于他们对自己专业身份的认识和看法。②

自我定位，即对自身的社会角色的认识与界定。在外语教师的角色定位上，我们认为，高校外语教师要么被自身和外界定义为课程的传递者，要么被定义为语言技能的培训者，被限定在这种狭隘的职业范畴里的外语教师其课堂教学就只能围绕语言技能而展开。因此，外语教师专业发展首先必须以教师自我意识与角色的转变为前提。高校外语教师对

---

① 石中英：《人作为人的存在及其教育》，《北京大学教育评论》2003年第2期。
② 文灵玲、徐锦芬：《高校教师专业身份概念探析》，《教育评论》2014年第10期。

"如何解读自己,如何看待自我,自我意识的生成"这些问题的深入反思其实是"作为教师的人"出现在外语教育中的重要部分。诸如"我仅仅以教外语为职业?还是'我'是真正的双语人?""'我'对汉语和外语的文化认同在教学中发挥了怎样的作用?"这些问题的追问与反思实则表明了教师的所有的行为都是在"我是谁"这样一个主体意识下进行而成为事实的。正如帕尔默(Palmer)说:教如其人(We teach who we are)。显然,教师是在定位清楚"我是谁"后的认知层面上展开教学的。然而,现实是大多数外语教师以拥有某种教学方法或教学技巧,以完成教学任务为教师的职业角色,或者说,按照教学大纲中的教学程序传授既定的教学内容为教学的终极目标。这样,教师就很难在课堂教学中找到真实的自然的自我。如果没有对自己角色的反思,仅一味地调整自我身份去适应外部社会规定的职业角色,教师就会不由自主地在外部呈现出的样态与内心真实状态之间筑起一道围墙,最终拆裂主体的完整性。

自己对自己的客观评价和定位是教师自主发展的关键之一。"我是教英语的"这种对自我的认识和评价暗含着对自己工作的不屑与任由命运抛掷式的自我否定。实际上,教师自己才是自身发展的最终责任承担者。正如有学者所说,人从来也不是完全主动的,而是总处于前拉后拥的诱导和暗促之中。但也从来不是完全被动的,总有那些让你可以构成新的意义,让你对自己所做的负责,为你自己所做的悔恨的"回旋空间",也就是"游戏空间"。[①] 这里所讲的"回旋空间"或"游戏空间"其实就是个人拓展和选择的空间。它实则强调了人即使在外部环境相似的情况下,每个人设计、选择、筹划自己未来的空间都有很大程度的回旋余地。而这个回旋的余地和空间需要自己承担、自己为自己的发展负责。海德格尔、萨特等哲学家都在这一点达成了一致,这就是"此在总作为它的某种可能性而存在",即人是可能而非现成的存在,"人实现自己有多少,他就有多少存在,因此,他就只是他的行动的总体"[②]。对于外语教师来说,简·阿诺德认为"作自己"(being-self)、"做"(doing)、"知识"(knowing)三者是同等重要的。教师"所拥有的"

---

① 张祥龙:《中华古学与现象学》,山东友谊出版社2008年版,第220页。
② 刘放桐等:《现代西方哲学》,人民出版社1990年版,第644—655页。

(having) 是关于一门课程的方法和相关知识；教师的"做"指的是他们创建自己学习的机会和能力；而"是"(being) 则指一切与他们个人相关的东西，如性格特点、看问题的观念以及是否有责任心等。当他们越了解自身，就越会加深对学生的理解，从而引导学生朝着更有利于发展的方向前进。①

(二) 外语教师与教育理论的关系——理论素质的提升与发展

高校外语教师的教育理论素质一直以来都比较薄弱。表现为，外语教师职前跨学科知识不够全面，尤其是教育学相关理论明显不足。同时，外部培训存在缺陷以及继续教育的不足。究其原因，一方面，由于以往高校外语教师教育长期以来停留于外部培训方面，过多注重教学法的研究与培训，传授相关的学科知识+教学法是以往外语教师培训的主基调。这种培养思路造成很多教师对复杂的外语教学过程的简单理解，流于肤浅的教学技巧的操作。同时，外语教师职前跨学科知识不够全面，尤其是教育学相关理论明显不足，导致教师教学技能出色，但教学理论水平一般的现状。与外语教学密切相关的教育理论，如教育学和教育哲学等理论未能在真正意义上成为外语教师的教育教学理论基础。因此导致教师普遍重学科知识，轻学科教学知识；重语言技能培养，轻教育理论的指导。这在很大程度上加深了教师本已根深蒂固的概念——外语教学的目的就是学生语言技能的获得。

另一方面，外部"培训"与教师内部"发展"之间出现断层。目前，高校外语教师的在职教育主要集中于两种形式：一是利用寒暑假接受短期课程培训；二是去外地高校短期进修。这两种形式都存在周期短、短效的缺陷。而且因培训专家传递的概念是一种公共知识，不具备实践性特征，这种自上而下的培训与教师的教学实际存在一定脱节，让教师用这种公共知识指导其个人化的教育实践活动显然是行不通的。我们在前期研究中发现，从理论上讲，教育学和心理学对于外语教师来说是最能帮助其提高理论素质和教学能力的，但教师对教育学和心理学也仅限于基本概念、基本原则的掌握。因此，教师对于教育学理论等停留

---

① See Jane Armold & H. Douglas Brow, "A Map of the Terrain", Jane Armold (ed.), *Affect in Language Learning*, Beijing: Foreign Language Teaching and Research Press, 2000, pp.4-5.

于拿来就用的层面，没有形成理论思维，没有将理论内化为解决问题的思维方式。

我们认为，外语教师的理论素质应包括两个方面，公共教育理论与个体教育理论。早在20世纪90年代初Patrick就已指出，可以通过对教师教学经验的研究重构教师对教育教学的态度和看法。教师个人理论的形成与完善对于改善课堂教学，重建他们的教学特色以及教学生活是很有必要的。[1] 因此，本文认为，教师的实践性知识相较外部倡导的公共知识更为重要。对于外语教师教育来说，它给予我们的一个重要启发是，开发与探寻教师的实践性知识比灌输学科知识、教育理论以及模仿教学技艺更加有效。

因此，我们将研究重点集中于探寻教师构建个体教学哲学的层面。这在很大程度上就将教师的个人理论与公共理论有机地结合了起来。英国教育哲学家彼得斯提出，"现代教师不再是一种学徒式的技术训练和掌握，面对纷繁复杂的教育工作和问题，现代教师应当对他们所做的一切进行哲学的思考"[2]。这显示出，对于一个教师来说，教育哲学的重要性。教师需要教学哲学其目的不是为了获得所谓更高级的、更高深的教育知识，也不是为了验证教育哲学家们的某些理论观点，而是为了唤醒并更好地理解与自身密切相关的教学生活，以帮助自身不断获得认识、了解和构建教学生活的理性认识与信念。这时，教学哲学就转变为一种实践哲学或教学生活哲学，其最终目的是真正提升人们的教育智慧。因此，提升外语教师的理论素质，并非帮助外语教师学习某种或某几种理论，而是帮助教师形成理论思维。尽管当代高校教师群体不再是高度均衡的、单一的、同质化的学术群体，尽管教师身份进行着变化，从高校教师的工作特点与职业特性及其教育对象——大学生来看，都决定了教师构筑个体教学哲学的必要性与可能性。无论是科研型还是教学型，无论是外部对教师的评价与考核，还是教师自身发展的内在需求，教师个体教学哲学都将促进教师的专业化发展这一点是毋庸置疑的。

因此，我们提出，教师构建个体教学哲学应是提升理论素质的必由之

---

[1] Patrick, C.T., Diamond, *Teacher Education as Transformation——A Psychological Perspective*, Miiton Keynes, Philadelphia: Open University Press, 1991, p.122.

[2] 参见瞿葆奎《教师（教育学文集）》，人民教育出版社1991年版，第431页。

路。教师的专业素质很大程度上取决于教育理论素质,而教师的教育理论素质很大程度上取决于个体教学哲学的成熟,继而教师个体教学哲学的成熟又以教师所持的教育教学的观点,形成的个人理论或教学价值观的成熟为标志。教师的一切个性特征,包括个性鲜明的教学风格、独特的教学方法以及个人理论等正是教师构建个体教学哲学的逻辑起点。教师构建个体教学理念,形成理性兼具个性化的教学价值观→增强教育理论的学习和打扎实教育理论的功底→将学到的外部倡导的教育教学理论内化→进而将其转变成与自身教学情境产生实际意义的个人教育教学理论→生成个体的教学实践智慧,在此基础上构建个体教学哲学,最终促进教师个体的成长。需要说明的是,文中虽然以箭头的形式标出,但它们并非线性、单一的逻辑关系,而是层层递进又相互关联和影响的关系。这是一个相互支撑相互影响的良性循环,教师将植根于思想中的教学观念上升到理论框架是教师个体教学哲学的逻辑起点。

(三) 外语教师与教学的关系——教学素质的提升与发展

对于教师自身来讲,当他与教学的关系是一种和谐共生的状态时,教师会最大限度地调动起自己的情感和智慧去理解和创生教学,使自身的价值与教学的价值融为一体,继而在实践中使二者得以最完美的彰显和价值的实现。

一方面,对于教师来讲,"我"和"教"的关系是"我"融入"教学世界"中的关系。海德格尔认为,"存在"不是在"真空"之中的,而是"在世界之中存在"。因为"此在"和"世界"都不是实体,"在世界之中存在"就不是指一个现成的实体在另一个现成的实体之中。由此,二者的关系就不是认识与被认识的关系,而是相互建构和相互生成的关系。[①] 将教学世界和教学中的人都当作客体和实体来对待是一种表象性思维。用这种思维方式来识读教学,就会把教学放在纯粹客观的位置去认识,追求教学认识的客观性、确定性和绝对性,从而把教学的主观性、历史性作为非客观的东西予以排除。以这种思维方式关照下的教学,也就呈现出越来越排斥天然情感作用的倾向。而建构生成的思维方

---

① 参见邹广文、崔唯航《论海德格尔"建构生成"的思维方式》,《社会科学战线》2001年第5期。

式认为，人和世界的关系是统一和同一的，其要义是"消融主体与客体的僵硬对立，回到更为本源性的同一的世界"。① 因此，在世界之中，是人"融身"于世界中，"依寓"于世界中，是与世界不分彼此的状态，是与世界不可分割的浑然一体。由此看来，教学并不是与师生对立的、等待着师生去认识的客体世界。教师和学生是在教学世界中来研究、思考、理解教学的，而不是在教学世界之外，与教学世界相对将其作为对象使之概念体系化。

另一方面，"教学世界"永远都印着"我"的痕迹。"我"将"我"的情感、"我"的价值观、"我"的信念理想、"我"的生命力寓于教学当中，教学因"我"投入其中而具有了另一个"我"的样子、具有了鲜活的生命力。教学世界既印刻着教师职业的社会意义，但同时更昭示着教师个人的内心世界。正如马克思和恩格斯在论述教育时所认为的，"一切对象对他来说也就成为他自身的对象化，成为确证和实现他的个性的对象，成为他的对象，而这就是说，对象成了他自身。"② 在此意义上讲，教师是什么样的人，教学就会是什么样子的教学。而此时的教学世界就成了被意识所揭示的世界，被人领会的世界；是人展开了的世界，是一个具有积极的情感、价值与意义的世界。

四 结语

在外语教师教育理论方面，一方面，我们需要深入探究普通教师教育倡导的公共理论与个体教学实践的对接问题，尤其是外语教师独特的个性的学科教学知识的构成方面做进一步深化研究。另一方面，还需进一步研究如何引导外语教师进行教学理念和教学哲学的构建。教师自身的理论学习和教学经历是其形成教学概念的重要途径和来源，这些重构

---

① 表象性思维方式坚持的是主体性原则，在认识和实践活动中均以人的"主体性"为轴心并把世界当作一个客观对象来把握，而所谓主体性乃是"与客体相对立的一种抽象理智的工具性实体"；与之对应的是，建构生成思维方式则坚持存在性原则，在认识和实践活动中以"思维与存在同一"的"存在性"原则为指导。参见叶秀山《思·史·诗》，人民出版社 1988 年版，第 117 页。

② 马克思、恩格斯：《马克思恩格斯论教育》（上卷），人民教育出版社 1985 年版，第 19 页。

的教学概念为其形成后来的学习经验打下基础；同时，沟通与对话、合作与交流也会在很大程度上促进教师的认识变化、问题解决能力和专业发展与成长。因此，在今后的研究与实践中，将进一步加强教师共同体的探索与发展，给予教师个性发展的平台，进一步弥补碎片化式教师发展培训的不足。

Exploring the Professional Quality of College Foreign Language Teachers from the Perspective of Self-development

Dou Kun Sang Yuanfeng

Abstract: Foreign language teachers' education has gone through three stages: teachers' training, teachers' education, and teachers' professional development. Training or education can be carried out and managed by others, while self-development can only achieved through one's own subjective initiative. This article explores the self-development of college foreign language teachers in their own teaching practices. That is to say, how foreign language teachers can achieve the improvement of professional quality and ultimately promote their own professional development from the perspective of self-development. On this basis, this article explores the paths for the development of foreign language teachers' professional qualities from three aspects: the improvement of teachers' self-awareness, the improvement of educational theory quality, and the improvement of teaching ability.

Keywords: self-development; college foreign language teachers; quality development

新制度主义在高等教育研究中的运用及趋势探讨

——基于20种核心期刊的实证研究

段肖阳[*]

摘 要：自20世纪90年代，新制度主义成为高等教育研究中常用的理论工具。通过对20种核心期刊进行实证研究，勾勒出我国新制度主义在高等教育研究中的运用全景图。研究发现我国在运用新制度主义进行高等教育研究时，存在"五多五少"的问题：（1）宏观研究多，微观研究少；（2）定性研究多，定量研究少；（3）单一理论多，整合理论少；（4）单向研究多，互动研究少；（5）解释现象多，理论开发少。未来运用新制度主义进行高等教育研究时，应整合运用多元理论，关注微观层次问题，并致力开发中层理论。

关键词：新制度主义；高等教育研究；社会学制度主义；历史制度主义；理性选择制度主义

一 引言

20世纪70年代，制度主义被引入教育问题分析。但在20世纪90年代后，新制度主义逐渐超越单一学科，成为政治学、经济学、社会学乃至整个社会科学的有力分析和解释工具。[①] 同时，不同学科也在不断注解和发展制度主义理论。随后高等教育研究中也逐渐接纳并采用了这一理论。

---

[*] 段肖阳，西北政法大学高等教育研究所讲师，主要研究方向为高等教育理论研究、创新创业教育研究。

① 缪榕楠：《学术组织中的人：大学教师任用的新制度主义分析》，南京师范大学出版社2008年版，第23页。

（一）新制度主义发展历程

众所周知，制度主义有着旧制度主义和新制度主义时代之分。美国学者彼得斯（B. Guy Peters）将20世纪50年代作为一个分水岭，此前属于旧制度主义时期。但20世纪50年代后，制度主义经历了被忽视的阶段，之后在20世纪70年代新制度主义崛起，被称为新制度主义时期。新制度主义兴起的背景为行为主义和理性选择理论的成功。[①] 之后，在承认"制度重要"基本命题的基础上，不同的流派逐渐发展并相互批判，而后逐渐形成了不同流派。不同流派间难以非常清楚地划分界定，霍尔（P. Hall）和泰罗（R. Taylor）对新制度主义流派的"三分法"最为经典，也得到学界大多数人的认同与应用。他们认为，新制度主义主要包括理性选择制度主义（rational choice institutionalism）、历史制度主义（historical institutionalism）和社会学制度主义（sociological institutionalism）三大流派。[②] 彼得斯将新制度主义分析范式的流派概括为七种：规范制度主义、理性选择制度主义、历史制度主义、经验制度主义、社会学制度主义、利益代表制度主义和国际制度主义。[③] 其中，影响较大的是历史制度主义、社会学制度主义、理性选择制度主义。

（二）不同理论流派主要观点

历史制度主义（Historical institutonalism）的关键概念是"路径依赖"，指最初的政策或制度对后期的制度产生持续的和决定性的影响，并会通过累加压力造成制度不均衡，从而引发制度变迁。社会学制度主义（Sociological Institutionalism）认为，制度变迁是趋同化（isomorphism）的过程，更关注规范、文化、象征体系、意义等非正式因素。理性选择制度主义（Rational choice institutonalism）核心概念是"制度的有意识设计"（consciousdesign of institutions），假定个人偏好是稳定和先验既定的，制

[①] ［美］B. 盖伊·彼得斯（B. Guy Peters）：《政治科学中的制度理论 新制度主义》，王向民、段红伟译，上海人民出版社2016年版，第1—25页。

[②] 周湘林：《中国高校问责制60年：新制度主义视角的透视》，《现代大学教育》2010年第1期。

[③] ［美］B. 盖伊·彼得斯（B. Guy Peters）：《政治科学中的制度理论 新制度主义》，王向民、段红伟译，上海人民出版社2016年版，第18—20页。

度对偏好的形成不起任何作用。① 不同流派研究的侧重点、方法论等均不相同，但新制度主义的各流派对制度概念的理解存在一些共性。彼得斯给制度下了一个最低限度的定义。第一，制度在某种程度上是社会或政治的结构性特征；第二，制度总是在一段时间内保持其稳定性；第三，制度一定会影响个人行为；第四，制度成员中共享有某种价值和意义。

(三) 新制度主义与教育研究

自20世纪70年代，组织研究者发现教育组织首先考虑的不是效率而是合法性，这与组织理论的核心观点是相悖的。② 组织理论中的新制度主义学派开始利用制度理论对教育问题进行研究。迈耶和罗万在1978年发表了《教育组织结构》一文，该文被认为是新制度主义运用于教育组织研究的开篇之作。之后的学者如迈耶、汉南、斯科特等学者进一步利用新制度主义理论对教育现象进行阐释。在20世纪90年代，随着教育私有化浪潮的扩散，学者们开始运用新制度主义理论研究私立高等教育，如利维、拉米尔等关注了高等教育组织中的趋同问题。

我国教育学界在20世纪90年代开始关注新制度主义，教育社会学翻译了迈耶的《教育作为一种制度的效果》，但随后新制度主义并未引起教育学界的过多关注。之后随着新制度主义理论在社会学、经济学和政治学中的影响越来越大，教育学界开始逐渐重视这一理论的应用。在21世纪初，新制度主义被逐步引入高等教育领域，学者陆续运用这一理论。但在运用之初，部分研究将经济学和社会学中的新制度理论简单地套用在我国的教育实际中，不加适切性论证地利用新制度主义理论的框架分析我国的问题。③

随着学者深入理解新制度主义理论，同时新制度主义理论更加完善，在社会科学研究中当然也包括高等教育研究中，新制度主义理论日渐流行并成为有力解释工具。但我们并不清楚高等教育研究者如何理解不同制度

---

① [韩]河连燮：《制度分析——理论与争议（第2版）》，李秀峰、柴宝勇译，中国人民大学出版社2014年版，第161—162页。

② [美]海因兹-迪特·迈尔、[美]布莱恩·罗万、郑砚秋：《教育中的新制度主义》，《北京大学教育评论》2007年第1期。

③ 阎引堂：《新制度主义的发展：领域拓展还是理论深化？——评迈尔和罗万主编的〈教育中的新制度主义〉》，《北京大学教育评论》2010年第2期。

主义理论,且如何将这些不同理论运用在研究中。所以,本文希望能够通过分析高质量的高等教育期刊论文,解决以下问题:(1) 高等教育研究者使用了何种新制度主义理论;(2) 不同理论运用在了哪些研究问题上;(3) 未来运用新制度主义理论的趋向。

二 研究方法

(一) 期刊和论文选取

截至 2019 年 10 月 14 日,本文利用中国知网"期刊大全"功能,检索中国知网录入的"高等教育"类核心期刊,共得到 25 种期刊,剔除与本文主题相关性较小的 6 种期刊(《外语界》《外语电化教学》《思想理论教育导刊》《思想教育研究》《思想政治教育研究》《学校党建与思想教育》),最后确定的 19 种期刊为《大学教育科学》《高等工程教育研究》《高教发展与评估》《高校教育管理》《江苏高教》《学位与研究生教育》《中国大学教学》《中国高教研究》《复旦教育论坛》《高等教育研究》《高教探索》《黑龙江高教研究》《现代大学教育》《清华大学教育研究》《现代教育管理》《研究生教育研究》《中国高等教育》《中国高校科技》《北京大学教育评论》。另外,由于《教育研究》作为教育领域的权威期刊,本文也将其列入研究范围,但也只选取《教育研究》中高等教育领域的文章进行研究,故选取期刊共计 20 种。

本文从 20 种期刊中只选取论文标准为篇名或关键词中包含"制度主义",之后对选取的 20 种高等教育核心期刊进行检索,检索出论文 99 篇,剔除其中 11 篇"非高等教育研究领域"和"研究新制度主义理论"的文章,最后共得到与研究主题相关的论文为 88 篇论文,具体期刊分布如图 1 所示。本文之所以缩小检索范围,原因如下:(1) 制度主义理论流派较多,部分研究使用理论名称不规范,本文无法对其逐一检索;(2) 制度主义中的概念术语较多,如"场域""趋同""同质化""路径依赖""制度逻辑""制度变迁"等,部分研究并未直接使用"制度主义"这一概念,而是在篇名或关键词中呈现了上述庞杂的概念,如在上述 20 种期刊中,以篇名或关键词包含"制度逻辑"为例进行搜索,可获得 38 篇相关论文,故此无法穷尽所有在高等教育研究中运用制度主义理论的论文;

（3）本文认为，上述明确运用"制度主义"理论进行高等教育研究的论文有 88 篇，且均发表在高质量期刊上，能够在较大程度上体现当前制度主义理论在高等教育研究中的总体情况，满足本文的需求。

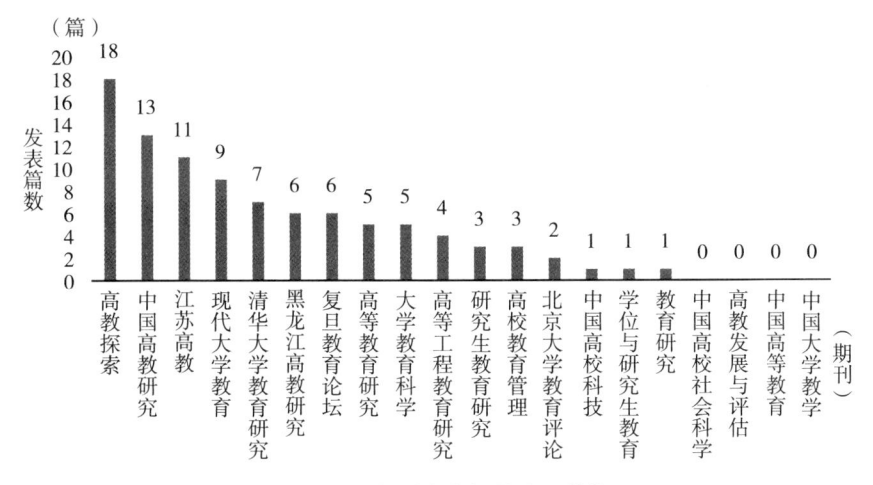

图 1　不同期刊发表相关论文篇数

（二）发表论文统计数据

上述检索所得 88 篇论文的发表时间不一，整体趋势如图 2 所示。整体而言，运用制度主义进行高等教育研究的论文数量呈上升趋势。但本文只搜索篇名或关键词中包含"制度主义"的论文，故在不同年份中论文数量呈现较大差异，甚至在近几年中论文数量出现减少趋势。实则由于近几年的研究中更多地运用了如"场域""趋同""同质化""路径依赖""制度逻辑""制度变迁"等作为其篇名或关键词，也就是说研究者更注重运用制度主义理论中的具体理论，而较少使用宏大的制度主义理论。这在一定程度上也可以说明高等教育研究者对新制度主义理论的理解越来越深入，更好地把握了理论的核心概念。

新制度主义理论在 20 世纪 80 年代发展起来，但在这 20 种期刊中，第一个将制度主义应用于高等教育的研究出现在 2003 年。对最初的文献进行分析，发现这些文献并未论证制度主义理论在所研究问题中的适用性，而是直接从政治学、经济学等其他学科的研究中套用过来。其中 2007 年的《学校变革困难的新制度主义解释》一文，则对其所使用的制

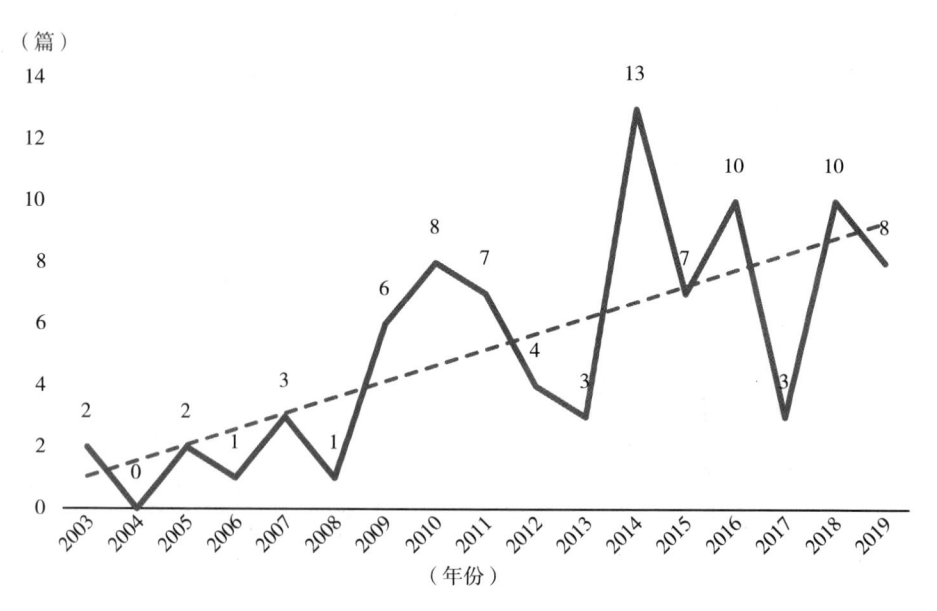

图 2　论文发表数量趋势

度主义理论适用性进行了较为详细的理论论证。对其直接引用的文献进行追踪，发现最早研究的文献为20世纪90年代的外文文献，这一时期是制度主义理论向其他学科迅速扩展的时期。

自20世纪八九十年代起，国外不少学者相继运用制度主义理论对教育组织进行研究，其中影响力大的如罗万（Rowan）在1982年发表的《组织结构与制度环境：以公立学校为例》[1]，托尔伯特（Tolbert）在1985年发表的《制度环境与资源依赖：高校行政结构的根源》[2]，科瓦列斯基（Covaleski）和德史密斯（Dirsmith）在1988年发表的《从制度视角看高校预算范畴的兴衰》[3]，其余文献不一而足。以这些文献为代表的一批研究者，首先将新制度主义理论运用于教育组织的研究中。这些研究

---

[1] Rowan, B., "Organisational Structure and the Institutional Environment: the Case of Public School", *Administrative Science Quarterly*, 1982, 27 (2): 259-279.

[2] Tolbert, P., 1985, "Institutional Environments and Resource Dependence: Sources of Administrative Structure in Institutions of Higher Education", *Administrative Science Quarterly*, 30 (1): 1-13.

[3] Covaleski, M., and Dirsmith, M., "An Institutional Perspective on the Rise, Social Transformation and Fall of A University Budget Category", *Administrative Science Quarterly*, 1988, 33 (4): 562-587.

者认为，新制度主义理论被广泛运用于各个社会领域的制度变革中，但其在教育等公共服务组织中更为适用。① 对比国外的研究发现，我国学者将制度主义引入高等教育研究存在一定滞后性，且最初多是借鉴了国外的已有研究成果。

三 研究发现

通过分析已有研究，一是归纳已有研究所涉问题及层次，二是分析已经运用的新制度主义理论及概念，三是梳理已有研究所用研究方法，四是考察运用新制度主义的研究效果。通过上述分析，为研究者勾勒出新制度主义理论与研究问题匹配的轮廓。

（一）研究问题及层次

本文根据已有学者对高等教育研究的层次分类办法，将高等教育研究分为微观、中观和宏观研究，② 之后将 88 篇文章的不同研究问题和研究层次列出了交叉见表 1。

表 1　　已有研究的研究问题与研究层次

研究层次	组织变革	大学治理	学术事务	教师评聘	系统政策	课程变革	评估及质量保障	学科发展	学生行为	教育市场化	高校招生	产学研合作	大学制度	研究生教育	高教综合改革	创新人才培养	共计
微观	1	0	1	0	0	0	0	0	2	0	0	0	0	0	0	0	4
中观	12	6	2	2	4	1	1	0	0	0	0	0	3	1	0	1	34
宏观	3	5	0	0	19	0	3	1	0	2	5	2	2	3	4	1	50
共计	16	11	3	2	23	1	4	1	2	2	5	3	5	4	4	2	88

从表 1 中的研究问题类型上看，我们不难看出，研究数量最多的问题

---

① María De La Luz Fernández-Alles, Rocío Llamas-Sánchez, "The Neoinstitutional Analysis of Change in Public Serv-ices", *Journal of Change Management*, 2008, 8 (1): 3-20.

② 王洪才:《论高等教育学的功用与使命》,《复旦教育论坛》2018 年第 3 期。

类型为"系统政策",其次为"组织变革",再次为"大学治理"。"系统政策"类研究问题中绝大多数为利用历史制度主义对各类政策或制度的变迁进行分析,其中涉及的政策或制度为"教师评聘""质量保障""民办院校或高职院校""教育评估""工程教育""人才培养及就业""大学治理"等,少数利用社会学制度主义分析了制度扩散、建构等。从管理理论看,"组织变革"和"大学治理"存在一定交叉关系,但本文之所以将其分开,是由于已有研究中"大学治理"主要是涉及大学权力关系、问责机制、行政化等问题,与"组织变革"侧重组织结构研究不同。

从表中的研究层次来看,运用新制度主义理论进行的研究多为宏观层次和中观层次,微观层次研究较少。宏观研究中关注最多的问题依次为"系统政策""大学治理""高校招生",这些问题自身为高教领域关注较多的宏观问题,所以利用新制度主义理论对其进行宏观研究也就不足为奇。中观研究中关注最多的问题依次为"组织变革""大学治理""系统政策""大学制度","大学治理"为我国高教领域近些年的热点研究问题,"大学制度"为我国研究者使用频繁的术语,所以这些研究问题被关注的较多。但不论在何种研究问题上,微观层面的研究都较少,甚至不少问题如"教师评聘""课程变革"等微观问题上都没有相应的研究。

(二) 运用理论及概念

根据文章运用的新制度主义理论类别对88篇文章进行分类,结果见表2。值得关注的是,其中6篇混合运用了社会学制度主义、历史制度主义和理性选择制度主义,9篇综合运用多元理论。9篇综合运用多元理论的文章未指明具体运用了何种理论,通过对出现的概念术语进行分析,发现5篇综合运用了理性选择主义与社会学制度主义,1篇综合运用了社会学制度主义和历史社会制度主义,也有4篇研究结合了"组织理论""资源依赖理论"。但这9篇论文并未论证理论整合依据,多是直接引用了相关理论中的概念术语。另外,表2中序号为7的有6篇无法确定到底运用了何种理论,本文将其运用的理论,命名为"新制度主义"。通过分析发现,6篇论文综合运用了新制度主义理论中的"制度""路径依赖""合法性""制度变迁"等概念。

88篇文章中近半数的文章并未对所用理论的适切性进行论证,其科学性值得怀疑。从另一个角度看,新制度主义之所以能够在社会科学中盛行，有一个关键的原因：新制度主义与其说是一种理论，不如说是一种分析视角或分析框架。① 运用新制度主义分析高等教育问题，对某些社会问题进行合理解释也无可厚非。

表2　　　　　　　　已有研究运用新制度主义理论类别

序号	所用制度主义理论	篇数
1	社会学制度主义	34
2	历史制度主义	26
3	理性选择制度主义	4
4	话语制度主义	2
5	新制度主义和旧制度主义	1
6	整合运用社会学制度主义、历史制度主义和理性选择制度主义	6
7	新制度主义	6
8	综合运用多元理论	9

旧制度主义更多地关注单个组织，新制度主义中社会学制度主义关注组织场域。② 我国高等教育领域关注组织变革的研究主要是中观和宏观层面的研究，所涉及的研究对象基本上都是群体组织。利用社会制度主义中的"场域""制度环境""趋同化""制度化"等分析框架，不仅可以研究制度对组织的影响，也可以研究组织对制度的影响③。34篇论文运用社会学制度主义，大致可以分为三类：（1）研究不同组织的设立、发展、变革问题，所涉及组织类型主要为独立学院、民办高校、行业院校、地方院校等较为弱势的组织，少年班、精英学院、大学科技园、创新型人才特区、一流大学等新型的组织；（2）研究不同制度对组织或行为者的影响，所涉及制度主要围绕课程、科研、学生评测、行政化、教师评聘、校企合作等中微观层次；（3）研究处于场域的组织趋同、制度同形等宏观层次问题。

---

① [韩] 河连燮：《制度分析——理论与争议》（第2版），李秀峰、柴宝勇译，中国人民大学出版社2014年版，中文序。
② [美] 斯科特：《制度与组织 思想观念与物质利益》（第3版），姚伟、王黎芳译，中国人民大学出版社2010年版，第220页。
③ 郭建如：《社会学组织分析中的新老制度主义与教育研究》，《北京大学教育评论》2008年第3期。

在"系统政策"研究中基本都采用了历史制度主义理论,因为历史制度主义在研究制度变迁上有着很强的解释力。历史制度主义强调权力的非平等性,强调路径依赖和意外结果,强调制度因素与能够产生某种政治后果的其他因素的结合。研究的逻辑可以由三部分组成:影响制度的宏观因素分析;制度演进的路径依赖分析;制度变迁的动力机制。[1] 研究者在运用历史制度主义研究系统政策时,多是延续了这一研究逻辑。也有学者在使用这一研究逻辑时,也结合研究问题进一步论述了理论的适切性。如有的研究论证了"高校毕业生就业政策的变迁逻辑与历史制度主义具有高度的契合性"。[2]

采用理性选择制度主义研究高等教育问题的论文较少,只有4篇。理性选择制度主义区别于其他制度主义的最大特点就是可以提供制度分析的微观基础。[3] 理性制度主义关注了制度和行动者之间的互动,尤其是制度对行动者的影响。4篇论文均采用埃莉诺·奥斯特罗姆(Elinor Ostrom)的"制度分析与发展框架"[4]对公共政策进行研究,分析了行为者在既有制度中的博弈和行动,从而对相关制度提出建议。4篇研究均论证了理论的适切性,且在"制度分析与发展框架"基础上,结合自身研究提出了新的研究框架。

话语制度主义或建构制度主义作为新制度主义的新流派,其突出特征是强调理念,强调在较为微观的层面解释制度变迁且具有更强的动态性[5]。高等教育研究中也运用了这一理论,但只有2篇论文运用了该理论。这类研究较少的原因之一即为理论本身的不完善。这一理论在解释理

---

[1] 周光礼、吴越:《我国高校专业设置政策六十年回顾与反思——基于历史制度主义的分析》,《高等工程教育研究》2009年第5期。

[2] 朱家德、胡海青:《建国以来我国高校毕业生就业政策的变迁逻辑——基于历史制度主义的分析》,《中国高教研究》2010年第4期。

[3] [韩]河连燮:《制度分析——理论与争议》(第2版),李秀峰、柴宝勇译,中国人民大学出版社2014年版,第36页。

[4] Ostrom E., *The Three Worlds of Action: A Meta-theoretical Synthesis of Institutional Approaches Strategies of Political Inquiry*, Beverly Hills Ca Sage, 1982.

[5] 肖晞:《政治学中新制度主义的新流派:话语性制度主义》,《华中师范大学学报》2010年第2期。

念的作用上做出了较大贡献,但在方法论层次存在着严重缺陷。[1]

目前,学者对新制度主义理论的缺陷认识较为充分,认为单独使用某一理论不足以对问题进行全面科学分析,所以不同学者开始整合不同流派的理论,如有学者提出对政策的分析既要把握其整体性、系统性与功能性,也要体现其生成性、动态性与变化性,从新制度主义的视角出发,整合其三种不同流派的制度变迁理论,从微观、中观以及宏观的角度把握政策变迁的内在逻辑[2]。"整合运用理论"的文章有6篇,从"多重制度逻辑"的分析视角[3],整合运用社会学制度主义的"合法性"机制理论、历史制度主义的"路径依赖"理论和理性选择制度主义的"博弈论"作为工具[4],更加全面系统地分析制度变迁。

分析文章中出现较为频繁的概念术语,出现最为频繁的为"路径依赖""制度变迁""制度逻辑""场域""趋同""同形""合法性""制度化""制度环境"等。这些术语的频繁使用,也从一定层面反映了当前我国高等教育中所面临的问题,尤其是组织趋同、制度同形等突出问题。有些术语为某一流派的特有术语,有些术语虽为不同流派共有,但对其概念内涵的解释却不相同,如不同流派在解释制度变迁的原因时大相径庭。部分文章直接借用了新制度主义的概念术语,但并没有基于某一理论或混合理论对概念术语进行深入理解,所以在使用中出现概念内涵和外延均是模糊的,导致术语乱用、套用的现象,这也就是部分学者批判教育研究中乱用、滥用新制度主义理论的缘由之一。

(三) 运用研究方法

根据论文所运用的研究方法对88篇文章进行分类,发现只有2篇定量研究,其余为定性研究。定性研究中有17篇的研究方法为访谈法、内

---

[1] [韩]河连燮:《制度分析——理论与争议》(第2版),李秀峰、柴宝勇译,中国人民大学出版社2014年版,第14—15页。

[2] 李峻:《基于新制度主义的高考政策变迁分析》,《江苏高教》2010年第2期。

[3] 张侃:《新制度主义多元理论视野下的大学制度变迁研究》,《黑龙江高教研究》2018年第10期。

[4] 张猛猛:《大学章程实施的当下困境与破解之策——基于新制度主义的视角》,《江苏高教》2019年第3期。孙清忠:《新制度主义视角:协同创新中心建设困境及消解》,《高教探索》2015年第8期。

容分析法等，69篇文章为思辨研究。定性研究中即使运用了内容分析法、文献法等方法，但并未基于方法论的层次充分理解方法，方法使用并不规范，成为简单的文献梳理，最后基本上也是"思辨研究"。究其原因，一方面是由于制度的要素、环境等难以量化，采用定性研究更为适合，另一方面也与我国高等教育领域研究中不重视方法的使用有关。

（四）已有研究效用

新制度主义理论用来理解和解释社会现象的方法分为三种类型：第一种类型是寻求规律一般化；第二种类型是诠释主义；第三种类型是寻求中层理论。① 高等教育领域运用制度主义理论更多是前两种，而不是为了寻求中层理论，如高等教育领域学者关注制度变迁、制度设计等，更多地是为了对某些社会问题和现象进行阐释，并没有提供新的理论支撑。这些论文中被引频次为100—150次的论文有2篇，被引频次为50—100次的有2篇，被引频次为10—50次的有28篇，其余56篇论文被引频次均小于10次。88篇论文篇均被引约为9次，远小于高等教育研究中高被引论文的篇均被引31.3次。② 根据普赖斯理论，一般文献的引文峰值出现在论文发表后的2—3年，且被引次数随时间的延长而增加。很明显，本文选取的论文多数已经过了引文峰值时期，但被引情况堪忧。由此我们也不难发现，运用制度理论的这些研究并未成为解释高等教育问题和现象的经典文章，也没有为相应的现象和问题提供理论资源，后续研究者无法在已有研究基础上进一步深入。

四　研究结论

（一）宏观研究多，微观研究少

通过对已有研究的问题层次进行分析，不难发现已有研究多是宏观问

---

① ［韩］河连燮：《制度分析——理论与争议》（第2版），李秀峰、柴宝勇译，中国人民大学出版社2014年版，第113页。

② 钟贞山、龚文霞、胡五生：《我国高等教育研究概况——基于13种高等教育核心期刊2011—2016年刊文被引分析》，《教育与教学研究》2018年第4期。

题研究，但在课程、教学、学生、学术工作等微观问题研究严重不足。一方面，因为高等教育研究更多关注了组织与环境之间的关系，从这一切入点出发进行中、宏观分析，而忽视组织自身和行为者。另一方面，也是由于之前的新制度主义理论过于强调中宏观的现象和问题。但新制度主义理论不断发展，目前也强调微观层次的组织分析，这些理论新发展可以帮助研究者进行微观研究。目前，国外已经有不少学者利用新制度主义进行了微观研究，如有的研究从科研诚信制度化角度出发研究了学术不端的问题[1]，有的研究研究了大学中的以学生为中心的评价方式[2]。我国在高等教育内涵式发展的关键时期，在宏观层面需要解决高等教育发展重心偏低、高等教育同质同构以及优质高等教育发展不充分等问题；在微观层面应当直接针对教育教学和人才培养的一些深层次问题。[3] 尤其是提出一流本科教育后，我们更应该关注课程、教学、学生等人才培养中的深层次微观问题。

（二）定性研究多，定量研究少

88篇已有研究中只有2篇为定量研究，其余均为定性研究，且多数为定性研究中的思辨研究。虽然定量研究不断被教育研究者诟病，认为其对问题的解释性有限。但从另一角度想，基于数据的理论性断言至少可以在一定程度上被检验，而思辨研究是无法进行验证的，只能在日后的实践中对其进行检验。新制度主义理论的研究者，设计了各种复杂而适当的公式，虽然这些研究设计与测量仍存在一定不足，但也可以在一定程度上检验他们的理论推断。[4]

（三）单一理论多，整合理论少

新制度主义理论中的历史制度主义、社会学制度主义、理性选择制度主

---

[1] Gallant, T. B., & Drinan, P., "Organizational Theory and Student Cheating: Explanation, Responses, and Strategies", *The Journal of Higher Education*, 2006, 77 (5): 839-860.

[2] Webber K. L., "The Use of Learner-Centered Assessment in US Colleges and Universities", *Research in Higher Education*, 2012, 53 (2): 201-228.

[3] 别敦荣：《论高等教育内涵式发展》，《中国高教研究》2018年第6期。

[4] ［美］斯科特：《制度与组织 思想观念与物质利益》（第3版），姚伟、王黎芳译，中国人民大学出版社2010年版，第224页。

义等理论,在分析不同问题时都有着不同方面的缺陷,所以学者们开始整合不同理论。当前,我国也有学者将新制度主义理论与组织理论、资源依赖理论相结合,但还处于初步尝试阶段,只是引入了术语概念,还没有将其理论的内在思想进行整合。国外高等教育学者将新制度主义理论进行整合,同时与其他理论相结合的研究已经较为普遍,如美国不少高等教育学者认为新制度主义理论较少关注行为者在制度变迁中的作用,就在其研究中结合了组织变革理论①、委托代理理论②等其他多种理论。有高等教育学者认为新制度主义较少关注资源、环境等,在研究中多结合了资源依赖理论③,少数结合了组织种群生态学理论④。除此之外,也有不少研究与社会网络理论、全球化理论等其他理论相结合。相较之下,我国在高等教育研究中运用新制度主义进行研究时,在理论工具的使用上还有较大的发展空间。

(四) 单向研究多,互动研究少

旧制度主义研究制度与行为时,将制度作为被解释的"因变量"。新制度主义中的制度既是其他社会现象的"自变量",也是需要被解释的"因变量"。也就是说新制度主义研究行为和制度之间的相互关系。⑤ 但高等教育领域的研究多是关注了制度对组织或行为者的影响,较少关注组织或行为者如何塑造并改变了制度。一方面,与新制度主义过分关注制度影响力有关;另一方面,与我国高等教育中行政主导的现实有关,组织或行为者对制度变迁、制度建构的能动性较小。当前,不同的新制度主义流派都已经注意到过分关注制度的问题,比如社会学制度主义主张组织有不同程度的能动性,会以各种不同的方式策略地应对制度的要求,包括从完全

---

① Gallant, T. B., & Drinan, P., "Organizational Theory and Student Cheating: Explanation, Responses, and Strategies", *The Journal of Higher Education*, 2006, 77 (5): 839-860.

② Jürgen Enders, Boer H. D., Weyer E., "Regulatory Autonomy and Performance: the Reform of Higher Education Re-visited", *Higher Education*, 2013, 65 (1): 5-23.

③ Ase Gornitzka, "Governmental Policies and Organisational Change in Higher Education", *Higher Education*, 1999, 38 (1): 5-31.

④ Lepori B., Huisman J., Seeber M., "Convergence and Differentiation Processes in Swiss Higher Education: An Empirical Analysis, *Studies in Higher Education*", 2014, 39 (2): 197-218.

⑤ [韩] 河连燮:《制度分析——理论与争议》(第2版),李秀峰、柴宝勇译,中国人民大学出版社2014年版,第14—15页。

遵守到名目张胆的反抗等。① 我国高等教育研究中制度与行为之间的箭头仍然是单向的，我们期待制度与行为之间的关系箭头变成双向的，也就是增加制度和行为之间的互动研究。不仅关注制度对行为的影响，也关注行为如何塑造并改变制度，这样才能够丰富研究问题的层次，利用新制度主义解决更多涉及组织或行为者的微观问题。

（五）解释现象多，理论开发少

如前文所述，高等教育领域对制度变迁、制度设计、制度建构等问题进行了较多研究，但是并没有对所研究问题构建出新的理论资源，更多的是利用制度主义这一理论框架对现象进行分析和解释，或者是总结一般化规律。但我们应该思考高等教育研究到底为谁服务？我们应该明确的首先是为我国高等教育发展服务，那么我们就不能仅是套用国外的既有理论，对我国问题进行分析，而应该在既有理论基础上，结合我国的实际问题对理论进行创新。这也就是实现了新制度主义的第三个功能：开发中层理论。

五 结语

本文力图勾勒出新制度主义在高等教育研究中的运用全景图，如前已经研究了新制度主义在高等教育研究中的实际运用情况，接下来我们可以承接前文研究，分析未来新制度主义和高等教育相结合的研究趋势。高等教育研究者应该运用新制度主义进行微观问题上的研究，如课程、教学、学生、科研等关系到高等教育内涵式发展的关键问题。为实现微观层次研究，研究者可以运用新制度主义的新理论，或者结合其他理论。也可以尝试与旧制度主义相结合，旧制度主义的理论基础是行为主义和功能主义等，重视行为者对制度形成的影响。当然，进行这些新尝试对高等教育研究者而言可能有些困难，因为他们用了十几年的时间才接纳新制度主义理论。进行这些新尝试也可以解决另外一个问题，就是增加定量研究的问题，因为新的尝试更多关注了测量的问题。最后，我们也期待研究者可以提供更多的中层理论资源。

---

① ［美］斯科特：《制度与组织 思想观念与物质利益》（第3版），姚伟、王黎芳译，中国人民大学出版社2010年版，第223页。

The Application and Trend of New Institutionalism in Higher Education Research:

An Empirical Study Based on 20 Core Journals

Duan Xiaoyang

Abstract: Since the 1990s, new institutionalism has become a common theoretical tool in higher education research. Through the empirical study of 20 core journals, this paper outlines the panorama of the application of new institutionalism in higher education research in China. It is found that there are "Five More and Five Less" in the research of higher education with the new institutionalism in China: (1) more macro research, less micro research; (2) more qualitative research, less quantitative research; (3) more single theory, less integrated theory; (4) more single research, less interactive research; (5) more explanation phenomenon, less theoretical development. In the future, when using the new institutionalism to study higher education, we should integrate and apply the multiple theory, pay attention to the micro level problems, and devote ourselves to developing the middle theory.

Keywords: new Institutionalism; higher education research; sociological institutionalism; historical institutionalism; rational choice institutionalism;

高教管理

基于全过程培养的博士生导师
履职能力评价研究*

李　圣　程　颖　李春林**

摘　要：博士生导师作为博士生培养的第一责任人，是立教之本、兴教之源。但在博士生培养的实践中，部分博士生导师履职问题层出不穷，其根源在于履职能力考评机制的缺失。因此本文从文献梳理入手，探析全过程培养的博士生导师履职能力，并通过对博导履职主要培养环节的深入解析，构建出基于博士生培养全过程的导师责任体系，采用熵权法计算客观权重，与层次分析法结合计算出最终的各级指标权重，并阐释H大学导师在思想政治引领、培养过程指导、学术科研指导、和谐导学关系的履职能力要素得分及其亟须解决的问题。继而提炼出若干实践举措。

关键词：全过程培养；博士生导师；履职能力；评价

博士生导师作为博士生培养的第一责任人，是立教之本、兴教之源。随着博士生教育规模扩大，博士生导师的队伍也不断壮大。截至2021年，全国博士生导师超过12万人。为进一步提升博士生导师履职能力，2020年教育部发布《关于加强博士生导师岗位管理的若干意见》明确导师岗位权责，提出博士生导师的首要任务是人才培养，且承担着对博士生进行思想政治教育、学术规范训练、创新能力培养等职责。博士生导师坚守职责履行意识、贯彻正确的履职行为是改善博士生教育质量的重要途

---

* 基金项目：陕西省哲学社会科学研究项目"陕西省研究生教育高质量发展水平提升路径研究"（项目编号：2022P031）。

** 李圣，陕西省学位与研究生教育研究中心、西北工业大学研究生院副院长，副研究员，从事高等教育研究；程颖，西北工业大学公共政策与管理学院教育学硕士研究生，从事研究生教育研究；李春林，陕西省学位与研究生教育研究中心、西北工业大学研究生院常务副院长，研究员，从事高等教育研究。

径，但现实与期望往往背道而驰，部分博士生导师存在履职意识不够强烈、履职能力低、履职范畴窄化等问题，使得博士生培养过程中出现各种问题。通过深层次剖析可以发现，造成博士生导师履职困境的根源在于考评机制的缺失。因此，构建完善的博士生导师履职能力评价体系是当前博士生教育中的重要议题之一。

一　文献梳理与概念探析

评价博士生导师履职能力的复杂性和系统性意味着这不是一个简单的任务，而是需要多方共同努力的工程。随着各界对于博士生导师队伍建设关注度日益提升，博士生导师履职评价研究也逐步开展起来。通过对已有文献梳理发现，绝大多数学者都是试图从培养过程某个环节入手进行评价，继而发挥以评促改的作用。国兆亮、王楠就当前导师评价存在的问题，提出评价应以学生发展为中心的评价内容、开放式述职评审的评价形式、公开的评价结果为主要的改进方向①。Hockey J. 等认为，博士生导师的职责涉及将智力批评者和指导者的角色融合在一起，同时为博士生提供牧养关怀②，马焕灵等以教育部导师立德树人七项职责为一级指标，构建了关注学生思想动态等 23 项二级指标，该研究为有效推进导师履行"立德树人"职责，将人才培养中心任务落到实处提供了强有力的参考③。曹洪军等将导师考评工作存在的问题归结为"四个失衡"和"一个不重视"，并构建完善的"二三三"考评指标体系④。刘懿萱等基于权变理论，从导师自身素质、育人能力和育人成效三方面入手，构建出了医学院校研究生导师立德树人评价体系⑤。郑龙章从落实导师立德树人评价标准的重

---

① 国兆亮、王楠：《关于研究生导师评价的几点思考》，《中国高教研究》2012 年第 1 期。

② Hockey J., "Getting Too Close: A Problem and Possible Solution in Social Science PhD Supervision", *British Journal of Guidance & Counselling*, 1995, 23: 2, 199-210.

③ 马焕灵、黄丽静：《研究生导师立德树人职责履行评价指标体系的构建》，《现代教育管理》2020 年第 8 期。

④ 曹洪军、王娜：《促进研究生导师"立德树人"考评工作的四重维度》，《思想政治教育研究》2017 年第 1 期。

⑤ 刘懿萱、徐明、段丽萍等：《基于权变理论的医学院校研究生导师立德树人职责评价体系研究》，《学校党建与思想教育》2022 年第 22 期。

要性和紧迫性出发，重新考虑评价目标、改善评价模式，多样化、科学合理设定评价指标体系，优化研究生导师立德树人职责评价标准[①]。刘彦彦构建了内容较全面的导师考核体系，其中培养质量指标包括学生发表论文情况、学位论文质量、获奖情况及升学就业等方面，各指标量化为ABCD四个等级[②]，以此约束导师职责落实的自觉性。许颖等根据冰山模型构建了包括护理专业水平、教学指导能力、护理科研能力、担任硕士导师动机和个人素质及性格构建护理导师胜任力评价指标体系[③]，促使导师更好地把握履职能力限度。王贵贵以品德行为能力、学术科研能力、学业指导能力、教学指导能力以及管理沟通能力为主要构成要素，构建出完整的指导能力评价体系[④]，通过提升指导能力促进导师更好贯彻落实指导职责。

综上所述，已有研究在导师履职评价方面取得一定的成就，但是其局限性也十分明显，主要集中在以下几个方面：第一，在导师履职评价主体层面，对博士生导师履职评价方面缺乏针对性，忽略了博士生导师群体的特殊性；第二，在导师履职评价的范畴上，过往的研究仅仅关注到职责履行的某一个方面，对于博士生导师履职的范畴未展开深入的探讨；第三，在导师履职能力评价的科学性上，以往研究只是呈现模型构建，并未对模型与导师履职真实情况进行阐释，履职能力评价的科学性仍需要进行检验。本文在借鉴已有研究成果基础上，试图突破之前研究的局限，明晰博士生导师履职能力的具体内涵，聚焦于博士生导师履职能力评价，构建博士生培养过程中全方位的导师职责考评体系，促进博士生导师履职能力提升。

博士生培养的全过程主要是指具体到博士生培养的各个环节。在这个过程中导师职责作用机制是以发挥教学、科研与其他环节的良性互动为主，协调招生指导、论文指导以及学术指导的关系，发挥合力，促进博士

[①] 郑龙章：《研究生导师评价标准优化设定的思考——基于"立德树人"的考量》，《中国高校科技》2020年第10期。

[②] 刘彦彦：《高校研究生导师绩效考核指标体系研究》，硕士学位论文，青岛大学，2009年。

[③] 许颖、蒋小平、林楠：《护理硕士生导师胜任力评价指标体系的构建》，《护理研究》2018年第5期。

[④] 王贵贵：《研究生导师指导能力评价体系构建研究》，硕士学位论文，河北大学，2019年。

生教育向前迈进。具体而言，以思想政治工作为统率，妥善处理培养过程的矛盾和冲突，构建理想导学关系。

博士生导师职责履行是联系教学、科研的纽带，是实现各项活动强势平衡的抓手。在博士生培养的全过程中，笔者认为，博士生导师履职能力是博士生导师通过引起、维持和促进博士生有效的知识学习、科学研究和其他方面成长的活动所表现出来的综合素质。换言之，博士生导师履职能力可以理解为，从品德、学业与科研与日常管理等方面践行对博士生责任的能力。需要指出的是，博士生导师履职能力要素不是一成不变的，研究者应结合博士生培养中导师参与的过程性和参与方式的多样性来明晰博士生导师履职能力具体内容，导师从博士生"入口"至"出口"参与全过程管理环节，以履行责任为主线，内在贯通着"为谁培养人、培养什么人、如何培养人"的根本问题结构，① 推动着博士生教育发展。

二　博士生导师履职能力要素分析

围绕全过程培养的关键环节，构建导师责任体系，是提升导师履职能力的重要前提。笔者对所在高校博士生导师履职的实际情况进行探析后，通过对博导履职相关环节的深入了解，构建出基于博士生培养全过程的导师责任体系，提出博导履职能力四项要素：思想政治引领、培养过程指导、学术科研指导、和谐导学关系。

（一）思想政治引领

思想政治引领主要是指导师应通过思想理论的引导，培养博士生正确的世界观、人生观和价值观；引导博士生坚定马克思主义信仰，加强政治意识、大局意识、核心意识和看齐意识，树立正确的科研导向，形成扎实的理论基础；教育博士生将学术研究与社会实践相结合，关注国家和社会的重大需求，发挥博士学位的社会影响力，为社会发展和进步做出贡献。落实导师思政引领的具体影响因素包括导师自身政治理论水平和政治素养、导师与博士生的师生关系、教育教学环境和体制。

---

① 闫广芬、范秋艳、张先璐：《加强博士生导师岗位管理的核心要义与价值旨归》，《研究生教育研究》2021年第3期。

导师思政引领的方式主要表现在导师通过自身的言行和行为示范，树立良好的思想政治品质和道德榜样，对博士生起到潜移默化的引领作用；导师在学术指导中融入思想政治教育内容，引导博士生在学术研究中关注国家和社会的重大问题，注重社会责任；导师开设思想政治理论课程或学术研讨会，引导博士生深入学习马克思主义理论，了解国家政策和重大政治事件，增强政治素养；导师根据博士生的特点和需求，开展个性化的引导和辅导，通过深入的交流和讨论，引导博士生明确自己的学术追求和社会责任。

导师思政引领在博士生培养中的重要性不可忽视。它可以塑造正确的思想观念和人生价值观，培养高尚的学术道德和科研品质，强化社会责任意识和服务意识，促进学术创新和学科发展。通过导师的思政引领，有助于博士生成为德才兼备、具有社会责任感的优秀人才，为社会和国家的发展做出积极贡献。

(二) 培养过程指导

培养过程是指从博士生"入口"到"出口"的全过程，指导博士生的学术与职业发展，囊括招生指导、培养指导、论文指导以及就业指导等方面。培养过程指导是检验博士生导师履职能力最为重要的观测指标。同时，有效协调培养过程指导是提升博士生导师履职能力的重要因素，整个培养过程指导是一个博士生导师的全过程责任的体现，对于每一项工作的完成都反映出博士生导师履职能力的高低。招生指导是博士生导师科学选才和育才能力的重要体现，一定程度上也是后续培养指导等工作开展的有力支撑。论文指导是培养过程中的重中之重，博士生导师按照相关要求开展论文工作，既展现出博士生导师落实责任，也是履职能力提升的途径。就业指导则是对于学生个人发展的关注，帮助其树立正确的就业观，实现高质量就业。综上所述，导师履职能力的提升与改善离不开培养过程指导的细化落实。

(三) 学术科研指导

导师学术科研指导的内涵具体是指研究课题选择、研究设计和方法、文献综述、数据收集和分析、学术论文撰写以及学术交流和发表等方面。导师的学术水平和经验、导师与博士生之间的沟通与互动、学科研究环境和资源支持、博士生的学术能力和研究兴趣，以及时间管理和项目安排等因素都会影响博士生学术科研指导的质量和效果。博士生导师具备学术科研指导能力的重要意义在于促进博士生的学术成长、提升研究能力、保障研究的科学性和可靠性、培养创新思维和独立思考能力，促进学术交流和合作，以及为博士生的职业发展提供支持。导师的指导能力对于博士生的整体发展与未来的学术和职业道路起着关键的作用。学术科研是整个博士生教育中最为重要的组成部分，导师学术科研指导对研究生科研规范、学术思维的形成具有关键性影响。学术科研指导包括学术规范指导、学术活动指导、科研指导与科研成果相关方面，导师在此过程中不断提升自身发展与履职能力。

（四）和谐导学关系

和谐导学关系的内涵包括相互尊重与信任、共同目标与明确期望、良好沟通与反馈、学术指导与支持、学术自主与独立性，以及健康的心理支持与人际关系。导师的素质与能力、博士生的学术能力与态度、沟通与反馈机制、学术环境与团队文化，以及个人性格与价值观等因素都会对博士生和谐导学关系的形成和发展产生影响。和谐导学关系在于促进博士生的学术成长与发展，激发学习与探索动力，维护心理健康与幸福感，提高职业发展与就业竞争力，以及提供学术交流与合作机会。建立和谐导学关系有助于实现博士生与导师共同成长与成功，为博士生的学术道路和未来的职业发展奠定坚实基础。导师如何处理好师生矛盾提升履职能力也成为一种考验，博士生导师既是学业导师也是人生导师，而导师待人接物、为人处世的态度对博士生的影响更为深远。因此，构建和谐导学关系也是博士生履职能力的一个影响因素。

三 导师履职能力评价指标设计

（一）评价指标选取

该指标体系的构建将"立德"与"树人"要求有机结合在一起，以客观事实为准则，真实地度量博士研究生导师履职的情况，全方位、多维度地诠释导师履职能力在博士生全过程培养环节的评价指标。第一，关注高素质人才的培养。思政引领是导师在博士生培养过程中对其进行思想教育和政治引导的能力。在国家层面上，培养高素质的人才是国家发展的重要需求。通过导师的思政引领，可以帮助博士生树立正确的世界观、人生观和价值观，强化爱国主义精神和社会责任感，培养具有良好道德品质和社会担当的高级专业人才。第二，促进学术研究与知识创新。导师的培养过程指导对博士生的学术研究和知识创新起到重要的促进作用。通过导师的指导，博士生能够系统地学习专业知识、培养独立思考和创新能力，从而在其研究领域做出原创性的学术成果。导师的培养过程指导还涉及博士生的职业规划。通过为博士生提供就业指导、职业规划建议和创新创业支持，导师能够帮助博士生更好地适应职业发展和社会需求，发挥其专业技术和研究成果的社会效益。第三，关注导师角色与学生发展。师生建立在相互理解和共同目标的基础上，导师能够更好地理解博士生的学术需求和个人目标，并提供恰当的指导和支持。导师通过与博士生的合作与互动，促进学生的学术发展、自我探索和职业规划，从而更好地履行导师的教育和培养职责。全过程培养的博士生导师履职能力评价指标见表1。

表1　　全过程培养的博士生导师履职能力评价指标

一级指标	二级指标	观测点
A1 思想政治引领	B1 思政教育	C1 开展思想教育 C2 开展课程思政 C3 开展导学思政实践 C4 开展家国情怀教育 C5 开展面向国家重大需求的实践教育
	B2 党团活动	C6 支持研究生参与党团活动 C7 鼓励研究生参与"创先争优"和"双带头人"等评选
	B3 思想动态	C8 引导研究生树立正确的价值观 C9 严守言论和政治规矩，发挥表率作用 C10 及时了解研究生思想动态，每学期与研究生至少进行2次谈心
A2 培养过程指导	B4 招生指导	C11 严格完成研究生招生命题、阅卷、复试 C12 录取一流大学和一流学科生源 C13 科学公平选才，考量考生综合素质和能力
	B5 培养指导	C14 指导研究生数量合理，指导精力充足 C15 指导研究生科学制定培养方案 C16 督促研究生高质量完成课程学习 C17 支持并指导研究生完成实习实践环节 C18 合理规划研究生学制，严格控制学制延期

续表

一级指标	二级指标	观测点
A2 培养过程指导	B6 论文指导	C19 引导研究生科学选题，按时高质量完成论文开题 C20 指导研究生高质量按时完成中期考核，做好分流退出工作 C21 指导研究生高质量按时完成学位论文，并通过预答辩 C22 指导研究生高质量按时完成学位论文，一次送审通过 C23 指导研究生高质量按时完成学位论文答辩 C24 指导研究生获得优秀论文，无不合格抽检论文
	B7 就业指导	C25 指导研究生树立正确的就业观，培养职业化素养 C26 指导研究生制定职业规划，高质量就业
A3 学术科研指导	B8 学术规范	C27 指导研究生遵守学术道德，无学术道德问题 C28 指导研究生治学态度严谨，无学术失范行为 C29 规范研究生学术成果归属，无成果造假或争议事件
	B9 学术活动	C30 每月至少与每个研究生进行 2 次学术研讨，每学期至少安排每个研究生作 2 次研究报告 C31 支持研究生出校/出国/出境学习交流、实践和访学
	B10 科研指导	C32 为研究生提供必要的科研条件（实验条件、场地条件、设备条件和经费条件等） C33 指导研究生制定研究方向，合理安排研究生科研工作
	B11 科研成果	C34 指导和激励研究生在学习期间取得研究成果 C35 不存在成果造假或争议事件等
A4 和谐导学关系	B12 教学相长	C36 尊重学生，因材施教，关注研究生身心健康，共同发展 C37 师生关系和谐相处，无不正当、无不和谐导生关系
	B13 学生权益	C38 科学合理、公平公正发放助学金、津贴等 C39 尊重保护研究生合法权益，不存在强行安排学习和科研之外的任务和条件
	B14 评奖评优	C40 在评奖评优活动中，客观公正地评价研究生 C41 在创新创业、竞赛等活动中，指导研究生

（二）评价指标权重计算

本文采用李克特量表，通过专家问卷收集数据，根据表 1 所示的博士生导师履职能力的全过程评价指标，向博士生导师发放 50 份问卷，形成各级指标重要性的调研结果。为了使得最终计算结果更加准确，采用熵权法计算客观权重，与层次分析法结合计算出最终的各级指标权重。

在运用层次分析法前需要首先对问题构造金字塔模式的层级，随后对同级内各指标建立两两对比矩阵，采用托马斯·赛蒂的"1—9"标度法，取两两指标相互比较重要性进行评判，因本文篇幅有限，仅对 C14—C18 三级指标建立判断矩阵进行描述。

本文通过求取判断矩阵的最大特征值和特征向量，即可得到各指标对应的权重值。使用相同步骤计算各一级、二级指标与其余三级指标的基于层次分析法的权重。由于对博士生导师履职能力评价为三级指标，因此需要对各层级的指标分别计算赋权。从所有回收到的有效问卷中任取 5 份，对这 5 份问卷中二级指标 B5 下属的三级指标 C14—C18 为例，使用熵值法与层次分析法分别计算权重，并进行主—客观权重组合赋权。结果如表 2 所示。

表 2　　　部分专家对三级指标 C14—C18 打分情况熵值统计

项	信息熵值 e	信息效用值 d	权重系数 w（%）
专家 1	0.9284	0.0716	36.87
专家 2	0.9718	0.0282	14.49
专家 3	0.9675	0.0325	16.74
专家 4	0.9954	0.0046	2.36
专家 5	0.9426	0.0574	29.54

以此类推分别计算 5 位专家对各上级指标对应的下级指标打分情况的权重，作为该名专家打分情况的客观权重数据。对构建所得的两两对比矩阵，并根据式对矩阵进行一致性检验，计算得到其 CI 值为 0.073，查询矩阵阶数与 RI 值对应表格，得 5 阶矩阵对应 RI 应为 1.12。使用此 RI 值按照公式计算得到 CR = 0.066，该 CR 值大于 0 且小于 0.1，表明构建的对比矩阵合理，通过一致性检验，可以进行后续计算。并对其求取最大特征值和特征向量，可得到各指标对应的权重值，如表 3 所示。对一级、二级指标构建判断矩阵，并使用特征根法求取各个指标在层次分析法中的权重。

表 3　　　层次分析法计算得到三级指标 C14—C18 权重

三级指标	权重
C14 指导研究生数量合理，指导精力充足	0.23
C15 指导研究生科学制定培养方案	0.48
C16 督促研究生高质量完成课程学习	0.06

续表

三级指标	权重
C17 支持并指导研究生完成实习实践环节	0.03
C18 合理规划研究生学制，严格控制研究生学制延期	0.2

以上使用了熵值法与层次分析法对同一指标分别计算权重，其中熵值法属于客观评价方法，层次分析法属于主观分析方法。为降低主观因素对评判结果的影响，采用主—客观结合赋权方法，分别运用熵值法与层次分析法对数据进行分析，并使用拉格朗日乘子法对两种方法计算得到的不同权重组合赋权，得到该项指标在评价体系中的最终权重。计算结果如表4所示。

表 4   三级指标 C14—C18 主—客观权重组合赋权

三级指标	AHP 计算权重	熵值法计算权重	拉格朗日组合赋权
C14	0.23	0.37	0.32
C15	0.48	0.14	0.28
C16	0.06	0.17	0.11
C17	0.03	0.02	0.03
C18	0.20	0.30	0.27

对所有问卷的各级指标使用同样的方法，最终得到 H 大学博士生导师履职能力评价指标的权重，计算结果见表5。其重要排序为：学术科研指导最为重要，其次为培养过程指导、思想政治引领、和谐导学关系。

（三）实证研究与分析

以上评价指标可用于大学对博士生导师履职能力的评价。基于此，本文通过以 H 大学所有博士生导师为研究对象进行实证研究。为较客观评价 H 大学博士生导师履职能力情况，将评价指标做成问卷发放给 H 大学所有博士生，请他们对其导师的履职能力进行评价，回收有效问卷占发出问卷的 84.3%。按照 1 分最差，5 分最好记，H 大学博士研究生导师履职情况得分为 4.3379 分（见表5），总体良好。4 项一级指标中，和谐导学关系分项得分最低，思想政治引领得分最高。

表5 博士研究生导师履职能力评价指标权重及H大学导师履职能力评价得分

一级指标	权重	二级指标	权重	三级指标	综合权重	导师履职得分	导师履职各一级指标总得分
A1 思想政治引领	0.23	B1 思政教育	0.38	C1 开展思想政治教育	0.25	0.2053	1.3385
				C2 开展课程思政建设	0.19	0.1385	
				C3 开展导学思政实践	0.19	0.1685	
				C4 开展家国情怀教育	0.17	0.1398	
				C5 面向国家重大需求，开展实践教育	0.20	0.0756	
		B2 党团活动	0.26	C6 支持研究生参与党团活动	0.54	0.1237	
				C7 支持研究生积极参与党建"创先争优"和"双带头人"等评选	0.46	0.1346	
		B3 思想动态	0.36	C8 引导研究生树立正确的价值观	0.42	0.0733	
				C9 严守言论和政治规矩发挥表率作用	0.31	0.1505	
				C10 及时了解研究生思想动态，每学期与研究生至少进行2次谈心谈话	0.27	0.1287	
A2 培养过程指导	0.27	B4 招生指导	0.29	C11 严格完成研究生招生命题、阅卷、复试	0.33	0.0603	1.2693
				C12 接收一流大学和一流学科生源	0.29	0.0830	
				C13 科学公平选才，对考生综合素质和能力进行考量	0.38	0.1240	
		B5 培养指导	0.22	C14 指导研究生数量合理，指导精力充足	0.28	0.0602	
				C15 指导研究生科学制定培养方案	0.25	0.0654	
				C16 督促研究生高质量完成课程学习	0.15	0.0836	
				C17 支持并指导研究生完成实习实践	0.20	0.0927	
				C18 合理规划研究生学制，严格控制研究生学制延期	0.12	0.0705	

续表

一级指标	权重	二级指标	权重	三级指标	综合权重	导师履职得分	导师履职各一级指标总得分
A2 培养过程指导	0.27	B6 论文指导	0.25	C19 引导研究生科学选题，按时高质量完成论文开题	0.11	0.0616	1.2693
				C20 指导研究生按时高质量完成中期考核，妥善做好研究生分流退出工作	0.25	0.0863	
				C21 指导研究生按时高质量完成学位论文，通过预答辩	0.16	0.0920	
				C22 指导研究生按时高质量完成研究生学位论文，一次送审通过	0.24	0.1078	
				C23 指导研究生按时高质量完成论文答辩	0.13	0.1068	
				C24 指导研究生获得优秀论文，无抽检不合格论文	0.11	0.0831	
		B7 就业指导	0.24	C25 指导研究生树立正确的就业观，培养职业化素养	0.51	0.0485	
				C26 指导研究生制定职业规划，高质量就业	0.49	0.0435	
A3 学术科研指导	0.30	B8 学术规范	0.26	C27 指导研究生遵守学术道德，无学术道德问题	0.37	0.0453	0.7703
				C28 指导研究生治学态度严谨规范，无学术失范行为	0.28	0.0649	
				C29 规范研究生学术成果归属，无成果造假或争议事件等	0.35	0.0846	
		B9 学术活动	0.23	C30 每月至少与每个研究生进行2次学术研讨和每学期至少安排每个研究生作2次研究报告	0.44	0.0605	
				C31 支持研究生出校/出国/出境学习交流、实践和访学	0.56	0.1673	
		B10 科研指导	0.27	C32 为研究生提供必要的科研条件（实验、场地、设备和经费等条件）	0.57	0.1786	
				C33 指导研究生制定研究方向，合理安排研究生科研工作	0.43	0.0467	
		B11 科研成果	0.24	C34 指导和激励研究生在学期间取得成果	0.47	0.0526	
				C35 无成果造假或争议事件等情况	0.53	0.0698	

续表

一级指标	权重	二级指标	权重	三级指标	综合权重	导师履职得分	导师履职各一级指标总得分
A4 和谐导学关系	0.20	B12 教学相长	0.33	C36 尊重学生，关注研究生身心健康发展，相互学习，共同发展	0.52	0.1098	0.9598
				C37 师生关系和谐相处，无不正当不和谐师生关系	0.48	0.2028	
		B13 学生权益	0.36	C38 科学合理、公平公正发放助学金、津贴	0.50	0.1728	
				C39 尊重保护研究生合法权益，无强行安排学习和科研之外的任务和条件	0.50	0.2304	
		B14 评奖评优	0.31	C40 在评奖评优活动中客观公正评价研究生	0.48	0.1428	
				C41 在创新创业、竞赛等活动中指导研究生	0.51	0.1012	

针对 H 大学导师履职得分进行分析可以发现：

从整体上看，在博士生教育所有环节中，博士生导师履职基本情况如下：学术科研指导履职是导师最为重要的职责，培养过程指导次之，思想政治引领、构建和谐导学关系居于三、四位。H 大学博士生导师得分由高到低情况依次为：思想政治引领、培养过程指导、学术科研指导、和谐导学关系。

（1）在思想政治引领履职层面，思政教育发挥的作用最为明显、得分最高，博士生导师积极了解思想动态紧跟其后，鼓励博士生参与党团活动得分稍微低于其他两项。其中，"开展思想政治教育"为思想政治教育中权重最高项，"引导研究生树立正确的价值观"是思想动态中权重最高项，"支持研究生参与党团活动"是党团活动权重最高项。

通过对 H 大学导师履职得分分析，H 大学导师对博士生积极进行思想政治教育、践行课程思政建设、注重家国情怀教育等。但是 H 大学博士生导师在"面向国家重大需求，开展实践教育"得分仅为 0.0756，"在引导研究生树立正确的价值观"得分仅为 0.0733，思想政治教育引领工作仍然存在亟须解决的问题。其原因之一可能为部分博士生导师面临教学与科研的双重压力，将更多时间和精力放在科研，缺乏思政育人理念，方法缺乏科学性；原因之二可能是博士生导师认为博士生阶段已经是具备独立意识的成年人，忽略正确的价值观引导。

（2）在培养过程指导履职层面，招生指导的重要性最为突出，依次是论文指导、就业指导、培养指导。其中，"科学公平选才，对考生综合素质和能力进行考量"是招生指导权重最高项；"指导研究生数量合理，指导精力充足"是培养指导权重最高项；"指导研究生按时高质量完成中期考核，妥善做好研究生分流退出工作"是论文指导权重最高项；"树立正确的就业观，培养职业化素养"是就业指导最高项。

针对H大学博士生导师履职得分可以发现，在培养过程指导履职环节仍存在诸多需要解决的问题。招生指导履职能力方面，博士生导师参与博士生招生的重视程度不充分，对优秀生源的吸引力不足；在培养指导能力方面，H大学博士生导师得分整体偏低，培养质量效果不佳；在论文指导能力方面，H大学对于开题、中期考核作用的重视性严重低于其他各项；在就业指导方面，博士生导师履职得分不超过0.05，就业指导认同度低。究其背后根源可能集中在以下方面：第一，博士生导师对于招生认识度不够，对于招生保持一种"得过且过"的态度；第二，博士生导师自身职责认知不清晰，同时，高校管理部门缺乏对于博士生导师职责履行的引导性；第三，博士导师"重任务，轻指导"现象严重，论文指导存在误区。

（3）在学术科研指导履职层面，科研指导、学术规范、科研成果与学术规范的重要度相差无几。遵守学术道德、提供学术活动学习机会、必要的科研条件等都是导师必须履行的职责。

对H大学导师学术科研指导履职分析，博士生导师存在诸多履职不到位的地方。在学术规范方面，导师履职学术规范教育缺失，整体得分偏低；在学术活动方面，"每月至少与每个研究生进行2次学术研讨和每学期至少安排每个研究生作2次研究报告"，导师履职得分仅0.0605，履职情况不理想；在科研指导，"指导研究生制定研究方向，合理安排研究生科研工作"得分仅为0.0467，H大学博士生导师存在名义导师的问题，博士生导师不提供实质指导。H大学博士生导师科研指导履职能力不强的原因在于：其一，博士生导师学术规范意识还有待提高，并未充分发挥导师以身作则的作用；其二，博士生导师育人意识不强，对于博士生导师岗位职责领会不够，同时，博士生导师知识与能力发展未及时更新，无法满足博士生科研诉求；其三，博士生培养环节中深受学术商业化的影响，存在将博士生作为"科研民工"的想法，博士生只是为科研项目服务的意识，影响博士生导师履职能力。

（4）在构建和谐导学关系履职层面，维护学生权益、实现教学相长与评奖评优指导均是有效影响导学关系履职的有力的因素。从H大学博士生导师导学关系的得分看，博士生导师履职情况良好，履职能力突出。尊重学生，关注博士生身心健康发展，相互学习共同发展，积极营造和谐的导学关系氛围。

四 博士生导师履职能力提升的举措

基于构建的评价指标，及对其实证研究所得的结果分析，提出如下提升策略。

（一）以严格博士生导师立德树人要求为根本

博士生导师必须加强自身道德修养，严格遵守自身职业道德规范。研究生导师坚持立德树人职责，首先要坚持教育者先受教育，努力成为具有较高人格魅力和学术素养之人，为研究生的全面发展做出贡献[①]。博导作为博士生成长路上的引路人，既是学业导师又是人生导师，师德高尚的博士生导师会有强烈的内在道德感，并注重在指导与日常教学中坚守以德立身、以德立学、以德施教的理念，以助力博士生成长成才为己任，以自身优良的品德和人格魅力感染博士生，对他们产生潜移默化的影响，引导博士生在学术与生活上形成强烈的责任感与使命感，最终成为具有家国情怀、品德高尚、能够独立从事科研工作的预备军。具体路径方面，其一，学校学院牵头搭建平台，鼓励导师根据自身专业专长进行思政教育，发挥辅导员与博士生导师的思政育人联动机制，明确具体的思政工作，减少博士生教育的管理盲区，既能让博士生导师清楚自身职责所在，又能减轻博士生导师的工作压力与强度，给予其足够自由发挥的空间创新思政工作，提升思政工作履职能力。其二，改变传统的育人认知，当今社会的博士生

---

① 侯士兵、叶定剑、吕江英、张碧菱：《研究生导师思想政治教育首要责任落实路径探析》，《思想理论教育导刊》2020年第3期。

由于学习年限、社会环境等因素在"象牙塔"内的生活时间较久,其相应年纪的成熟度相较以前的博士生略微低,因此,博士生导师可以借助日常科研训练渗透与思政座谈会等形式加强对博士生的正确价值观的引导,定期了解博士生的思想动态。

(二) 以完善博士生导师管理制度为前提

正如马克斯·韦伯所言:"具备学者的资格与成为合格的教师,并不是完全相同的事情。一个人可以是杰出学者,与此同时也有可能是糟糕透顶的老师。"① 由于绝大多数高校在博导遴选的时候是基于硬性指标衡量,其本质还是以学术能力为导向。因此,加强对博士生导师的管理是关键一环。针对加强博导管理,笔者基于实践提出以下建议:其一,强化博士生导师上岗管理,科学制定博士生导师认定标准,学校在选择导师的过程中,不仅要看重学术水平,还要考察政治素质、师德师风、育人能力、教学指导经验和培养条件。通过组织新认定导师宣誓仪式等活动强化导师岗位意识,取消导师资格终身制,对不符合招生资格条件的导师要及时停止其招生资格。其二,完善博士生导师在岗履职制度,加强在岗情况考核,深入了解和掌握导师在研究生思政教育、学业指导、学术训练、科研指导和导学关系等全方位的履职情况。其三,健全博士生导师退岗机制,制定导师岗位职责负面清单,对于未能履行立德树人职责的导师,学校和培养单位应根据管理规定采取约谈、限招、停招和取消导师资格等处理措施。对违反法律法规、学术道德、校规校纪的导师,依据国家法律法规和学校有关规定予以处理,并对有关责任人予以追责问责。为确保研究生培养工作的严肃性和规范性,切实提高培养质量,对于导师退出指导岗位所涉及的研究生,应妥善安排,做好后续培养工作。

(三) 以加强博士生导师自身发展为动力

复杂的社会环境致使人在其中扮演着各种各样的角色,那么博士生导师就需要履行不同的责任,如何巧妙化解不同职责之间的冲突,使自己有清晰明确的定位,充分发挥导师职责的育人作用,这就需要博士生导师不

---

① [德] 马克斯·韦伯:《学术与政治》,冯克利译,生活·读书·新知三联书店1998年版,第21页。

断以加强自身发展为动力，提升其履职能力。一些初次担任博士生导师岗位的学者，其专业理论扎实、科研成果丰富，但是，其在博士生指导上可能经验匮乏，使得在博士生培养的过程中频繁出现难以把控的局面，严重影响博士生培养质量。因此，不论是从博士生导师视角出发，抑或是行政管理部门都应聚焦博士生导师自身发展。培养单位应采用多样化的形式为导师提供职业发展方面的培训，提升博导履职能力。在培训内容的选取上，要区别于硕士研究生导师培训，善于把握博导岗位的特殊性，主要集中在博导育人、专业发展以及领导力相关层面，建立常态化、规范化、系统化的导师培训机制[1]。与此同时，鼓励打破学科、专业之间的局限，定期举办不同领域的博士生导师交流论坛，向优秀博导看齐，发挥榜样示范作用，并鼓励分享其在博士生培养过程的独特经验，从跨学科、跨专业的视角共同促进博士导师自身发展。

（四）以厘清博士生导师责权利益为关键

"师道尊严"的传统观念依然影响着师生关系的建立、互动与维系，导师与研究生之间的隐形等级关系尤为明显，在这种文化传统的影响下，导师具有绝对权威和不容置疑的权力。博士生教育中，博士生导师存在着权力过大问题，博士生导师在很大程度上决定着一个博士研究生能否成功入学与毕业。当然在"导师第一责任人"的背景下，博士生导师要对博士生各个方面负责，博士生导师也面临着责任带来的职业压力。在繁重的责任要求下，博士生导师的心理、行为也会产生波动，而负面情绪会在一定程度上加剧导学关系的矛盾。在提升履职能力方面，博士生导师最为主要的是需要以情感投入为基础，以尊重信任与共情为核心，消除师生沟通上的隔阂，学会思考博士生的处境，关注学生学业与生活上的困难。同时，博士生导师要转变看待学生的观念，博士生不仅仅是学术合作者，导师要维护学生的权益，及时给予博士生足够的经济保障以减轻其经济上的压力，合理安排学习与科研任务，共同解决学术难题，营造博士生成长的安全环境。

---

[1] 林靖云、刘亚敏、杜学元：《祛魅与治庸：博导"放羊"现象治理路径研究》，《高教探索》2022年第3期。

（五）以监测博士生导师育人质量为抓手

一是构建博士生导师自我评价、学生评价、培养过程履职评价、督导评价的"四位一体"评价体系，改变以科研为导向的导师考核评价体系，将导师对研究生思想政治教育、培养过程指导、学术科研训练、职业生涯规划和日常管理等纳入评价指标体系中，综合评定其工作业绩，建立动态聘任制度。

二是健全博士生导师招生资格审核机制，综合考虑师德师风、学术水平、投入精力、科研任务和培养质量，确定导师招生资格及指导研究生的限额。导师招生资格审核认定工作发挥着监督导师教学、科研、培养研究生的作用，也能够促进导师和研究生的科研成果产出，有利于导师之间合理竞争和激励机制的形成。

三是建立博士生导师自我监督、培养单位整体监督、学校督导监督三级履职监督管理体系，并运用信息化手段，每学年对导师履职情况进行过程管理和总结分析，对师德失范的导师要严肃处理，并对有关责任人予以追责问责。

Research on the Evaluation of Doctoral Supervisor's Performance Ability Based on Whole Process Training

Li Sheng   Cheng Ying   Li Chunlin

Abstract: The role of a doctoral supervisor, as the primary individual responsible for nurturing doctoral students, is the foundation and source of educational excellence. However, issues surrounding the fulfillment of these responsibilities have become increasingly common, due to the lack of performance ability evaluation mechanism. Therefore, this study commences with a review of existing literature to comprehensively analyze the supervisory capacities of doctoral supervisors within the entire cultivation process. Through an in-depth examination of key mentoring stages, a supervisory accountability framework is formulated, which is founded on the holistic doctoral student cultivation process. The study employs the entropy weighting method to determine objective weights, and by integrating the analytic hierarchy process, final weightings for various hierarchical indicators are computed. This methodology is then applied to elucidate the performance scores of supervisors at University H, encompassing their roles in ideological and political guidance, guidance throughout the educational process, academic and research direction, and fostering a harmonious supervisory-advisee relationship. Then the study puts forward several practical measures.

Keywords: whole process cultivation; doctoral supervisor; ability to perform duties; evaluate

陕西地方高校创新创业教育课程建设成效及问题分析[*]

王若梅　唐　攀[**]

摘　要：目前陕西地方高校积极响应国家和地方号召，愈加重视创新创业教育课程建设与管理，不断完善相关制度办法，积极打造专兼结合的师资队伍，注重课程内容的充实与完善，课程安排具有一定体系化，愈发重视学生综合能力发展，考核评价也不断多元化。但是还存在课程目标特色化不足，针对性不够，课程体系化构建不够科学合理，课程内容一定程度上存在重理论轻实践等问题，这些问题主要是由于地方高校管理者尚未形成与时代发展相适应的创新创业教育理念，对创新创业教育的顶层设计仍有不足，课程管理能力水平仍有较大提升空间等原因造成的。为此，陕西地方高校管理者应该提高认识水平，加强顶层设计，完善制度建设，优化课程目标，深研课程结构，重塑课程体系。结合培养特点，充实课程内容，秉持理实并重，改进师资队伍。紧抓评价本质，体现过程评价，加大投入，强化资源建设。

关键词：陕西地方高校；创新创业教育；课程建设；成效及问题

---

[*] 基金项目：2021 年度陕西高等教育教学改革研究重点项目《新时代陕西高校本科教学改革与创新的理论与实践研究》（编号：21BZ050）。

[**] 王若梅，西北政法大学教务处副处长，研究员，硕士生导师，主要研究方向：高等教育管理、高等教育评价、大学教师与课程。唐攀，西北政法大学教育经济与管理专业 2023 届硕士研究生。

一 强化课程建设是改善创新创业
教育的重要抓手

目前国家和地方大力支持创新创业教育纵深化发展，高校作为国家创新主体中的重要一员，不仅仅是向国家和社会输出科技成果，更重要的是为国家和社会输出人才，尤其是创新型人才。所以，高校要加强创新创业教育教学，不断激发大学生群体的创新活力和创造激情并且投身于创新创业实践中。随着创新创业教育实践不断改革发展，国家愈发关注到相关课程在创新创业人才培养中的重要地位。2012年，教育部办公厅便颁布了具有重要意义的《地方高校学校创业教育教学基本要求（试行）》，第一次对高校创新创业教育课程教学作出相应规范与要求，突出了创新创业课程教学的重要地位[1]。此后，在2015年发布的《关于做好2016届全国普通高等学校毕业生就业创业工作的通知》更是指出从2016年起各高校要面向全体学生开设相关课程并纳入学分管理[2]。此后出台的相关文件更是不断强调完善课程体系的重要性。但是，在具体实践中，虽然各高校响应国家号召加强课程建设，2019年全国共建设专门课程2.8万余门，线上课程4100余门，实现了课程数量的迅速增长[3]。但是，从相关研究以及本人对陕西地方高校创新创业教育课程发展现状进行调查发现还存在目标趋同、体系不够健全、内容不够充实等各种问题，相关课程在质量上还远远满足不了学生的学习需求，这就要求各高校在课程管理上发力，加强顶层设计，完善管理制度，强化管理能力，不断改善优化地方高校创新创业教育课程管理各环节各要素，推动创新创业教育课程体系化、纵深化发展。

---

[1] 中华人民共和国教育部，"普通本科学校创业教育教学基本要求（试行）"，http://www.moe.gov.cn/jyb_xwfb/gzdt_gzdt/s5987/201208/t20120817_140716.html，2012年8月1日。

[2] 中华人民共和国教育部，"教育部关于做好2016届全国普通高等学校毕业生就业创业工作的通知"，http://www.moe.gov.cn/srcsite/A15/s3265/201512/t20151208_223786.html，2023年4月3日。

[3] 央广网，介绍深化高校创新创业教育改革有关情况，http://www.moe.gov.cn/fbh/live/2019/51300/mtbd/201910/t20191011_402741.html，2023年4月3日。

二 研究方法及设计

本文主要采用文本分析法和问卷调查法对陕西地方高校创新创业教育课程管理现状展开分析,本文首先通过浏览和收集陕西省教育厅和各地方高校官网进行概况了解,并选取 12 所地方高校有关创新创业教育课程及管理的相关文件进行文本分析,对其创新创业课程发展概况和创新创业教育课程的管理现状进行总体把握,然后在此基础上运用问卷调查法,进一步发现其中存在的问题并分析背后的原因,为陕西地方高校创新创业教育课程管理提出优化意见。

(一) 文本分析研究

为深入了解陕西省属地方高校创新创业教育课程管理现状,本文主要选取了陕西科技大学、西安财经大学、西安建筑科技大学、西安工业大学、陕西理工大学、西安外国语大学、西安邮电大学、西安工程大学、陕西中医药大学、延安大学、西北政法大学、西安理工大学 12 所样本高校,通过对其最新年度的《本科人才培养方案指导意见》《本科专业培养方案》《创新创业教育管理办法》《人才质量培养报告》等文件中有关课程建设制度与管理办法的内容进行对比分析,以期较为全面地把握陕西省属地方高校创新创业教育课程管理的现状。

(二) 问卷调查研究

本文设计了《陕西地方高校创新创业教育课程建设调查问卷》,主要针对上过此类课程的本科生发放问卷,一共由导语、学生基本信息和课程相关情况三个模块组成,共计 31 题。首先在问卷导语部分主要针对问卷调查背景和作答内容进行了简单介绍,其次在学生基本信息部分主要设置了学生性别、年级和专业所属学科 3 个问题以了解学生基本情况。最后在问卷的核心板块——课程相关情况部分一共设有 28 个问题,其中关于学生对相关课程及其目标的认知情况设置了 4 个问题,其次对课程的开设时间、课程数量、课程性质、课程内容、课程类型、课程师资与教学、课程考核、课程资源以及课程实施效果的相关情况展开设计,共计 24 道题。本次调查问卷主要采用了单选与多选相结合、选择题与开放题相结合的方式，以电子问卷的形式在"问卷星"上进行发放，共计发放了 634 份问卷，剔除无效问卷 47 份后，总计回收有效问卷 587 份，有效回收率为 92.59%。

三 陕西地方高校创新创业教育课程建设基本成效

（一）各高校均出台相关管理制度

通过梳理分析样本高校政策文本发现，首先，大多数高校有关创新创业教育课程管理的制度和办法，主要分布在各学校的《关于强化创新创业教育工作的实施意见》《深化创新创业教育改革实施方案》中，主要包括课程体系建设、师资队伍建设与管理、教学管理与学籍管理、课程教学实施与考核等内容，其中陕西科技大学还专门出台了《创新创业导师管理办法（试行）》对创新创业导师进行管理。其次，各高校在学分制度这一块建设较为完善，都出台了专门的创新创业教育学分管理办法等相关制度文件，对创新创业学分的数量、类型、要求、积累和转换等内容的规定较为完整规范。此外，各高校对创新创业教育训练计划项目、创新创业大赛等第二课堂实践活动的管理制度建设也比较完善，12 所高校均出台了专门的大学生创新创业竞赛和大学生创新创业训练计划项目管理办法，在一定程度上展现出陕西地方高校对创新创业教育实践的重视程度。

（二）积极打造专兼结合的教师队伍

依据部分样本高校官网以及《2021—2022 年度本科教学质量报告》得到有关创新创业师资队伍建设的相关数据，具体如表 1 所示。可以发现各高校创新创业课程师资均成立了一支专兼结合的创新创业师资队伍，其中西安建筑科技大学师资力量最为雄厚，拥有专职教师 134 名，兼职教师 230 名，能够较好地满足对该校学生创新创业教育理论与实践的指导与服务。

表 1　　　　部分样本高校创新创业教育专兼职教师数量

学校名称	专职教师	兼职导师
陕西科技大学	21	73

续表

学校名称	专职教师	兼职导师
西安建筑科技大学	134	230
西安外国语大学	3	53
陕西理工大学	23	335
西北政法大学	18	88
西安邮电大学	14	183
西安工程大学	3	36
西安工业大学	14	23
延安大学	5	68

此外，各高校不断加强创新创业师资培训，提升师资双创实践与教学能力，如陕西科技大学联合校外机构对校内师资开展专项提升培训，西安建筑科技大学成立了创新创业教育教研室，不断引进专职教师开展双创教育教学及科研工作，聘请知名科学家、著名企业家及创业成功的校友等作为校外导师，通过定期选送外出、专家来校培训等措施，不断提高教师创新创业教育教学能力；西北政法大学送选双创教师去各类创业园、创业中心进行培训学习等。最后，各高校还不断完善教师激励机制，如西安财经大学、陕西理工大学、西北政法大学、西安工业大学、西安理工大学等将"学科竞赛立项项目""大学生创新创业立项项目"等指导情况作为校内教师教研业绩评价指标之一，按照教研、教改项目来核定教师绩效，已经纳入教师职称评定的条件中。

（三）课程安排具有一定的体系化

随着创新创业教育改革发展不断深入，陕西地方高校愈发重视创新创业教育课程的体系化设置，大多都采用了理论课+实践课+专业融合课、第一课堂+第二课堂的课程结构。首先，各高校都强调要将创新创业教育贯穿人才培养全过程，培养具有创新创业知识、创新创业能力、创新创业素质的人才，在顶层设计上方向正确。其次，基本上各高校都开设了理论课程、实践课程和专业融合课程这三类课程（如表2），针对学生的共性与个性的发展需求，既面向全体学生开设了必修和选修相结合的创新创业基础课程，还在此基础上考虑到一小部分对创新创业有初步想法需要相关学习的学生，开设了专门的技能进阶指导课程和虚拟仿真实训课程，主要有不同类型的创客培训班、与专业融合的创新创业模拟实践、与项目结合的实训实践课等，在一定程度上满足了部分学生创新创业需求。

表2　　　　　样本高校创新创业教育课程类型及学分设置情况

学校名称	课程类型	课程性质	学分要求
陕西科技大学	理论课+实践课+专业融合课	通识必修+通识选修+专业选修	3
西安建筑科技大学	理论课+实践课+专业融合课	通识必修+通识选修+专业选修	3.5
陕西理工大学	理论课+实践课+专业融合课	通识必修+通识选修	2
西安外国语大学	理论课+实践课	通识必修+通识选修	5
西北政法大学	理论课+实践课+专业融合课	通识必修+通识选修	7
西安邮电大学	理论课+实践课	通识必修+通识选修	2
西安工程大学	理论课+实践课+专业融合课	通识必修+通识选修	6
西安工业大学	理论课+实践课+专业融合课	通识必修+通识选修	2.5
陕西中医药大学	理论课+实践课+专业融合课	通识选修+专业必修	4
延安大学	网络通识教育课程+本校特色公共选修课	通识选修	4
西安理工大学	理论课+实践课+专业融合课	通识必修+通识选修+专业选修	4

（四）课程内容建设已引起各校普遍重视

各高校除了不断加强相关课程的体系化构建，还不断重视课程相关内容建设，内容逐渐丰富。一是理论课程内容逐渐丰富多元，覆盖面广，涵括了创新创业意识激发、创新创业思维训练以及创新创业所需的多维度知识与能力内容，有利于为学生今后的创新创业实践打下坚实的理论基础。二是实践课程注重第一课堂与第二课堂相结合，内容更加注重实践性，主要包括各级各类学科竞赛、虚拟仿真模拟实训、学术沙龙、创新创业项目计划、创客实训班、企业运营模拟实战等，切实提升学生创新创业实践能力。三是针对部分具体专业实施不同创新创业专业学科课程，如陕西中医药大学就要求各学院基于不同学科专业要针对每一门专业开设一门符合专业发展需要的创新类或创业类课程1门，其中《小儿推拿保健学数字化创新创业课程》《创新创业视域下的中药鉴定》《临床影像新技术与信息学》三门课程被认定为陕西高校创新创业教育课程。

表3　　　　部分样本高校创新创业教育课程内容建设情况

学校名称	理论课程	实践课程	专业融合课程
陕西科技大学	创新创业基础、大学生创新创业基础"翻转魔方"课程、系统思维与决策等	各级各类学科竞赛、学生创业项目、大学生创新创业训练、创新创业实践等	数据驱动下问题求解的创新方法、无机材料科学基础、"手作之美"皮具创意设计与制作、制药工程前沿等
西安建筑科技大学	创新创业基础、创新创业教育导学、科技创新与创业、结构创新实践等	创新创业竞赛、大学生创新创业训练等	城市规划思维训练、结构创新实践、发明创造思维与水处理技术变革、环境类大学生创新创业能力培养与实践等
陕西理工大学	创新创业基础、互联网与营销创新、系统思维与系统决策、思辨与创新等	创新创业训练计划项目、学科竞赛项目、学生创业项目、创业大赛项目等	机电产品创新设计与实践、聚合物合成工程等
西安工程大学	创业管理、创新创业基础、产品创新设计、创新创业项目实践等	学科竞赛、大学生创业训练计划项目等	时尚品牌策划与创业、艺术印染产品创新设计与创业实践等
西安工业大学	移动互联创新实践、精益创业与商业模式、创新创业案例	理科创新思维实训、人文素养创新创业实训、学科竞赛、大学生创新创业训练等	智能制造创新创业实训、智能产品创意设计等
陕西中医药大学	创新创业基础等	学科竞赛；创新创业训练等	小儿推拿保健学数字化创新创业课程、创新创业视域下的中药鉴定、临床影像新技术与信息学等
西安理工大学	创业基础、创造性思维与创新方法、创业概论与实践、创新创业基础课程等	理工创新工坊、创新创业实训、创新全过程实战体验、创新基础与实践、学科竞赛、大学生创新创业训练	汽车理论、工程技术综合创新实践、电子设计创新创业实训等

（五）课程实施不断重视学生能力发展

首先，从课程组织形式来看，在学校层面面向全体学生开设了创新创业相关的通识必修课和选修课，在此基础上还为一小部分对创新创业感兴趣有初步想法需要相关学习的学生，开设了专门的技能进阶指导课程和虚拟仿真实训课程，在学院层面则针对部分具体专业实施不同创新创业专业学科课程。

其次，从课程教学方式来看，各高校不断创新相关课程的课堂教学方式，逐步认识到实践在创新创业教育课程中的重要性，开始使用更加多元化、多样化的理论与实践相结合的教学方式方法，在理论课上不断重视学生的主体性作用，采用诸如项目研究式、启发研讨式、PBL教学法、实践调研式等教学方式，充分调动学生在课堂上的问题意识和主观能动性，在实践课程和实践活动中鼓励学生参加各级各类学科竞赛、虚拟仿真模拟实训、企业运营模拟实战等，将理论与实践相结合、创意与行动相结合，切实提升学生创造型思维、创新意识和创新创业实践能力。

（六）课程考核评价具有一定的多样性

课程考核评价不能只是简单地对教师教学和学生成绩做一个总结性的评价，同时还要能够为课程的各个环节持续改进优化提供反馈意见，这是高校进行课程管理，提高课程质量的重要参考依据。目前陕西地方高校创新创业课程评价总体趋于多样，采用终结性与过程性评价相结合的方式，将学生期末成绩和平时课堂表现相结合，对不同类型的课程采用考察或是考核的方式，灵活考察学生的学习成效。课程考核方式在一定程度上逐渐实现多元化，既有课程论文、理论考试，还有诸如创新创业计划书、创业项目设计、创意产品设计、参与创新创业实践和大赛等考察学生相关能力的考察方式，越发注重考察学生的过程性学习和能力提升情况。

四 陕西地方高校创新创业教育课程建设的主要问题

（一）课程目标特色化不足，针对性不够

通过对12所样本高校的课程目标进行比较发现，首先，虽然各高校对创新创业教育培养目标有了较为正确的认识，不再将创新创业教育"窄化"为创业教育，注重培养学生有关创新创业综合素质能力。但是这种看似完整的课程目标表述不够具体，只是概括性地表述为创新知识、创新意识、创新能力，没有针对这三个方面的具体表述，显得太过笼统，很难正确地认识与把握，对后续的体系构建、内容设计、实施评价各环节提供具体的科学指导。最值得注意的是，不同类型的高校之间课程目标也高

度一致，未与自身实际和学科发展特色进行有机融合。另外，在调查过程中还发现部分高校的课程目标缺乏针对性，没有考虑不同学生群体的需求设置不同的课程目标，难以激发不同个体特征学生学习此类课程的积极性，也容易导致相关课程针对性和实效性不足，无法满足人才培养需求。

(二) 课程体系化构建不够科学合理

首先，陕西地方高校普遍存在选修课占比较大、理论课和实践课设置不均衡，专业融合课开设率较低等问题，主要体现在各高校必修课基本上只开设了1—2门，甚至还有个别高校没有将创新创业课设置为必修课，而通识选修课较多且以线上为主，若没有较强的兴趣和学校引导，学生选择相关选修课可能性较低。此外，根据前文分析可以发现大多数高校还明显存在理论课占比较大，实践课相对较少，专创融合课程更少，只是在少数学院对部分专业开设，这种结构比例设置难以较为全面地提高学生相关知识素养和能力的提高，在一定程度上阻滞了学生创新创业能力的发展。其次，从各高校不同类型的课程模块化和层次化安排与设计上来看，虽然双创课程种类繁多，但是管理部门没有根据课程内容的关联性做好分类、设置不同的模块以供学生选择，且更多地设置通识基础课程，提升类课程比较少，没有体现知识结构的进阶型，课程的整体育人成效难以保证。

(三) 课程内容一定程度上存在重理论轻实践现象且更新缓慢

通过观察样本高校相关课程内容发现，首先，无论是通识类课程还是专创融合类课程，都存在理论知识比例过重，实践实训内容涉及较少的一个问题，如对X大学课程内容设置情况进行分析，也可以发现其课程内容更多的是关于创新创业基础性的理论知识。此外，通过问卷发现有25.77%的学生认为学校创新创业教育课程比较偏重于讲授理论知识，47.1%的学生认为创新创业教育课程在一定程度上偏重于讲授理论知识。这进一步说明了相关课程内容还是存在重理论轻实践的现象。另外，课程内容更新缓慢。通过问卷调查发现分别只有4.61%和16.89%的学生认为高校创新创业教育课程内容中最新的政策法规制度、科研成果比较多或是非常多，其余学生普遍认为创新创业教育课程内容更新速度较为缓慢，关于最新的政策法规制度、科研成果等的内容较少，与社会、市场、产业需求接轨程度较低。

(四) 教师教学理念落后且授课方式单一

通过问卷调查发现，34.98%的学生认为创新创业教师的教学水平一般，3.92%的学生认为创新创业教师的教学水平比较低，4.1%的学生认为创新创业教师的教学水平非常低。说明地方高校创新创业教师教学水平还存在较大提升空间，需要不断加强培训与学习。其次，关于创新创业教育课程教师使用教学方法的多样性这一问题，只有34.64%和11.43%的学生认为创新创业教育课程教学方式比较或非常多样，还有39.25%的学生表示教学方式多样性程度一般，8.7%和5.97%的学生认为教学方式缺乏多样性。这在一定程度上表明教师教学理念相对陈旧，缺乏转变以教师为中心的教学模式的传统意识，未完全理解创新创业教育理念的内涵，也未体现以学生为中心的教育理念，也就难以采用多元化的教学方式激发学生学习热情，从而影响课程实施效果。

(五) 考核评价方式重结果轻过程，重课堂轻课外

目前，陕西地方高校不断探索多样的创新创业教育课程评价方式，评价主体也逐渐多元化，但在实际执行过程中重结果轻过程，重课堂轻课外的问题。首先，我们可以发现各高校创新创业教育课程评价考核方式偏功利化，更倾向于考察学生的智性成果，如学术论文、获得奖项、参与项目、完成调研报告、商业计划书等进行考核与评价。其次，实践课程更多以讲座、沙龙、培训班等形式存在，关于相关课程及活动的评价缺乏多元合理的考核评价标准，大部分高校更多的是关注学科竞赛、创新创业大赛、创新创业训练项目等获奖情况，考核评价标准设置得较高，此外，还有些高校简单地将参与讲座、社团、沙龙等各类创新创业教育活动的出勤率作为考核标准，在很大程度上降低了学习挑战性，难以体现学生创新创业意识、知识和能力等方面的提升情况。

(六) 课程资源明显缺乏

创新创业教育课程的提质增效需要较为充足的创新创业课程资源作为重要支撑，但是目前陕西地方高校创新创业教育课程资源还比较匮乏，主要体现在以下几个方面：首先，体现在课程教材方面，通过调查样本高校的创新创业教材发现，只有1—2门必修基础课有专门的教材，主要以大

学生就业创业指导、创业基础、大学生创新创业为主，教材缺乏多样性，教材内容较为陈旧，且以就业创业知识为主，缺乏创新内容，此外各高校在校本教材开发编写这方面也比较薄弱，整体而言，教材种类、教材内容还有待提升。此外，各种可供学生学习的配套教辅材料也非常有限且质量欠佳。其次，在实践教学设施条件方面，相当一部分高校的实验设备、实践教学平台、校内外创新创业实训基地等建设不足。创新创业教育实践课程及活动需要配套建设与不同学科专业需求相结合的实践教学设备或平台，但是目前各地方高校的实验设施、创新创业中心、创新创业实践基地、创新创业科技园等资源较为缺乏，难以为全体学生的创新创业实践提供充分的设施平台保障，难以满足全体学生的创新创业需求。

五　陕西地方高校创新创业教育课程管理问题的成因分析

（一）尚未充分形成与时代发展相适应的创新创业教育理念

根据自组织理论原理，系统的有序发展既离不开外在力量的推动，更需要依靠组织系统内部产生自发动力不断改进优化内部结构实现有序运转[1]。各高校创新创业教育课程的发展在一定程度上需要国家政策和社会力量的继续支持与推动，但是，更需要各高校认识到创新创业教育课程发展的必要性，加强课程建设，自发产生内在动力并付诸行动不断推动创新创业课程的有机管理和持续发展。虽然目前大部分高校认识到创新创业教育不再是简单的为了提高学生就业创业竞争力的就业创业教育，而是一种培养全体学生创新创业综合素质与能力，为学生终身发展奠定基础的教育方式和理念，但是，还是存在理解不够全面深入的问题，较大一部分没有在结合国家、地方、学校、社会和学生等多元主体的角度上形成自己的理解与认识，将创新创业教育课程更多地当作一类促进大学生全面发展的通识教育课程，难以推动创新创业教育、专业教育和文化素质教育有机融合，这一定程度上导致了课程目标趋同化，课程结构不合理、课程内容偏

---

[1]　臧玲玲、梅伟惠：《高校创业教育课程生态系统的生成逻辑与建设路径》，《华东师范大学学报》（教育科学版）2019年第1期。

理论更新慢等问题的出现。

(二) 围绕创新创业教育的顶层设计仍有不足

目前陕西地方高校存在课程目标特色化不足、课程体系化构建不够科学合理、课程内容存在一定重理论轻实践等问题的一个重要原因就是没有作好顶层设计。首先，课程管理者没有把握好共性与个性的统一。虽然在课程目标的设计上高校管理者认识到了创新创业教育是促进学生全面发展的教育，将不断培养全体学生的创新创业意识、知识与能力作为课程目标，但是个性化凸显不足，没有较好地结合地方高校服务地方经济发展的"应用型"和突出办学特色的"个性化"进行特性设计，那么对于后续课程体系的构建也难以体现自己的巧思。其次，课程管理者没有把握好层次性和递进性。大学生创新创业能力发展是一个不断渐进不断完善的过程，课程的安排要考虑到学生在不同发展阶段的能力现状为学生提供相适应的课程，有针对性地提高相关课程的成效与质量。但是，通过对样本高校的课程体系进行分析发现较大一部分高校没有充分考虑学生能力发展的渐进性和差异性，设置更具层次性，更具衔接性的课程体系，基础性的理论课程居多，没有为学生提供较为充足的有层次的进阶课程和强化课程供给。

(三) 课程管理能力水平仍有较大提升空间

科学合理的制定创新创业教育课程目标、构建体系化的课程结构与内容以及协调相关部门形成管理合力，都需要课程管理者具有较强的课程管理水平。但通过调查分析发现，首先，虽然大多数高校都设置了理论课、实践课、专业融合课这三类课程，对相关课程安排具有一定的模块化和体系化设计，但是各类课程之间的联系还不够紧密，没有科学合理地将不同类型的课程进行有机的组织安排，形成连贯的递进的层次结构。另外，管理者的组织协调能力还有待加强。目前地方高校创新创业课程管理工作主要由教务处牵头，各相关部门及教学单位等按职能分工负责。如果课程管理者不能处理好相关部门之间的关系，各学院、各机构、各部门容易职责分散难以形成合力，理论教学与实践活动等也难以有效衔接深入结合，学科专业课程与创新创业课程也难以打破壁垒实现融合。

(四) 课程管理制度不健全

虽然陕西地方高校如火如荼地开展创新创业教育，但是，在管理制度建设方面还未形成完整体系，尤其是创新创业教育课程管理制度还比较零散、不成体系，并且在落实的过程中，配套的政策还是比较缺失的。大部分高校没有出台专门的创新创业课程管理办法，配套的管理制度还未充分建立健全，而是较为零散地分布在总的实施方案和意见中，通过对这些文件梳理，发现目前创新创业教育的课程管理更多地停留在基本教学管理、第二课堂学分认定与转换、创新创业训练项目和创新创业大赛管理等方面。而在课程建设方面缺乏建设办法或是对课程建设的中长期规划，对课程体系化缺乏顶层设计，此外在课程教学方面，没有形成专门的一个教学计划，对教学目标，教学内容，教学方式和考核方式都缺乏一定的规定，最后在教师管理方面，大部分高校未出台专门的管理办法，对师资的聘任、考核等要求较低，制度建设尚未完善。

(五) 师资队伍专业化能力有待改进

目前陕西地方高校普遍存在专兼职教师结构不均衡。首先，专职教师比例较小，有的高校甚至只有个位数，难以满足面向全校学生的教学需求。此外，兼职教师群体庞大，且大多由各学院的专业教师担任或者是辅导员、教务处等行政人员担任，这些教师大多没有接受过系统的创新创业教育理论知识的学习，创新创业实践经验也较为缺乏，对创新创业教育的认识还不够全面深入，再加上本身就承担了较为繁重的专业课教学或是行政工作，常常没有多余的精力去精心准备创新创业教育课程的教学；另外，各高校也会从校外聘请社会知名企业家、创业成功人士、杰出校友、专家学者等优秀人士担任创新创业兼职教师，这一部分师资虽然有着较为丰富的创新创业实践经验，但是，更多的是在学校举办的创新创业讲座和沙龙等活动上分享个人的创业经历或是指导少数学生参与创新创业大赛或项目，无论是在教学形式还是在教学内容上，都难以对学生的知识能力形成系统的、长期的影响。总的来说，各高校创新创业教育师资队伍专业化能力有待改进，需要不断加强对相关教师的培训，提高教师对创新创业教育的认识水平和教学能力，实现创新创业教育的培养目标。

(六) 创新创业教育投入普遍不足

一方面，创新创业课程资源明显缺乏，在很大程度上是因为创新创业教育投入普遍不足造成的。创新创业教育是个大的系统工程，发展创新创业教育需要庞大的资金和充足的资源作支撑，但是目前各地方高校发展创新创业教育主要是依靠国家和地方拨款，其中仅仅购买和维护创新创业实验设施、建设扩充创新创业实践场地的资金就比较庞大，还要将一部分资金用于创新创业教育课程的研究开发、教材开发建设、创新创业项目和相关竞赛的补助与奖励等方面。这些都很难保障课程建设与管理稳定有序地运行。

另一方面，创新创业教育课程具有强烈的实践性，不能单纯地讲授理论而不实践。但是目前大部分高校的实验设备、实践教学平台、创新创业实验室、校内外创新创业实训基地等建设不足。创新创业教育实践课程及活动需要配套建设与不同学科专业需求相结合的实践教学设备或平台，难以为全体学生的创新创业实践提供充分的设施平台保障，难以满足全体学生的创新创业需求。

六 优化陕西地方高校创新创业教育课程建设的策略建议

(一) 提高认识水平，强化顶层设计

当今时代，知识更新不断加快，社会分工日益细化，新技术新模式新业态层出不穷。高校要发挥智库潜能，培育创新创业人才，回应时代发展诉求。此外，"一带一路"倡议为陕西地方高校丰富了创新创业教育的内涵和外延。各高校大学生是创新创业的生力军，不仅需要具备扎实的专业素质，具备相应的创新创业能力还要具备宽广的国际视野。这就要求陕西地方高校要不断深化认识，认识到创新创业教育的长远价值和时代意义，更加积极主动地回应国家及地方需求，以促进创新创业提质增效为导向，革新创新创业教育培养理念，在结合本校人才培养方案、办学定位与特色、优势条件与资源以及外部环境等实际情况的基础上，制订科学严谨、可落实执行的顶层框架与标准体系，在全局视野下，结合自身发展特色和学生发展，不断丰富创新创业教育课程目标内涵，不断改善优化创新创业

教育课程管理各环节各要素，推动创新创业教育课程体系化、纵深化发展，充实课程内容，革新教学方式方法等方面持续发力，促进创新创业教育提质增效。

（二）完善制度建设，优化课程目标

完善的课程管理制度是创新创业教育课程管理活动有序高效开展的重要保障，必须通过不断地完整相关的课程管理制度把课程管理的各个环节有机地结合到一起，联结和组成一个整体，保证课程管理活动的有序、规范、高效的运行。学校首先应建立健全课程建设与管理办法、完善职能制度、健全师生激励和考核评价制度等。另外，陕西地方高校还要优化课程目标，在具有全面性的课程目标的基础上，强调"地方"这一关键词，突出"应用性"。结合学校的特色，突出主要包括地方本科院校的类型特色和个体特色。此外，制定课程目标时需要考虑不同学科专业的特点和侧重点，应用性较强的学科培养目标应当是"技术创新类"，而哲学社会科学类的学科培养目标应当是"文化创意类"。同时，也需要从不同的年级的差异来考虑，大一、大二的教学内容应当侧重于对学生的创新能力的培养，对基础的创新创业理论的理解，大三、大四的学生还应当注重学科的融合，并对基础的创新创业过程有一定的认识。

（三）深研课程结构，重塑课程体系

在构建地方高校创新创业课程体系的过程中，可以采取金字塔式的、梯级式的、与"垂直原则"相结合的设计架构，并将"水平原则"融入其中，从而使每个层次的课程元素更加充实，既注重课程构建的横向贯通，还注重课程设置的纵向衔接。陕西地方高校可以以其自身的实际情况为依据，将其分为三个不同的层面：一是在基础层次扩大选择范围，以理论课程和实践课程、通识课程和专业课程、必修课程和选修课程为基础，综合线上课程和线下课程、学科课程和活动课程等维度架构，对其进行开发和设置，从而建立起一个基本的多元平行的横向课程结构。二是加大中间层次的规模，有针对性地开展以上各类型课程的研发与建设，使创新创业的因素最大化地向相应的学科领域扩散，并通过引进、补充、改造等方式，使创新创业的内容更加丰富与完善，特别是加强专业本科创业教育与创业教育的共性与特色，加强创新创业项目、比赛、讲座与学科专业比赛

等专项课程的设置。三是加强高级层面的整合，将已有的或与之有关的创新创业课程通过模块、系统的方式进行整合，形成多元结构体系。

（四）结合培养特点，充实课程内容

首先，创新创业教育是面向全体学生的教育模式，要关注课程内容的基础性和综合性。大部分学生在步入大学之后才开始涉足创新创业教育，对于该领域的知识和理解程度较为有限。因此，创新创业教育课程的教学内容需要具备一定的基础性，以便更好地向学生介绍相关概念和知识。此外，创新创业人才是一种全面发展的综合性的人才，要求课程内容要具有一定的综合性，打破单一化的内容体系设计，要有机融合通识内容与专业内容，交叉运用不同学科内容，衔接理论知识与实践活动，构建丰富多元充实的课程内容体系，增强创新创业教育课程内容的全面性和综合性。

其次，创新创业教育课程的内容设计要充分关注课程内容的实践性和实用性。各大高校应该立足于自身办学特色，面向地方经济社会发展与行业发展的现实需要，开发设计具有针对性的课程内容，提高课程内容的实用性和前沿性，培养学生适应社会、服务社会的能力。

此外，还要增加实践教学内容，积极引导学生参与学科竞赛、创新创业大赛与和创新创业训练项目等实践活动，最后高校还要在一定程度上加大校外实践活动的比例，让学生走出课堂，走出校门，与社会接轨，关注社会发展，及时把握市场风向，将研究成果转化为实际应用。

（五）秉持理实并重，提升教学能力

目前在创新创业领域从事教学工作的大部分教师都没有系统的创新创业理论知识与实战经验，而其中有教育学背景的教师则更少，多半是辅导员、教务处、就业创业中心等行政管理人员来担任创新创业教育教师，这就使得其对学生的教学能力不足以胜任创新创业教学的需求，因此，要通过外引扩大专业化师资队伍，更要通过内培加强师资培训，帮助教师掌握更丰富多样的创新创业教育理论知识，并协助他们形成灵活多样的教学能力。首先要不断充实教师创新创业教育理论知识，既要加强对教师理论知识和教学方法的培训与培养，还要建立教师群体对创新创业教育的价值认同；其次要通过各种具有针对性的专项培训、课程观摩活动等方式提升该教师群体的教学能力；最后，要加大对教师的创新创业实践支持力度，为其提供实践平台和机会，鼓励相关教师去企业挂职为教师，提升教师的创新实践经历，让教师能将创新创业教育真正带给学生。

(六) 紧抓评价本质，体现过程评价

多尔认为，评价应该是动态的、开放的、复杂的，课程考核评价应该给予学生建设性的批评来帮助学生不断发展。与一般教育不同，创新创业教育注重于培养学生全面发展、终身发展的能力，那么就更应该改变传统的以成绩为导向的终结性评价方式。首先，要根据课程的组织形式的不同选择最适合的考核方式，灵活地采用各种考核方式，更全面地了解学生各方面的成长。其次，注重考核主体的多元性，尤其是在互动式的课堂上、开放式的实践活动中，更应该加入除教师以外的其他评价考核主体，如学生与学生之间的互评、校外导师的评价等；同时在考核标准上，考虑到不同学生的个性特征，不拘泥于一模一样的考核标准，用多元的评价标准发掘每一位学生的潜质。最后，评价要加大过程性评价比例，注重动态性，更多地关注学生学习过程及相关体验，关注学生整体性、全面性的发展，为学生相关能力的成长提供建设性意见，更好地促进学生创新创业能力发展，提高创新创业教育培养质量。

(七) 加大投入，强化资源建设

首先，陕西地方高校要加大相关经费投入。近年来国家和地方政府每年都不断为地方高校提供资金、优惠政策等方面的支持，但是仅仅依靠政府财政的支持，是远远不够的，这就要求地方高校既要"引进来"，还要"走出去"，不断拓宽创新创业教育资金的来源渠道，吸纳多元化的社会资本，扩大创新创业教育资金的供给。

其次，要加大相关资源投入。要加大对创新创业教材、案例库的开发建设，还要加大对校内外实践基地与平台的建设力度，尤其是要拓展校外实践基地和平台的建设，所以地方高校要积极与地方与企业加强合作，通过校地、校企协作搭建产教融合创新创业实践平台，为学生创新创业实践提供更多的场地。

最后，各地方高校也要加强协作，共同建设创新创业课程资源共享平台，实现创新资源的协同共享。同时，建立健全校际的创新创业园、众创空间等孵化平台的合作机制，以提高资源的利用效率。

Research on the Effectiveness and Problems of Innovation and Entrepreneurship Education Curriculum Construction in Local Colleges in Shaanxi Province

Wang Ruomei   Tang Pan

Abstract: At present, local colleges in Shaanxi actively pay more attention to the construction of innovation and entrepreneurship education courses. However, here are still problems such as insufficient specialization of curriculum objectives, insufficient targeting, unscientific and reasonable construction of curriculum systems, slow updating of curriculum content, outdated teaching concepts and single teaching methods, assessment and evaluation of results over processes, and a clear lack of curriculum resources. These problems are mainly due to the fact that local university managers have not yet formed an innovation and entrepreneurship education concept, the top-level design of innovation and entrepreneurship education is still insufficient, and the lack of the course management ability. Therefore, these curriculum administrators should improving their understanding level, strengthening top – level design, reshaping course system and structure, enriching the course content, improving teachers' theoretical and practical teaching capabilities, strengthening process evaluation and increasing the investment of funds and resources.

Keywords: local colleges in Shaanxi province; innovation and entrepreneurship education; curriculum construction; effectiveness and problems

基于 OBE 理念创新卓越法治人才培养方案[*]

——以西北政法大学为例

何玉军[**]

摘　要：国家法治建设的快速发展对高校法治人才的培养提出了新的要求，以适应社会和企业对法治人才的需求。为创新符合新时代要求的卓越法治人才培养方案，本文以西北政法大学卓越法治人才培养的既往方案为例，系统性地梳理了其培养目标、课程设置和实践环节的着力点等，分析了既往方案的优势和成绩，同时也挖掘了既往方案的一些痛点不足。为融合 OBE 理念对培养方案进行改革，从五个方面系统性地提出了基于 OBE 理念创新卓越法治人才培养方案的路径，为西北政法大学卓越法治人才的培养提供了有力的改革依据和理论基础。研究成果有助于推动人才培养模式、课堂教学改革，优化人才培养过程，促进学生学习能力、创新能力、实践能力和社会适应能力的全面提升，培养德、智、体、美、劳全面发展的创新型、复合型高素质人才。

关键词：OBE 理念；卓越法治人才；培养方案

随着我国法治建设进程不断深入推进，国家对卓越法治人才培养愈加重视。作为卓越法治人才培养重要高校，西北政法大学自 2012 年"卓越法律人才培养 1.0 计划"开始，到教育部中央政法委印发《关于坚持德法兼修实施卓越法治人才教育培养计划 2.0 的意见》发布，直至《关于加强新时代法学教育和法学理论研究的意见》印发等重要法学人才培养

---

[*] 基金项目：西北政法大学教改研究项目"基于 OBE 理念的卓越法治人才培养方案样本研究"（项目编号：XJYB202203）。

[**] 何玉军，西北政法大学教务处副处长，研究方向：教学管理。

政策性意见落地见效期间，持续推进卓越法治人才培养，取得了一定成效，但也面临一些问题①。立足新的教育理念，探索基于OBE理念创新卓越法治人才培养方案成为法学本科教育教学的重要研究课题②。

一 卓越法治人才培养的既往方案

（一）培养目标与总体教学安排

卓越法治人才培养的既往方案培养目标均指向复合型、应用型。在保证法学专业基本培养规格的基础上，学校坚持立德树人、德法兼修、适应新时代中国特色社会主义事业需要和多样化法律职业要求，按照复合型、应用型高素质人才模式进行人才培养方案的编排。长期以来，法学专业下设6个方向，有2个培养方案，其中5个方向共用1个方案。2012年"卓越法律人才培养1.0计划"获批"应用型、复合型卓越法律职业人才教育培养基地"等三个国家级卓越法律人才培养基地。为了充分发挥基地作用，学校开始致力于法学专业人才培养方案的修改和制定。刑事法学院、民商法学院、经济法学院、行政法学院、国际法学院5个法学院共用一套法学专业人才培养方案，反恐怖主义法学院单独使用一套人才培养方案。培养目标都是要培养法学专业知识系统，经济学、管理学等学科知识丰富、法律实践技能熟练、创新精神和社会适应能力强的应用型、复合型高素质人才。

课程脉络总指针客观中立。所有法学专业的学生，专业课程设置首先分为必修课和选修课两大类。必修课模块分为通识必修课和专业必修课，选修课模块专业选修课、方向选修课和技能选修课，设置了刑事法、民商法、经济法、行政法、国际法、反恐怖主义法等几个方向的选修课，这些选修课偏重学校的特色学科。在专业技能选修课中，以案例研习为主，辅以部分诊所课和实践课（如模拟法庭、法庭论辩、实务大讲堂等）。在方

---

① 刘同君：《新时代卓越法治人才培养的三个基本问题》，《法学》2019年第10期；何跃军、陈淋淋：《从法律人才到法治人才——卓越法律人才培养计划实施六年检讨》，《宁波大学学报》（教育科学版）2018年第40期。

② 彭江辉、吴倩文：《基于OBE理念的法治人才培养实践教学模式创新探索》，《教育观察》2021年第10期。

案设计中，要求学生从 32 门选修课中，至少修读 18 学分，其中，本学院所在专业方向模块 8 学分，专业技能模块 4 学分，任选为 6 学分。设置必修课实践教学环节。其中军事技能 2 学分，创新创业训练 4 学分，社会实践和学生实习共 8 学分，学年论文和毕业论文 6 学分。

（二）通识课程与专业课程设置

通识课程方面，按照培养方案，学生将在通识教育环节学习到思想道德修养、心理健康、军事理论、创新创业基础、中华民族共同体相关知识和英语、体育技能；专业教育方面，方案在教学主阵地，依托课堂主渠道，几乎所有的法学学生都要认真完成法理学、宪法学、中国法律史、国际法学、民事诉讼、知识产权法、商法、刑法学、民法学、证据法、法律职业伦理、环境与资源保护法、监察法等课程的学习；选修课程方面，学生可以在基础法学学习到立法学、罗马法学、犯罪心理学、西方法律思想史等知识，又可以在各个方向之间学习到刑事法、民商法、经济法、国际法、反恐怖主义法等方向的知识。

（三）实践环节和素质拓展

按照既往方案，学校为法学专业学生设置了 22 门法学主干课程。为了让这 22 门主干课程充分发挥作用，方案设置了军事技能、入学教育、第二课堂、模拟审判、公益劳动、社会实践、实习以及专业论文等实践环节。同时鼓励学生充分利用课余时间，制定个人课外学习和素质拓展计划，养成良好的自主学习习惯，发表学术作品，探索辅修专业，积极参加校内外的各种学术和实务讲座、学科竞赛、创新创业训练、文体和公益活动等。学生毕业前，除了需要完成 140 学分的课程学分，还需要得到 20 分的实践学分。

（四）培养卓越人才的着力点

经过教学计划的安排，最终按照法学专业的方案设计，学生在毕业时应当具备的基本素质是：首先热爱祖国，热爱社会主义，拥护党的领导，志向远大，能够主动适应依法执政、科学立法、依法行政、公正司法、高效高质量法律服务的需求，具有高度的社会责任感；其次人格健全，心理健康、道德品质高尚，具有刚正不阿、秉公执法的职业道德；再次具有良好的人文素质和科学精神，掌握一定的人文科学和自然科学基本理论知识，系统掌握法学基本概念、知识和理论，熟悉各种基本法律制度，具有运用法学理论和方法分析问题、解决问题的基本能力。同时具有较好的外语写作能力和口语表达能力，具备一定的创新意识和批判精神。

2018年，《教育部中央政法委关于坚持德法兼修实施卓越法治人才教育培养计划2.0的意见（教高〔2018〕6号）》。2.0是卓越法律人才培养1.0的升级版。按照2.0要求，高校要坚持以马克思主义法学思想和中国特色社会主义法治理论为指导，围绕建设社会主义法治国家需要，坚持立德树人、德法兼修，践行明法笃行、知行合一，主动适应法治国家、法治政府、法治社会建设新任务新要求，找准人才培养和行业需求的结合点，强化法学实践教育，完善协同育人机制，构建法治人才培养共同体，做强一流法学专业，培育一流法治人才，为全面推进新时代法治中国建设提供有力的人才智力保障[①]。

按照"卓越法治人才教育培养计划2.0"要求，育人过程中一要厚德育，二要强专业，三要重实践，四要深协同，五要强德能，六要拓渠道，七要促开放，八要立标准，切实推动法学教育内涵式发展和法治人才培养能力稳步提升。既往方案为了取得卓越人才培养实效，着力点主要如下：

第一，按规格完善培养方案，分层分类优化实验班培养方案。围绕复合型、应用型法治人才，涉外法治人才以及西部基层法治人才在知识、能力和素质方面的个性化需求以及国家对于新时期法治人才多元化需要明确培养目标，学校组建了法学实验班，在一般培养方案的基础上，优化了实验班的培养方案。按照"注重养成、加厚基础、拓宽口径、强化实践"的人才培养思路，在法学专业知识系统之上，有机融入经济学、管理学等学科知识，提高学生创新精神和社会适应能力。在一般基础上，实验班学生的培养方案主干课程与普通学生有所不同，更加聚焦于部门法学，专业技能选修课程的学科性较浓，学生的应用型、复合型程度更深。

第二，强化思政课程建设，打造特色思政育人模式。将学校红色校史等资源有效转化，融入大思政课程，在校史馆、张汤墓遗址现场教学等方

---

① 杜启顺：《我国法律硕士培养模式优化研究——以卓越法律人才教育培养计划2.0及衔接法考改革为视角》，《南宁师范大学学报》（哲学社会科学版）2019年第40期。

式，打造思政"红色金课"，开设"中华民族共同体概论""中华传统优秀文化"等"校本"特色思政课，建成省级课程思政教学研究示范中心。将思政课程、课程思政育人与红色文化育人相结合，并根据不同类型的人才培养需求，厚德育强德能。

第三，课程设置上强化交叉融合，打造"法学+""+法学"人才培养体系。依托校内多个专业，将校内的国家级、省级一流专业作为法学专业人才培育的重要辅助，着力培养"法学+新闻""电子商务+法学"交叉复合型人才，"法学+外语"涉外法治人才以及"法学+反恐"西部基层人才。围绕着法学专业，合力实现"卓越法律人才培养1.0计划"应用型、复合型、西部基层人才培养和"卓越法治人才2.0"的各项指标要求。

第四，依托第二课堂体系强化学生实践能力。各教学单位持续开展"法治文化活动季"第二课堂系列活动，健全与实务部门协同育人新机制，打造智慧法院实训平台、国家级法学实验示范中心，共建法学专业实践教育基地，打造政产学研合作品牌项目，以平台和活动支持复合型、应用型法治人才培养。拓展同新疆、西藏司法系统、武警边防合作平台，并通过用人单位回访了解毕业生的先进事迹，邀请他们回校作事迹报告，发挥榜样激励作用，助力西部基层法治人才培养。

通过以上四个着力点，学校实现了从卓越法律人才1.0培养到卓越法治人才2.0的跨越。尤其是在复合型、应用型法治人才的全面性、方向性上，学校的目标逐渐清晰，人才培养模式探索上愈加深入，服务西部基层法治建设的成效也越来越明显。

二　既往方案的痛点与不足

（一）反向设计不足，结果导向需要再突出

在既往方案的设计当中，实验班的卓越性更强。实验班学生的培养方案，学分大、学科性强的特点十分显著。总体的方案仍然属于中性化设计，正向输出为主。尽管培养学生面向国家重大战略需求和地方经济发展需要，但是有的放矢、反向设计意味不够浓烈。实验班的基本设计理念是加大学分，增加课程，而不是提高课程的有效性，培养目标的描述上不够精准。对法学专业毕业生在毕业后能够达到的职业和专业成就、学校整体

人才培养目标及定位，面向新时代国家及区域经济发展和行业产业需求的强烈适应性，还都不够清晰。关于"为谁培养人""培养什么人""如何培养人"的具体呈现，缺乏反向设计。人才培养过程中，对实现"宽通识"，厚植家国情怀、满怀价值理想、传承红色基因、宽阔国际视野、提升科学素养、德智体美劳全面发展等缺乏模块化归类。结果导向不突出，将直接和人才培养质量相对应，导致用人单位满意度不高，以及学生在激烈的就业竞争中，难以快速适应新形势下经济建设和社会发展的业务技能、综合素质需要。

（二）"以学生为中心"的课程设计需要进一步丰富

在培养学生成长成才的过程当中，包含有思想政治教育、国防教育、通识教育、专业教育、心理健康教育、创新创业教育、劳动教育和体育美育等多个方面[①]。如此丰富的教育内容，往往不是堆砌课程就能解决。既往方案对教师的依赖程度较高。在专业课程的主干课和辅助课之间，没有过多的高低阶分配，许多非主干课程主要是主干课程的拓展和延伸，课程的专业性普遍较强。教师帮助学生塑造正确的世界观、人生观、价值观，是人才培养的应有之义，更是必备内容，但仅仅依靠专业课教师利用课程面授就将价值塑造、知识传授和能力培养三者融为一体，使各类课程与思政课程同向同行，将显性教育和隐性教育相统一，形成协同效应，仅仅以教为主仍然不够。在成长过程当中，学生的选择尤为重要。学生的选择内容是否足够丰富，直接决定了学生关于政治立场的坚定程度、道德品质的高尚层次、理论基础的扎实程度和创新能力的强弱水平。从调研来看，给予学生更多的课程选择，让学生从"要学"转向"会学"被证明对学生的成长更加有效。填塞过高的学分往往更容易使得学生难以抽出多余时间填补自身的缺陷。

（三）产教融合的协同育人模式深度需要再加深

长期以来，高校的课程体系往往体现出理论性强、实践性弱的问题。脱离了鲜活的实践教学，许多的法学理论都被学生以"死记硬背"的方

---

① 肖发生、尧雨晴：《红色资源创新大学生思想政治教育的途径和方式》，《井冈山大学学报》（社会科学版）2016年第37期。

式吸收①。学生在参加实习时，理论与实践相脱节的现象屡见不鲜，在法院、检察院实习甚至是已经就业的学生，都需要花费很长的时间去研究如何做笔录。

学校的教学与法治实务部门协同性还很不够。实务导师授课往往以讲座为主，大量实践性极强的课堂主要是以教师讲解为主。各级司法机关、律师事务所、企业法务部门等机构在人才培养方面的协同作用还远远没有发挥，学生实践经验匮乏，学用脱节的问题层出不穷。许多学生在学习过程中，认为书本上的知识"过于遥远"，以问题为中心的知识探讨可以提升学习氛围，但却没有得到很好的组织。

三 基于OBE理念创新卓越法治人才培养方案的路径

（一）反向设计，锚定培养目标设计人才培养方案

以习近平新时代中国特色社会主义思想为指导，深入学习贯彻党的二十大精神，贯彻落实习近平法治思想和习近平总书记关于教育的重要论述，全面贯彻党的教育方针，坚持立德树人根本任务，把正确政治方向和价值导向贯穿本科生培养全过程，遵循高等教育发展规律，顺应教育数字化发展趋势，充分挖掘学校办学特色与优势，全面吸收和巩固学校教学改革和教学研究最新成果，扎实推进"五育并举"，强化创新创业和实践教育，推动人才培养模式、课堂教学改革，优化人才培养过程，促进学生学习能力、创新能力、实践能力和社会适应能力的全面提升，培养德智体美劳全面发展的创新型、复合型高素质人才②。

1. 结合"卓越人才培养计划2.0""新文科"建设要求，全面落实以"学生中心、产出导向、持续改进"为核心的OBE

育人理念，服务国家发展和社会需要，科学设定本科各专业人才培养

---

① 陈军：《我国高等教育产教融合协同育人长效机制构建——基于三螺旋理论的视角》，《安康学院学报》2023年第35期。

② 王鹏祥、陶旭蕾：《应用型卓越法治人才的培养路径》，《华北水利水电大学学报》（社会科学版）2019年第35期。

目标，优化课程体系，完善教学内容，变革教学方式，形成与学校发展相适应的本科人才培养方案。明确"培养目标—毕业要求—课程设置"关系矩阵，理清课程之间的逻辑关系。面向新时代国家及区域经济发展和行业产业需求，结合专业自身优势和特点精准设定人才培养目标。

2. 培养方案的课程按照通识课程（含通识必修和通识选修）、专业课程（含专业平台、专业核心、专业选修）及实践类课程群模块化设置

一年级学生以通识课程教学为主，融入专业基础教育；二年级开始以专业教育为主，在专业教育中深化通识教育，使通识教育贯穿本科教育教学全过程。通识必修课程分为"家国情怀与价值理想""校本特色与红色文化""国际视野与科学素养""体育与健康"四个模块，涵盖思想政治理论课、大学英语、军事理论、国家安全教育、大学体育、计算机信息技术和校本特色课程等。通识选修课分为开放性通识选修课程以及限制性通识选修课程两个类别。对于开放性通识选修课程进行模块化调整，打破原来根据学科方向进行课程归类的方式，分为"家国情怀与价值理想""文学素养与经典传承""哲学智慧与创新思维""国际视野与文明对话""社会科学与人文前沿""校本特色与区域发展""创新创业与职业技能""科学素养与绿色发展""艺术审美与健康教育"九个模块，提升课程对于培养目标的支撑度。

法学专业必修课的设置在《法学类教学质量国家标准（2021年版）》所要求的"1+10+X"的课程体系基础上，结合各专业实际予以确定。法学专业选修课进行模块化设计，打破按照专业方向进行课程归类的传统模式，对标新文科建设需求以及新时期法治人才培养所需要的知识结构，分为"习近平法治思想专门课程""法学基础课程""法学拓展课程""涉外法学教育课程""法学交叉课程""法学新兴课程"等模块，使得课程对于培养目标的支撑度更加凸显。同时将最低学分要求由原来的18学分调整为16学分，匀出2学分到实践类选修课。

（二）从"以教为中心"向"以学为中心"转变

理顺"培养目标—毕业要求—课程体系"三者之间的内在逻辑，理清每门课程在专业人才培养过程中所发挥的作用，以及如何支持培养目标和毕业要求的达成，在此基础上构建毕业要求达成矩阵或知识能力素质实现矩阵，使用矩阵图的方式说明课程体系与毕业要求的对应支撑关系。实

施以学习成果为导向的教学,对教师除了专业水准的要求之外,还必须具备较强的教学设计能力和课堂教学组织实施能力[①]。应当建立制度健全、运行有效的教学发展模式,常态化开展教师集体备课、评教评学、教学研讨等教研活动,以"先进典型"为引领,建立健全教学质量调整改进机制,树立优秀典型,建立教师帮扶引导机制,推动教学"传帮带"。同时,积极开展针对性、系统性、交叉性专业培训,以学生、督导组、教师同行为评价主体评价人才培养效果的达成情况。完善数据收集制度,建立实时反馈通报制度,及时改进,指导培养目标、毕业要求、课程体系以及教学方式的调适,形成培养方案—教学方式—教学评价—教学整改循环改进、动态调整的人才培养机制,同时建立评价和持续改进制度。坚持以学生发展为中心,以学习成效为导向,压缩学分学时,提升学生自主学习的空间。完善课程体系,科学设置通识教育与专业教育、理论教学与实践教学、必修课程与选修课程、第一课堂与第二课堂之间的学时学分比例,充分发挥第二课堂的育人作用,促进学生综合素质的整体提升。将德育、智育、体育、美育与劳动教育有机结合,提供更多优质的体育、美育选修课程供学生选择。优化课程内容,把培养学生创新能力、实践能力、学习能力、沟通能力、组织能力等内容纳入课程设计。加强在线课程资源建设,开设一定数量课程,用于线上 MOOC、SPOC 教学。鼓励有条件的课程与国内外高水平高校合作组建虚拟教研室,实施联合授课、同步课堂。

(三) 强化实践教学,深入推进产教融合和校企、校地协同育人

以紧密结合思政课程的第二课堂和主题活动为载体,聚焦价值引领,上好思想政治教育课程。积极开展"爱国主义教育""理想信念教育""生态与生命教育""社会责任感教育""规则教育""爱与感恩教育",组织新生共上"开学第一课""院长第一课""名师第一课"活动。引导师生学习百年党史,回顾红色校史,讲解中国近代以来法治实践的艰辛历程,阐述建设法治中国发生的历史性变革和取得的历史性成就。通过"形势与政策"等思政课,组织学生加强"四史"学习实践活动,激励青年学生砥砺奋进。

---

① 《新时代卓越法治人才培养的理论与实践》,《中国社会科学报》2019 年 12 月 27 日第 7 版。

持续完善以课堂实践教学、社会实践、专业实习为重心的新型实践教学体系,实现知识教学和实践教学的协调与贯通。在培养方案中明确实践、实验、实训学时分配,实践教学学分占总学分(学时)比例不少于15%。增加实践课程比例,联合实务部门共同开设公文写作、司法文书、当事人会见、庭审发问技能等学生就业后实际运用可能性较大的实务类课程。统筹组织全校实验教学任务,开展实验课程、实验教材、实验教学项目建设,建立健全实验教学督导、实验室开放机制。编制学校实验室建设规划,做好大型设备开放共享和效益考核,组织和推动学校实验教学科研项目申报,推进信息化手段在实验室管理中的应用。配备相应专职管理人员,按照人才培养方案的要求制定实验教学大纲,结合学院教学实验中心情况,有计划、分批次资助与支持实验教学示范中心建设,重点支持虚拟仿真实验教学中心建设。结合国家级、省级一流专业、一流课程和新文科建设项目,充分利用国家及地方相关项目,根据整体学科专业布局,联合律师事务所、法律科技企业深入推进关于企业合规建设、法律服务智慧化平台建设等产教融合项目。在企事业单位、立法司法执法机关设立教学实践基地,充分发挥基地作用,选聘法学实务导师,联合开展实践课程、讲座,让学生实现从"理论到实训、从实训到实践、从实践再返回理论"的闭环设计。在设立教学实践基地时,可探索共建见习实习基地、课程思政基地、课程实践基地、红色文化育人基地等多种形式的基地,推进校企、校院、校所、校地多重联动。

(四)深化劳动教育,强化创新创业教育

开设劳动教育专门课程。将劳动观教育纳入法学专业课程,引导学生尊重劳动、热爱劳动、崇尚劳动,把劳动教育和学生就业指导、创新创业教育结合。组织师生积极参加植树节、学雷锋纪念日义务劳动和其他的劳动教育活动。在深化劳动教育方面,要遵循学生成长规律,强化马克思主义劳动观教育,将劳动教育纳入人才培养全过程。教学管理部门着重开展劳动教育必修选修课程的开设;师资管理部门着重联合教学单位做好劳动教育师资建设;学生管理部门着重组织开展劳动实践活动,通过文明班级、文明宿舍评选,鼓励学生积极劳动,共创良好环境;后勤保障部门着重开拓劳动实践场所,在学生餐厅、宿舍区等进行劳动体验;校院共青团组织引导学生进社区进乡村,开展普法宣传;各教学单位要结合学校学科专业特色，把创新性劳动能力培养有机融入专业课教育，教师指导学生劳动实践应当计入教学工作量。同时，学校要结合学生综合素质测评，将学生劳动态度、劳动技能、劳动成效设计为评价指标，将过程和结果、定性和定量、自评和他评相结合，充分发挥劳动教育评价体系的导向作用。

强化创新创业教育，围绕培养目标和毕业要求，通过课堂教学、科研训练、项目实施、以赛促教等方式培养学生的创新精神、创业意识和解决实际问题的能力。加强创新创业课程建设，在原有创新创业类1门通识必修课、3门通识选修课及19门网络通识课的基础上，开设"创新创业实务"全校通识选修课；积极开展大学生创新创业训练计划，持续开展创新创业学分认定、组织各类创新创业校级竞赛，积极组织学生参加中国国际"互联网+"大学生创新创业大赛，引导学生积极参加创新创业教育，培养学生的创新精神、创业意识和实践能力，促进综合素质全面提升。举办"互联网+"法治文化创新创业大赛，促进法学专业和创新创业教育深度融合，打造体现学校办学特色的创新创业教育平台；通过聘请校外创新创业实务导师，强化创新创业教育师资队伍建设；举办创客实验班，针对项目进行分类指导，不断提高学校创新创业教育质量。

（五）加强教材建设，夯实卓越法治人才培养的课程资源基础

以习近平新时代中国特色社会主义思想为指导，结合学校人才培养目标和学科优势，重点编写公共基础课程教材、专业核心课程教材、适应国家发展战略需求的相关学科紧缺教材，以及符合国家级、省级"一流专业""一流课程"建设需要的特色教材，强化信息技术与教育教学深度融合、多种介质综合运用、表现力丰富的新形态教材。健全教材建设管理制度，坚持制度与教学实践相结合、学术与学风建设相结合、教学科研与教材相结合，以制度建设促进教材建设。组织相关授课教师参加国家级及省级"马工程"重点教材授课教师培训，彰显教材对课堂教学的重要指导意义，扎实推进中国特色社会主义理论体系进教材、进课堂、进头脑。积极鼓励和支持优秀自编教材建设，充分结合专业特色及青年学生的性格特点，着重编、选能充分体现时代特征、符合学校办学方向，能引导学生培养家国情怀、求知问学，开拓创新的好教材、新教材。联合实务部门、实务导师编写教材，要让教师教学依靠教材、教学设计围绕教材，也要让学生喜爱教材，对教材的理论知识确确实实心中充满敬意，进而对教学充

满期待。

　　提高人才培养质量永远是高校的神圣职责。增强人才培养方案的有效性,是推动人才培养模式改革、课堂教学革命,促进学生全面提升的重要路径。随着教育教学改革发展的大势所趋,基于OBE理念创新卓越法治人才培养方案必将为西北政法大学人才培养提供新的动能,为学校的教育事业再上一个新台阶发挥应有作用。

Innovative and Excellent Legal Talent Training Program Based on OBE Concept:
Taking Northwest University of Political Science and Law as an Example

He Yujun

Abstract: The rapid development of the country's rule of law construction has put forward new requirements for the cultivation of legal talents in colleges and universities, so as to meet the needs of society and enterprises for legal talents. In order to formulate a training program for outstanding legal talents that meets the requirements of the new era, this paper takes the previous program of training excellent legal talents of Northwest University of Political Science and Law as an example, systematically sorts out its training objectives, curriculum settings, practical links and focus, etc., and further analyzes the deficiencies of the previous programs, points out the direction for the reform of the training program by integrating the OBE concept. From five aspects, it systematically puts forward the path of innovative and excellent legal talents training program based on OBE concept, which provides a strong reform basis and theoretical basis for the cultivation of excellent legal talents in Northwest University of Political Science and Law. The research results will help to promote the talent training mode and classroom teaching reform, optimize the talent training process, and promote the overall improvement of students'learning ability, innovation ability, practical ability and social adaptability. Furthermore, the research results will cultivate innovative and compound high-quality talents with all-round development of morality, intelligence, physique, art and labor.

Keywords: OBE concept; excellent legal talents; training program

法学专业"课程思政"教学质量监控：
内涵、问题与完善路径[*]

薛 亮[**]

摘 要： 新时代的法治人才培养必须坚持"德法兼修"的育人观，而科学严谨的"课程思政"教学质量监控体系则是达成育人观的保障。实践中存在各高校顶层制度设计和政策激励不足、二级教学单位工作统筹和党政协同不够、教师以"课程思政"理念为指引打造"金课"的动力匮乏、"课程思政"与"思政课程"同向同行缺位拉低了学生的获得感等问题。推动法学专业"课程思政"教学质量监控提质增效，应该围绕各主体的角色正位，构建科学高效、运行顺畅的纵向监控关系与横向合作关系，在新时代展现新气象、发展新格局、展现新作为。

关键词： 法学专业；课程思政；教学质量监控；完善路径

习近平总书记早在 2017 年 5 月 3 日在中国政法大学考察时就指出："全面推进依法治国是一项长期而重大的历史任务，要坚持中国特色社会主义法治道路，坚持以马克思主义法学思想和中国特色社会主义法治理论为指导，立德树人，德法兼修，培养大批高素质法治人才。"新时代法学专业建设和发展必须深入思考和明确回答培养什么样的人、如何培养人以及为谁培养人的根本问题，这不仅要求高校教师要对"课程思政"教学理念指引下的教学内容、教学方法和教学效果进行探索和改进，更要求教学管理工作者在教学质量监控体系的构建上主动作为，以此达到保障和提

---

[*] 基金项目：西北政法大学研究生教育教改研究项目"同等学力人员申请硕士学位教学质量监控问题研究"（项目编号：XJYY202205）。

[**] 薛亮，西北政法大学经济法学院副院长、副教授，硕士生导师，研究方向为法学教育研究。

升"课程思政"教学质量的目标,真正实现"为党育人、为国育才"。从法学专业"课程思政"的现有理论研究来看,或聚焦于课程改革①、或聚焦于情怀培育②、或聚焦于经验与成效介绍③,这些研究对于廓清脉络、把控方向具有积极意义。然而,对于保障和提升法学专业"课程思政"教育"含金量"的核心——教学质量监控问题的探讨涉猎甚少。

有鉴于此,本文从厘清法学专业"课程思政"教学质量监控的内涵入手,从纵向与横向两个维度系统梳理了教学质量监控需要应对的问题,并在此基础上提出了若干完善对策,以期助力法学专业"课程思政"教学质量在持续提升"内涵"的基础上行稳致远。

一 高校法学专业"课程思政"教学质量监控的内涵

高校法学专业"课程思政"教学质量监控的核心是质量,对教学质量的理解是认识高校法学专业"课程思政"教学质量监控的基础。有的学者认为,教学质量是学校在一定的时间内,通过提供包含教学手段、教学目的、教学内容等工具性要素和从事教学活动的教师等主体性要素,从而为学生提供一组包括感官特性、行为特性、时间特性和功能特性等在内的固有特性,以满足学生和社会的要求。特性满足程度的高低决定了教学质量的优劣④。对于特性满足的程度,需要有特定的主体根据特定标准展开监督、管理和评价,这个过程实际上就是"按照某种目的或愿望,通过一定的手段,给系统提供一定的条件,使其沿着可能空间中某个确定的方向发展,消除不确定性"⑤。据此,高校法学专业"课程思政"教学质量监控就是包括各高校、教师、学生等在内的主体依据"德法兼修"的培养目标,采取一定的手段使教育教学与培养目标保持一致的活动,其评

---

① 喻小勇、田侃、苏玉菊:《课程思政视阈下卫生法学课程的教学改革探讨》,《中国卫生事业管理》2021年第12期。

② 刘伟琦:《法学课程思政教学改革的新理路》,《黑龙江高教研究》2021年第10期。

③ 马怀德:《法学类专业课程思政建设探索与实践》,《中国高等教育》2022年第6期。

④ 兰珍莉:《研究生教育教学质量监控:内涵、功能及实现条件》,《学位与研究生教育》2017年第4期。

⑤ 安之铸:《教育科学与系统科学》,吉林教育出版社1990年版,第40—41页。

价指标至少应涵盖课堂教学（师德师风、教学内容、教学方法、教学效果）、第二课堂（大创项目与创新创业、教学实践活动）、教学改革（教学竞赛、教改项目）、教材建设（马工程教材、自编教材和教学参考书）等。具体而言，法学专业"课程思政"教学质量监控的内涵表达了以下内容。

（一）法学专业"课程思政"教学质量监控的内容是与教学有关的一切活动

教学是学校教育最基本、最经常、最主要的工作①。"课程思政"作为相较于传统教学的一种全新的教学理念，强调所有课程教学都要注重对学生思想品德的熏陶②，强调教师要结合专业特色在日常教学中有意识地挖掘思想政治教育资源，实现"教书育人"的宗旨目标。"教师教、学生学"固然应该是法学专业"课程思政"教学质量监控的基础，但如何综合运用柔性和刚性手段，确保"教师教得好、学生学得好"则更应该成为"课程思政"教学质量监控的题中之义。由此，法学专业"课程思政"教学质量监控中包含两类关系：一类是教师与学生等主体之间直接展开的"课程思政"教学活动。另一类是各高校、二级教学单位与教师、学生等主体之间围绕"课程思政"教学质量的保障和提升所开展的活动。从二者与法学专业"课程思政"教学质量监控的关系来看，没有前者，法学专业"课程思政"教学质量监控是"无源之水、无根之木"。没有后者，法学专业"课程思政"教学质量监控是"无舵之舟、无衔之马"。

（二）法学专业"课程思政"教学质量监控的本质是教学质量的提升活动

法学专业"课程思政"教学质量监控的本质是一种针对教学质量的提升活动。新时代的法学教育不仅要培养能够进行法律分析、运用法律方法逻辑推理并能够进行正当性衡量的所谓"法律人"，也要培养能够提供优质的法律服务、具有较高的公共责任意识、具有较好的家国担当精神的

---

① 王道俊、郭文安：《教育学》，人民教育出版社 2009 年版，第 69—71 页。
② 时显群：《法学专业"课程思政"教学改革探索》，《学校党建与思想教育》2020 年第 2 期。

所谓"法治人",还要培养能够承继法治文化、弘扬法治精神并创新法治文化的所谓"法理人"①。如果说"法律人"的培养更多涉及技术层面的话,那么"法治人"和"法理人"的培养则高度依赖思想政治教育的浸润与滋养。"德之不修,学之不讲,闻义不能徙,不善不能改。"只有以"课程思政"为抓手,真正将思想政治教育融入专业知识和专业技能的学习,做到"春风化雨、润物无声",才能确保修习法学专业的学生进入社会时刻将对公平和正义的追求内化于心、外化于形。由此,"课程思政"教学质量的提升应该注意不同主体角色功能的发挥。比如,在各高校、二级教学单位与教师、学生等主体之间围绕"课程思政"教学质量所开展的活动中,应该注意不同层次角色的功能发挥。各高校搭框架、定标准、强考核,二级教学单位要在吃透政策的基础上发挥主体作用,切实担负起各高校与教师、学生之间的桥梁和纽带作用,引导并促进实现"教师教得好、学生学得好"的目标。

(三) 法学专业"课程思政"教学质量监控是手段而非目的

法学专业"课程思政"教学质量监控不是为了监控而监控,在实现教学质量提升的道路上,它是手段而非目的。监控的前提是教师与学生等主体本身主体作用的发挥。脱离了"教师教、学生学",单纯强调监控则有控制教师和学生并凌驾其上的嫌疑,其结果必然"事倍功半",不但得不到教师、学生的理解、支持和配合,而且抹杀了他们的主动性、积极性和创造性,难以持久。从各高校法学专业人才培养来看,无论是教师还是学生均面临时间、精力的有限性问题。就教师而言,受社会经济发展对高校教师日益高涨的能力要求,除了做好日常教学工作以外,还要在科学研究、社会服务、对外交流等诸多领域有所建树,面临着从"单一能力"向"复合能力"的转型。就学生而言,除了修习专门的思政课程和大量的专业课程外,还要面临考研、就业等多重压力。思政内容如果在他们的专业学习中呈现出的是"硬融入"的状态,不仅得不到他们的积极回应而且还会起到相反的效果。由此,"课程思政"教学质量监控如何能够做到"帮忙但不添乱",势必要求做到"补位但不越位",否则就会落入

---

① 彭中礼、王亮:《新文科时代法学教育的使命与坚守》,《法学教育研究》2021年第2期。

"喧宾夺主"的窠臼。

二 高校法学专业"课程思政"教学质量监控需要应对的问题

高校法学专业"课程思政"教学质量监控中包含两类关系，一类是教师与学生等主体之间围绕"课程思政"教学所结成的横向合作关系，另一类是各高校、二级教学单位与教师、学生等主体之间围绕"课程思政"教学质量的保障和提升所结成的纵向监控关系，实践中出现的问题即寓于此两类关系的运行中。

(一) 纵向监控关系

1. 各高校顶层制度设计不足、政策激励不够。各高校在"课程思政"教学质量监控中所扮演的角色，应该定位于搭框架、定标准、强考核。然而，从目前实践来看，更多看到的是二级教学单位在推进"课程思政"教学质量监控中发挥作用。不可否认，二级教学单位责无旁贷地需要发挥其主体作用。但是，想要推进法学专业"课程思政"教学质量监控走深走实，更加需要的是顶层制度设计和政策激励。比如，法学专业"课程思政"教学质量监控需要契合法学专业特点，构建严谨科学、完整统一、运转有效的评价体系。然而，在一些法学分科细致的专门性政法院校，法学专业往往是由5—9个二级教学单位共同负责建设，"见仁见智"式的"课程思政"教学质量监控实践往往导致效果的参差有别、良莠不齐。又如，法学专业"课程思政"教学质量的关键在教师，职称评聘和绩效考核作为当前各高校的核心人事政策，对于教师发挥着无可比拟的激励作用。然而，由于缺乏教师在法学专业"课程思政"教学中取得业绩的导入机制，加之各二级教学单位缺乏人权、财权和事权，很多教师缺乏"课程思政"教学的积极性、主动性和创造性。即便有的二级教学单位给予教师以参加竞赛、获取立项等单项奖励，也难逃由于缺乏顶层制度设计和强有力的激励政策逐渐归于沉寂的结果。

2. 二级教学单位工作统筹不足、党政协同不够。法学专业"课程思政"教学质量监控的核心，是把"课程思政"理念渗透于课堂教学、第二课堂、教学改革和教材建设等各个教学环节，形成法学专业教学和人才培养全链条闭环运行式的"德法兼修"。然而,从目前实践来看,"教学口管理教师、党务口管理学生"的工作模式,容易造成在协同推进"课程思政"工作中教师与学生的割裂。比如,很多二级教学单位均与公检法司机关及律师事务所等法律服务机构共建有教学实践基地,但更多地局限于实习、见习等工作,很少有覆盖各个教学环节的全链条式深度合作,甚至很多教学实践基地在签约后由于缺乏后续教学活动的开展成为所谓"僵尸基地",更遑论在深度合作中对"课程思政"元素的挖掘和提炼。又如,教研室作为二级教学单位中最基层的教学组织,事实上是各个教学环节的一线组织者。然而,很多教研室在党支部书记和教研室主任的配置上,都不同程度地存在年龄、职称结构搭配衔接不合理的问题,其结果是党支部书记干劲不够、热情不高,无法与教研室主任一道在保障和推进"课程思政"教学质量上实现"双轮驱动"。

(二) 横向合作关系

1. 教师以"课程思政"理念为指引打造"金课"的动力匮乏

前文已提到,法学专业"课程思政"教学质量监控是手段而非目的,监控的前提是教师与学生等主体本身主体作用的发挥。目前的问题是,教师缺乏打造"金课"的外部动力与内生动力。各高校顶层制度设计不足、政策激励不够以及二级教学单位工作统筹不足、党政协同不够等外部动力的匮乏前文已有阐述在此不再赘述。内生动力匮乏的根本在于教师拥抱"课程思政"理念的主动性不足,要害在于缺乏团队建设且责任不明。比如,二级教学单位邀请专家及社会化教育机构专业讲师开设"课程思政"专题辅导讲座、举办"课程思政"教学竞赛、组织申报"课程思政"教改项目,但教师参与的积极性并不高。有的教师对于何谓"课程思政"尚存在认识上的误区,有的教师虽然有推进"课程思政"的意识,但是由于缺乏技巧和方法,在课堂教学中呈现为"两张皮、硬融入",教学效果变化不大甚至出现下降,其结果是放弃融入回归原路。又如,课程建设看似由教研室负责统筹,实则教研室主任面对多门课程分身乏术。实践中,教研室主任至多是一门或两门课程的实际负责人,对于其他课程的建设教研室主任常常碍于情面不便管理,其结果是"人人都是课程建设主体但人人都没有真正建设",这也成了长期以来以"课程思政"理念为指引打造"金课"的"难点""痛点"和"堵点"。

2. "课程思政"与"思政课程"同向同行缺位拉低了学生的获得感

从目前各高校法学专业人才培养方案来看,学生面临的专业课修习任务不轻,加之还要面临考研、就业等多重压力,时间显得尤其宝贵。然而,传统教学理念和教学模式的影响根深蒂固。由于"思政课程"和专业课课程是课程体系中并列运行的两个组成部分,专业课教师在日常教学中的惯性思维是,其中心任务是向学生传授专业知识和培养专业技能,思想政治教育是思政课教师的专业范围。思政课教师一般是按照各高校学工部门的统一安排备课,其教学内容缺乏与专业课的沟通,结果就是"思政课程"教学与专业课程教学言人人殊。加之有的专业课程在融入"课程思政"的过程中存在"两张皮、硬融入"的现象,一方面学生时常有"课程思政"硬塞硬灌的观感。从笔者调研来看,还有为数不少的学生对于在专业课中"课程思政"的硬切入有抵触情绪。另一方面时常出现有学生在思政课堂看专业书籍完成专业作业的现象。从笔者近年来参加的教学观摩和对学生的回访来看,为数不少的学生希望对"课程思政"与"思政课程"的教学内容进行有机整合,节省出更多的时间以供他们结合自身特点为今后的考研、就业等做充足准备。

三 高校法学专业"课程思政"教学质量监控的完善路径

新时代高校法学专业"课程思政"教学质量监控的完善路径,应该是围绕各主体的角色正位,构建科学高效、运行顺畅的纵向监控关系与横向合作关系,以最终实现教学质量提升的终极目的。值得注意的是,教师是两类关系运转的交汇点和枢纽,横向合作关系运行是否顺畅,有赖于纵向监控关系能否有效调动起教师的积极性、主动性和创造性,尊重学生的主体作用并有效回应其群体诉求。由此,各高校和二级教学单位的角色定位和作用发挥,是完善教学质量监控的关键与核心。

(一) 各高校:"保底线、提高线、强激励"

目前,各省级教育主管部门都出台了以《关于全面/深入推进高等学校课程思政建设的工作方案/实施意见》命名的行政规范性文件,从指导思想、总体目标、重点任务、实施保障等方面对推进"课程思政"工作做出了较为全面的制度安排，但核心问题是各高校缺乏关键制度设计，导致省级教育主管部门的宏观政策难以在各高校的微观实践中"开花结果"，应以"保底线、提高线、强激励"为思路予以完善。

1. 各高校应以构建教学目标责任考核为引领加强制度供给

鉴于各教学环节与"课程思政"之间"皮之不存，毛将焉附"的关系，建议各高校充分依托教学指导委员会等组织在征集党委学工部门意见建议的基础上，结合专业特点研究制定科学严谨的法学专业"课程思政"教学质量评价体系，并在此基础上设计制定年度教学目标责任考核指标体系，考核体系中的赋分项应该设置评分项和加分项，通过评分项的设置设定"课程思政"教学质量的"底线"，通过加分项的设置激励二级教学单位推陈出新创新性地开展工作。与此相适应，教学经费也应设置成动态分档拨付制，即根据二级教学单位完成教学目标责任考核的实绩予以拨付，并适当扩大优秀、良好、合格、不合格等档次之间的经费级差。

2. 各高校应以深化人事绩效制度改革为引领加强政策激励

在高等教育领域深入推进"破五唯"的背景下，建议各高校要在深化人事绩效制度改革上下功夫、花力气。各高校法学专业的师资情况千差万别，但教师的主业不外乎教学与科研两类，改革的核心思路应该是给教师提供展现才华的不同赛道，即可将目前的教授、副教授、讲师、助教等职称细化为"教学为主"和"科研为主"等职称类型，让以教学能力见长的教师成为在课堂教学、第二课堂、教学改革、教材建设中推进"课程思政"的"排头兵""急先锋"，并凭借其取得的业绩评聘相应的职称职级并参加相应的绩效考核。

(二) 二级教学单位："稳中线、争高线、强创新"

目前，国内已有多所高校的法学院出台了以《课程思政建设实施方案》命名的文件，从指导思想、总体目标、重点任务、工作安排、保障措施等方面对推进"课程思政"工作做出了安排，但核心问题是缺乏工作统筹和制度创新。法学专业"课程思政"教学质量监控机制的构建，应以"稳中线、争高线、强创新"为思路予以完善。

1. 在二级教学单位层面，应探索建立党政一体推进"课程思政"建设责任台账制度

根据各高校构建的法学专业"课程思政"教学质量评价体系和教学

目标责任考核指标体系，对体系中的指标任务进行分解，补足原有党政衔接的空白。比如，二级教学单位可以教学副院长为召集人、党委副书记为协调人，在原有各教研室集体备课的基础上吸收思政课教师加入，促成"课程思政"与"思政课程"同向同行的实现。在"思政课程"的教学中邀请专业课教师对于一些专业问题开展"课程思政"教学，使得"课程思政"与"思政课程"的教学内容实现无缝衔接和优势互补，增大教学内容对学生的吸引力。另外，在教学方法上应该引入"翻转课堂"等加大学生的参与度，让学生成为"课程思政"与"思政课程"衔接的主角。此外，探究式教学和辩论式教学是法学专业课程课堂教学经常采取的教学方法。教师在主导学生探究和辩论时要积极引导学生从家国情怀、公正法治、自由平等等角度思考问题，引导"课程思政"春风化雨般地融入法学专业课程教学。又如，二级教学单位可以精品教学实践基地的打造为切入点，针对各教学实践基地的业务特点和专业特长，持续深入挖掘双方合作的交集领域。对于教学实践活动开展频次高、亮点多，"课程思政"元素融入好成果显著的合作单位，通过实务导师聘任、推荐在研究会任职、增加实（见）习指标投放等方式加以激励。另外，各二级教学单位应主动与马克思主义学院建立长效工作机制，搭建思政课程与课程思政相互交融的沟通平台。法学专业教师应结合自己所授课程特点，邀请思想政治理论课教师加入自己的教学团队，与思政课教师合作，共同讨论课程思政元素及其导入方式，真正做到法学专业课程与思政课程"同向同行，形成协同效应"。

2. 在基层教学组织层面，二级教学单位应探索建立课程组制度

针对二级教学单位开设的所有必修课和选修课组建课程组，明确课程组组长为该门课程及"课程思政"建设的第一责任人，由课程组组长组织该门课程的任课教师，通过集体备课等方式研讨确定"课程思政"在该门课程中的融入方式、要点等事项。课程建设经费由二级教学单位根据课程组组长的工作实绩统筹发放。此外，课程组组长在针对该门课程编写或修订教材时，也要担负起审核教材意识形态的第一道责任。课程组要注重将政治认同、家国情怀、民族精神和时代精神、宪法法治意识、道德修养、社会主义核心价值观、中华优秀传统文化等思政元素融入课程之中，切实做到"门门课程有思政"。另外，课程组要深入挖掘提炼法学课程中自身所蕴含的思政元素。习近平总书记指出，"要挖掘其他课程和教学方

式中蕴含的思想政治教育资源,实现全员全程全方位育人"。法学专业课程蕴含着丰富的思政教育资源,如宪法所蕴含的时代精神和民族精神、民法典所蕴含的诚实守信和意思自治原则;刑法所蕴含的实体正义和平等原则;刑事诉讼法所蕴含的程序正义和人权保障理念等,另外,还可从课程所涉国家、国际、文化、历史等多个角度,积极拓展法学课程的广度和深度。在此基础上,二级教学单位应加强教研室党支部建设,配齐配强党支部书记,在年龄、职称结构等方面与教研室主任形成阶梯互补,探索建立教研室党支部书记为该教研室所有开设课程的"课程思政"建设总负责人制度,由二级教学单位向所在高校提出申请,在课时减免、职务职称晋升等方面加大倾斜力度。

四 结语

党的二十大报告完整擘画了新时代法治中国建设的宏伟蓝图,而蓝图的实现需要大批忠于党、忠于国家、忠于人民、忠于法律的高素质法治人才。新时代的法治人才培养必须坚持"德法兼修"的育人观,而科学严谨的法学专业"课程思政"教学质量监控体系则是达成育人观的保障。推动法学专业"课程思政"教学质量监控提质增效,应该从提升教学质量监控的内涵出发,围绕教学质量监控各主体的角色正位,构建科学高效、运行顺畅的纵向监控关系与横向合作关系,积极应对实践中出现的新情况、新问题,在新时代展现新气象、发展新格局、展现新作为。

Teaching Quality Control of "Curriculum Ideology and Politics" for Law Major: Connotation, Problems and Improvement Path

Xue Liang

Abstract: The cultivation of legal talents in the new era must adhere to the concept of "moral and legal cultivation", and the scientific and rigorous teaching quality control system of "curriculum ideology and politics" is the guarantee of achieving the concept of education. In practice, there are some problems, such as insufficient top-level system design and policy incentives, insufficient coordination between the party and the government in second-level teaching units, lack of motivation for teachers to build "golden lessons" guided by the concept of "curriculum thinking and politics", and the lack of "curriculum thinking and politics" and "ideological and political courses" in the same direction, dragging down students'sense of gain. To improve the quality and efficiency of the teaching quality control of "curriculum ideology and politics" of law major, we should build a scientific, efficient and smooth vertical monitoring relationship and horizontal cooperation relationship around the role of each subject, so as to show a new atmosphere, a new development pattern and a new act in the new era.

Keywords: major in law; curriculum ideological and political; teaching quality control; perfect path

新时代"枫桥经验"视域下平安校园建设的具体路径

步洋洋　王成成[*]

摘　要：新时代"枫桥经验"经过发展，其适用范围日益扩大，为社会综合治理提供了重要的指导意义。基于新时代"枫桥经验"广泛应用于人民法庭、公安派出所、司法所等诸多领域的现实语境，为有效破解因高等教育深化改革以及高校转型升级而带来的平安校园建设的困境与迷思，在证成新时代"枫桥经验"与平安校园建设因应关系的基础上，演绎归纳出在新时代"枫桥经验"视域下以"学习新时代'枫桥经验'构建全方位防范体系、引入新时代'枫桥经验'建立'三位一体式'网格化管理模式、借鉴新时代'枫桥经验'转变高校服务工作理念"为具体内容的本土优化路径。

关键词：新时代"枫桥经验"；高校管理；平安校园建设

一　引言

鉴古而知今，彰往而察来。"枫桥经验"作为我国基层治理的典型经验，其自产生之初，就因真正实现了基层群众自我管理、自我教育、自我服务而深受人民群众支持。20世纪60年代初，浙江省诸暨县（现诸暨市）枫桥镇干部群众总结出"发动和依靠群众，坚持矛盾不上交，就地解决，实现捕人少，治安好"的"经验"，1963年，毛泽东同志对此曾亲笔批示"要各地仿效，经过试点，推广去做"。"枫桥经验"由此成为全国政法战线的一面旗帜。先后成为社会治安综合治理的典范、社会管理创

---

[*] 步洋洋，西北政法大学刑事法学院副教授，法学博士，主要研究方向：刑事诉讼法、证据法；王成成，西北政法大学刑事法律科学研究中心研究人员。

新的典范、平安中国建设以及基层治理现代化的典范，为各个阶段的社会问题与基层需求的处理，提供了本土化的解决方案和治理方法。[1] 2022年，坚持和发展新时代"枫桥经验"写入党的二十大报告，赋予了新时代"枫桥经验"在全面建设社会主义现代化国家、实现中华民族伟大复兴新征程的重大使命任务。

与此同时，高校的平安建设工作亦是社会治安综合治理工作的重要环节。近年来，广播、电视、报纸等平台纷纷报道校园霸凌、校园火灾、校园裸贷等诸多影响平安校园建设的危机事件，每个事件的背后是无数个破碎的家庭，每个事件性质之恶、影响之深足以引起全社会的重视。[2] 平安校园的建设不仅需要诉诸法律，从法律层面以法律制裁的手段进行规制；更重要的是从高校内部管理入手，从思想、道德、理念的角度出发，深入学生，深入实际，维护稳定，提高效益，探索出建设平安校园的多种渠道。法律作为规制社会违法行为的最后一道防线，应当保持谦抑性，在运用道德、习惯、风俗等非正式的社会控制手段能够有效调整社会关系、规制违法行为时，就没有必要运用法律。

笔者认为，继"枫桥式人民法庭""枫桥式公安派出所""枫桥式司法所""枫桥式社区"等实践范例后，将新时代"枫桥经验"应用于高校平安校园建设，亦会拓展其实践应用领域、创新传统的管理模式、内容及方法。鉴于此，笔者在论证新时代"枫桥经验"与平安校园建设的因应关系的前提下，通过分析影响我国高校平安校园建设的诸多因素，进而演绎归纳出在新时代"枫桥经验"视域下平安校园建设的本土优化路径。

二 新时代"枫桥经验"与平安校园建设的因应关系

对于构建"枫桥式平安校园"之实然与应然、缘何与该当等诸多问题，引发学者间的争鸣与思辨。在笔者看来，新时代"枫桥经验"作为

---

[1] 参见姬艳涛《党史视角下"枫桥经验"生成的逻辑理路》，《公安学刊（浙江警察学院学报）》2021年第6期。

[2] 参见赵长明《"枫桥经验"的逻辑起点及在高校治安管理中的实践追求》，《警学研究》2020年第5期。

在解决社会矛盾中创造的综合治理模式，其与平安校园建设的具体路径高度契合，二者工作理念一致：都在于抓早抓小、防微杜渐，将矛盾化解在源头；二者参与主体一致：都坚持依靠群众、组织群众、服务群众的群众路线；二者价值追求一致：都是为了追求社会的和谐稳定。① 质言之，将新时代"枫桥经验"应用于平安校园建设，能够充分调动人们的积极性、主动性，能够最大限度地消解高校在平安校园建设过程中的困境与迷思，为实现平安校园建设的目标提供最切实的支持与具体的指导，将高校中的矛盾、问题及时化解，从而进一步完善高校的组织体系、提高高校的管理水平与工作效率。具体而言，新时代"枫桥经验"和平安校园建设在以下三方面相因应。

（一）新时代"枫桥经验"的治理理念与创建平安校园的工作方法相因应

正所谓"良医治无病之病，故人常在生也；圣人治无患之患，故天下常太平也"。（明代钱琦《钱公良测语·治本》）习近平总书记强调，要抓早抓小，有病就马上治，不能养痈遗患。新时代"枫桥经验"坚持的原则即在于抓早抓小、防微杜渐，确立了诸多深入实际、深入人心的机制。例如，以组织工作走在预测前、预测工作走在预防前、预防工作走在调解前、调解工作走在激化前的"四前工作法"为核心的预防机制；以苗头性纠纷、易激化纠纷等纠纷优先调处为内容的"六优先"介入机制；以倾听当事人陈述要专心、调查取证要用心、心理疏导要耐心为内容的"六个心"调解机制。② 通过将矛盾化解提前预防，以求社会综合治理防患于未然，治无患之患。

"不治已病治未病，不治已乱治未乱"的治理理念同样是平安校园创建工作中化解各类矛盾冲突的行之有效的方法。当前我国高校高等教育事业已经进入了一个飞速发展的新阶段，在创建平安校园的过程中，影响校园安全的问题可能暗藏于管理工作的疏漏之处，如没有及时解决学生间的

---

① 参见黄兴瑞《新时代"枫桥经验"视野下社会稳定风险防控机制研究》，《中国人民公安大学学报》（社会科学版）2019年第2期。

② 参见汪世荣主编《"枫桥经验"：基层社会治理的实践》（第2版），法律出版社2018年版，第156—164页。

纠纷，又或是没有做好校园防火、防盗等安全管理宣传。为有效消除校园不稳定因素，将矛盾解决在根源上，把隐患消除在萌芽中，平安校园建设往往需要群策群力、及时发现、及时处理，化早、化小、化苗头。① 各学院应常态化、多样化开展日常纪律监督检查工作，关心师生的学习和生活，了解师生的困难，及时排查学院卫生、消防等硬件设备，解决实际问题。

（二）新时代"枫桥经验"的参与主体与创建平安校园的参与对象相因应

"枫桥经验"发展至今，最宝贵的经验和最显著的成就在于将自律与他律、刚硬与灵活、治身与治心、人力与科技有机结合起来，形成了以党的领导为核心，以政府为主导、各类社会主体共同参与的多元协同治理体系。② 随着我国社会主要矛盾的不断变化，人们对社会治理、平安建设和法治建设的要求也发生了巨大的变化，治理主体和治理方式也随之改变，但坚持以人民为中心，一切为了群众、一切依靠群众，想民之所想，忧民之所忧，始终是"枫桥经验"不变的初心。③

同样，平安校园建设的"人民主体"是广大师生，平安校园建设的关键在于全体师生的广泛参与，只有把建设平安校园的工作与满足师生追求和谐稳定的愿望结合起来，与解决事关师生切身利益的实际问题结合起来，从而使建设平安校园深深地根植于师生之中，成为广大师生的自觉行动，建设过程才能事半功倍，学校才会快速发展。因此，在创建平安校园的过程中，应该寻找最大公约数，画出最大同心圆，以平衡全校师生的共同利益为基础，对多方主体的需求做出响应，允许师生自由发挥其主动性和创造性，培养他们的主人翁意识，激励其为学校的进步和发展做出更大的贡献。

---

① 参见王斌通《新时代"枫桥经验"与矛盾纠纷源头治理的法治化》，《行政管理改革》2021年第12期。
② 参见金伯中《"枫桥经验"的历史性贡献与重要启示》，《公安学刊（浙江警察学院学报）》2021年第5期。
③ 参见张文显《新时代"枫桥经验"的核心要义》，《社会治理》2021年第9期。

(三) 新时代"枫桥经验"的价值理念与创建平安校园的建设目标相因应

从"枫桥经验"的发展历程观察，我们不难看出，"枫桥经验"的价值理念和核心宗旨是追求和谐稳定。"枫桥经验"形成于社会主义建设时期，发展于改革开放新时期，创新于中国特色社会主义新时代，经历了从社会管制到社会管理，再到社会治理经验的两次历史性飞跃。"枫桥经验"通过对社会基层治理的实践探索，逐渐成为防范化解群众矛盾的良方以及社会综合治理的经验，对于提升社会治安管理水平、维护社会治安环境的稳定起到了积极作用，为中国的改革发展创造了一个安定、有活力的社会环境。新时代，枫桥经验经过创新发展，产生了"枫桥式人民法庭""枫桥式公安派出所""枫桥式司法所""枫桥式社区"等优秀实践范例，真正做到了在社会和谐稳定中推进改革发展，通过改革发展促进社会和谐稳定。

与此同时，平安高校的建设目标与新时代"枫桥经验"的价值理念相趋同，高校作为一个较为复杂的系统，其生存与发展的动力来自系统中各个要素之间的协调、和谐、共生。平安高校建设的目标是实现高校的和谐稳定发展，其一是追求和谐高校建设在环境方面的稳定和谐，从软硬件设施建设、安全保卫工作、后勤服务工作等方面为全校师生提供稳定、和谐的学习生活环境，促进师生的工作和学习；其二是追求和谐高校建设在教学科研、行政管理、人际关系、服务社会等方面的和谐稳定。高校实现和谐稳定的发展目标，能够更好地为社会培养人才，为和谐社会建设贡献力量。[①]

三　当前我国高校管理工作的现状省思

由于教学改革的深化和社会的发展，我国目前正处于高等教育事业的转型期，高校的规模与数量不断扩大，高校办学环境也越来越复杂。随着对外交流和开放办学理念的日益深入，高校逐渐由封闭的"象牙塔"向

---

① 高策：《"枫桥经验"在和谐高校建设中的应用研究》，硕士学位论文，河北工业大学，2015年。

开放的"小社会"转型,各种社会矛盾和社会问题开始在高校管理过程中凸显,威胁着师生的人身安全和财产安全,对高校管理工作带来了严峻的考验。[①] 依笔者之见,我国现阶段高校管理工作的问题呈现出显性与隐性两大方面。

(一) 高校管理工作中存在的显性问题

第一,校园内盗窃案件频发。随着开放式校园建设,学校与社会之间空间边界已经逐渐缩小。校园的开放在带来便捷的同时,也暗含诸多损害高校平安建设的危险。例如,食堂、教室、学生宿舍成为校园盗窃案件的多发场所。针对学生宿舍楼实施的盗窃行为中,最常见的作案方式是溜门盗窃,即乘宿舍无人、大门未锁或者学生对自我财产疏于保管而实施的盗窃行为。在图书馆、教室、操场等公共活动场所发生的盗窃案件以"顺手牵羊"为主要作案手段。在食堂发生的盗窃案件以扒窃居多,实施扒窃行为的以混入校园内的外来人员为主,他们利用师生在食堂就餐时警惕性不高,人员拥挤的机会,乘机实施盗窃违法犯罪活动。[②]

第二,校园内容易发生交通安全事故。随着开放式校园建设的推进,高校与社会的交往日趋密切,校园内的人流量与车流量也随之急剧增长,致使高校交通环境也变得更加复杂。一方面,多数学生会选择骑自行车、电动车、摩托车甚至开车上课、实习。由于大学内部的道路建设、交通管理等基础设施的建设落后于大学的发展,大学内部的道路一般都比较窄,交叉路口没有交通信号灯,也没有专门的交通管理者,这就导致了在上下课的时候,很可能会出现因人(车)流量较大而造成交通事故现象的发生。另一方面,多数学生在步行的时候往往注意力不集中,要么一边看书,一边听音乐,要么东张西望,心不在焉;又或是走在马路上都是蹦蹦跳跳,嬉戏打闹;甚至有学生在路上进行球类运动,更是增加了事故发生的可能性。

第三,高校宿舍管理问题。由于宿舍管理制度不完善,学生安全意识淡薄,高校宿舍极易产生消防安全问题。一方面,部分学生在寝室内或者

---

① 参见陈韶成、殷云林、谢秉宸《基于"枫桥经验"构建高校校园治安防控之路径》,《河南教育(高教)》2020年第7期。

② 夏涛:《高校校园安全管理研究》,硕士学位论文,华中师范大学,2014年。

宿舍走廊等公共场所吸烟，乱丢烟头。由于部分高校宿舍基础设施老旧，空气流通不畅，一旦烟头未及时熄灭，极易引发火灾等安全事故。另一方面，还有部分同学不注重用电安全，违规使用电器，在宿舍楼里私自拉扯电线，用电饭锅、电热毯、"热得快"等大功率的电器，导致线路超负荷而引发火灾，给宿舍安全带来极大风险。

（二）高校管理工作中存在的隐性问题

第一，学生间人际关系问题。随着高校招生人数逐年增加，宿舍室友往往来自五湖四海，彼此之间性格各异、生活习惯以及兴趣爱好各不相同，在一起生活时难免会产生矛盾、争执。并且，部分学生在人际交往中因自卑、心理敏感等原因存在沟通困难的问题，社交恐惧症导致这部分同学难以表达自己的观点、宣泄自己的情绪，往往会因一些小事而与室友发生激烈争吵。如果宿舍之间的关系处理得不得当，极易造成宿舍之间的冲突，甚至会引发打架、斗殴等恶性群体事件，对公共场所的管理秩序造成了很大的影响，对校园的安全同样构成威胁。"马加爵案""复旦投毒案"等校园惨剧无不向我们指出重视培养良好的人际关系的重要性。

第二，学生心理健康问题。根据2022版"心理健康蓝皮书"《中国国民心理健康发展报告（2021—2022）》显示，超80%成年人自评心理健康状况良好，抑郁风险检出率约为1/10。青少年群体有14.8%存在不同程度的抑郁风险，高于成年群体，需要进行有效干预和及时调整。[①] 青少年群体由于心智尚未成熟、三观尚未稳定，对于人生追求和社会问题的看法往往人云亦云，缺乏自己的见解，加之"内卷""精神内耗"等负面舆论的引导，使得学生学习、就业、爱情等方面压力越来越大，对学生造成强烈的心理负担，甚至会导致学生心理失衡，引发一些不必要的问题。若是这些问题没能得到处理或者引导，学生会产生心理障碍，最终引发抑郁、孤独和苦闷等心理疾病，导致学生"在泥潭里越陷越深"，甚至走向极端。

---

① 《中国国民心理健康最新报告：超80%成年人自评心理健康状况良好》，http://www.chinanews.com.cn/sh/2023/02-23/9959499.shtml，2023年5月15日访问。

四　新时代"枫桥经验"视域下平安校园建设的应然向度

在习近平新时代中国特色社会主义思想指引下，孕育形成了以"矛盾不上交、平安不出事、服务不缺位"为基本内涵的新时代"枫桥经验"。① 立足于新时代"枫桥经验"的广泛应用，并已实然建成以"枫桥式人民法庭""枫桥式公安派出所""枫桥式司法所""枫桥式社区"为代表的优秀实践范例的现实语境。笔者认为，将新时代"枫桥经验"应用于高校平安校园建设，能够充分发挥师生的积极性、主动性，解决实际问题，消除各类隐患，建立长效机制，真正确保学校的平安、和谐。并可以形成可复制的标准，进而推广为全国高校有影响的新做法、新经验②。鉴于此，笔者主张从以下三重维度优化高校平安校园建设的本土路径。

（一）学习新时代"枫桥经验"构建全方位防范体系

把问题解决在当地、把隐患消除在萌芽状态是"枫桥经验"的重要内容。为有效应对因开放式校园而给平安校园建设带来的诸多威胁。笔者认为学校应当不断完善以管理为抓手，多项举措并举，切实完善预警机制，大力加强网络监控预警，实行信息分析交流研判制度，健全各类应急预案，努力提升应对突发事件的能力。

一方面，针对目前校园安全稳定工作的现实需求，高校应该进一步提升安保工作的能力和水平，加强校园安全基础设施的建设。尤其要利用先进的信息技术，不断更新安全保卫设备和防卫技术手段，提高安保工作的软、硬件水平。如加强校园技防监控系统建设、校园视频监控系统指挥中心建设、校园智能化交通管理系统建设、"云上社区""智慧校园"网上办事程序建设等。在此基础上，利用互联网信息技术与云技术，对学生信

---

① 卢芳霞：《新时代"枫桥经验"与中国式基层社会治理现代化——浙江省法学会社会治理研究会成立大会暨 2022 年"平安浙江"论坛综述》，《浙江警察学院学报》2022 年第 6 期。

② 参见褚宸舸《基层社会治理的标准化研究——以"枫桥经验"为例》，《法学杂志》2019 年第 1 期。

息进行采集、记录、检索、提取、分析和管理，有利于高校的安保人员和思政工作人员对学生进行多方位的了解，从而构建起学生管理的预警机制，及时高效地帮助和引导学生走出困境。① 由此，以互联网技术为支撑，努力构建"人防、物防、技防、制度防"四位一体的全面安全防范体系。②

另一方面，高校应该紧跟互联网发展步伐，灵活运用新媒体，创新安全教育形式，持续提高安全教育的实效。针对近年来高校电信网络诈骗、校园套路贷、非法传销、两卡犯罪四类案件多发的态势，应当利用校园广播、微博、微信公众号、抖音等新媒体平台，积极开展"'四防'进校园，平安再升级"的宣传教育，指导并加强对学生金融安全知识的学习；提高学生在个人信息保护、个人账户安全管理等方面的防范意识；培养学生养成良好消费和支付习惯的意识和能力。通过全面开展"四防"教育宣传活动，让学生随时随地了解和学习安全防范知识。③

（二）引入新时代"枫桥经验"建立"三位一体式"网格化管理模式

结合高校当前的实际情况，面对学生间的冲突、矛盾以及突发事件，为避免学生间彼此关系的进一步恶化以及事件扩大化，笔者认为可以引入新时代"枫桥经验"，建立"三位一体式"网格化管理模式，在矛盾最开始时就能够及时发现、及时调解，"防微杜渐、抓早抓小"，做好预防工作，将化解矛盾的重心前移，将纠纷化解在最小的苗头。具体而言，针对高校的管理特点与治理方式，在现有管理格局不变的基础上，对校内师生实行网格化管理模式。比如，在矛盾调解中，根据矛盾纠纷的大小，按照网格化管理的先后顺序为：学生—宿舍长—班长/心理委员—辅导员—院系领导—分管学生校领导。根据学校单位的大小，从学生—教师—学院三

---

① 林仙、马斌：《新时代"枫桥经验"在高校学生安全保卫工作中的应用——以台州学院创建"枫桥式"安全单位为例》，《科教文汇（上旬刊）》2020 年第 16 期。

② 林仙、马斌：《新时代"枫桥经验"在高校学生安全保卫工作中的应用——以台州学院创建"枫桥式"安全单位为例》，《科教文汇（上旬刊）》2020 年第 16 期。

③ 参见《"互联网+群防群治"推进平安高校建设》，《人民公安报》2019 年 11 月 22 日第 3 版。

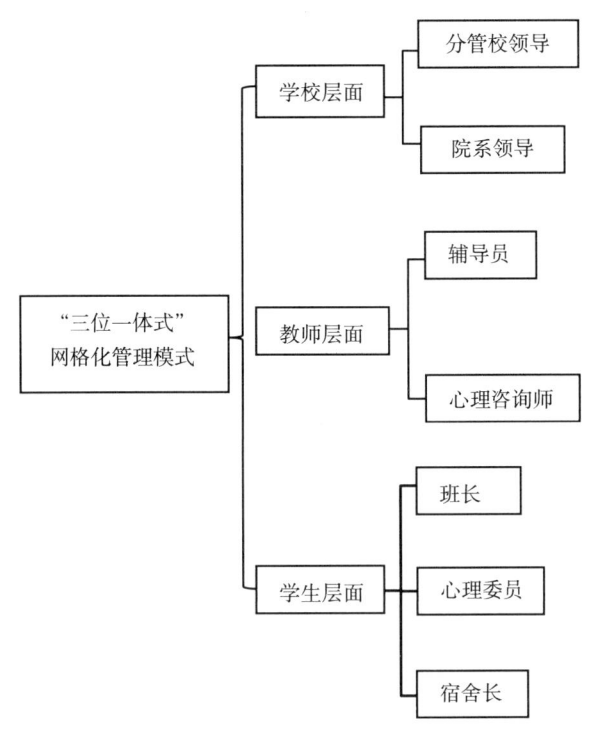

图1 "三位一体式"网格化管理模式

级结构层层递进。[1]

在这一网格管理结构中，宿舍长作为学生与教师之间的联络员，当学生之间出现冲突时，宿舍长要及时进行调解，将矛盾化解在初始阶段，避免矛盾激化，保持同学之间的和谐。对于超过自己力所能及的矛盾，要迅速上报，根据网格管理结构进行矛盾调解，避免冲突进一步加剧。[2] 同时，辅导员应当高度重视学生心理健康教育工作，将心理健康教育始终贯穿于教育教学全过程，定期排查学校安全隐患和人员矛盾纠纷隐患，对危及学校安全、危及师生安全的事项妥善处置并及时上报，把因学生心理健康问题而导致的校园安全矛盾隐患化解到未发之前，化解在校园。

---

[1] 参见赵长明《"枫桥经验"的逻辑起点及在高校治安管理中的实践追求》，《警学研究》2020年第5期。

[2] 参见夏文杰、陈佳阳《高校学生公寓安全管理中的主要问题及其对策——"枫桥经验"对创建平安校园工作的启示》，《文化创新比较研究》2019年第17期。

建立"三位一体式"网格化管理模式,既要有针对性地"治疗"现有的矛盾与冲突,又要注重矛盾与纠纷的"全息",即尽可能全面、完整地"理顺""修复"因纠纷而受到损害的同学关系,彰显新时代"枫桥经验"于高校安全管理适用中的化解与预防并重的特征,① 为高校的平安、和谐建设打下基础,为师生提供更好的服务。

(三) 借鉴新时代"枫桥经验"转变高校服务工作理念

"实事求是,与时俱进"的原则是"枫桥经验"最鲜明的时代特征。平安校园的建设不仅仅需要在制度层面转换机制,更重要的是要从观念层面转变高校服务工作理念,从教师层面与学生层面强化平安校园的建设理念。平安校园的建设成效如何,重要的是教师、学生群体的参与程度。

第一,坚持以人为本,强化教师服务意识。随着社会的发展和平安校园建设的不断深入,在新时期,高校要不断地更新与转变原有的工作观念,与时俱进,吸收采纳新的工作理念。高校应充分发挥新时代"枫桥经验"的优势,树立以学生为重的思想,增强教师的服务意识,在此基础上,逐步实现从"重管理"到"重服务"的转变。具体而言,可以从以下两方面着手。一方面,学院要重视科研创新,推动学生能力提升与学生社区建设相辅相成。通过以定期开展读书会、学术沙龙为抓手,以课题研究、论文研习为牵引,打通学生培养环节,切实增强学生群体的学术参与感,提升学生的科研创新能力,实现校园安全稳定、学生学习进步与社区健康发展的有机融合。② 另一方面,教师要做好学生的后勤保障工作,要与学生建立深厚感情,努力为学生创造良好的生活、学习环境,如宿舍环境的改善,食堂饭菜质量的提高,教学设备的优化等,真正做好学生的服务工作。

第二,坚持共同参与,培养学生参与意识。新时代"枫桥经验"的核心内容即在于坚持共同参与,强化群众意识。将新时代"枫桥经验"引入校园,重要的是转变学生观念,增强学生主人翁意识,让学生参与到

---

① 参见任建通、冯景《纠纷解决与基层社会治理——以"枫桥经验"为例》,《社会科学论坛》2016 年第 1 期。

② 王斌通、张译之:《新时代高校版"枫桥经验"的实践探索——以西北政法大学"一站式"学生社区建设为视角》,《民主与法制时报》2023 年第 73 期。

建设中来，通过加强学生自我管理、自我教育、自我服务的观念，让学生明白他们既是创建平安校园的受益者，也是参与者，有责任、有义务投身到平安校园建设群防群治的工作中来。

为此，首先要进一步加强以辅导员、学生社团和学生干部为主导的安全稳定工作队伍，强化学生干部解决实际问题的能力，破解"本领恐慌"的问题，使其充分发挥领头羊的重要作用。其次要积极争取以学生党员、预备党员、入党积极分子为辅助的学生自治团体，构建和完善选拔培训体系，加快知识储备更新，加强学生自治团体的责任担当意识，协助学校开展校园治安综合治理工作，实现平安校园共建共治共享。最后要进一步营造尊重人才、关爱学生自治团体的氛围，通过建立经费支持、提拔培养、容错纠错等多种激励机制，使学生自治团体有所作为，成为推动平安校园建设的重要力量。①

五 结论

实践证明，"枫桥经验"是党领导人民创造的一整套行之有效的社会治理方案，在探索基层社会治理方面发挥了重要作用，在诸多领域有着良好的管理效果，是新时代社会治理工作必须坚持、弘扬的"金字招牌"。"枫桥经验"在历经了半个多世纪的发展后仍历久弥新、充满生机，并逐渐演变为"矛盾不上交、平安不出事、服务不缺位"的新时代"枫桥经验"。新时期，高校平安校园建设的过程中面临的一些突出问题亟待解决，应充分发挥好新时代"枫桥经验"的引领作用，通过构建全方位防范体系、建立"三位一体式"网格化管理模式、转变高校服务工作理念，依法依规将影响校园稳定的矛盾纠纷化解在萌芽，化解在校园，全力维护校园的和谐稳定。新时代"枫桥经验"有利于破解平安校园建设的迷思，解决突出问题，为高校的未来发展找到一条科学管理之路。通过优化治理体系、完善调解机制、更新管理理念，全面推行、常态建设，形成可复制、可推广的"枫桥式平安校园"建设经验，为高校和谐健康发展注入新的活力。

---

① 参见张爱民《新时代"枫桥经验"的理论逻辑及其示范性价值》，《新视野》2021年第4期。

The Concrete Path of Safe Campus Construction from the Perspective of "Fengqiao Experience" in the New Era

Bu Yangyang   Wang Chengcheng

Abstract: After the development of "Fengqiao Experience" in the new era, its scope of application is expanding day by day, which provides important guiding significance for social comprehensive governance. Based on the practical context that "Fengqiao Experience" in the new era is widely used in people's courts, police stations, judicial offices and many other fields, in order to effectively solve the difficulties and myths of safe campus construction caused by the deepening reform of higher education and the transformation and upgrading of colleges and universities, and on the basis of confirming the relationship between "Fengqiao Experience" in the new era and safe campus construction, In the new era of 'Maple bridge experience' " perspective, deduce and summarize the local optimization path with the specific content of "learning the new era of 'Maple bridge experience' " to build a comprehensive defense system, introducing the new era of "Maple Bridge experience" to establish a "trinity" rid management model, learning from the new era of "Maple Bridge experience" to transform the service concept of colleges and universities.

Keywords: "Fengqiao Experience" in the new era; university management; safe campus construction

西部地方高校发展生态的检视与调控

杨 子 杨科正[*]

摘 要：构建优良生态系统是高校持续高质量发展的必然要求。西部地方高校生态系统由外部社会生态环境和内部个体生态结构组成。受主客观诸多因素影响，目前存在着生态失衡甚至生态危机现象。谋求高质量发展必须坚持全面系统的生态发展观，实施生态战略发展，必须营造优良的外部社会生态环境和多类型多层次的区域大学群落系统，构建科学的校内组织结构即个体生态结构，建立生态动态平衡，实现系统内外协同持续演进。

关键词：西部地方高校；发展生态；生态危机；生态调控

简单来说，生态就是指一切生物的生存状态，以及它们之间和它与环境之间环环相扣的关系，生态发展就是坚持以生态观谋求事物的发展。高等教育生态是指高等教育系统内的各种要素与其生存环境相互作用的具有物质循环、能量流动、信息传递功能的统一体。[②] 同理，大学生态就是大学内部各要素之间及其与外界环境产生相互关系和作用的有机统一体。相对于整个高等教育生态系统而言，一个地区的大学就是高等教育的区域群体生态，而大学生态则属于高等教育的个体生态。西部地方高校系统由所有西部地方高校（隶属于西南、西北地区省市区政府管辖的普通高校）组成，是我国（西部）高教（高校）系统的子系统，也是重要组成部分。

当前，就我国高校系统组成结构及办学实力而言，存在着三大差别：部属高校与地方高校（也大致等同于"双一流"高校与非双一流高校）、

---

[*] 杨子，宝鸡文理学院地理与环境学院助教，主要从事大学生思想教育和人文地理学研究；杨科正，宝鸡文理学院教育学院教授，硕士生导师，主要从事地方高校发展发展研究。

[②] 贺祖斌：《中国高等教育系统的生态学分析》，博士学位论文，华中科技大学，2004年。

东部高校与中西部高校、公办高校与民办高校。在这当中，西部地方高校属于发展相对滞后的部分，是弱势群体，发展的生态环境和生态结构等方面存在着诸多困难，须认真检视。

英国著名高等教育学家阿什比（E. Ashby）认为，任何类型的大学都是遗传与环境的产物。[①] 也就是说，大学发展既受所处外部生态环境的制约，也是个体内在生态因素变迁的结果。

一 西部地方高校发展的社会生态环境检视

高等教育生态区域发展主要受区域地理环境、区域经济水平、区域文化特征、政府政策的价值取向及效能以及高等教育机构布局等因素的制约。正如美国学者菲利普·库姆斯（Phillip H. Coombs）提出：在世界范围内，教育的生态环境，即经济、社会和政治等方面发生的变化，在一定程度上推动了世界高等教育的发展。[②] 大学属于社会组织，现代大学已经走出"象牙塔"成为多元化巨型大学，进入社会中心，与现实社会诸多组织有着密不可分、千丝万缕的关系，甚至越来越多地受到诸多社会因素的制约。大学外部的社会生态系统是生存和发展的基本条件，社会政治、经济、文化及军事等因子在一定意义上对大学个体的发展起到决定作用。

1. 地理环境相对欠佳

事实证明，现代以来大学的发展与所在地理位置的关系越来越密切，大学产生于城市，纵观世界高水平大学举办地，基本上都在著名的大都市。在我国，97.26%的普通高校举办地在地级以上城市，57.7%的普通高校在直辖市、省会城市和计划单列市。就青年教师、高考考生及家长而言，对大学举办地十分在意，基本上倾向于环境优美、交通便利、文化悠久、社会发达的大城市，如位居东部的全国一线城市、国家中心城市等，至少是省会城市，从而既有利于接受优质教育，也有利于见证发达的社会风貌而增长见识。北上广、东南沿海中心城市高校都是广大考生心仪的。

---

① [英] 阿什比（E. Ashby）：《科技发达时代的大学教育》，滕大春、滕大生译，人民教育出版社1983年版，第3页。

② [美] 库姆斯（P. H. Coombs）：《世界教育危机：八十年代的观点》，赵宝恒、李环等译，人民教育出版社1990年版，第20页。

就我国西部地区的地理环境而言，高原、山川、沙漠、草地占比大，自然生态比较脆弱，冬天漫长寒冷，春秋季风沙频发，交通条件设施与中东部地区有一定差距，大城市数量不足且发展后劲明显不如中东部地区城市，学生和家长以及高层次人才对西部地方高校的认同感普遍较弱，不利于大学产生及发展。"酒好也怕巷子深"，石河子大学、新疆大学等虽有"双一流"的光环，但在不少省份都曾出现过二本线录取的尴尬。兰州大学和西北农林科技大学即使是部属"双一流"大学，但因地理位置，尤其是兰州大学本科所处榆中校区而倍受冷落。这是客观存在，一般很难改变。也正因为如此，近年来，已有个别西部"双一流"高校表现出东迁南移的意愿。

2. 经济环境不够发达

大学发展水平与地域经济社会发展水平之间存在着明显的正相关。经济是社会发展的基础，社会经济既为大学发展提供物质经费资源，也对大学学科专业发展及人才培养、科学研究提出发展要求，是催生大学发展重要的外部动力。我国东部地区的经济和高等教育近年来发展速度与水平都位居前列，二者相辅相成，是有必然联系的。西部省区以农、牧、林业及煤炭石油等传统产业和资源型产业为主，高科技产业、信息技术等行业及社会经济发展整体水平明显滞后，地方高校发展的经济基础有限，产业发展对高层次人才和高科技的需求也不如中东部地区那样强烈。2021 年全国各省市 GDP 排名，广东、江苏继续稳居前 2 名，西部的四川第 6、陕西第 14、重庆第 16、广西第 19，其他均在 20 名以后。同时，根据教育部官网教育发展公告统计，2021 年全国普通高校生人均预算教育事业费支出方面，西部省区除了高等教育整体体量较小的西藏、青海、宁夏、新疆以外的省区均低于全国平均水平。反观深圳大学、宁波大学虽是新建地方高校，但因地方社会强大的经济支持，短短 20 多年，取得了高速发展、本、硕、博办学层次实现三级跳，步入国内知名高校，成为地方高校的佼佼者。

3. 人文环境的现代化底蕴不够

大学本质上就是文化组织，以文化人是基本手段与途径，优良而浓郁的校园文化氛围是学者和学子卓越发展的"空气"，深厚文化底蕴是建设高水平大学的必要条件。西部地区是我国少数民族的主要居住地，多元化的民族特色比较鲜明，但现代文化底蕴不如中东部地区，国际化交流合作滞后，思想意识相对传统保守，文化特点鲜明但现代化总体水平有限，整体实力不及中东部地区。特别是经济社会发展滞后的边疆地区、少数民族地区，享受优质高等教育机会不足，对高等教育的认同感和支持力度也相对有限。在西部地区内部，西安、重庆、成都之所以成为西部甚至是全国高教重镇，与其厚重的文化底蕴有很大关系。

4. 政策环境的价值追求及效能需要调控

政策主导是许多国家高等教育发展的重要特征，我国也十分典型。在一定程度上讲，我国高等教育空间和结构布局不是高校自身发展、自然演化而成的，而是在政府统一领导、规划之下，人为设计形成的结果，是基于"国家意志"的强势介入，在中央政府统领下，经由有效的合法化和制度化机制，通过具体的计划和规制展开的"国家行动"。[①] 近年来，从国家层面上看，以"双一流"为标志的高教发展政策的价值取向是"效率为先，兼顾公平"。21世纪以来虽有一些针对西部高等教育的专项政策出台，但实施效果显然不够理想，西部高等教育的整体实力虽有提升，但与东部地区的差距却越来越大。有研究指出，由于没有达到缩小东西部高等教育之间差距的目标，1999—2019年的干预措施总体上属于弱干预，即干预的强度不够。[②] 同时，从各省市等地方各级政府来看，西部地区普遍比较保守，相比广东、浙江、江苏、北京、上海，西部地方政府及高校的政策利用率不高，创新意识和创新水平差距明显，相关政策效能自然有限。

总之，教育与社会发展相适应是教育发展的基本规律之一，西部地方社会发展的相对滞后不利于西部地方高校优良的社会生态环境营造，在一定程度上制约着西部地方高校的良好发展。

二 西部地方高校发展的主体生态状况检视

大学是一个自主性很强的组织。就大学个体发展生态而言，外部社会因子是条件，内部生态因子才是根本。内部生态因子包括人、财、物的基

[①] 徐永：《区域高等教育非均衡发展的形成机制及其检视：一个"国家行动"的解释框架》，《教育发展研究》2013年第19期。

[②] 刘徐湘：《强干预：西部高等教育发展的策略选择》，《重庆高教研究》2022年第1期。

本因子；学科、专业结构与水平等生态价值的核心因子；思想文化传统、运行体制等环境保障性因子多个层面。既需要从宏观上检视西部地方高校的区域总体系统，也必须在微观上认真考量西部地方高校的个体生态系统。

1. 区域大学系统结构组成及总体实力需要优化和提升

系统原理是生态理论的基本原理之一。从静态看，高等教育结构是一定时空内高等教育与经济发展的结果和表现；从动态看，高等教育结构又随经济社会发展而变化，主要反映的是高等教育是否适应经济发展变化，在多大程度上发挥高等教育功能且在多大程度上促进经济发展。也就是说，高等教育发展是凭借高等教育结构与区域经济的相互照应关系，从而达到高等教育系统与经济社会环境的耦合发展。① 就西部地区高等教育总体系统而言，一方面，大学总体数量在全国大学中占比较少，每万人拥有大学数西部最少，公办本科数量最少的省份是海南、宁夏、西藏和青海，都不足10所。另一方面，"双一流"高校为代表的高水平大学数量少。从2017年公布的"双一流"高校名单来看，东部地区平均每万人一流大学数分别是中部和西部地区的2.0倍和1.7倍，平均每万人部属院校数分别是中部和西部地区的3.2倍和3.1倍。② 2022年公布的"双一流"建设学校，东部入选98所，西部入选26所。根据软科2020年中国大学排名数据，全国前100强高校中西部地区只有15所。同时，在西部地方高校办学类型中，应用型院校、民族高校、新建高校以及本专科层次高校占比较大，办学整体水平有限，生态位次低。同时，就西部地方高校发展模式而言，类型结构同质化、发展模式趋同化特征明显，办学特色不明，整体的生态系统结构不够丰富多样，独特的生态位价值体现不够充分，除了陕、川、渝三省市以外的其他省区高等教育整体实力明显有限。

2. 人才队伍的短板十分突出

从人与自然的相互关系来看，人是矛盾的主要方面。在高等教育系统中，人是整个系统的核心要素，人才队伍是关键因子。大学大师，是提升人才培养质量和科研创新水平的关键因素高层次人才队伍，学科领军人物

---

① 张妍：《高等教育结构的"元"分析》，《北京教育（高教）》2023年第2期。
② 贾枭、曾剑雄：《我国高等教育发展的地区差异及其根源分析》，《高等理科教育》2022年第4期。

在一定程度上就是大学办学实力和水平的象征。就西部地方高校人才队伍建设而言，最典型的困难和特征就是高层次人才数量少（不足）且不稳定。国家级人才数量、博士比例、教授比例、国际化率有限，且流失率始终较高。根据青塔网统计，2013—2017 年"长江特聘""杰青"、青年"千人""优青"等四类高水平教师指标，东部地区占全国总数的 74%，而西部地区分别仅占 10.5%。① 而且这些高层次人才基本就职于西部的部属高校和极个别省属"双一流"高校，西部一般地方高校基本不存在。2019 年国家"杰青"大陆地区 218 人中，西部地区 15 人，西部地方高校仅有 2 人；国家"优青"大陆地区 477 人中，西部地区 58 人，西部地方高校仅有 11 人。② 2020 年东部高校专任教师队伍的博士化率为 34.65%，西部为 21.73%。③ 高层次人才缺乏及流失是西部地方高校发展滞后的最大问题，其中经济待遇相对低、高层次发展平台少、对外交流有限、专业成长空间小、生活条件相对有限等是主要原因。

3. 办学经费捉襟见肘

大学是高消费组织，在一定程度上永远处在经费短缺的状态。西部地区经济发展和财政收入有限，教育投入与东部地区有明显差距。例如，2019 年东部普通高校生人均经费为 49817 元，西部普通高校生均经费为 33877 元。④ 2021 年，全国地方高校校均预算经费，广东、浙江、江苏分别为 16.23 亿元、15.44 亿元和 11.51 亿元，而甘肃、陕西、贵州仅为 5.67 亿元、5.63 亿元和 5.19 亿元。2022 年，内地年度预算最多的 30 所高校中，西部地区只有 5 所，其中进入年度预算前 10 名的西部高校仅有 1 所。2022 年，据青塔团队统计大学办学经费预算，东部的深圳大学、广州大学、宁波大学、嘉兴学院、绍兴文理学院分别为 56.39 亿元、49.33

---

① 青塔团队：《高层顶尖人才，各省差距到底有多大》（2017-9-19）[2022-3-29]，https://www.cingta.com/de-tail/3814。

② 中华人民共和国教育部门户网站：《高等教育专任教师学历、专业技术职务情况》（普通高校）（2021-8-26）[2022-3-15]，http://www.moe.gov.cn/jyb_sjzl/moe_560/2020/gedi/202109/t20210903_558619.html。

③ 李立国、洪成文、蒋凯等：《西部高等教育高质量发展（笔谈）》，《重庆高教研究》2022 年第 6 期。

④ 李立国、洪成文、蒋凯等：《西部高等教育高质量发展（笔谈）》，《重庆高教研究》2022 年第 6 期。

亿元、34.04亿元、20.33亿元和18.72亿元,而西部的宁夏大学、西北大学、西北师范大学、西安理工大学、陕西科技大学只有13.63亿元、13.22亿元、10.61亿元、8.74亿元和8.85亿元,更有延安大学3.07亿元、西北政法大学2.77亿元、宁夏师范学院3.23亿元、安顺学院2.06亿元、陕西中医药大学1.98亿元、铜仁学院1.90亿元、安康学院1.40亿元、商洛学院1.17亿元,差距极其悬殊。[①] 同时,由于办学经济基础有限,办学经费不足,也必然导致西部地方高校的图书、设备、校舍及校园环境等办学条件有限,尤其是现代化、信息化设施受到影响。据有关研究表明,西部与东部生均专任教师数、生均固定资产总值和生均预算内教育经费的绝对差距都呈持续增大趋势。[②] 当前,就绝大多数西部地方高校而言,办学经费来源以学费为主,经费使用以教职工人头费为主,经费预算以"保运行"为第一原则,基本保证日常运行,人才队伍建设、学科建设费用相对不足,建设性重大投入十分有限,一些高校的办学条件处于基本达标(教育部评估相关标准)水平。

4. 学科发展特色不明且总体实力及发展后劲有限

学科是大学存在和发展的内核,学科是大学组织的基本单元,大学办学水平在很大程度上就体现在学科水平方面,学科建设也是大学建设发展的龙头。就西部地方高校的学科特征而言,一是以传统的师范、医学、民族等应用性学科专业为基础,理工科、管理学、文学、艺术类专业占比较大,现代工业、信息技术等相关学科专业起步晚,实力不济。二是学科发展平台有限,高级别重点实验室、研究中心数量少,科研实力有限,科技转化率不高,发展后劲不足。三是学科特色不够鲜明,社会影响力和资源吸引力有限。在2017年第一轮"双一流"学科名单中,"双一流"建设学科主要集中于东部,东部每万人均一流学科数分别是中部和西部地区的3.0倍和4.3倍,全国465个一流学科中,东部地区高校有331个(占71.2%),西部地区高校仅有51个(占11%)。2022年的第二轮"双一流"学科建设名单中,给予公开警示(含撤销)的首轮建设学科总计15

[①] 青塔团队:《中国高校发展白皮书2022》,[2022-7-11],https://static.Cingta.com/cingta/Cingta-White-Paper-on-the-Development-of-China's-Universities.pdf。

[②] 贾泉、曾剑雄:《我国高等教育发展的地区差异及其根源分析》,《高等理科教育》2022年第4期。

个，其中 1/3 来自西部高校。①

5. 办学思想观念相对保守落后

大学是面向未来的组织机构，人才培养和科技创新都是指向未来和未知的，因此，办学思想观念是发展的先导。有学者将西部地方高校在办学思想观念方面的基本问题概括为"西部意识"，即受西部地区地理条件、经济水平、社会环境以及文化氛围等因素影响，对西部高等教育长期发展缓慢或未实现振兴的状况，认为理所当然、安于现状、画地为牢、无能为力、习惯依赖的思维认知。② 一些西部地方高校办学行为日常基本特征表现为：平稳保守是基本，从众盲从是日常行为习惯，躺平、内卷、急功近利很常见，缺乏战略意识、系统思维等。从生态学角度分析，主要问题表现为生态位过度重叠，导致千校一面，生态位宽度过小，教育资源利用率低，环境承载力小，引起教育环境恶化。③ 概而论之，就是在办学定位、发展目标、发展战略及发展路径等方面存在系统性问题，也就是生态发展观需要加强。

总之，西部地方高校自 21 世纪初以来伴随着全国高等教育快速发展取得显著进步以后，近年来，特别是效率优先为导向的"双一流"政策实施以来，发展的生态环境有明显的失衡，甚至出现生态危机：发展信心衰减，发展目标急功近利；资源获取能力不足，发展动力衰减；瓶颈状态十分明显，办学实力及发展水平与部属高校和东部地方高校差距越来越大。

三 西部地方高校发展生态平衡的建立与维护

高等教育生态危机就是高等教育系统中出现的影响或危害正常运行的行为现象，是高等教育系统内部和外部生态因子长期不良作用使系统出现违背人们愿望的"失衡和变异"，影响系统可持续发展的变化事件。一个

---

① 教育部财政部国家发展改革委：《关于公布第二轮"双一流"建设高校及建设学科名单的通知》，http://www.moe.gov.cn/srcsite/A22/s7065/202202/t20220211_598710.html。

② 蒋华林、蒋基敏：《破除"西部意识"：西部高等教育全面振兴的思路与策略》，《重庆高教研究》2020 年第 1 期。

③ 陈娟娟：《地方高校可持续发展的生态位战略研究》，硕士学位论文，武汉理工大学，2007 年。

稳定、安全、协调、可持续的大学生态系统应具有以下特征：一是大学的内部组成成分及其结构与生态功能的高度统一和协调平衡；二是大学与生态环境的相互促进与协调平衡；三是大学具有良好的自我诊断、自主修复、自我调节、自主管理与发展机制。[1] 西部地方高校发展的现状及问题充分说明了发展中存在着明显的生态危机。而认识和解决西部地方高校的发展生态问题，既要从高等教育和高校内部做起，也要从高校和高等教育以外的社会因素着手，二者协调统一是大学系统发展基本规律的必然要求。对西部地方高校而言，亟待科学处理好自身与社会、政府的和谐关系，建立与调控良好的发展生态，同时坚持系统思维，生态战略发展，实现协同演进，促进持续健康高质量发展。

1. 明确自身生态位并确立科学的发展定位目标是前提

生态位即生物在群落中所处的位置和所发挥的功能作用。大学生态位的内涵主要体现在四个方面：一是大学在整个高等教育系统中的相对地位与功能价值。二是大学所拥有的资源和所处环境的状况。三是大学与区域内其他高校之间的共性与差异、竞争与合作关系。四是大学的生态位占有能力、生态位适应能力和生态位提升能力等核心竞争能力。[2] 一方面，就整个西部地方高校生态系统而言，应建立多样化办学的基本准则，构建丰富多样的大学生态组织结构，即群落生态。在生态系统中有一条重要的生态学原理：多样性导致稳定性。这在高等教育普及化时代更加明显。因此应将中西部高等教育从学术型研究高校、普通本科高校和高职高专三类高校不规则纺锤形的办学层次结构改造为金字塔型的生态层次结构。[3] 另一方面，前提和关键是每所学校准确定位，把握自己的生态位，彰显自身的办学特色及价值，即个体生态。作为西部地方高校，坚持生态发展观首先就是要明确自己的生态位。大学在高等教育生态系统中根据其自身层次的不同有着不同的发展空间，也就有适应自身生长的特殊位置——生态位。一个高校的生态位既反映该高校在特定时期、特定范围、特定环境中所占

---

[1] 谢凌凌：《大学生态：本原特性、现实观照与治理要义》，《教育发展研究》2011 年第 11 期。

[2] 陈娟娟：《地方高校可持续发展的生态位战略研究》，硕士学位论文，武汉理工大学，2007 年。

[3] 朱文辉：《从"锁定"到"进阶"：中西部高等教育振兴的路径依赖及可能方案》，《教育研究》2022 年第 10 期。

据的空间位置，也反映该高校在该环境中的自然资源、社会资源、人力资源等高校生态因子所形成的梯度上的位置。对任何一所大学而言，在高等教育系统中都有对应的生态位，并且有其他大学不可替代的地位。不同的自身实际情况决定了不同的生态位把握，不同的生态环境决定了不同的生态位选择，进而影响大学在制定自身发展战略时的定位与选择。因此根据高校生态位的分离原理，同类大学应该采取同位相异的原则避免生态位高度重叠。[1] 同时，依据大学组织特征，就一定区域内大学之间，相互合作的意义是大于对立竞争的。从区域生态发展模式来看，区域内高校集群发展十分有利于校际资源共享、交流合作、相互促进，西部高教发展的整体滞后也不利于个体大学的发展。这就决定了西部地方高校在进行自身生态位的把握和选择时，首要问题是明确自身在办学类型、办学层次和办学特色上的生态背景条件，坚持有所为、有所不为的准则，以差异化战略和特色战略的指导思想选择和确立自身的办学目标、办学层次、专业课程设置、人才引进等实践行为，实施错位发展、特色发展、集群发展等生态位战略，形成和增强一所大学生态发展的核心竞争力。

2. 营建和维护大学的良好区域社会生态环境是保障

生态哲学是整体论世界观，强调系统性思维。生态发展的基本准则一是尊重自然、保护自然、适应自然、利用自然，基本策略是和谐适应和协同进化。大学在成长过程中，与社会生态环境互动适应中不断进行能量、物质和信息的交换才能较好地生存下去，并与政府、企业、竞争者等构成了一个持续循环、动态稳定的生态网。[2] 也就是说大学与所处社会环境之间实现有效的资源能量交换及资源互动与合作战略，相互适应及促进，生态平衡、协同进化。生态平衡是指系统保持一种高度有序状态，在这种状态下系统的组成、结构相对稳定，功能得到有效发挥，有机体与环境和谐统一，其中生态承载力是一个十分关键的指标。高等教育生态承载力即高等教育生态系统自我维持、调节的能力，以及教育资源与环境子系统承载

---

[1] 纪秋颖、林健：《基于生态位原理的高等学校特色建设》，《黑龙江高教研究》2005 年第 3 期。

[2] 薛珊、刘志民：《生态学视域下世界一流大学发展战略规划的三重维度》，《江苏高教》2022 年第 6 期。

一定高等教育发展规模及相应质量的能力。① 据有关研究表明，西部地区的高等教育与区域经济的耦合协调度整体偏低，广西、重庆、云南和陕西属于轻度失调类；四川属于濒临失调类；贵州、甘肃、青海、宁夏、新疆属于中度失调类。西部地区的高等教育与区域经济综合发展水平总体不高，广西、重庆、四川、云南、青海和宁夏属于高等教育滞后型，贵州、陕西、甘肃和新疆属于区域经济滞后型。② 亟待校地各方协同努力，构建和优化西部地方高校的良好生态环境系统。为此，一方面，要进一步强调中央、地方各级政府及社会各界发展高等教育、支持西部地方高校发展的责任感。因为在大学与政府的相互关系中，政府处于主导地位。正如有学者研究认为，如果把影响大学生存与发展的环境要素进行分析和提炼，可以发现主导现代大学生存与发展的核心力量就是政府与市场这两种即有所区别又相互联系的要素。③ 另一方面，坚持有为才能有位，强调西部地方高校应对社会发展需求，建立与地方社会发展相适应的动态平衡观，强化促进西部地域社会发展的责任与使命。

3. 审时度势，不断优化自身发展的个体生态结构是关键

依据结构功能主义观点，组织的结构与功能之间具有统一性，结构决定功能，功能反作用于结构，功能变化会促进结构调整。大学发展生态属于人工生态系统，它既具有自然生态系统的某些特征，又具有可控性，具有明显的自我调节功能的特征。优化内部组织结构是提升自身适应外部环境、办学效率、办学质量及发展能力的前提。优化组成结构也是普及化初级阶段高等教育及大学强化内涵发展的核心战略之一。作为西部地方高校而言，关键是遵循学科成长规律、学生发展规律、高层次人才成长规律及大学成长发展规律，依照地方社会的资源特征和发展需求，依据自身发展历史与特点，强化自主调控，不断优化学科专业结构、教师队伍结构、办学规模与层次、治理机制体系，培育办学特色与优势。在这当中，一方面，从大学组织本质特征出发构建科学有效的学科专业结构、组织机构和

---

① 贺祖斌：《高等教育系统的生态承载力研究》，《高等教育研究》2005 年第 2 期。
② 唐顺标、张鸣珊：《西部地区高等教育与区域经济协同发展研究》，《黑龙江科学》2022 年第 17 期。
③ 孟丽菊：《基于生态位理论的大学—政府—市场关系研究》，博士学位论文，大连理工大学，2010 年。

现代化治理体系，进一步突出和保障学术权力和二级学院办学权利、积极性和创造力；另一方面，合理有效吸引和使用办学资源经费，持续加强人才队伍建设、学科建设、教学基本建设以及信息化建设、数字化转型等。因此，应全面系统的审视自身发展，坚持生态发展战略，着眼长远和持续，实施科学的发展路径策略，把握生态节律，提高办学效率，促进学校高质量发展。

总之，大学发展过程就是从一个生态平衡上升为一个更高水平生态位的生态平衡，生态平衡是发展目标，生态失衡（动态平衡）是发展常态，是进化、变异、发展的过程。大学生态化发展就是以生态学的原理指导大学的发展，依据生态系统发展的基本规律，合理配置各种教育资源，优化高等教育的层次、类型、学科和专业结构，使高等教育的发展与社会经济的发展相协调，建立规模与效益、投入与产出、结构与功能和谐相适应的，实现大学和谐及可持续发展的动态平衡。

Inspection and Control of the Development Ecology of the Local Universities in Western China

Yang Zi YangKezheng

Abstract: Constructing an excellent ecosystem is a necessary requirement for the continuous high-quality development of college. The ecosystem of western college consists of the external social ecological environment and the internal individual ecological structure. Affected by many subjective and objective factors, there currently exists an ecological imbalance or even a potential ecological crisis. To pursue high-quality development, we must adhere to a comprehensive and systematic concept of ecological development and implement ecological development with strategies. Also, it's a must to create an excellent external social ecological environment and multi-level regional college community system, construct a scientific internal organizational structure, which is also called individual ecological structure, establish the dynamic ecological balance of ecology, and achieve continuous evolution with internal and external collaboration.

Keywords: western universities; development ecology; ecological crisis; ecological regulation

教学研究

商科学生创新能力培养的实践教学模式探索*

李晓宁　崔　健**

摘　要："以学为中心"是高等教育发展的大势所趋，在实践教学中落实"以学为中心"尤为关键。基于传统商科实践教学中存在知识建构不足、学生实践学习积极性不高以及重知识传授轻能力培养等问题，结合学校多年承办省级市场营销策划大赛的实际案例，提出通过"以赛驱动"实践教学形式，使教师达到"赛教融合"和学生"学赛结合"，并切实贯通"以学为中心"的教学理念，凸显"以学生为中心"的实践教学主体地位，落实"以学习为中心"的实践教学任务，最终在"第二课堂"实现提升学生创新能力培养的实践教学目标。基于此，文章探索构建一种"学科竞赛驱动—以学为中心贯通—创新能力培养"的商科创新人才培养模式，并分析其实践成效，目的是使学生真正成为学习主体，促进学生成长与发展。

关键词：学科竞赛；以学为中心；创新能力培养；商科实践教学

一　引言

高等教育的重心不在"教"而在于"学"，即让学生自己主动探索知识，主动发现，从而能运用知识、创造知识和解决问题。中国高等教育学

---

* 基金项目：2021年度陕西本科和高等继续教育教学改革研究项目"依托学科竞赛构建'以学为中心'创新人才培养模式的研究与实践"（项目编号：21BZ052）。

** 李晓宁，西北政法大学商学院（管理学院）教授，博士生导师，主要研究方向：社会保障与高等教育管理；崔健，西北政法大学商学院（管理学院）副教授，硕士生导师，主要研究方向：人力资源管理与高等教育管理。

会会长、教育部原副部长周远清教授认为:"高校要进行一次教学方法的革命,实现以学生为中心的本科教育变革,否则,高等教育质量无从谈起。"[1] 因此,"以学为中心"的教育理念是高等教育的大势所趋,也是提高我国高等教育质量的必然要求。

探索"以学为中心"的人才培养模式逐渐成为高等教育教学改革的核心任务。"以学为中心"的主要理论基础来源于建构主义。建构主义理论认为,知识不是通过教师传授得到,而是学习者在一定的情境下,借助其他人(教师和学习伙伴)的帮助,利用必要的学习资料,通过意义建构的方式而获得[2]。该理论强调教学过程中学生是意义建构的主动者,不是外部刺激的被动接受者和被灌输者,教师是意义建构的帮助者和促进者,不是知识的传授者与灌输者。同时,"以学为中心"的教育理念认为,一方面教师是学生知识建构的参与者和协助者,而学生是学习的主体,即认为教学应该"以学生为中心";从另一个层面上来讲,该理念也认为学习不仅是教师向学生传递信息的过程,也是学生根据需求自主建构知识的过程,所以这种"以学习为中心"的知识建构对学生培养也是非常重要的[3]。

当前,学者们普遍认为应该在高等教育阶段引入"以学为中心"的教学理念,改变传统"以教为中心"的教学模式,将学生作为学习的主体,教师参与辅助指导,提高学生的学习积极性和课堂参与度,形成学生为主、教师为辅的教学模式,促进学生独立思考,培养学生分析问题、解决问题的能力,提升教学质量和人才培养效果。但"以学为中心"的理念仅仅是教育方针指向,若想在实践层面实现创新人才培养的目标,就需要借助科学而合理的教学方式或方法。

实践表明,由于学科竞赛具备任务明确、情境逼真、难度适中以及竞技性强等优势,其在促进大学生的自我学习意识、主动性参与学习、承担

---

[1] 王静修:《大改革、大发展、大提高、建强国——周远清的"教育人生"》,《河北师范大学学报》(教育科学版) 2023 年第 1 期。

[2] 陈惠芸:《高校以学为中心课堂的价值追求及建构路径》,《宁波教育学院学报》2020 年第 3 期。

[3] 洪志忠、王怡雯、王玉梅:《高等教育"以学生为中心"研究的进展与趋势——基于 Citespace 和 VOSviewer 的文献计量分析》,《集美大学学报》(教育科学版) 2023 年第 2 期。

学习责任以及人格完善方面具有积极的作用①。近年来，众多高校或不同层次的高等教育都开展各类学科竞赛，通过"以赛带教，以赛促学"提高人才培养质量。因此，探索构建一种学科竞赛驱动下的商科创新人才培养模式，既落实了"以学为中心"的教育理念，使学生真正成为学习的主体，又促进学生的成长与发展，使学生成为知识宽、能力强、素养高的创新人才，是非常有建设性且有意义的教学改革创新。

二 文献综述

经过文献检索，可以发现"以学为中心"的教育理念不仅得到高校教师的普遍认同，而且也指引许多高校教师积极探索"以学为中心"的实践操作，主要表现在通过某些课程设计中体现"以学为中心"理念。例如，经济地理学（王龙升，2023）、单片机课程（肖丽平，2023）、大学语文（祝嘉琳，2022）、营养专业课程（李鸣，2021）、化学工艺学（刘广宇等，2021）、供应链课程管理（薛梅，2021）、大学英语（秦榕，2021）、Python程序设计（梁爱华，2020）、分析化学（郁韵秋，2019）等。可以看出，虽然高校教师在课程教学之中落实"以学为中心"的理念，但大多数教师的关注视角比较微观，注重在课程的个性化设计中体现或只凸显于单个课程教学过程，所以值得借鉴推广的经验较少。

从目前来看，真正在"以学为中心"方面做出大量探索工作的却是中小学教育，高等教育在此方面的研究有点薄弱，仅有少部分学者从高等教育人才培养的层面探索"以学为中心"的教学模式改革。比如，梁静（2023）基于泰勒原理，从目标、内容、过程、评价四重维度进行课程设计，聚焦学生的学习，关注学生的学习效果，促进学生的全面发展，最终实现在学习知识的同时，学会学习，学会思考②；潘磊庆（2022）认为"以学为中心"的教学理念主张学生是教学过程中的学习中心，而教师作

---

① 王宇静、曹海敏：《新形势下学科竞赛驱动的高等教育创新人才培养模式——以工程管理专业为例》，《教育理论与实践》2021年第18期。

② 梁静、蒋荣立、曹景沛：《论"以学为中心"的课程设计》，《扬州大学学报》（高教研究版）2023年第2期。

为课程教学进度和方向的引导者①；陈惠芸（2020）提出辩证处理课堂的预设与生成关系、有效组织课堂讨论和转变评价目的和方法的以学为中心课堂的建构路径②；王秀泽（2016）提出以学为中心的课堂提问互动模式综合设计③。综合来看，学者们对"以学为中心"的基本共识就是以促进学生自主建构知识、能力养成和发展为中心，但对"以学为中心"的人才培养模式探索大多还停留在课堂教学层面，较少从实践教学层面出发探讨如何构建"以学为中心"的人才培养模式。

另外，学者们对学科竞赛的看法比较一致，认为学科竞赛是实践教学的重要形式。首先，学者们关注最多的是学科竞赛对创新人才的培养作用。权良媛（2023）认为大学生学科竞赛是提高大学生创新能力的各种方式中不可缺少的重要组成部分④；郑向华（2021）认为，大学生学科竞赛在高校创新人才培养上发挥着重要的作用，组织开展大学生学科竞赛，已成为高校培养大学生创新意识和创新实践能力、发扬大学生创新精神的有效载体和重要手段⑤；郭晶（2021）等以经管类学科竞赛为例，从学生综合素质的提升、学科建设、教学成果转换等方面阐明学科竞赛对于人才培养的意义⑥；俞钦（2021）认为学科竞赛改变了传统的商科类教学模式，不断培养出商科类应用型创新创业人才，促进商科类毕业生的就业质量⑦；强薇（2021）等认为通过学科竞赛，有利于激发学生的科学思维，

---

① 潘磊庆、宋菲、董洋：《基于"以学为中心"的有效教学模式的探索与应用——以食品标准与法规课程为例》，《大学教育》2022年第11期。

② 陈惠芸：《高校以学为中心课堂的价值追求及建构路径》，《宁波教育学院学报》2020年第3期。

③ 王秀泽、孙佳、李霞：《加强以学为中心教育的改革与实践》，《大学教育》2016年第1期。

④ 权良媛、边疆：《基于学科竞赛的大学生创新能力提升研究——以日本与新加坡为鉴》，《高教学刊》2023年第6期。

⑤ 郑向华、罗金武：《新建应用型本科创新人才培养策略与实践——以学科竞赛为载体》，《西南交通大学学报》（社会科学版）2023年第1期。

⑥ 郭晶、刘瑞霞、王婕：《基于竞赛驱动的经管类创新创业人才培养模式研究》，《内江科技》2021年第6期。

⑦ 俞钦、林文玲：《以学科竞赛为驱动商科类应用型创新创业人才培养模式研究——福州工商学院商学院为例》，《科技经济市场》2021年第3期。

培养学生团队协作能力，构建合作型学习小组①。

部分学者关注学科竞赛对高校应用型人才培养模式的研究。例如，刘新玉（2023）构建了以学科竞赛为抓手的人才培养新途径、创新"三融合"的CDIO工程教育新理念、建立"三层次六阶段"的螺旋式实践教学新模式②；张昊（2020）提出创建以理论教学为基础、学科竞赛为载体、创新实践为手段、学科交叉为导向、成果转化为目的的"五位一体"创新人才培养模式③；陈剑清（2019）提出建立"兴趣聚集，竞赛驱动"的培养模式，可以提升学生的专业知识水平和科研素质，拓展学科视野与科研思维，培养学生的创新精神和实践能力④。

总之，即使"以学为中心"的教育理念已深入人心，但在商科人才培养中如何体现"以学为中心"的理念，构建相应的人才培养模式仍然值得继续探索。虽然有关学科竞赛的研究已相对成熟，学者们普遍认为以学科竞赛为抓手（载体或平台），可以提高学生的创新能力培养，但学科竞赛在"以学为中心"的人才培养模式中如何发挥作用，而且如何建立"以学为中心"的创新人才培养模式，学者们却较少涉及。因此，本文旨在研究学科竞赛的驱动下，如何将"以教为中心"转为"以学为中心"，达到培养商科创新人才的目标，从而构建一种相对完整的人才培养模式，并将这种模式在实践中运行，以观其效。

三 商科实践教学改革的现实困境

在传统的教师、教室、教材为中心的教学方式下，无论知识的构建、能力的培养，还是在提升大学生综合素养方面始终达不到要求。本文分析如何通过学科竞赛方式贯彻"以学为中心"的培养理念，最终落实创新

---

① 强薇、何佳欣、李文静：《大学生学科竞赛的内涵意蕴与发展脉络研究》，《亚太教育》2021年第23期，第147—149页。

② 刘新玉、王东云、高有堂：《融入学科竞赛元素的"三融合"CDIO创新人才培养改革与实践》，《高教学刊》2023年第1期。

③ 张昊、高天星、吴卫兵：《应用型本科院校以学科竞赛为依托的创新人才培养模式研究》，《铜陵学院学报》2020年第2期。

④ 陈剑清、徐婷婷、宋丰立、吕正兵：《学科竞赛驱动的应用型本科生培养模式的探索》，《中国现代教育装备》2019年第17期。

人才培养的目标，从而解决如下教学问题：

第一，传统商科实践教学中学生知识建构不足问题。传统商科教学模式一般以教师作为学习的主体，教师将知识体系理解和吸收后，再以自身的感悟和讲授方式灌输给学生。学生被置于学习的次要地位，缺乏自我意识的确立和主动学习责任，学生是被动学习和有限思考，获取的知识具有很强的外加性，因而教师的知识水平和教学能力的高低决定了学生获取知识的深度和宽度。当采用某种手段方式（比如学科竞赛），促使"以教为中心"转变为"以学为中心"时，学生和教师的角色发生了变化，知识建构的主体也就发生了改变，最终表现为人才培养质量大幅提升。

第二，传统商科实践教学中缺乏任务引导导致学生盲目实践，学习积极性不高。传统商科实践教学侧重知识体系的搭建却很少给学生提供实践任务和实践环境，没有实践任务引导使得学生学习的知识得不到综合性应用，没有模拟的任务情境导致学生不能置身其中，学生主动学习的积极性不高，不能有效发挥自身最大潜能，能力提升受到限制。因此，构建情景式学科竞赛是激发学生自主学习的有效途径。

第三，传统商科实践教学中重知识传授轻能力培养，导致学生综合素质不高问题。从东方的"经营之圣"稻盛和夫到西方的"世纪 CEO"韦尔奇，从国内优秀企业海尔的掌门人张瑞敏到国外的企业巨头 IBM 总裁郭士纳，这些优秀的管理者身上都蕴含着探索、合作、开放和变革的人格特质。但是在传统"以教为中心"的教学中学生呈现出被动和墨守成规的特点，严重忽视独立人格的养成，学生综合素养达不到管理实践的要求。俗话说"授之以鱼不如授之以渔"，其实学会学习远比学会知识更为重要。但由于传统学科竞赛与课堂教学缺少联动，学生创新意识和探索能力较弱，由此导致学生发展"高不成低不就"。

基于以上问题，西北政法大学商学院落实推进陕西省高校"双百工程"教育帮扶任务，针对学校对口帮扶地区——山阳县域旅游发展困境，于 2017—2022 年尝试通过连续举办陕西省市场营销策划大赛，实现以专业学科竞赛项目为驱动载体，切实贯彻"以学为中心"的培养理念，注重两者深度融合，拓展实践育人空间，提升学生的创新能力，从而形成"学科竞赛驱动—以学为中心贯通—创新能力培养"的商科实践教学新模式。

四　商科实践教学改革的外在形式：以赛驱动

学科竞赛作为一种实践性与体验式的教学方式，是继传统教学及案例教学之后的一种教学创新。相较于其他实践教学形式，学科竞赛是比较符合当下的教学发展趋势的，因此成为商科实践教学的一种重要形式。

1. 教师层面：通过以赛驱动实现"赛教融合"效果

西北政法大学于2017—2022年连续举办陕西省高校市场营销策划系列大赛，每届大赛均选择优质旅游资源作为营销策划主题，大赛分别通过对山阳"漫川关""天竺山""月亮洞"以及当地红色旅游景区的有效推广，拉动旅游产业发展与地区经济发展，从而推动专业实践和学科竞赛相融合，探索实践育人品牌，打造"脱贫攻坚"思政大课堂。这种以学科竞赛为龙头牵引，通过举办学科竞赛带动商科实践教学向纵深发展，使传统的实践教学形式发生改变，促使学生在精通专业知识的基础上，不断丰富社会实践内容，强化自主学习能力，提升教学效果，在教学层面很好地实现了"赛教融合"的效果。

事实证明，商科实践教学采取"以赛驱动"方式可以达到"赛教融合"，从而改变以往填鸭式的课堂教学。赛教融合不仅可以充分调动学生积极性与参与性，转被动式学习为主动式学习，使教师在专业课程教学过程中收集历届比赛案例或获奖案例，构建教学案例数据库，以此为典型案例进行针对性的案例化教学，提高教学能力。除此之外，由于学生参赛成绩能映射出教学计划与教学内容的合理性，教师可以通过分析学生在参赛中存在的问题，及时找出教学漏洞，进而采取针对性的改革策略。

在"以赛驱动"实践教学形式的指引下，将教学实践融入学科竞赛，以学科竞赛带动实践教学活动展开，使实践教学落实在比赛任务完成过程中，教师在其中只是起指导和引导作用，而非主导作用，学生发挥主体能动作用，由此保证商科人才培养更契合时代的发展需求，提升学校办学水平和专业知名度。例如，通过市场营销大赛这样的专业学科竞赛助力山阳旅游产业开发，教师引导学生在市场需求、市场定位、旅游线路开发、文创产品设计、价格策略、传播策略、营销渠道等方面提出真实可行的策划方案，对山阳县的全域旅游产业进行推广宣传，帮助当地居民尽快脱贫和巩固扶贫成果，很好地实现了理实并重，解决了缺乏实际任务引导的实践

2. 学生层面：通过以赛驱动开辟"学赛结合"路径

从学生层面来看，通过"以赛驱动"可以构建完备的实践教学路径，主要包括两个方面：一是形成"理论学习+竞赛训练"学赛结合式的横向实践教学路径；二是形成"校内宣讲—校级选拔赛—省级选拔赛—省级总决赛"层层晋级式的纵向实践教学路径，如图1所示。

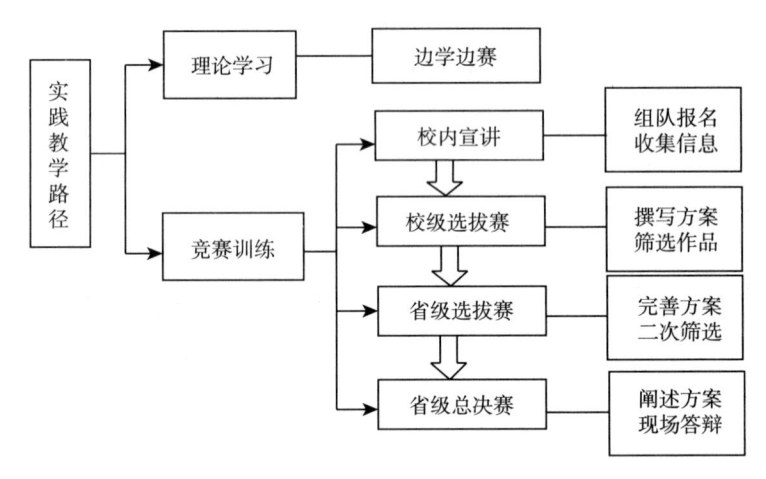

图1 "学赛结合、层层晋级"的实践教学路径

首先，学赛结合的横向实践教学路径体现在学生参与学科竞赛时必须具备一定的专业理论知识，所以"边学边赛，学赛结合"成为商科实践教学的一个重要特点。我校每届报名参加市场营销大赛的学生超过1000人，这些参赛学生的专业不限于市场营销专业，许多经济学、管理学、法学类专业的学生也积极报名参赛，所以对于市场营销专业以外的学生而言，参加学科竞赛的过程也是一个学习营销策划理论的过程。他们需要学习有关市场营销的理论知识，包括调研与预测、营销策划、广告设计、投资项目分析、企业危机应对等。通过这些理论学习提高学生的专业水平，加强对营销实践的研究与探讨，为参与学科竞赛奠定了深厚的理论根基。除理论学习之外，市场营销大赛的核心就是竞赛训练。它通过实务操练加强理论的实践应用锻炼，激发学生对营销策划、财务预算、风险管理等相关新知识的渴求，培养学生学习积极性，有效提高学生的专业素养与能力，同时培养学生的交流表达能力、团队协作能力、分析问题与解决问题能力，使学生的综合素质与创新能力得到全面提升。

其次，在以赛驱动下构建出一套"校内宣讲—校级选拔赛—省级选拔赛—省级总决赛"层层选拔形式的纵向实践教学路径。一般来说，第一阶段通过在校内进行宣讲，报名海选出一部分组织规范、专业水平高、有新意的策划团队进入校级选拔赛程序；第二阶段在校内举办市场营销大赛选拔赛，从报名参赛队伍里进行选拔，选择最能充分展示出我校学生好素养与责任担当的团队，由其代表学校参加省级比赛；第三阶段，积极动员全省高校参与省级选拔赛，最终胜出队伍晋级省级总决赛；第四阶段，在省级总决赛中通过各参赛团队阐述方案、现场答辩，评出一批优秀的旅游景区营销策划方案。总的来说，经过这种层层晋级式的学科竞赛参与过程，使学生的参赛作品不断完善创新，更切近于解决现实需要，同时也实现了专业知识的不断强化实践。

综上所述，在以赛驱动形式下，商科实践教学在教师层面很好地发挥了"赛教融合"效果，并为学生探索出"学赛结合"实践教学路径。通过参与竞赛学生掌握理论知识架构，能够有效地运用知识分析解决问题，并能更多地贴近现实生活展开调研，亲临实际生活走访和参观，与相关人员进行交流和对话，获得解决问题的方案及对策建议，因而更容易吸引学生广泛参与和积极投入，学生在竞赛、竞争的环境中更容易激发出自主学习的动力。

五 商科实践教学改革的内在灵魂：以学为中心

根据责任逐步释放理论[①]，学者们认为认知负荷应该是逐步从"教师讲授示范"转向"教师和学生合作"，到"学习者独立实践和应用知识"的过程[②]。然而，传统的教学活动几乎都是教师向学生进行单向的知识传输过程，因此在教学活动中，教师处于主体中心地位，学生更多的处于被动从属地位。显然，这与"以学为中心"的教育理念是不一致的。因此，若在"以赛驱动"的商科实践教学中切实地贯彻"以学为中心"的理念，

---

① 责任逐步释放是指教师在完成学习活动的设计后，需要考虑如何在教学过程中逐步实施这些活动，学习活动实施的原则。

② 兰利琼、李茂国：《高校建立以学为中心的人才培养体制机制之我见》，《高等工程教育研究》2014年第5期。

将其作为实践教学活动的灵魂,将会产生良好的教学效果。

1. 凸显"以学生为中心"的实践教学主体地位

在"以学为中心"的教育理念中,学生在学习过程中占主体地位,教师仅仅是引导者或督促者。尤其是学科竞赛中教师的主要作用体现在提供专业知识指导、解决团队意见冲突、开展心理建设以及其他方面的咨询与指导等。可以说,相较于学生主体地位而言,教师引导是"以学为中心"商科实践教学的必要保障。

首先,由于学科竞赛多是团队项目,组建有竞争力、凝聚力的团队是比赛取得好成绩的重要基础。在最初组建参赛团队时,教师可以提出适当建议。当参赛团队内部出现问题时,教师可以及时介入进行协调,这样才能保持参赛团队的凝聚力和稳定性。

其次,指导选题是教师的重要职责。好的选题可以激发学生的创造力,但是让研究经验和积累还很薄弱的大学生自行选题就有点困难,所以在教师的指导下开展参赛选题是很关键的。

再次,教师给参赛学生提供专业知识辅导,真正的参赛主体仍然是学生,他们需要花费大量的精力设计出有竞争力的参赛作品。比如,教师在与学生的互动交流中,可以为他们的参赛作品提供逻辑框架设计、研究方法选择、重点内容的写作技巧、学术道德与参赛规则等方面的建议指导,以帮助学生顺利完成参赛作品。

总之,学生是"以赛驱动"商科实践教学的主体,教师在学科竞赛中发挥引导作用,并非主导作用。在竞赛过程中,教师通过启发式、问题研究式、案例教学等方式加强师生之间的互动交流,学生则需要发挥主体作用进行参赛准备和作品创新。以学科竞赛方式,强化"以学为中心"理念,体现"以学生为中心"的实践教学主体地位,使教师引导与学生主导之间的联系更为紧密,彼此之间相互作用,形成一个"以赛促教,以赛促学"的完整有机体,可以显著提升教师教学能力与学生创新能力,进而优化了人才培养机制。

2. 落实"以学习为中心"的实践教学任务

秉持"以学为中心"的教育理念,不仅要以促进学生发展为目的,在教学活动中发挥学生的主体学习地位,把传统的教师知识传授转变为学生主动学习,而且应帮助学生建构相关知识框架,形成"以学习为中心"的教学氛围,培养学生思考问题和解决问题能力。实际上,学科竞赛的过程就是从"以教为中心"转变为"以学为中心",通过完成"以学习为中心"的实践教学任务,将学习主动权交给学生,引导学生全面主动学习,使学生享受学习过程,在学习中建构知识体系,填补知识空缺,最终达到满足高素质创新型专业人才的培养目标。

在"以赛驱动"的商科实践教学中,竞赛任务引导是学生学习的动力源泉。例如,各届市场营销策划大赛都是通过教育帮扶的实际任务安排,促使学生将所学知识学以致用,使他们由被动学习转为主动学习,提高了学生的创新应用能力。

具体来说,一是学生运用科学的调查研究方法,通过田野实际调查、互联网检索等渠道获取山阳旅游信息资源,并有效整合撰写策划方案,丰富了学生的知识结构,提升了实践动手能力;二是学生通过线上线下各种学习渠道,达到"学习—参赛—再学习"螺旋式上升的学习效果,拓宽了专业知识广度,提高了社会知识密度,激发了自主学习能力;三是学生在竞赛中相互协作、同舟共济,打破专业局限性,激发合作创新潜能,显著提升学生的个人信心、表达能力、团队合作能力、时间管理能力、创造力等,这些能力正是当前劳动力市场所需求的核心竞争力。

总的来说,将"以学为中心"理念贯彻在学科竞赛过程中时,不仅能使"以学生为中心"的实践教学主体地位得到保障,优化了教学模式,而且能很好地完成"以学习为中心"的实践教学任务,培养了学生的探索精神和创新能力。

六 商科实践教学改革的最终目标:创新能力培养

当前,随着学科竞赛种类的不断增多,各高校对学科竞赛的参与度都普遍提升,学科竞赛在人才培养中发挥了重要作用,这是因为学科竞赛开辟了专业教育的"第二课堂",对学生的创新能力培养具有十分显著的促进作用。通过组织学生参与学科竞赛,不仅可以提高教师的研究创新能力,同时也可以激发学生的学习兴趣与实践动手能力,特别是对提高学生逻辑思维、科学素养、协作意识、团队精神等方面都有很大影响。

一般来说,能力是学生在已有知识体系的基础上,具备发现问题和解决问题的个人综合水平的表现;而能力的培养需要在实践中产生,在实践中锻炼，在实践中得以提升。"第一课堂"是专业教育的主战场，但纯粹的"第一课堂"往往让专业教育停留在口头上，不能落实在实践中，也就不能使学生的能力得到全面开发。高校"第二课堂"是大学生深入社会、了解社情民情的重要途径，也是培养学生创新和综合素质的重要载体，其在全员、全方位、全过程育人中起着重要的作用。

正因如此，西北政法大学前瞻性地应对当前高等教育发展最新趋势，响应陕西省高校"双百工程"号召，在以学科竞赛为主的实践教学活动的驱动下，将市场营销专业成熟赛事与山阳县的旅游资源开发相结合，使教育帮扶作为思政教育元素贯穿于学科竞赛全过程，强化了理实并重的培养举措，将教书育人工作拓展到课堂外、深入社会中，形成专业教育的"第二课堂"，大大提高学生的实践教学参与度，从而达到学生创新能力培养的目标，逐步形成在全省范围内很有影响力的实践育人品牌。

毋庸置疑，这种融合思政元素的学科竞赛对大学生的创新能力、实践动手能力以及协作能力的培养影响巨大。因为通过市场营销大赛帮扶山阳经济发展，有效地利用了大学生"第一课堂"知识，并将专业实践的课堂搬到了社会最前线，开辟出"第二课堂"，并使"第二课堂"与"第一课堂"一起发挥培养学生成才就业的作用。这种以高校为主导、以学生创新能力培养为目标的"第二课堂"专业实践教学活动，是对传统"第一课堂"课堂教学的必要补充。

很显然，利用学科竞赛将实践教学课堂搬到社会现实中去，让学生通过大赛向当地输入旅游策划方案、知识成果、治理模式等，就是践行习近平总书记"把论文写在祖国大地上"的号召，对学生的综合能力培养有很大帮助，可以促进学生德智体等全面发展，尤其是培养学生解决问题和分析问题的创新能力。

七 商科实践教学改革的模式探索及成效

仔细考察我校承办的陕西"双百工程"高校市场营销策划大赛，可以发现这种通过"以赛驱动"方式，将"以学为中心"理念贯彻落实在商科实践教学中，可以大大提升创新人才培养效果，由此形成一套比较成熟的教学模式，并在人才培养实践中产生良好效果。

1. 商科实践教学模式的探索

采取"以赛驱动"的培养形式或手段,强调以学生参与竞赛为主、教师指导为辅,将理论学习与竞赛锻炼相结合,甚至把解决当前社会经济发展难题作为比赛内容,可以很好地化解传统商科实践教学中学生知识建构不足、盲目实践、不能很好培养学生创新能力的弊端问题。

可见,这种"以赛驱动"的实践教学形式,既发挥了专业学科竞赛对教师"赛教融合"的促进作用,同时为学生开辟出"学赛结合"的学习路径;另外,通过学科专业竞赛打破了商科课堂教育的局限性,以"第二课堂"方式强化了"以学生为中心"的实践教学主体地位,落实了"以学习为中心"实践教学任务,并提供了很多与其他高等院校切磋和交流的机会,帮助学生开阔眼界,获取商业新思维,锻炼提升学生的创新能力。

总的来说,这种强调"以学为中心"的学科竞赛对商科人才培养质量的提升有很大促进作用,大大增强了实践教学的效果。总结提炼上述商科实践教学模式,可以将其归纳为"学科竞赛驱动—以学为中心贯通—创新能力培养"(如图2所示)。其中,"以赛驱动"是手段(或者说是载体),"以学为中心"是核心灵魂(或者说是填充内容),"创新能力培养"是最终目标(或者说是产出成果),三者的有机结合构成一个完整而成熟的商科实践教学模式。

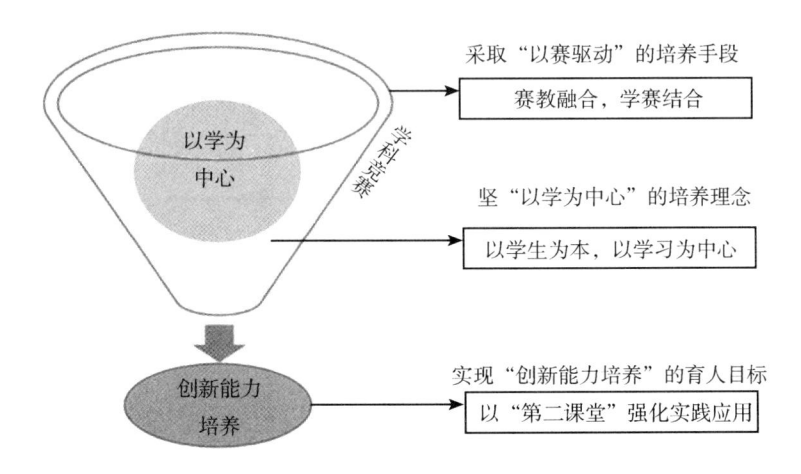

图 2 "学科竞赛驱动—以学为中心贯通—创新能力培养"实践教学模式

2. 商科实践教学模式的成效

上述商科实践教学模式受到社会各界的广泛关注和肯定，不仅使我校连续五次获得省教育工委授予的"双百工程工作先进单位"，暑期山阳社会实践专项工作也多次受到全国和省级表彰荣誉；而且"传承红色基因打造特色育人模式"和"西北政法大学借脱贫攻坚打造思政育人大课堂"被省教育厅网站连续报道，"让第二课堂成为立德树人重要抓手"被陕西日报报道。同时，我校服务双百工程、以学科竞赛助力教育扶贫的经验被商洛市人民政府、人民网等各大媒体宣传报道多次，并得到了山阳当地政府的高度认可。

"以赛促学"和"以赛带教"效果比较突出。目前，陕西"双百工程"高校市场营销策划大赛成为参与度较高、学生追捧的品牌竞赛，每年全省参赛人数达 20000 多人次，大约有 40 多所高校参与比赛，学生参赛覆盖面非常广阔。许多教师通过指导学生参赛，不断收集优秀策划方案及提炼思政精髓，最终转化为课堂教学的有用素材，教师的教学科研能力与思想政治水平得到很大提升，对师资队伍建设亦有益处。

除此之外，利用该实践教学模式助力山阳旅游产业开发，教育帮扶卓有成效。六年来共为山阳提供了 2000 多份独具特色的旅游策划方案，有几十份方案被山阳旅游部门采纳，落地应用效果良好，大大提高了山阳旅游产业的知名度。例如，"漫·天·月杯"市场营销大赛在网络平台上发布的大量山阳全域旅游宣传资料，点赞及浏览总量达到 128 万次。2020 年，山阳提前退出全国贫困县序列。山阳县人民政府副县长金雪华说："山阳于 2020 年正式退出贫困县，西北政法大学承办的系列赛事起到了很大的助推作用。"

总之，"以学为中心"是新历史时期高等教育人才培养的新理念，通过以学科竞赛为抓手，将其落实在创新人才培养过程是当前高等教育改革的一项重要任务。本文通过学科竞赛推动"以学为中心"的创新人才培养模式的研究，可以一定程度上解决许多本科院校的共性教学改革难题。

An Exploration of Practical Teaching Mode for Cultivating Innovation Ability of Business Students

Li Xiaoning　Cui Jian

Abstract: "Learning as the center" is the general trend of higher education development, and it is especially crucial to implement "learning as the center" in practical teaching. In view of the problems in traditional business practice teaching, such as lack of knowledge construction, low enthusiasm of students for practical learning, and emphasis on knowledge imparts rather than ability training, this paper proposes to achieve "integration of competition and teaching" and "combination of learning and competition" through "competition-driven" practice teaching based on the actual cases of provincial marketing planning competitions hosted by the school for many years. And effectively through the "learning-centered" teaching concept, highlight the "student-centered" practice teaching subject status, implement the "learning-centered" practice teaching task, and finally achieve the "second classroom" practice teaching goal of improving the cultivation of students' innovative ability. Based on this, this paper explores the construction of a "subject competition-driven-learning-centered-innovative ability training" mode of business innovation talent training, and analyzes its practical results, with the aim of making students truly become the subject of learning and promoting their growth and development.

Keywords: discipline competition; take learning as the center; innovation ability training; business practice teaching

新时代高素质涉外法治人才
培养创新与实践研究[*]

张超汉　候柔倩[**]

摘　要：高素质涉外法治人才培养是全面依法治国的时代需求，是建设法治中国新格局的必由之路，是推进国际治理体系革新的重要一环。目前我国涉外法治人才培养面临培养方案存在滞后性、培养计划缺乏针对性、培养平台整合度不高等问题。涉外法治人才的培养是一项长期且重大的战略任务。新时代背景下，唯有厘清涉外法治人才培养的战略定位、创新全方位涉外法治人才培养的新格局、强化涉外法治人才的实践能力、打通理实部门互通互联的渠道、推进国际法学科体系建设、打造相关高校涉外法治人才培养的特色，才能提高我国涉外法治人才培养创新与实践能力，进而为我国有效参与全球治理、持续扩大对外开放、妥善处理国际争端保驾护航和供给人才储备。

关键词：涉外法治人才；需求导向；教学模式改革；国际法学

党的十八届四中全会要求"建设通晓国际法律规则、善于处理涉外法律事务的涉外法治人才队伍"。[①] 当今世界正历经百年未有之大变局，信息多元化、经济全球化和产业革命化不断彰显，全球治理体系加速演进，大国博弈日趋激烈，越来越需要大批涉外法治人才参与和推动全球治

---

[*] 基金项目：西北政法大学教育教学改革研究项目"新时代高素质涉外法治人才培养创新与实践研究"（XJYB202108）、西北政法大学阐释二十大精神专项课题"中国特色涉外法治体系构建研究"（2022ZX01）。

[**] 张超汉，西北政法大学"长安学者"特聘教授、涉外法治研究中心副主任，法学博士、博士后，博士生导师，研究方向为：国际公法；候柔倩，中南大学法学院博士研究生，研究方向为：国际私法。

① 参见《中共中央关于全面推进依法治国若干重大问题的决定》第六条第三款。

理规则的适用和更新。随着我国高水平对外开放的持续推进和"一带一路"建设在合作中不断发展，涉外法治人才培养成为建设中国特色社会主义法治道路的重要组成部分及中国积极参与国际事务的必由之路。

一 新时代高素质涉外法治人才培养的现实必要

（一）建设法治中国的必然选择

"奉法者强则国强，奉法者弱则国弱"，[1] 法治系治国之利器，涉外法治更是治世之利器，对建设法治中国、维护国际秩序、参与全球治理至关重要。建设法治中国既包括推动国内法治进步，又包含加强涉外法治建设。

"涉外法治"这一概念的首次确认，源于党的十八届四中全会通过的《中共中央关于全面推进依法治国若干重大问题的决定》。接着，党的十九届四中全会再次强调，加强涉外法治工作，建立涉外工作法务制度，加强国际法研究和运用，提高涉外工作法治化水平。[2] 随后，国家"十四五"规划和2035年远景目标纲要出台，要求加强涉外法治体系建设。另外，习近平总书记在中央全面依法治国工作会议上发表重要讲话并提出要"坚持统筹推进国内法治和涉外法治，协调推进国内治理和国际治理"的重要主张。[3] 这都表明涉外法治人才培养是我国一贯大力倡导的重要举措。稳步推进依法治国，配套法律制度的日趋完备和合理适用至关重要，拥有一大批高素质的涉外法治人才，涉外法治建设方能有序施行。

换言之，国家法治能力的提升离不开一大批高素质的涉外法治人才。在全面推进依法治国这一历史节点，建设世界一流的人才库，创新涉外法治人才的培养机制，不仅为建设法治中国提供强有力的人才保障，而且为中国法的域外适用提供更高水平的智力支持。一国法治水平之高低，以良

---

[1] （战国）韩非：《韩非子》，西苑出版社2016年版，第27页。
[2] 参见《中共中央关于坚持和完善中国特色社会主义制度 推进国家治理体系和治理能力现代化若干重大问题的决定》第十三条第一款。
[3] 徐伟功：《我国涉外法治人才培养的标准研究》，《新文科教育研究》2021年第4期。

法为本，以善治为用。① 这既离不开法治理论人才的教学研究，也离不开法治实务人才的执法司法。唯有法学运用人才以法治思想为引领，以雄厚的知识素养为基础，方能搭建起建设法治中国的"承力墙"，进一步提升国家治理水平和治理能力，保障法治服务的顺利进行。大国博弈以综合国力为基，国家之间法治能力的角逐，核心在于人才的竞争。因此，唯有培养一批法学功底深、综合素质硬、业务能力强，能为国家奉献钢筋铁骨的高素质涉外法治人才，增加人才数量，提升人才质量，方能助力我国在全面依法治国和经济全球化的国际背景下掌握话语权。

(二) 参与全球治理的坚实基础

当前国际环境较以往更为复杂，单边主义兴起、全球化进程受挫、贸易摩擦增多。诚然，践行"共商共建共享"的全球治理观仍是对外交往的主旋律，但是疫情与大国竞争交织下的全球治理体系却在面临着猛烈冲击，国际法律斗争形势严峻，世界格局和发展暴露出诸多不确定因素。同时，随着国际法律规则的迅速革新，在互联网、外层空间、气候变化等新兴热门领域的法律斗争尤其激烈。我国提出的"人类命运共同体""一带一路"建设及金砖国家合作等倡议均对国际法基本原则的运用和新时代国际关系的运行提供了强有力的支撑，对提升我国软实力，推进国际治理体系革新，产生了重大的积极影响。综上所述，法律手段在常态化的国际法律战中成为维护国家利益安全和公民私人权益的最大底牌，高水平涉外法治人才培养的重要性也愈发凸显。

全球治理呈现的诸多问题归根结底还是法律问题，合作与斗争并存的现象将长期存在。涉外法治人才不仅是扩大我国对外贸易发展步伐的主力军，更是推进全球治理体系变革的中坚力量。因此，如何培养高水平涉外法治人才将是加快涉外法治工作战略布局的重要一环。② 但我国目前能够熟练从事涉外法律实务和开展涉外法治工作的专业人才十分匮乏，缺口之大难以想象。据中国国际经济贸易仲裁委员会公布的数据，2021 年受理

---

① 付子堂：《立德树人、德法兼修，为全面依法治国培养高素质法治人才》，《中国法学教育研究》2017 年第 3 期。

② 习近平：《坚定不移走中国特色社会主义法治道路 为全面建设社会主义现代化国家提供有力法治保障》，《求是》2021 年第 5 期。

的涉外案件数量首次突破4000件,涉外案件平均标的额高达9000万元,案件涉及93个国家和地区,其中当事人来自74个国家和地区,涵盖36个"一带一路"国家和地区,创历史新高。① 由上述数据可见,当前涉外法治人才的匮缺严重,滞缓了我国对外贸易发展的步伐。涉外法治人才培养成为当前涉外法治工作的核心问题,我国亟须一大批具备国际视野,熟知国际规则,掌握法律外语,善用涉外法律的复合型人才。②

随着人类命运共同体的构建成为世界发展大势,共建"一带一路"的倡议也由理念转为行动,由愿景变为现实,人类命运共同体这棵参天大树的枝繁叶茂离不开高水平涉外法治人才的助力,"一带一路"倡议的蓬勃发展更离不开高水平涉外法治人才的推动。不仅如此,我国在推进国际合作新格局、维护国际合作新秩序、拓展国际合作新形式的道路上,也离不开熟知且善用国际法知识、踊跃参与国际规则制定的高水平涉外法治人才。因此,大力培养涉外法治人才势在必行。

(三) 提升对外开放的不竭动力

党的十八大以来,我国以前所未有的速度和方式拥抱世界,引导经济全球化朝着更加开放、包容、普惠、平衡、共赢的方向发展,全方位、全领域的开放新格局加速形成,这对复合应用型法律职业人才的培养提出了崭新的要求。唯有涉外法治人才具备广阔的国际视野、全面通晓国际规则,才能在错综复杂的国际法律事务中更好地维护国家合法权益,才能在休戚与共的国际经济合作关系中更好地处理国际法律纠纷。

在全面深化改革开放,推动高质量发展的背景下,我国企业正面临着海外投资风险预警机制不健全,涉外法律应用人才不完备等诸多困境,严重制约了我国企业对外贸易的积极性。因此,唯有加速培养涉外法治人才、增强涉外法律服务能力、构建中国法的域外适用体系、梳理"一带一路"沿线国家法律法规,才能推动我国企业对外贸易行稳致远,才能在"一带一路"框架下寻求各国最大利益契合点,助推我国"共商共建

---

① 《风起扬帆正当时 仲裁事业谱新篇》,中国国际经济贸易仲裁委员会官网:http://www.cietac.org/index.php?m=Article&a=show&id=18375,最后访问日期:2022年7月16日。

② 张法连:《涉外法治专业人才培养需要厘清的几个问题》,《新文科教育研究》2021年第4期。

共享"全球治理观的全面普及。

因此,我们要着重培养以下三类涉外法治人才。其一,为拓展对外交往和国际贸易而常备的政府部门、跨国企业和外资企业的法律顾问和法务工作人员;其二,为提供涉外法律服务而在律所或涉外专业机构从事涉外法律实务的律师;其三,为研究国际法、外国法和国际习惯等知识在高校等单位从事理论研究和智库建设的学者。无论是上述环节中的哪一个,均离不开大量的法治人才。我国是人才输出大国,人才输出强国,但目前能在国际组织中身居要职,发挥核心领导作用的人数占比少之又少。[1] 根据联合国公布的数据,2019年中国成为联合国第二大会费国、联合国教科文组织的第一大会费国和国际维和领域的第一缴费大国。但相较于联合国会费贡献的大规模占比,截至2021年12月,中国籍雇员在联合国雇员总数中仅占比1.2%,中国是联合国193个会员国中任职人数偏少的42个国家之一。[2] 惨淡的数字充分证实我国涉外法治人才缺口巨大。因此,加快涉外法治人才培养,成为充盈我国法律人才供给库和提升对外开放新层级的不竭源泉。

(四) 处理国际争端的必由之路

第二次世界大战后,和平与发展成为时代主流,随着联合国将"和平解决国际争端"纳入《联合国宪章》的基本原则,诉讼与仲裁亦随之成为国与国之间解决矛盾与冲突的首选。具体可表现为,战术性地通过多边条约下管辖权部分的运作,将极具政治色彩的纠纷交由国际争端解决机制来处理的现象如雨后春笋般浮现。虽然中国正阔步走向世界舞台中央,成为推动国际和平与发展的参与者、建设者和引领者;[3] 但西方文化特别是英美国家的法律制度、思维模式和传统观念仍在国际规则的

---

[1] 黄进:《完善法学学科体系,创新涉外法治人才培养机制》,《国际法研究》2020年第3期。

[2] 涂成:《观点 | 崔守军:出钱第二但雇员只占1%多 中国在联合国的大缺口该怎么填?》,人大国发院网易号,https://www.163.com/dy/article/GN8EH5DD0516R4QO.html,最后访问日期:2022年7月6日。

[3] 赵磊:《中国如何日益走近世界舞台中央》,中共中央党校(国家行政学院)网:https://www.ccps.gov.cn/skjt/202107/t20210708_149607.shtml,最后访问日期:2022年8月28日。

运用与国际争端的处理中占主导地位。面对复杂的国际纠纷时，为在纠纷处理的各环节中始终立于不败之地，相关国家往往会聘用由精英化的职业律师和专业强的知名学者组成的国际律师群体。[①] 总结各国处理国际争端时的应诉经验可知，一国国际法律人才是引导问题走向的关键所在。因此，无论对于现有国际秩序进行评析、抑或着眼于未来国际秩序的构建，均离不开大量高水准涉外法律人才的专业服务。[②] 高素质国际法律人才的造就，不仅有利于提高我国涉外法治理论和实践运用的熟练度，更是顺应时代发展潮流、推动国际治理体系变革与完善、构建人类命运共同体的必然选择。[③]

近些年来，我国在秉承和平解决国际争端立场的前提下，逐步向准司法化解决国际争端的模式靠拢。尽管该模式不会对国家主权权利及自主选择解决方式造成限制，但在实际操作中，第三方介入的效果却往往难以把握。因此，对于涉及国家重大主权利益的纠纷，我国依旧坚持以协商谈判的方式加以解决。[④] 无论是协商谈判，抑或是法律方法或准司法方法，高水平的涉外法治人才都是解决国际争端的主力军。以南海仲裁案为例，一方面，我国国内高水平涉外法治人才紧缺；另一方面，由于遵循不结盟政策，我国很难聘请外籍律师来处理此问题，[⑤] 这都导致我国在一定情况下受制于国际司法规则的运用。因此，唯有国内涉外法治人才提质保量，才能在国际争端处理中充分阐明本国立场；才能在国际争端解决中增加胜算；才能在国际争端中更有力地维护本国利益。面对复杂的国际环境，为实现中华民族的伟大复兴，提升我国在国际规则制定中的话语权，增强应用国际法的能力，应采取"以攻代守"的策略，着重培养涉外法治人才的理论创新能力、研判协调能力以及舆论宣传能力。

---

① Anthea Roberts, *Is International Law International?* Oxford: Oxford University Press, 2017, p. 116.
② 廖雪霞：《法律职业化视角下的国际争端解决》，《开放时代》2020年第6期。
③ 黄惠康：《从战略高度推进我国涉外法律人才队伍建设》，《国际法研究》2020年第3期。
④ 曾令良主编：《国际公法学》（第二版），高等教育出版社2018年版，第373—377页。
⑤ 王生、张雪：《国际争端解决的司法途径及中国的应对——从南海仲裁案说起》，《现代国际关系》2016年第10期。

二 新时代高素质涉外法治人才培养的导向与定位

（一）以涉外法治工作内涵和中央部署为导向

习近平法治思想和中央相关会议精神作为我国涉外法治建设的重要指导思想，是涉外法治人才培养工作的指路明灯和工作纲领。十八大以来，中央在加强涉外法律服务方面做出多次重大部署。十八届四中全会通过了《中共中央关于全面推进依法治国若干重大问题的决定》及习近平总书记对此决定的说明，均体现出党中央对加强涉外法律工作，维护我国公民、法人和海外侨胞的合法权益，[1] 建设高素质法律服务队伍，创新法治人才培养机制的重视。十九届四中全会提出，强化涉外法治建设，健全涉外法律体系，志在不断提升我国涉外法治工作的研究和应用水平。"十四五"规划和2035年远景目标纲要将积极参与全球治理体系改革和建设，[2] 推进涉外法治体系的构建和完善提上日程。《法治中国建设规划（2020—2025年）》对加强涉外法治工作，适应高水平对外开放工作需要，完善涉外法律和规则体系，[3] 落实涉外法治保障和服务工作进行了着重强调。因此，我国涉外法治人才培养应紧随中央部署，以维护国家主权、安全和人民群众利益为目标，立足国情，坚定走中国特色社会主义人才培养道路。

当下，我国涉外法治工作的主要内容为：第一，"引进来"，以满足中国外商投资、并购、诉讼、仲裁等法律服务的需要；第二，"走出去"，为企业和民众提供对外贸易过程中的法律服务和制度保障；第三，加强国际交流与合作，落实"共商共建共享"的全球治理观，进一步加大我国对外开放的步伐。基于此，我国涉外法治人才培养的基本要求可归纳为：

---

[1] 刘志强：《健全涉外法律服务体系 提升涉外法律服务能力》，《民主与法制（周刊）》2022年第18期。

[2] 参见《中华人民共和国国民经济和社会发展第十四个五年规划和2035年远景目标纲要》第十二篇第四十二章。

[3] 《中共中央印发〈法治中国建设规划（2020—2025年）〉》，中华人民共和国中央人民政府网：http://www.gov.cn/zhengce/2021-01/10/content_5578659.htm，最后访问日期：2022年7月8日。

首先，良好的专业素养；其次，良好的道德修养；再次，兼具国际化视野和全球性思维；最后，外语水平高。① 随之，我国涉外法治人才培养的方案可总括为：第一，在涉外法治人才培养的侧重点上，不仅要注重对现有国际规则的适用，更要主动提出和创制国际规则和全球治理方案，推动区域合作与发展的进一步延伸；第二，注重培育法治人才的人类命运共同体理念，放眼国际视野，拥有家国情怀，以理性的态度对待各类非理性现象；第三，培养法律专业学生的跨领域思考能力，力争成为高素质复合型法律应用人才。②

综上所述，我们要切实以涉外法治工作的内涵要求和中央部署为导向，认识到我国涉外法治人才培养周期长、人才成长具有阶段性的特征。将其作为一个长期且浩大的体系来规划，为高素质涉外法治人才的培养工作开好局、起好步。

（二）以跨学科高端复合型法律人才培养为定位

近年来，我国面临的国际法律环境日益复杂，国际司法实践的跨领域现象逐渐增多，涉外法治人才培养亦呈现出从法学到跨学科复合型法学转变的大趋势。基于此，我国亟待进一步注重涉外法律人才培养的交叉融合，具体可表现为国际法学和法律英语之间的高度融合，以及法律、经济、文化、国际关系等各领域的交互运用。特别是，提高涉外法律人才对国际纠纷的高效处理及对法条解释、国际习惯、金融税务、跨国贸易等综合领域的关注和应用。

涉外法律服务人员工作环境的特殊性决定了以英语为主的外语将成为其主要工作语言。在涉外法律实践中，跨语言交流将成为涉外法律从业者亟须解决的第一难题，精通英语亦成为其必备的一项技能。研究表明，国内律师与国外律师相比，其不利之处并非在于他们的专业知识不足，而在于他们的法律英语运用能力欠佳。③ 唯有精通法律英语，方能在处理国际

---

① 邓瑞平、唐海涛：《卓越涉外法律人才国际化培养略论》，《法学教育研究》2013年第1期。

② 穆红琴：《新文科建设背景下涉外法律人才培养的新思路》，《汕头大学学报》（人文社会科学版）2021年第5期。

③ 张法连：《增设法律英语专业，系统培养涉外法治人才》，《中国律师》2020年第8期。

事务时如鱼得水，提升我国国际地位和影响力，逐步提升我国在国际事务中的话语权。英美等国家在国际法律运用中一直处于主导地位，时刻将其意识形态、法律精神和价值理念等渗入国际规则形成的全过程。法律英语作为英美法律体系的专用语言，不但是处理涉外法律问题的重要手段，也是了解国际事务、参与国际事务、发挥自身价值的重要前提。① 这就要求我国涉外法律服务从业者既要熟悉本国法律法规，又要通晓英美法系法律规则。

因此，综合考量涉外法治人才培养所面临的外部环境，在课程设置时应至少囊括法学基础课程、法律英语课程、法律实务课程、国际关系课程和案例解析课程等几个模块。按照当前的需求度和紧急度合理安排上课顺序和课时分布，以便为之后的实践运用奠定坚实基础。② 只有兼备国家大局观、法律专业知识、语言文化功底和超强实践能力的综合性法律人才，方能在国际法律实践中展现中国思维，明晰中国观点，输出中国理念，推进公平合理的国际规则的制定和全球治理体系朝着协商共建、公正合理、透明合法的方向发展。

三 新时代高素质涉外法治人才培养的要求细则

为深入学习和贯彻习近平法治思想，紧随中国涉外法治工作建设的步伐，探讨涉外法治人才培养的目标和模式，亟须明确涉外法治人才培养的要求细则。为此，中国法学会会长黄进教授曾提出，"我国涉外法治人才必须具有六个基本素质：家国情怀、国际视野、知识基础、法治信仰、专业能力和批判精神"③。这六个方面系统性地总结出当前我国涉外法治人才培养的基础要求和发展方向。一个科学的培养方案，离不开目标走向的明确、思想素质的要求和核心能力的设置。唯有明晰涉外法治人才培养的要求细则，方能推动后续方案的高效落实。

---

① 郭德香：《我国涉外法治人才培养模式探析》，《浙江树人大学学报》（人文社会科学版）2021 年第 4 期。

② 韩永红、覃伟英：《面向"一带一路"需求的涉外法治人才培养——现状与展望》，《中国法学教育研究》2019 年第 1 期。

③ 参见黄进教授 2022 年 5 月在中国政法大学举办的"涉外法治人才培养国际研讨会"上的发言。http：//flssxy.cupl.edu.cn/info/1018/12593.htm，最后访问日期：2022 年 7 月 21 日。

（一）涉外法治人才培养的目标走向要求

法治人才的培养目标直接影响着培养方案的走向、定位、方式和路径选择。根据我国为推进涉外法治工作下发的各种文件和传达的会议精神，不难看出我国涉外法治人才培养的总方针，就是要培养出一支既能适应国内市场、又能积极参与国际事务，推进全球治理体系革新，服务于我国对外开放进程的德才兼备、学识渊博、能力过硬、信念坚定、实践力强的高素质复合型涉外法治人才。进而代表我国处理涉外纠纷，提升国际话语权，在大是大非面前维护国家权利和利益，解决各类法律问题的高端应用型专业人才。

因此，涉外法治人才培养的目标要求可细化为：培养一批具有坚定的理想信念、强烈的家国情怀、高尚的道德情操、扎实的法学根底和卓越的业务工作能力的"五有"人才。[①] 具体而言，其一，"具有坚定的理想信念"指涉外法治人才要把建设社会主义法治国家作为自己的使命，具备坚定的信仰，立志为中国的法治事业做出应有的贡献，要有强烈的民族责任感和正义意识，具有"天将降大任于斯人也"的历史使命感和自强精神。其二，"强烈的家国情怀"指要努力培养出心怀祖国与人民，具有强烈的爱国情怀，关心党和国家前途命运，维护祖国长治久安，积极投身于建设社会主义法治事业的优秀人才。其三，"高尚的道德情操"指涉外法治人才应将维护法律的公平与正义作为毕生的追求，要具有善良宽容、勤奋治学、脚踏实地、埋头苦干、认真钻研、热情向上、甘于奉献的良好品质，致力于对社会大众尊严、价值、命运的维护、追求和关切。其四，"扎实的法学根底"指要培养一批学识扎实，法学功底强，法律专业知识深厚，具有较强的外语应用技能、人文社科和自然科学知识作为辅助的综合类法学人才。其五，"卓越的业务工作能力"指涉外法治人才应具备国际视野，较高的专业水准，具有国际大局观，熟悉国际规则、法律英语运用熟练，方能在涉外事务处理中游刃有余。同时，引进外来人才也不失为一种可行之策。习近平总书记强调，一个国家要向世界开放，首先要推动人的开放，尤其是要加强人才的开放。人才的选拔要兼顾国内和国际两个层面，我们不仅要用本国的教育制度来培养优秀的涉外法律人才，同时还要引进高水平的外国法治人才为我

[①] 马怀德：《完善法治人才培养体系》，《民主与法制（周刊）》2022年第14期。

们所用。①

总之，我们要培养一批具备全球视野、通晓国际规则、熟悉实务运作、外语能力极强，较高的道德素养，专业能力强的高素质涉外法治人才，进而推动构建人类命运共同体，为全球治理贡献出中国方案，实现中华民族的伟大复兴。②

（二）涉外法治人才培养的思想素质要求

《教育部 中央政法委员会关于实施卓越法律人才教育培养计划的若干意见》中指明，为"适应世界多极化、经济全球化深入发展和国家对外开放的需要，我们亟须培养一批具有国际视野、通晓国际规则，能够参与国际法律事务和维护国家利益的涉外法律人才"③。随后，《教育部 中央政法委关于坚持德法兼修实施卓越法治人才教育培养计划2.0的意见》的出台，表明在构建涉外法治人才培养新格局中需要"培养一批具有国际视野、通晓国际规则，能够参与国际法律事务、善于维护国家利益、勇于推动全球治理规则变革的高层次涉外法治人才"④。可见，涉外法治人才培养应立足于中国特色社会主义法治思想，为扩大多方位对外开放及适应国际局势新变化，培养一批具有全球大局观和国际视野，法学专业知识基础扎实、实践运用能力熟练细致、高水准的道德修养和外语技能的有志之士。在发展数量的同时，注重提高涉外法治人才培养的质量，为法治中国的远景规划提供坚实的人才支撑。

综上所述，涉外法治人才培养的思想素质要求可细化为：具有国际视野、维护国家利益、德法兼备、兼具综合素质和立志于涉外法治工作的高水平人才。具体而言，第一，"具有国际视野"的内涵是指随着科学技术

---

① 冯玉军、宋晓艳：《大力培养涉外法治人才》，《中国教育报》2021年2月25日第3版。
② 陈惊天：《加强涉外法治人才培养 争取国际法治话语权力》，《人民法治》2022年第3期。
③ 参见《教育部 中央政法委员会关于实施卓越法律人才教育培养计划的若干意见》，中华人民共和国教育部官网：http://www.moe.gov.cn/srcsite/A08/moe_739/s6550/201112/t20111223_168354.html，最后访问日期：2022年7月10日。
④ 参见《教育部 中央政法委关于坚持德法兼修实施卓越法治人才教育培养计划2.0的意见》，中华人民共和国教育部官网：http://www.moe.gov.cn/srcsite/A08/moe_739/s6550/201810/t20181017_351892.html，最后访问日期：2022年7月10日。

和国际关系的迅速发展，世界各国早已成为休戚与共的一个整体。我国适时提出人类命运共同体理念，各国纷纷加以响应，全球化趋势不可逆转。我国一贯主张多边主义，积极参与国际治理体系变革、国际规则制定和国际组织建设，致力于推进共商共建共享。不论哪一项活动，都要求涉外法治人才具有国际视野。第二，"维护国家利益"是涉外法治建设的主要目标之一。因此，涉外法治人才应以维护国家主权权利为出发点，妥善处理对外关系中遇到的各种问题，合理解决涉外纠纷，提升我国的国际话语权与国际地位，真正展示大国风范。第三，"德法兼备"，除了具有较高的专业知识水平，高水准的道德修养也是一个法律从业者的必备素质，更是涉外法治人才可持续发展的必备要求。第四，"兼具综合素质"主要包括法律专业知识、个人道德素养、外语运用能力、文化底蕴素养等。[①] 涉外法治人才不仅要掌握大量的法律基础知识，还要能熟练地发挥职业技能与实践能力，同时兼具问题导向思维、高效做事能力、较高的情商和沟通力、逻辑分析能力等。第五，"致力于涉外法治工作"是一项极具挑战性的工作，我们不仅要关注一个人的外部条件，一颗热诚且志存高远的心，对涉外法治工作的热爱等内部因素也同等重要。

（三）涉外法治人才培养的核心能力要求

随着我国日益走进世界舞台中心及涉外法律服务需求的不断增长，国内与之匹配的涉外法律从业人员已远远不足。要解决这一问题，切实维护我国对外交往中的合法权益，设立一批超一流的国际法律服务机构，引导公民、企业更放心地走出去，切实维护自身利益，离不开涉外工作法治化水平的提高和涉外法治人才培养的支撑。[②] 当下，我国亟须培养一大批政治立场坚定、理论功底深厚、熟悉中国国情，具有家国情怀和世界眼光、通晓涉外法律规则、善于处理国际法律事务的高素质涉外法治人才。[③]《教育部 中央政法委关于坚持德法兼修实施卓越法治人才教育培养计划2.0 的意见》在第三部分改革任务和重点举措中提出，涉外法治人才培养

---

① 吴汉东等：《卓越法律人才培养探索》，中国法制出版社 2014 年版，第 21 页。
② 熊选国：《坚持中国特色社会主义法治体系建设正确方向》，《民主与法制（周刊）》2022 年第 10 期。
③ 黄进：《论加强涉外法治体系建设》，《民主与法制（周刊）》2022 年第 18 期。

需坚持厚德育、强专业、重实践、深协同。① 习近平总书记在中央政治局第三十五次集体学习时强调指出："要完善法治人才培养体系，加快发展律师、公证、司法鉴定、仲裁、调解等法律服务队伍，深化执法司法人员管理体制改革，着力建设一支忠于党、忠于国家、忠于人民、忠于法律的社会主义法治工作队伍。"②

综上所述，我们可以明确我国高素质涉外法治人才的核心能力主要在于：厚德育、专业化、重实践和国际化四个方面。第一，"厚德育"。除却扎实的法律知识和实践经验，涉外法治人才更需具备坚定的政治立场、严守职业伦理、忠于祖国和人民、充沛的责任意识和坚守公正的信念，热诚于投身法治中国的建设之中。注重道德教育将成为涉外法治工作者培养体系的定海神针。第二，"专业化"。作为高水平的涉外法治人才，务必精通国际法知识、外语知识、经济知识、文化知识等诸多跨领域知识并有将其融会贯通的能力。第三，"重实践"。从"法律"到"法治"的演进，体现出法学教育不仅要注重规则本身的学习，更要关注规则的运用。③ 尤其当面临复杂的涉外问题，实践能力和应用技巧将决定法学知识能被发挥到什么程度，唯有知行合一，方能将效力发挥到极致。第四，"国际化"。涉外法治人才的特殊性决定其既要有家国情怀又需具备国际视野；既要熟知国内法规则，又要精通国际法体系；既能积极参与国际法律服务市场，又具有创制国际规则和推动国际体系变革的能力。

四 新时代高素质涉外法治人才培养的症结与路径

（一）涉外法治人才培养的症结及原因

我国的和平崛起离不开一大批紧随时代发展的高素质涉外法治人才。

---

① 参见《教育部 中央政法委关于坚持德法兼修实施卓越法治人才教育培养计划2.0的意见》，载中华人民共和国教育部官网：http://www.moe.gov.cn/srcsite/A08/moe_739/s6550/201810/t20181017_351892.html，最后访问日期：2022年7月10日。

② 莫纪宏：《涉外法治队伍建设的问题与应对方案》，中国法学网：http://iolaw.cssn.cn/jyxc/202203/t20220303_5396599.shtml，最后访问日期：2022年7月10日。

③ 何志鹏：《卓越法治人才培养的实践解读》，《中国大学教学》2019年第6期。

只有缕析存在的现实问题及成因，才能更好地服务于我国对外开放的工作大局和维护我国的核心利益。因此，涉外法治人才培养方案的革新及科学设置至关重要。当前，我国涉外法治人才培养体系仍存在以下症结，需客观面对和认真分析。

1. 培养方案编制与执行脱节

当前，我国涉外法治人才培养方案因无法紧随时代步伐且在落实方面存有障碍，故整体呈现出碎片化和低效率的态势。主要表现为，尚未充分契合涉外法治建设的整体战略、思政教育课程占比较小、国际资源利用失衡、高校培养资金紧张和高素质施教人才不足五个方面。具体可阐述为：

一是涉外法治人才培养方案尚未与国家发展战略充分契合。当前，全球形势复杂动荡，大国博弈态势紧张，国际规则话语权竞争日益加剧。为更好地应对国际局势变化，推进"一带一路"基础设施建设、积极参与国际组织运行和国际规则制定就显得尤为重要。然而，当前我国涉外法治人才培养方案的配套规划和课程设计仍不完善。学生主要集中于对国内法的学习，高校缺少国际法、英美法、比较法等的教学安排，[①] 涉外法律在教学中的重要性常常被忽视。另外，涉外培训课程中外语的安排也较为分散且单一，与整个教学计划的结合度不高。

二是涉外法治人才培养方案中思政教育课程的占比较小。德育作为衡量涉外法治人才培养效果的重要指标之一，也可延伸出为谁培养人才的问题。浓烈的爱国主义，在大是大非前坚定自己的立场，维护祖国的合法权益，为法律的公平正义和人民的福祉而奋斗，将成为培养体系中不可忽略的关键点。然而，当前培养方案中思政相关的课程安排、师资力量、授课内容，所占比例等均与整个大规划有所差距。

三是涉外法治人才培养方案中国际资源利用的效能较低。一方面表现为对合作院校双学位创新项目的设立、聘请外教授课及讲座、学费减免政策等落实推进上存有障碍；另一方面表现为我国出国留学人数与来华留学人数出现逆差，我国学生在外学习的数量明显高于我国接受的他国学生；同时，留学回国人数与出国留学人数也存有逆差，反映出人才资源流失问

---

① 贺赞：《涉外法治人才培养机制创新——以课程体系建设为中心》，《中国法学教育研究》2017年第2期。

题亟待关注。[①]

四是涉外法治人才培养方案中高校培养的资金利用存有障碍。无论是聘请外国知名学者和实务工作者来我国高校长期任职或开展讲座，抑或是推荐学生参与国际实践或国际赛事，均需大量的资金支持和费用来源。当下，各高校对前述资金的审批较为严格，手续繁多且时间较长。

五是涉外法治人才培养方案的实施面临高端师资力量紧缺。涉外法治人才培养的落实离不开一大批高素质的教师力量和管理人员。不论是对国际法知识和实务的讲授，还是推进涉外人才合作与交流活动的开展、审批、日常运行等，都亟待一大批高水平的培养者来规划施行。

2. 人才培养计划缺乏针对性

当前我国涉外法治建设有序推进，我国在国际事务中的话语权逐步增强，参与全球治理的广度和深度也不断提升，特别是在与"一带一路"沿线国家的交往中，我国急需一大批既精通国际法又善用外语的人才。但面对如此巨大的市场需求，我国涉外法治服务市场可供给的精英人才却寥寥无几。其主要原因还在于，我国尚未有一套与之相适应的、有针对性、方向性和实效性的人才培养计划。当下，我国涉外法治人才培养计划呈现出内容不够明确、教学缺乏针对性和人才去向无组织等特点，可体现为下述四个方面：

首先，"一带一路"倡议的迅猛发展和沿线经贸活动的日益频繁，催生了对涉外法治人才的迫切需求。然而，我国当前面临高素质人才供给严重不足，涉外法律人才缺口巨大的现实难题。在一定程度上，反映出我国涉外法治人才培养计划缺乏对"一带一路"沿线国家法律规章和实践运用的系统性和专门性安排。同时，高校开设的有关东南亚国家的小语种、经贸及法律课程也较少，风险防控的实践教学存有空白。这均导致我国参与"一带一路"建设的法治人才数量少，专业性不强，综合素质不高，进而产生相关机构在处理涉东南亚国家执法司法问题上的效能较低等

---

① 根据教育部发布的数据，2021年我国出国留学人员总数为54.45万人，在华留学生规模突破44万人，各类留学回国人员总数为43.25万人。可明显看出，我国出国留学人数大于在华留学生的数量，大于留学回国人数。

问题。①

其次,"法律战"逐渐成为国际竞争的重要形式,中美贸易摩擦不断升级,国家之间规则主导权博弈持续存在,然而培养计划中专门针对西方主要国家的区域与国别法律问题的研究和应用人才却远远不够。主要表现为,在传统法学教学和研究体系中,我们将更多的精力放在对相关国家宏观性和基础性法律问题的探究,较少以实战实践为视角探寻国别法的具体应用。② 这导致涉外法治人才在培养的过程中,对国别法的学习和分析过于笼统和滞后,难以发挥具体的实践效用。

再次,我国综合国力的不断增强,国际话语权进一步提高。截至2022年,我国经济总量突破121万亿元,稳居世界第二,③占全球经济的比重预计超过18%,海外华侨华人总人口已达6000多万人,分布在世界198个国家和地区。面对如此庞大的经济体量和国家安全利益,相应的使领馆法务参赞岗位人才的配套增加却难以落实。④ 这也体现出我国当下对具有法学背景和法治素养的外交人员的针对性培养不足,培养内容不符合实践的需求。

最后,截至2022年12月,我国作为世界人口第一大国,世界第二大经济体、联合国安理会常任理事国、联合国会费第二大缴纳国,其在联合国中的雇员占比远低于其他一些国家的比例,与我国的大国地位和承担的国际义务极不相符。⑤ 另外,我国国际法专业的学生到国际组织进行学习和实践的人数也少之又少。由此可知,我国涉外法治人才的培养方向较为单一,已无法适应我国对外交往和维护国家利益的需要。因此,当前培养一大批输向联合国及其各类国际组织的专门性法律人才,拓宽学生海外交

---

① 《政协双周会建议大力补齐涉外法治人才短板 提高涉外执法司法质效》,载中国政协网:http://cppcc.china.com.cn/2021-11/02/content_77846515.htm,最后访问日期:2022年7月16日。

② 王利明:《坚持以习近平法治思想为指导 加强涉外法治人才培养》,《民主与法制(周刊)》2022年第28期。

③ 《去年我国GDP总量稳居世界第二,即将跻身高收入经济体行列》,https://baijiahao.baidu.com/s?id=1759073410662218315&wfr=spider&for=pc,最后访问日期:2023年4月11日。

④ 胡戎恩:《涉外法治人才培养国际视野与市场机制》,《法治日报》2021年11月10日第11版。

⑤ 《为什么中国为何联合国会费排第二,雇员数却只排第17?》,https://baijiahao.baidu.com/s?id=1761957033618333276&wfr=spider&for=pc,最后访问日期:2023年4月11日。

流与实训的途径已迫在眉睫。

3. 涉外法律实践能力培训不足

提升涉外法律服务工作者的实践能力一直以来是涉外法治人才培养的重中之重。法学作为一门具有较强实践性和应用性的专业，涉外法治人才不可避免地要应对和处理各种国际纠纷。因此，在培养目标上，既要注重理论规则的学习，又要注重实践经验的积累。丰富的实践经验是一名合格的涉外法律从业人员的必备素养。然而，实践教学的重要性在当前的培养体系中并未得到充分的体现，进而造成涉外法治人才的实践能力培训不足，处理纠纷时操作技能较弱，学生的创新实践能力和综合应用能力偏低。造成上述现象的原因，可归结为以下四点：

第一，对实践能力教学的重视度不够。传统重理论、轻实践的教学理念，已跟不上时代步伐。长期以理论教学为主导的教学模式导致教师普遍缺乏对实践教学的重视，对实践教学的精力投入严重不足，这从源头上产生了涉外法治人才实践训练课程质量不高的问题。

第二，缺乏系统性的法律实务基础知识。涉外法律服务从业人员掌握法学、外语、跨国贸易、社会文化、心理博弈等各类知识是熟练使用实务技能的前提和基础。同时，还应具备较强的交际能力、分析与解决复杂问题的能力、创新能力和可持续学习能力。然而，当前我国涉外法律人才培养总体上呈现单一地注重法律知识的传授，对外语（尤其是小语种）、国际贸易、社会文化等领域的知识积累不够的现象。基础知识和法律技能的不完备和不贯通将成为限制实务操作的一大阻力。

第三，课程设置不能较好地与实践相结合。当前涉外法治人才的培养仍然以传统的课堂讲授和自主读书为主，实践活动和涉外实训安排少之又少。大多数高校只注重课堂"填鸭式"教学，忽视了实践教学的重要性。同时，能够掌握涉外法律实务动态，开展国际司法或仲裁机构公开的典型案例的研习式教学的专业师资力量也明显不足，无法充分为学生提供最前端的实践教学。

第四，法律实践应用的教学形式较为单一。目前，涉外法治人才实践能力的教学培养仍以法条阐释和案例解读为主。模拟法庭、法律诊所、模拟谈判等其他教学形式由于条件限制，还未能得到广泛推广；最能提升学生实践能力、锻炼效果最为明显的境外法律实习仍处在初级阶段，有待政府相关部门的大力支持。① 传统的实践教学方法很难满足日新月异的国际法律需求。

4. 人才培养平台整合度较低

在涉外法治人才培养平台的搭建中,政府、高校及社会这三大主体,环环相扣、相互依赖、相互促进,共同承担起涉外法治人才培养的职责。其中,高校在涉外法治专业人才培育中居于核心,不仅担负着培养教育和人才供给的任务,而且直接面向市场,服务于学生毕业后的就业走向。政府在涉外法治专业型人才培育中起到指引作用,以学校的培养为保障,以政府的管理为引导。社会在涉外法治专业型人才培育中发挥着环境营造与实践支持的力量,进而提高高校人才培养水平。高校、政府和社会作为不同层面、不同维度、不同利益诉求的多元主体在这一链条中相互交织,搭建起一个政府主导、高校建设、社会参与的全方位涉外法治人才培养新平台。

现阶段,涉外法治人才培养的各个环节均离不开上述三大平台的支持。但不可否认的是,各主体仍存有部分明显问题,有待进一步提升。第一,高校层面存在涉外法治人才培养的课程设置、实训安排、师资队伍建设不足等问题。同时,在有关学生的就业去向、求职培训和后期追踪的工作中也较容易流于形式,缺少高质量的引导和支撑。第二,政府层面存在涉外法治人才培养政策供给不够完善的问题。例如,政府作为学校与企业之间的纽带,理应担负起引导和鼓励企业接收国际法学生实习和就职的责任,但纵观地方发布的涉外法律服务人才发展实施意见,多出于统筹性的规划和目标性的发展,缺少相关细则的出台和落实。第三,社会层面存在涉外法治人才培养的社会环境营造不充分、实践和就业平台提供不够、公众认可度尚未形成等问题。② 同时,高校、政府及社会的黏合度不够也导致三者在衔接时存在不尽畅通和梗阻的问题,进而导致涉外法治人才培养政策存有滞后性、资源整合度不高、实际见效慢等现象频繁出现。

同时,国际法学作为涉外法治人才培养平台专项对口的学科专业,却面临着学科长期不受重视,国际法教育走向边缘化,学科建设缓慢等诸多

---

① 郭雳:《创新涉外卓越法治人才培养模式》,《国家教育行政学院学报》2020年第12期。
② 孟庆瑜、李汶卓:《地方高校涉外法治人才培养的目标定位与实现机制——基于我国自贸试验区建设的人才需求分析》,《河北法学》2021年第8期。

问题。目前，国际法学作为二级学科，其在法学学科中所占的权重急剧降低。随着法学专业核心科目的调整，国际公法、国际私法、国际经济法三个科目由原先的法学专业必修课变为只保留国际法，另外两门课程由学校自行选择是否纳入必修。① 国际法学课程的压缩，也不免严重影响涉外法治人才的教育质量。② 在高水平开放型经济环境和国内国际双循环发展的新格局下，涉外法治人才培养作为一个系统工程，并非一朝一夕就能完成，需要在相当长的时间内不断地探索和积累，作为核心环节的法学高校这一培养平台，亦需在不断探索中寻求新的突破与变革，持续创新课程设置与培养方案。③

（二）高水平涉外法治人才培养的路径与方法

科学合理的培养方案的生成，一方面要结合现成人才培养的实践做法，分析利弊和总结有效经验；另一方面要立足新时代涉外工作的实践需求，解决当前涉外法治人才培养存在的问题，创新人才培养的方法，方能形成最为科学的培养路径。

1. 全面提升涉外法治人才培养格局，创新人才培养体系

针对当前涉外法治人才培养体系呈现碎片化和效率低等问题，亟须改进和完善涉外法治人才培养方案，齐心协力打造国内一流新型法治智库，充分调动各方资源，构建多层次、多维度、全方位的法律人才队伍。为创新涉外法治人才培养的新格局，可从以下五个方面着手：

第一，深植社会主义法治理念。涉外法治人才的培养必须坚持以中国特色社会主义法治观为指导，把中国特色社会主义法治思想贯穿于整个过程，使之成为一种深厚的民族情感根植心中，激发学生的民族自尊心、自信心和自强精神，更好地维护我国涉外利益。同时，强化课程思政建设，开设中国特色社会主义法治思想课程，注重涉外法律服务工作者的思想政治培训和党建工作。

---

① 刘坤轮：《我国法学专业核心课程的流变及最新调整》，《中国法学教育研究》2019年第2期。

② 莫纪宏：《涉外法治队伍建设的问题与应对方案》，《人民法治》2022年第3期。

③ 李晓磊：《涉外法学教育的国家战略情怀》，《民主与法制时报》2019年12月12日第5版。

第二，完善国际法知识体系。除却习得最基础的国际法知识外，涉外法治人才的培养离不开对法律英语和英美法系知识的全面学习。一方面，要留心总结普通英语词的特殊法律含义，研究法律英语中常见词的运用规律，掌握并熟练使用法律的专有名词，进一步提升法律英语的运用水平；另一方面，可考虑在本科和研究生阶段开设全英或双语教学的法律英语课程，以国际法学术著作、涉外实务文本、境外法院及国际司法或仲裁机构的裁判文书作为法律英语学习的素材，① 方能达到培养最优解。同时，着重强调英语写作和法律英语口语的培养，拓宽学生对其他相关学科的了解，使其更好地参与到全球治理之中。②

第三，提升涉外法治服务人才的综合素养。构建由课堂教学、课外实践和对外交流的三重结合的学习途径。例如，组建国际模拟法庭赛队，通过各种国际交流活动，包括海外实习、中外联合培养、国际学科竞赛、课外交流项目等，丰富学生的国际交流经验，培养学生的国际化视野。

第四，加强国内国际资源的整合。可通过增加国内法学院与国外法学院的双学位创新项目数量、加大科研资金以购买国外数据库和聘请国外知名教授开展讲座、对出国交流的高层次法学人才提供更高比例的资金资助和政策支持等举措来进一步整合现有资源，促进国内国际涉外法治人才双向流动。

第五，提升现有培养体系的整体性。进一步加强培养者（高校、政府和社会）之间的协调合作，整合资源、创新形式、优化模式，并结合中国法治建设的现实需要以更好地服务于国家发展战略。同时，建立专门的法律专业培训机构，进行全面的规划，提高工作的整体性、协调性、平衡性和可持续性。

2. 切实改善人才培养薄弱环节，加强人才培养针对性

当前，我国涉外法治人才培养的薄弱环节主要体现为与国家战略没有紧密契合、"一带一路"建设和东南亚经贸往来中的法律服务人才短缺、驻外使领馆人才断层和国际组织里中国籍雇员占比较少等方面。针对这些

---

① 陈东、韩晓倩：《内外兼修，交通天下——涉外法治人才培养机制的改革路径》，《中山大学法律评论》2021年第1期。

② 于铭：《立足中外合作办学 探索涉外法治人才培养新模式》，《法治日报》2022年5月13日第7版。

问题，我们可采取下述方法集中力量加以改善，进一步优化培养方案的针对性。

第一，紧随国家战略和涉外法治重点工作合理设置国际法学与涉外法学课程。我国涉外法治人才培养应着眼并服务于诸如"一带一路"建设等国家重点项目，关注国际学术前沿，关心世界发展大势。同时，我国高校还应增加外籍教师的教学比例，为学生营造地道的学习环境，打造涉外专项法律服务人才，学习诸如东南亚国家法律法规和小语种等专项知识。

第二，拓宽对外交流与合作的多元化渠道。通过高校交换项目、联合培养、暑期交流、与国际组织的可持续发展合作计划等模式，为高校学生和青年律师提供更多的高质量资源和出国学习的机会。通过域外法律教育，切实感受别国法律文化，提升涉外法律技能、拓宽国际视野，实行内外协同，集中加强涉外法治人才的业务能力。

第三，注重对英美等重要国别法律的系统学习和研究。英美法系作为当前国际法律适用的重要参照，在跨国纠纷处理和国际经贸合作方面占极大比例。其中，美国作为全球头号强国，其既是我国的竞争者，又是我国的合作者，唯有充分研究其法律制度，方能知己知彼，打好"贸易战"和"法律战"。

第四，着重培养输向国际组织的人才。加大涉外法治人才培养的力度和针对性，储备一大批可持续输往国际组织、区域性组织、国际仲裁机构和驻外法务参赞岗位的高水准中国籍法治人才，在补足岗位比例之后，稳步扩大现有规模，提升工作人员的素质和水平，更好地服务国家"走出去"战略，切实维护我国国家和企业的海外利益，提升中国在国际组织决议中的参与度和话语权。

第五，拓宽人才选拔渠道。高校学生一向是涉外法律服务工作者的主要来源，但现有公检法系统内的新兴人才、高校的青年学者、实务部门的优秀律师和法务人员等亦可吸纳到涉外法治人才培养的主体之中，彼此结合、取长补短，共同发力。

3. 有效强化涉外法治人才实践能力，打通理论与实务部门互联渠道

法学专业作为实践性和应用性极强的专业，在涉外法治人才培养中必须正确处理法学知识和实践教学的关系，培养学生解决实际问题的能力和创新力，进而真正展现学生的综合学习成果。结合我国当前法学教育"重课本、轻实践"的现状，加强涉外法律实践教学就显得更为重要。总

体而言,法学教育应向职业教育转变。① 具体可从以下四个方面着手:

第一,改进实训课程的设计与实施。当前我国法学专业学生的实习由于时间短、重视度不高、主观能动性欠缺、带教人员少等因素的影响,出现流于表面、走过场,收获少等弊端。为落实实训课程设计的初衷,我们可兼采国内国外两方面携手推进。就国内实习而言,可在现有基础上考虑加长实训期、细化考核标准、加大实训分数占比等措施,真正发挥培养方案中实训环节的预期效果。② 就国外实习而言,可积极加强与国际组织、科研机构、律所和跨国企业的合作联系,为学生提供海外实训与锻炼的多种平台。

第二,建立健全实务部门与科研机构间的双向交流渠道。开展高校教师和涉外实务工作者的互聘、互学和任教等计划,提倡"二合一"的教学场景,将课堂融入律所、法庭、仲裁庭等涉外场景中,促进实务与课堂的双向衔接。破除高校教学与社会培养之间的体制壁垒,把实务部门的优质实践教学资源引入高校,加强法学教育、法学研究人员与法律实践者之间的交流与互动。最大功效地发挥学校、政府部门、公检法机关、律所、企业等单位在涉外法治人才培育中的作用,形成知识蜕变为素质与能力的联合培养机制。③

第三,实行"双导师"协同培养的模式。吸纳涉外法治实务工作者和高校专职教师共同参与培养方案的推进,涵盖制定方案、课程设计、教材编写、教学安排、实习指导等全流程。另外,有条件的高校还可考虑聘请国外知名大学教授或有一线工作经验的专家担任兼职导师,充实日常课程内容,全程践行"理论+实务"的完整立体式教学,让学生在了解问题、分析问题和解决问题的全过程不脱离理论与实践的真实场景。

第四,优化实训课程的类型和形式。通过模拟法庭、模拟仲裁、研讨涉外典型案例等教学模式,锻炼学生的实际运用能力。首先,法学作为极富实践性的学科,"模拟法庭"这种教学模式可借助国际模拟法庭比赛将

---

① 徐显明等:《改革开放四十年的中国法学教育》,《中国法律评论》2018年第3期。
② 刘梦非:《我国涉外法治人才培养的标准迭代与路径平衡》,《四川警察学院学报》2022年第3期。
③ 陶立峰:《新时代涉外卓越法治人才培养路径探索》,《黑龙江教育》(高教研究与评估版)2021年第2期。

理论、实践和竞赛有机结合,形成互联互动,正向反馈的有益效果,无形中提高学生在涉外法律实践中的综合素质。赛事教学和赛事实践相结合的模式,既有利于提升学生的实践能力、全球视野、沟通交流,又能激发学生不断拼搏、积极上进、终身学习的崇高理念。其次,通过"诊所式"的法学教学,运用课堂模拟,会见、调查、谈判、调解、诉讼、代书等形式,使学生在实践中深入了解法学理论,不断提高法学素养和实践能力。"法律诊所"课程的开设可使学生从国际商贸纠纷、跨境投资争端、经济和法律的制裁与应对等实际需求出发,详细分析涉外法治的重点难点,运用真实案例、全程模拟和实际解决来培养应对案件的逻辑思维和处理能力。最后,国际法案例具有高度的复杂性和重要性,对典型案例的选取和深挖将直接影响到国际法教学的效果。

4. 加速推进国际法学科体系建设,打造高校人才培养特色

党的十八届四中全会以来,教育部会同司法部等部门采取一系列措施,不断提升国际法学学科建设水平、推动构建国际法学科体系、鼓励各高校发掘自身特色培养人才,创新法治人才培养机制,提高法治人才培养质量,为涉外法治工作提供强有力的智力支撑。[①] 为切实解决人才培养平台较少和重视度不够的问题,可从以下四个方面着手解决:

第一,创新涉外法治人才培养基地的现有建设。在完善现有法治人才培养基地的同时,鼓励、支持、选拔专门型涉外法治人才培养基地的新设,鼓励有条件、有能力的高校、政府部门和实务部门共建小范围、专门化、有去向的人才培训基地。同时,除了常设的实地培训,也可设立一些临时性、短期性、以互联网为依托的涉外法治人才培养平台。

第二,加强对国际法学的研究与运用。"加强国际法研究、运用和人才培养"[②] 反映出涉外法治成为建设法治中国的重要内容,涉外法律服务成为新的制度性设计与要求。[③] 国际法学科建设的上游是国际法教学,下

[①] 《教育部:加强国际法学科建设和涉外法治人才培养》,中国教育在线:https://www.eol.cn/news/yaowen/202109/t20210907_2152474.shtml,最后访问日期:2022年7月23日。

[②] 《周强:加强国际法研究和适用 服务更高水平对外开放》,人民网:https://baijiahao.baidu.com/s?id=1679045594359794087&wfr=spider&for=pc,最后访问日期:2022年7月27日。

[③] 柳华文:《论进一步加强国际法研究和运用》,《国际法研究》2020年第1期。

游是国际法运用。① 通过对国际法学研究的深入和重视，吸引和激励更多的人才进入涉外法治领域，有利于解决我国当前高素质涉外法治专业人才紧缺的现实需求。当前，我国将国际法学作为二级学科设置的现状，已不再适应我国对外交往的现实需求。为科学化学科设置，推动国际法学的纵深发展、适应国家战略的需要，建议国家教育行政主管部门尽快将国际法学由二级学科提升为一级学科，② 将国际法学科建设归入国家一流大学和一流学科评估建设的指标中，作为国家级一流法学学科成果的重要评估标准。③

第三，推进国际法学科体系建设。在法学本科教学中增设"国际班""涉外班""实验班"等专项教学项目；在法学硕士教学中增设符合实践需求的类型化的涉外法律培养方向，加大英语及各类小语种的教学比重，集中培养解决国际纠纷的专业人才，开展创新型、多元化、立体式的涉外法治人才培养新模式。另外，基于涉外法治领域知识的复合性和冗杂性，传统四年制的法学本科教育很难实现能力的全方位提升，可考虑适量延长涉外法治人才进修的学制年限，待达标之后直接专向就业。

第四，在整体国际法学科规划建设之外，各高校也可根据自身学科优势来找准不同的涉外法治人才培养方向定位。最大限度地发挥自身所长来服务于整个涉外法治人才培养方案，精准推动学生毕业后的就业走向。例如，西北地区高校可利用自身与中亚、南亚、北亚接壤的地理优势，发挥少数民族的母语优势，在语言文化方面以最少的投入取得最大的收获，培养对应的涉外法律服务工作者，解决当地涉外交往需求。

五 结语

国际局势瞬息万变，全球化进程不断加速，国与国之间的联系愈加紧密。后疫情时代，全球秩序面临变革重塑，美西方单边主义与凌霸行径横行，大国博弈以及由此引发的"法律战"和"贸易战"不可避免。如何

---

① 杜焕芳：《涉外法治专业人才培养的顶层设计及实现路径》，《中国大学教学》2020年第6期。
② 黄进：《涉外法治人才，你的舞台无比广阔》，《光明日报》2022年1月15日第5版。
③ 王瀚：《涉外法治人才培养和涉外法治建设》，《法学教育研究》2021年第1期。

合理且有效地应对由"法律战"及"贸易战"引发的国际纠纷,高水平涉外法治人才是关键。新时代高水平涉外法治人才不仅对我国国内外政治、经济、法律的发展具有战略性意义,而且对提升我国对外开放的广度和参与全球治理的深度影响重大。因此,我国急需借助高校、政府和社会等多元主体之间的通力合作,培养出一支既能适应国内市场、又能积极参与国际事务,高效解决国际争端的具有家国情怀、法学功底强、综合素养过硬、坚定维护国家利益的高素质复合型涉外法治人才。唯有如此,方能在国际争端解决、参与国际组织决议及对外交往过程中切实维护我国国家、企业和公民的利益。

Research on Innovation and Practice of Training High-level Foreign-related Legal Talents in the New Era

Zhang Chaohan   Hou Rouqian

Abstract: The cultivation of high-level foreign-related legal talents is the need of the times for advancing law-based governance, a necessary way to build a new pattern of rule of law China, and an important part of promoting the innovation of the international governance system. At present, the cultivation of foreign-related legal talents in China faces problems such as lagging training plans, lack of targeted training plans, and low integration of training platforms. The cultivation of foreign-related legal talents is a long-term and important strategic task. In the context of the new era, only by clarifying the strategic positioning of foreign-related legal talent training, innovating a new pattern of foreign-related legal talent training in all aspects, strengthening the practical ability of foreign-related legal talents, opening up the channels of interconnection between the science and the reality departments, promoting the construction of the international law discipline system, and building the characteristics of the cultivation of foreign-related rule of law talents in relevant colleges and universities, can we improve the innovation and practical ability of the cultivation of foreign-related rule of law talents in China. Thus it can escort and supply talent reserves for China's effective participation in global governance, continue expanding and opening to the outside world, and proper handling of international disputes.

Keywords: foreign-related legal talents; demand orientation; teaching model reform; international law

刑事法学课程群中的鉴定式案例研习课程：地位、功能及实现路径[*]

谭 堃[**]

摘 要： 当前我国法学本科教育的课程体系存在实务技能培养欠缺、法律思维训练不足、课程结构设置失当与课堂教学方式单一的问题，不能满足法律实践需要。鉴定式案例分析方法依据体系性的思考方式，通过不断在事实和法律之间进行涵摄得出最终结论，在刑事法学课程群中处于关键性地位。在刑事法学课程群中开设鉴定式案例分析课程，可以增强学生对法规范和知识的体系化掌握，加强法律思维的培养，提升信息检索与自我表达的能力，最终实现法学理论知识与实操能力的有效衔接，提高学生的法律素养和综合能力。

关键词： 刑事法学课程群；法学教育改革；鉴定式案例分析；法律思维

一 当前法学本科课程体系的能力培养之困

法学作为人文社会科学需要在具体问题中将理论知识融会贯通，我国的法学本科教育存在着重理论、轻实践的问题，传统的讲授知识型的授课模式产生的问题日益显现。例如，学生缺乏对法学理论的具象化、体系化理解，信息检索和自我表达能力欠缺，难以实现法学理论知识与实操能力的有效衔接。具体来说我国传统的法学本科教育体系存在着以

---

[*] 基金项目：西北政法大学教学改革研究一般项目"能力本位教育视角下法学本科课程体系建设研究——以刑事法学课程群为例"（项目编号：XJYB202213）。

[**] 谭堃，西北政法大学刑事法学院副教授，法学博士，研究方向：中国刑法学、比较刑法学。

下问题。

(一) 实务技能培养欠缺

法学本科的目标培养是为我国法律事业培育实践型的应用人才，通过四年的基础法学教育，能够为国家培养出一批优秀的法学人才，以期满足社会对法律实践的需求。和其他人文学科一样，我国的法学教育首先进行通识教育即对学生进行理论知识的普及，而后进行基础部门法的理论课程的讲授。囿于本科学习时间限制，学校设置的法学实训课程也难以发挥实际效果，导致法科生在学习理论知识之后缺乏实务经验和技能的培养，难以满足我国司法实践对法律人才的需求。

(二) 法律思维训练不足

法学本科教学中的考试，绝大多数考察内容以统一的标准答案来呈现，以考试方式引导课程学习，这就使得学生在学习过程中更专注于课本知识的记忆，而缺乏法律思维与方法的训练。法律思维培养的关键在于依照一定的价值观念解释、适用法律，锻炼学生的发散性思维并在具体的案件中灵活适用法律、解决问题。在现行法规定明确时，虽然"标准化"思维解决问题是迅速的，但是在面对纷繁复杂的真实案件时，仅依靠"标准化"的答案是不够的。即在现行法律规定有冲突、不明确或者需要自由裁量或是案件较为复杂时，运用法律思维解释法条是处理的关键，此时"一根筋"的思维方式难以形成有效解决路径。

(三) 课程结构设置失当

各个高校法学本科教育的课程设置主要分为两个部分，一是教育部高等学校法学学科教学指导委员会确定的16门专业核心课程，即所有法学专业学生的必修课程，二是由各个学校根据自身实际情况开设的选修课程。[①] 目前本科阶段开设的选修课程包括犯罪学、侦查学等理论型课程以及法律诊所、模拟法庭等应用型课程，但存在过于形式化、偏重理论化、片面记忆化等问题。正因为如此，现在很多院校的法学教育出现教学内容

---

① 何家弘、胡锦光：《法律人才与司法改革——中日法学家的对话》，中国检察出版社2003年版，第58页。

滞后、低水平重复的现象，导致本科培养出一大批法学功底薄弱，无法适应法律实践需求的法科生。

（四）课堂教学方式单一

我国绝大部分的高等学校现在对于本科生的课程教学依旧采取的是单一的教师课堂讲授方式，学生被动地听课，缺乏自主思考，课堂的互动较少，从而难以培养学生的自主学习和思维创新能力，同时这种教学方式导致课堂氛围也较为沉闷。这种单一的教学方式造成了本科学生在四年的法学学习之后并不能切实地学习到实际能力，即使毕业前通过了法律职业资格考试却仍欠缺对实际案件的分析能力，无论是作为律师还是司法工作人员，一旦进入正式的实践应用阶段，就如同进入了完全陌生的环境，在学校四年间所学习的知识难以实际地发挥作用。

二 刑事法学课程群中鉴定式案例研习课程的功能

当下法学教育质量被质疑的焦点在于传统的教育模式难以突破理论与实务的鸿沟，而鉴定式的案例研讨作为一种在国内新近兴起的案例分析教学方式，相较于传统的案例分析方法在实现规范的熟练理解与应用、强化理论理解的深度与广度、加强对法律思维的培养与训练以及提升信息检索与自我表达能力等方面具有显著的优势。

（一）实现对规范的熟练理解与应用

鉴定式案例分析是德国法学院在教学中所采用的一种案例分析方法或模式，其特点是先假设所有可能的情况、再逐一进行论证、最后得出结论。[①] 鉴定式案例分析的模式区分于灌输式教学，其遵循认识的一般规律，强调问题导向、能力导向、实践导向。鉴定式案例研讨的一大特点是要求研讨的参与者从法规范出发，在案例分析的过程中，始终以具体的法律条文为出发点与论证依据，因此鉴定式案例分析的方法对学生法律规范

---

① 夏昊晗：《鉴定式案例研习：德国法学教育皇冠上的明珠》，《人民法治》2018年第18期。

的掌握水平提出了相较于"判决式"案例分析更高的要求。

鉴定式案例分析的方法有助于加强学生对本国法律体系的理解。在现实生活中许多案件都可能涉及多个法律规范、多个法律部门，这不仅涉及一个或几个部门法，而是关系到整个法律体系。但在日常的学习中单单通过翻阅法条、背诵法条的形式很难做到对我国法律体系的真正理解，案例分析是最能加深对法规范理解的途径之一。此外，鉴定式案例分析的方法有助于提升对法律规范的具体应用能力。传统的法学教学方法侧重于对学生理论知识掌握程度的培养，而忽略了最关键的应用一环。大多数法学生接触的案例分析方法都为判决式，即先得出结论再进行论证，这种方法适用于简单案件，并且依赖学生对于法律规范的熟练掌握。在运用判决式进行分析时，常常会有分析不够全面、思考方向出现偏差的问题，鉴定式分析模式过程包括"设问—定义—涵摄—结论"，在这其中对每一个阶层进行逻辑性的思考都会涉及许多法律规范，有很多可能是在日常学习中不常接触的或是虽然熟悉但从未适用过的，鉴定式案例分析将法律规范与具体的案件相联系，在规范与实践间构建起了一座桥梁，能够保证学生从单纯地"学"到实际地"用"。

（二）强化对理论理解的深度与广度

法学理论构造较为抽象，学生第一次接触时，往往是囫囵吞枣很难具象掌握，停留于一知半解的状态，而不知其真实含义。一方面，就刑法上的偶然防卫而言，理论学说争议不休，很难在一开始就明白理论争议的原因及刑法理论的内在关联性。另一方面，不同学说在处理通常性问题上往往会得到近似甚至完全相同的处理意见。这会使部分学生在进行学说之间的比较学习时，陷入一种对学习目的的迷茫感之中。鉴定式的案例分析方式对于这一问题的解决，在其教学模式上有突出优势。

第一，鉴定式案例研讨将法学理论与鲜活案例相结合，提升了对法学理论的理解深度。案例多是经过精心编写，力求在贴近生活的同时聚焦不同学说之间的差异性。这要求学生对案例进行缜密的逻辑思索，学生在课堂上是一个主动的探索者而非被动的被灌输者。学生在分析讨论案件时需要带入法官的身份，主动地判断、甄别、选择不同的学说，尽可能地收集论证资料，这样的过程自然而然地会使学生对学说间差异的形成原因产生自主认识，并在此基础上审慎地做出自己的选择。

第二，鉴定式案例研讨有助于对法学理论的体系化认识，拓宽对法学理论理解的广度。鉴定式案例分析的分析过程是体系化的，学生需要立足于阶层体系，遵循一定的逻辑顺序进行发掘式研讨，即对犯罪全流程进行了体系化的分析，一方面给予了在编写案例过程中对整个体系结构进行设问的空间，另一方面也要求学生在分析过程中用体系化的思维进行全过程的考量，其中涉及法学理论知识更多，并辅之以案例分析来理解，以更加有效的方式无形中拓宽了学生的知识面。

（三）加强对法律思维的培养与训练

法律思维的培养是法学教育的关键一环，而所谓法律思维，则是指依循法律逻辑，以价值取向的思考、合理的论证，解释适用法律，[①] 如果缺乏法律思维对于问题的认识就会呈现出一种零散、不全面、依靠直觉的状态。一般认为，法律思维的核心部分是法律适用能力，鉴定式案例研讨的分析方式强调一种循环于案件事实与法律适用的认识方法，这是其有助于加强法律思维的重要原因。

一方面，在鉴定式案例研讨中，学生必须要有"问题意识"，在不断地诘问与追问之中寻找正确的认识。在鉴定式案例研讨中，论证的源头便是"设问"，即"假设××行为可能构成××犯罪"，为了鼓励学生进行思考，这样的"设问"往往不止一个，因此，鉴定式的案例研讨模式在其本身的构造上便是遵循"问题导向"的。学生需要大胆地提出假设，随后仔细地、有逻辑性地、体系性地具体分析在这一解释之下的法律适用问题，在一次次的鉴定式案例分析过程中，以解释法律为核心的法律思维能力将得到自然的提升。

另一方面，鉴定式案例研讨中，需要不断地将案件事实与法律规范进行"涵摄"，在不断地进行"涵摄"的过程中，不可避免要求学生进行法律解释以达到正确适用法律的目的。对于文义解释、目的解释、社会解释等法律解释方法，虽然在通识教育中必然会有所介绍，但要将其运用到实际的案例分析中，灵活的运用法律思维能力，正确的使用法律解释的方法

---

① 夏昊晗：《鉴定式案例研习：德国法学教育皇冠上的明珠》，《人民法治》2018 年第 18 期。

对个案中制定法的适用找到路径，是传统的教学模式很难触及的。显然，这样的思考能力是需要大量训练的，鉴定式案例研讨正是培养这一能力的可达路径。① 事实上每一次的鉴定式案例研讨都是对法律思维的一次拓展与检验，最终大幅提高学生法律思维能力。

（四）提升信息检索与自我表达能力

鉴定式案例研讨的过程是信息流的输入、分析与输出的过程，为了确定"定义"的准确性，审查"涵摄"的正确性，论证"结论"的合理性，学生需要尽可能全面地收集与案例事实相关的法律条文、司法解释、指导性案例、学术研究资料等信息，并将这些信息进行汇总整理。在经过体系化的梳理与逻辑严密的判断之后，输出论证严密的分析过程与精确合理的判断结论。这个过程既是对信息的检索获得能力的检验，也是对自我表达能力的训练。

在信息检索能力方面，鉴定式案例研讨为提升资料检索能力提供了尽量贴近实际的训练环境。在鉴定式的案例研讨过程中，学生需要独立地完成法律条文、司法解释、指导性案例以及学术研究资料的收集工作，这区别于传统的以教科书为主要依托的案例分析方式。在鉴定式案例研讨课程中，学生可以养成检索、审阅、归纳和评析法律资料的能力，了解资料信息的来源，有效率地阅读归纳材料中的信息，有选择性地摘取和案例事实有关联的部分增强论证的说服力。

在自我表达能力方面，鉴定式案例研讨为学生提高自我表达能力提供了全流程的训练空间。法律工作在相当大的程度上是与人交流沟通的工作，对于法律人而言，无论从事律师、检察官、法官还是法学教授等职业，工作的内容都是依靠说理、论证说服他人，因此表达能力对于法律人而言是至关重要的。在鉴定式案例研讨中，学生将被分进小组进行探讨，在这样的交流过程中，学生一方面被训练如何准确地、有条理地、简明地表达自己的观点，另一方面也被训练如何理解和反思他人的观点，这有助于提升学生的自我表达能力。

---

① 卜元石：《德国法学与当代中国》，北京大学出版社 2021 年版，第 239 页。

三 刑事法学课程群中鉴定式案例研习课程的实现路径

结合法学本科传统课程教育体系建设存在的问题及功能，本文欲对鉴定式案例研习课程进行定位，以明确鉴定式案例研习课程的具体展开。笔者结合开设的"刑事案例研习"课程中的相关经验，来介绍鉴定式案例研习课程的具体实现路径，并进一步分析如何将路径优化完善。

（一）路径的目标定位

鉴定式案例研习课程不是单纯讲授理论的刑法课，也不是完全贴近实务的法学实训课，而是作为理论和实务之间帮助学生进行理论、思维和实务能力进行过渡的重要一环。法学本科和其他人文社科专业一样，最重要的就是具有通识教育的属性，在我校的课程安排中也是如此，例如大一刚入学的新生课程安排包括法学导论、宪法等法科生必备的入门课程；随着法学基础的不断夯实，大二、大三阶段会安排民法、商法、刑法等部门法学。但是法律职业对法律人的要求不仅是需要法律人具有夯实的理论知识，还需要对政治、经济的理解和洞察以及实务中发生各种问题的应变能力，仅仅依靠通识课程教育是不足以满足我国对法律职业人才能力的要求，因此需要培养学生将理论知识应用在具体实务案例之中的能力。鉴定式案例研习课正是通过案例不断地锻炼学生分析问题、解决问题的能力，同时通过检索案件中的法律规范，熟练掌握我国的法律条文，即强调训练学生案例分析的思维，学生用鉴定式的方法假设所有的可能构成的罪名，不断地对案件事实和法律规范进行涵摄，逐一论证，最后得出结论，更能培养和锻炼学生的思维能力和检索法律的能力，为真正成为合格的法律职业者打好基础。在形成如此的思考方式之后再参加诊所课这样更贴近实务的课程之中或者到学校安排的实训课程之中，对于案件的把握就会更加清楚，同时也能在实务中学习深化鉴定式案例分析的方法，因此鉴定式案例研习课应当是构建体系思维与锻炼学生实务能力的中坚桥梁。

（二）路径的具体展开

1. 人员设置

与传统授课方式不同，鉴定式案例研习课程重在由学生自主进行讨论分析，因此课堂人数不宜过多，过多不便于管理，一般以30—60人为宜，同时需要对学生进行分组。另外，该课程需要对每位学生的分析报告进行批阅，仅由教师一人来完成工作量过大，难以保证授课的质量，因此可以设置必要数量的助教来参与教学。笔者在该学期开设的"刑事案例研习"课程，学生人数为70余名，笔者将其划分为5个小组，并在笔者指导的硕士研究生中精心挑选10名助教，为每个小组配备2名助教。对于部分助教而言，"鉴定式案例分析方法"也是第一次接触，因此在课程开始前，笔者先组织10名助教进行集中培训，使助教们对该案例分析法有一个大致的掌握。在课程中，助教们需要全程参与课堂，与学生们同步学习，并组织协调本小组的讨论。助教的引入，不仅有利于协助提升课堂教学质量，就助教们自身来说，也是一个学习和提升能力的机会。

2. 课程设计

本课程共36课时，18周，每周2课时，每课时50分钟。课程以学生讨论为主，以教师讲授为辅，教师主要讲述案例的分析方法以及对案例中涉及的重难点进行点评。课程面向的学生为大三的本科生，由于鉴定式案例研习方法需要对刑法总论和分论的知识进行综合运用，因此面向的学生必须为已经习得刑法总论与分论的大三学生。在首次课堂，需要由教师来进行"鉴定式案例分析方法"的整体讲述，为同学们厘清该方法与传统"判决式"分析方法有何不同[①]，以及说明鉴定式分析方法的优势所在，并在课堂上对一个简单的案例运用鉴定式方法进行分析，通过实操展示让学生们领略此种案例分析方法的魅力。

具体来说，不同的犯罪类型其鉴定式分析构造也有所不同，因此之后的课程便以不同的犯罪类型为主线进行展开，在2—16周，分别对故意犯、未遂犯、过失犯、不作为犯以及共同犯罪这五个单元展开课程，平均每个单元花费3周6课时。在17、18周，进行课程的结课考核，结课考核采用开卷的方式，学生们可以携带任意电子产品及书籍资料。具体考察

[①] 罗钢、陈正湘：《刑法鉴定式案例教学改革刍论》，《教育观察》2020年第25期。

方式为：在17周，当堂为学生布置一个提前准备好的结课案例，该案例涉及课程讲述过的所有犯罪类型。由于案例分析的篇幅过长，因此不采用实体书写的方式，而是要求学生们形成电子版材料打印并在限定期限内上交。随后，由教师及助教共同研讨，对结课案例进行评分，并归纳其中的争议点。在18周，对考核案例中的重难点问题进行讨论分析，并顺利结课。本课程大约会对六个案例进行详尽的分析。

3. 课堂内容

正如前文所述，根据不同的犯罪类型，将课程划分为五个单元，每单元花费三周，就每个单元而言，具体安排如下：（1）在每个单元开展之前，由助教协助进行与相关犯罪类型有关的案例的设计；（2）第一周，由教师先进行该部分犯罪类型分析构造的讲解，为学生们提供一个分析的框架，同时对该部分中有关刑法理论的重点进行一个回顾，然后展示该单元的案例，由助教组织学生进行讨论，分析可能涉及的问题，五个小组每组提出一个问题，在课后进行资料的收集；（3）第二周，就上周所提出的五个问题，由每组派一名同学就所收集的资料进行汇报，在每名同学汇报完毕后，由课堂其他同学进行提问与交流，最后由老师进行点评补充，课后要求同学们按照鉴定式方法系统地对案例进行分析后交由本组的助教，由助教进行批阅并筛选出优秀的作业；（4）第三周，每组派一名同学来进行优秀作业成果的展示，由教师进行点评补充。至此，一个单元的教学内容完毕。

关于课堂中所出的案例，主要来源于与该部分内容相关的教科书中的经典案例与司法实践中的疑难案例，以这些案例为基准，进行灵活的改编，以适应该单元部分教学的需要。例如，在过失犯单元的教学中，针对课堂设计的案例改编于经典的日本"森久奶粉事件"以及我国司法实践中的"穆志祥过失致人死亡案"，此类案件较为疑难复杂，同学们得出的结论也不尽相同，都有自己独特的见解与看法，而这恰恰是鉴定式分析课程的魅力所在。

4. 课程考核

课程的考核主要依据最后一次结课案例的分析情况来进行给分，并结合学生在课堂上的展示情况，进行过案例分析汇报以及重点问题分析汇报的学生，可以酌情多给一些分数。需要说明的是，之所以不以每一次的案例分析为依据来给分，笔者认为，学习是一个循序渐进的过程，学生们案例分析的水平会随着课程的进行而不断提升，最初的案例分析水准可能较差，而之后的能力便会不断提高，因此最后一次案例分析可以更好地反映学生最终的学习成果。

5. 参考教材

考虑到大多数学生第一次接触鉴定式案例分析，我们选择埃里克·希尔根多夫所著的《德国大学刑法案例辅导（新生卷）》以及陈璇所著的《刑法思维与案例研习》作为参考教材，供学有余力的学生对鉴定式案例分析方法进行更深入的学习。

（三）路径的优化提升

本课程通过教学实践探索了一条以综合能力培养为导向、以案例分析为中心的新型本科授课体系，为提升法学本科生信息获取能力、理论把控能力、知识体系水平、写作表达能力提供切实可行的教学方式。与此同时，笔者在进行实际授课的过程中不可避免地发现一些有待进行优化提升之处。例如，在备课中如何进一步精细备课水平、在授课中如何增强互动提升课堂活力、在课后如何保质提效批改作业等。

课前优化主要体现在案例的设计中。首先对案例考察知识点要进行体系化的梳理，在设计案例的过程中有涵盖整个犯罪论体系的宏观视野，尽可能地发挥鉴定式案例研习分析过程全面的优势；其次对分析所涉及的法律规范要进行广泛的收集，实践中的各种问题往往不仅仅涉及刑事法律规范，案例的编写者需要对行政法、民商法、党内法规等诸多的规范性文件进行了解；最后对案例细节需要进行反复打磨，案例必须着眼于当前实际，尽可能的还原现实案件、贴近司法实践，避免将视角局限于教科书中。

课中优化重点在于如何提升课堂活力。首先在课程安排方面，鉴定式案例研习课程中的一个案例需要经过较长课时的精细讨论，在六个课时内分别进行问题发现、阶段性讨论分析与成果展示工作；其次在授课模式方面，鉴定式案例研习课程应当加强教师和学生间的交流，鼓励学生表达自己的观点并努力为自己的观点寻找支撑材料，教师和助教无须立即对学生的思考进行肯定或否定的评价；最后在课程考核方面，鉴定式案例研讨课程应当更加注重学生的分析思考以及交流展示能力而非最终的结论正确与否。

课后优化主要在于引进助教参与提升教学效率。鉴定式的案例研讨因其更加注重思维与分析的体系性与周延性，教学工作量大幅增加。[①] 如何在保证案例研习授课质量的同时，尽可能地做到对学生作业的精细化审阅是一个需要解决的问题。笔者经过授课实践，最终总结出了研究生助教参与的作业批阅模式。首先，研究生助教参与课程并非局限于作业的批改，而是全流程的参与案例研习课程；其次，研究生助教对于分报告的批阅要建立一个规范的体系，针对案例形成参考分析范式与统一批阅标准并交由授课教师审定；最后，研究生助教需要及时与授课教师进行交流反馈，为教师了解学生情况并有针对性地修改教学计划提供信息参考。

[①] 于程远：《论鉴定式案例分析方法的本土化价值》，《中国法学教育研究》2021年第1期。

Exemplary Case Study Courses in the Criminal Law Curriculum Group: Status, Function, and Path to Realization

Tan Kun

Abstract: At present, the curriculum system of undergraduate law education in China has some problems, such as lack of practical skills training, lack of legal thinking training, improper curriculum structure setting and single classroom teaching mode, which can not meet the needs of legal practice. According to the systematic thinking mode, the Exemplary case study methodology is in the key position in the criminal law curriculum group, which draws the final conclusion through the continuous reflection between the fact and the law. Setting up the Exemplary case study courses in the criminal law course group can enhance students' systematic grasp of legal norms and knowledge, strengthen the cultivation of legal thinking, improve the ability of information retrieval and self-expression, and finally realize the effective connection between theoretical knowledge and practical ability of law, and improve students' legal literacy and comprehensive ability.

Keywords: criminal law curriculum group; legal education reform; exemplary case study; legal thinking

"证据、证明与事实认定（EPF）"视域下"证据法学"教学改革实践[*]

李 锟[**]

摘 要：从我国"证据法学"课程的知识变迁、教学现状及改革背景可知，证据法学的知识体系以"证据论和证明论"为主，缺少"事实论"部分；教学内容以分散的法律规范为基础，尚未涵盖新型证据类型及其审查方法；教学方法为解析法律规范为本，未能体现证据法学的实践品性。融入体现多元价值、凸显过程性的教学理念和方法具有紧迫性和必要性。EPF认知逻辑下，证据法学的教学内容和教学方法应遵循证据（分析）、证明（论证）和事实（叙事）的逻辑，重视证据法学知识的应用性，凸显从证据到事实认定过程的重要性。为此，教学内容须秉持开放立场，不断吸收体现EPF的知识类型，介绍区块链证据、大数据证明等新知识。教学方法须引入图示法、叙事法、情境法等，推行以证据运用、证明过程和事实推论为导向的实践性教学。

关键词：证据法学；EPF教研模式；证据分析；证明过程；事实认定

"EPF"是英文 Evidence、Proof、Fact-finding 三个词的简称[①]，用于

---

[*] 基金项目：西北政法大学教育教学改革研究项目"基于'证据、证明和事实认定'认知逻辑的'证据法学'教学课程设计与实践"（XJYB202104）。

[**] 李锟，西北政法大学刑事法学院讲师，研究方向：刑事诉讼法学、证据法学。

[①] See Peter W. Murphy, "Teaching Evidence, Proof, and Facts: Providing a Background in Factual Analysis and Case Evaluation", 51 *J. Legal Educ.*, 2001, p. 568.

表达证据法学教学研究中的一种认知逻辑①,即从材料/信息变为案件事实,须经过证据、证明与事实认定的司法判断。这种认识方式区分了证据法学的知识类型,描述了证据法学实践思维。"EPF"准确概括了证据应用和事实认定的过程,最终成为描述"证据法学"教学和科研的一种思维方式。EPF 既可用于表达证据法学课程的知识类型,即关于证据及其审查判断、证明过程及事实认定的知识,也可用于表述从证据到案件事实认定的过程。故此,EPF 成为英美法系证据法学教学科研的基本框架和认知工具。

随着英美证据法学的引介和我国法学学科知识的自主发展,学界虽对大肆法律移植产生了较多质疑,但在研究方法、教学方法方面仍有必要比较借鉴域外的经验。与刑事诉讼法具有地方性相比,证据法学更具普适性。因为刑事诉讼活动与本国的司法权力配置、本土司法传统密切相关,而证据法学并不直接触及"纠纷解决",而是指向"事实认定"。如何准确高效地查明案件事实是任何国家诉讼活动面临的共同难题,域外经验对证据法学的知识体系和教研方法具有借鉴意义。在我国证据法学的研究和教学过程中,有必要秉持"实用主义"的立场,借鉴英美法系"证据法学"教学科研中的方法和知识,以优化我国"证据法学"的知识体系和教研方法。基于此,本文将以提高学生参与证据分析、证明过程和事实认定的应用能力为目的,探索 EPF 视域下"证据法学"的教学模式改革的背景、路径及挑战。在研究路径上,本文首先以"证据法学"教材的知识体系和教学设计为基础,分析"证据法学"的知识传承和教学范式,介绍 EPF 教学改革提出的背景及其必要性。其次,尝试采用 EPF 所提倡的证据、证明和事实认定的认知逻辑,充实"证据法学"的教学内容和教学方法,展示 EPF 视域下"证据法学"的教学实践。最后,总结 EPF 视域之下"证据法学"教学的经验及其局限性。

一 "证据法学"的知识传统、学科定位与改革背景

"EPF"视域下"证据法学"的教学改革包括教学内容和教学方法两

---

① 威廉·特文宁教授专门论证了事实在证据法学教育中应受到重视。在 2005 年,特文宁教授首次以"证据、证明与事实认定"为题在美国的法学教育研讨会上发表了演讲。参见 [英] 威廉·特文宁《反思证据:开拓性论著》,吴洪淇等译,中国人民大学出版社 2015 年版,第 421 页。

部分。本部分将基于我国传统"证据法学"的教科书和教学方式，剖析当前"证据法学"教学中的知识传统、学科定位和教学改革背景，说明教学改革的现实性和必要性。

（一）"证据法学"知识体系的变迁

新中国法治建设初期，特别是改革开放四十年以来[①]，伴随我国"三大诉讼法"及其司法解释的颁行，我国证据法学的制度框架和知识体系日臻完善。这种知识变迁的动力有两方面，一是借鉴域外理论和框架；二是阐释证据法规范。上述知识变迁主要体现在证据法学教科书的体例和内容上。我国《证据法学》教科书的知识发展与更新伴随着立法发展，大致经历了三个发展阶段：

第一个阶段是证据法学框架的建构期。新中国成立之初，我国借鉴苏联的证据学话语体系，着重于对客观真实的追求与探讨，形成了以"证据三性理论"[②]为核心的证据学研究态势，至今仍具有深远的影响力。若翻看早期的证据法学著述和教科书经常可以看到苏联学者的诉讼理论和证据观，[③]以致我国证据法的理论基础、证据属性与规则构建或多或少有苏联证据法理论和制度的"痕迹"[④]。例如，安·杨·维辛斯基的《苏维埃法律上的诉讼证据理论》不仅在苏联法学界具有举足轻重的地位，而且

---

① 在清末民初时期，证据法学以德、日为学习对象，我国台湾地区仍沿袭上述传统。参见［日］松冈义正《民事证据论》，张知本译，中国政法大学出版社2004年版。

② 证据三性是以客观性、关联性和合法性为依据，审查认定案件证据材料，在司法实践被简称为"证据三性"。证据三性也是当前主流教科书所介绍的审查判断证据的工具。

③ 参见《证据学》编写组（巫宇甦主编）《证据学》，群众出版社1983年版；西北政法学院科研处编《证据学资料汇编》，1983年编印（未出版）；陈一云、严端编《证据学》，中国人民大学出版社1991年版。

④ 例如，证据种类的划分上体现了鲜明的移植痕迹。我国《刑事诉讼法》第50条规定："可以用于证明案件事实的材料，都是证据。证据包括：（一）物证；（二）书证；（三）证人证言；（四）被害人陈述；（五）犯罪嫌疑人、被告人供述和辩解；（六）鉴定意见；（七）勘验、检查、辨认、侦查实验等笔录；（八）视听资料、电子数据。证据必须经过查证属实，才能作为定案的根据。"根据1960年通过的《苏俄刑事诉讼法典》第69条的规定可知，证据种类包括证人证言、受害人陈述、犯罪嫌疑人陈述、刑事被告人陈述、鉴定人意见、各种物证、侦查行为和审判行为笔录以及其他文件。可见，我国对证据种类的划分借鉴了这部法律的有关规定，并沿用至今。参见［苏］И. В. 蒂里切夫等《苏维埃刑事诉讼》，张仲麟等译，法律出版社1984年版，第161页。

在 20 世纪五六十年代曾对我国的证据法学研究产生过重大影响①。这种知识"印记"不仅存在于当前主流的《证据法学》教科书之中，更对司法实践以"证据三性"为圭臬的证据审查方式产生了深远影响。如果检索我国"三大诉讼法"的法律文本会发现，"证据三性"不是立法所确立的审查判断证据的方式。由此可见统编教材对司法实践乃至立法的影响力，"证据法学"教学内容的体系化和知识更新亦是当前教学研究的重中之重。若教学知识陈旧、教学内容零散，不仅阻滞了知识的传承，更会影响到司法实效。因此，当前学界对于传统证据法学所使用的概念、范畴产生了不少质疑②，甚至认为部分观点已然制约了证据审查判断的科学化发展。

第二个阶段是证据法学知识的转型期。随着我国 1996 年《刑事诉讼法》的修改、2007 年《民事诉讼法》的修改，我国庭审模式由强职权主义转向了控辩式庭审，使得证据的取得、提出与审查方式逐步受到重视。与此同时，2001 年《最高人民法院关于民事诉讼证据的若干规定》初步建立民事司法领域中的证据法体系。随着域外证据法学著作的翻译和引介，这个阶段的证据法学在借鉴英美法系证据理论的同时，力图明确自身的研究对象、摆脱认识论指导下客观真实观的束缚，实现"证据学"到"证据法学"的转变③，丰富了证据法学的知识体系。

第三个阶段是证据法学自主知识体系的发展期。2010 年"两高三部"《关于办理死刑案件审查判断证据若干问题的规定》和《关于办理刑事案件排除非法证据若干问题的规定》的出台被视为我国刑事证据制度发展的重要里程碑，随之确立了证据裁判原则、非法证据排除规则等概念范畴。这一时期初步形成了具有中国特色的证据法学知识体系，奠定了《证据法学》教科书中理论基础的内容。上述知识内容更新和体系转型体现于学术著述，更反映在法学教科书之中④。法学教科书承载了部门法的原理和规范体系，是理解和适用法律规则的指南。经过多年努

---

① 参见王希仁《评维辛斯基的证据观》，《法学》1986 年第 10 期。
② 参见张保生、阳平《证据客观性批判》，《清华法学》2019 年第 6 期。
③ 参见毕玉谦《民事证据法及其程序功能》，法律出版社 1997 年版；樊崇义主编《证据法学》，法律出版社 2003 年版；何家弘编《新编证据法学》，法律出版社 2000 年版。
④ 参见陈光中《证据法学》，中国政法大学出版社 2010 年版。

力,当前我国《证据法学》教学内容的呈现蔚为大观,但也存在传统与现代、守旧与创新、自主和开放的争议、讨论,亟待更新和完善其知识体系和内容①。

与此同时,由于缺乏统一证据法学典,加之理论渊源、观点立场聚讼不断,《证据法学》教科书的体例和知识呈现差异较大。从表1主要政法院校自编教材的体例可知,我国政法类院校《证据法学》的知识传统可以分为以下几类:证据论与证明论"二分制"的体例。大部分政法类院校的教科书基本采用"证据论—证明论"二分制方式介绍证据法学的教学知识。在"二分制"体系之下,大部分教科书以我国证据法规范为基础,辅之以英美证据法和大陆法系证据法的知识。但也有部分教科书以某一法系为基础,系统介绍逻辑结构完整的知识体系,颇具特色。例如,施鹏鹏教授主编的教科书以大陆法系诉讼法和证据法学的知识为基础;张保生教授主编证据法学以英美证据法学的知识传统和逻辑结构为主。在"二分制"结构之外,张保生教授、卞建林教授、叶青教授主编教材突破了传统证据法学二分制的束缚,将事实论纳入证据法学的知识体系之中,使得证据法学的知识体系更符合司法实践中审查认定证据的基本逻辑。

表1　　　　政法专业院校《证据法学》教科书体例

学校	出版信息	体例
中国政法大学	陈光中:《证据法学》(第四版),法律出版社2019年版	总论—证据论—证明论
	樊崇义:《证据法学》(第六版),法律出版社2017年版	总论—证据论—证明论
	张保生:《证据法学》(第三版),法律出版社2018年版	理论篇—证据类型与审前证据开示篇—举证篇—证据排除篇—证明和认证篇
	卞建林:《证据法学》,高等教育出版社2020年版	绪论—事实论—证据论—证明论
	施鹏鹏:《证据法》,中国政法大学出版社2022年版	总论—证据论—证明论
西南政法大学	潘金贵:《证据法学》,中国政法大学出版社2022年版	绪论—证据论—证明论

---

① 参见张保生、冯俊伟、朱盛文《中国证据法40年》,《证据科学》2018年第2期。

续表

学校	出版信息	体例
华东政法大学	叶青：《诉讼证据法学》，北京大学出版社2022年版	总论—证据论—证据规则论—证明论—证据实践论
西北政法大学	魏虹：《证据法学》，中国政法大学出版社2019年版	概论—证据论—证明论（十二章）

与政法类院校以"编"的方式集体编写教材不同，综合类院校教师更多以"著"的方式，呈现《证据法学》的学术标签。这部分教科书往往特色鲜明、理论性强，更适宜研究生研习（参见表2）。根据教科书内容的来源和特点，可以分为以下三种类型：一是以中国证据法学规范和司法实践为问题意识的知识体系。例如，陈瑞华教授的教科书基本都是专业学术著述，兼具本土问题意识和一般证据法理。二是以职权主义为底色，承袭大陆法系的证据法学知识体系。张建伟教授的教科书以介绍德日证据法学传统，沿袭清末民初证据法学的理念、概念、语词为主，重视证据法学的职权主义传统。三是以借鉴英美证据法学，呈现证据法学一般性知识的知识体系。易延友教授的教科书虽以证据论和证明论为主，但其内容更多偏重介绍英美证据法学的原理、规则和判例。其中，何家弘教授主编的《证据法学》更适宜本科生学习，其既融合了本土司法元素和域外证据法知识，也较为务实地介绍了证据审查应用的基本规则。

表2　　　　　　　综合性大学《证据法学》教科书体例

学校	出版信息	体例
北京大学	陈瑞华：《刑事证据法学》（第四版），北京大学出版社2021年版	导论—证明力与证据能力—证据的法定形式—司法证明
清华大学	张建伟：《证据法要义》（第二版），北京大学出版社2014年版	绪论—证据通论—证据各论—诉讼证明
	易延友：《证据法学》，法律出版社2017年版	总论—证据—证明
中国人民大学	何家弘：《证据法学》（第7版），法律出版社2022年版	证据—司法证明
南京大学	李浩：《证据法学》，高等教育出版社2023年版	证据论—证明论

综上可知，我国"证据法学"课程的知识体系既有本土知识传统和司法元素（司法解释规定），也有域外的（苏联、大陆法系、英美法）知识移植，尚处于知识体系的构建和整合阶段，需要不断吸收、更新乃至扬弃证据法学的教学内容。总体而言，上述教科书以介绍证据论和证明论为主[1]，割裂了证据、证明和事实认定之间的联系。从当前"证据法学"研究发展趋势来看，反思传统证据法学的知识体系和逻辑结构成为一种趋势[2]，如何构建自主的、体现证据法学知识的应用性、前瞻性成为教学科研所关注的重点。

（二）"证据法学"课程的学科特点

证据学是历久而弥新的学问。但作为部门法学，证据法学在我国却是一门正在发展和亟待塑造的学科。因为法学学科的基础在于法律规范的体系化，最好是建基于成文法典。值得关注的是，我国的证据规则主要依附于诉讼法，缺乏建立统一证据法典的传统及现实可能性，致使证据法学的规范体系杂糅，法理基础尚未达成基本共识。故此，这门应用性极强的学科在法学教育中的定位、属性及其教学方法一直处于变动不居的状态。

首先，证据法学没有一部完整的法律规范作为支持，证据规范散见于诉讼法及相关司法解释。从证据法学诞生之日起，就面临着归入哪一部门法学的抉择。在大陆法系国家，证据法则通常依附于诉讼法，散见于诉讼规则之中。而在英美法系国家，证据法的学科属性明确，通常会建立单独的证据法典。[3] 由于没有建立一部统一的证据法典，我国证据规则的内容散见于《刑事诉讼法》《民事诉讼法》《行政诉讼法》《仲裁法》《行政处罚法》《治安管理处罚法》《海关行政处罚实施条例》《税收征收管理法》等法律法规，以及最高人民法院、最高人民检察院、公安部等有关司法解释、部门规章之中。对此，樊崇义教授曾提出："这种状况不能适应建立现代法治国家的需要，也在一定程度上造成了我国司法和执法实践中运用证据规则的混乱。为了适应新世纪对司法活动的要求，保障公正执法，我

---

[1] 参见张保生《事实、证据与事实认定》，《中国社会科学》2017年第8期。
[2] 参见张保生、阳平《证据客观性批判》，《清华法学》2019年第6期。
[3] 例如，1975年美国最高法院批准生效了《联邦证据规则》。

国有必要制定专门的证据法典。"① 当前，制定统一证据法典尚不成熟，应当根据三大诉讼法的特点，先制定单行的证据法规则。如毕玉谦等著《中国证据法草案建议稿及论证》、张保生等编《〈人民法院统一证据规定〉司法解释建设稿及论证》、陈光中著《关于刑事证据立法的若干问题》、樊崇义著《刑事证据规则立法建议报告》等。

基于此，在编写"证据法学"教材及课程开设方面，各个学校都存在"统"或"分"的问题。例如，西南政法大学编写的"证据法学"② 吸收了民事、行政诉讼法学的教师，刑事诉讼法和民事诉讼法教研室都会开设证据法学，但不同学科教师授课的侧重点不同。大部分院校都是由刑事诉讼法学教师讲授"证据法学"，也有部分是由民事诉讼法学师资力量较强的学科也会开设"证据法学"。由于缺乏统一明确的法律规则，证据法学的教科书乃至教学实践呈现出"九龙治水"现象。教师往往以"三大诉讼"为界，分别介绍自己熟悉的证据法学知识。但"三大诉讼法"的调整对象和适用原理并不一致，在对证据及证明的理解和应用上差异明显，教学内容的一致性和统一性必然会受损。

其次，"证据法学"是面向事实的学科。证据法学又称为"事实认定之学"，与其他部门法学相比，其更注重对学生分析证据、评价事实的思维塑造。与实体法、诉讼法评价具体行为及其后果不同，证据法学面向的是案件事实，是发现案件事实的规范装置。在"证据法学"的具体司法判断中，既会体现准确寻找法律规范的思维，也会体现认定事实的经验法则。前者是司法判断中的归纳思维，即从小前提涵摄大前提；后者是司法活动的演绎推理，需要司法人员以阅历、经验和常识为基础，开展司法认知活动。事实判断是法律适用的前提，在证据法学主要解决的问题。正如艾伦教授所言："事实先于权利和义务而存在，决定权利和义务。没有准确的事实认定，权利和义务就会失去意义。"③

在其他部门法学教学中，经常看到的案例是"张三杀害李四，致其死亡，请问张三该当何罪？""张三与李四签订一份合同，合同履行期间

---

① 参见樊崇义主编《证据法学》（第六版），法律出版社 2017 年版。
② 参见潘金贵主编《证据法学》，法律出版社 2022 年版，前言。
③ ［美］罗纳德·艾伦：《证据法的理论基础和意义》，张保生、张月波译，《证据科学》2010 年第 4 期。

届满，李四拒绝履行合同约定义务。该如何救济张三的民事权益？""张三虐待李四，李四该如何提起自诉？"其他部门法学的教学通常会以一个既定的事实为基础，然后展开司法三段论讨论，让学生根据既定事实涵摄法律规范，以得出最符合规范目的的答案。

而证据法学所要解决的是其他部门法所假定的那个前提该如何发现，即司法三段论中的小前提该如何实现。假定发生了李四死亡的事件。在证据法学视域下，我们首先需要根据现场痕迹和被害人身份信息，确认死亡原因，是否存在他杀可能。如果张三有作案嫌疑，需要收集张三杀害李四的证据材料。从证据到案件事实要经历多重检验，经过大量证据的支持和诉讼主体的交涉互动之后，方能确认李四死亡这一事实。在这个过程中，司法人员需要结合证据法规范进行如下判断：案涉证据是否符合证据法的"三性"和"两力"？是否经过了法庭证据调查程序？谁是承担证明责任的主体？举证方是否卸载了证明责任？是否达到了法定证明标准？案件事实是否确实充分、排除了合理的怀疑？基于此，证据法学的教学内容和教学活动更加注重证据分析、证明过程和事实认定，而不像其他部门法学那样以准确适用法律为目的。这是证据法学的学科使命和特殊之处。故而，"证据法学"的教学实践中会面临教学内容的体系化和统一性问题，也因调整对象的特殊性，需要注重教学方法的多元化和过程性。

（三）"证据法学"教学改革的背景

如前所述，"证据法学"在教学的内容和教学方法方面需要建立符合其学科定位和特性的内容。我国实体法和程序法均沿袭于大陆法系传统，但是在证据法学的发展方面不应为法系传统所限，而应以实用为主，采用有助于掌握证据分析和事实认定的教学方法。

首先，从证据法学的发展趋势来看，英美证据法学的理念和规则影响深远，有必要在传统证据法学的二分制中吸收"事实论"的内容，并强化证据法在事实认定和发现方面的价值。这是因为法系融合成为一种常态，法律人需要寻求的是解决本国问题的理论和制度，需要探索的是常识常情常理，需求坚守的是法律判断中的共同善。如果以法系、法的传统为界，思考本国法的改革是不现实、不理智的。而从证据法发展趋势可知，普通法系证据规则更为体系完整、影响深远，部分规则业已成为普适性的证据规则和方法。譬如，国际刑事法院、国际体育仲裁机构等都融合英美法系与大陆法系的证据规则，以更好地发现案件事实、维护当事人诉权、解决案件纠纷。此外，从域外证据法学发展脉络可知，证据法学的研究和教学重点从规范转向了证明过程。所谓"新证据法学"更为关注证据之于事实的证明价值，尤其从证据到案件事实的认定过程。

其次，证据法成为法学核心课程之一，理应结合证据法学的特征，建立有效的证据法学教学模式。"证据法学"教学改革与我国证据制度和学科建设的发展密切相关。2018年《法学类专业教学质量国家标准》正式将"证据法"作为"10+X"法学类核心课程之一，这意味着有关证据法学的教材体系、课程设置与教学方法亦需与时俱进。

再次，因应"以审判为中心"诉讼制度改革的内在要求，密切结合刑事司法改革实践的发展动向。党的十八届四中全会报告中提出了"以审判为中心"的诉讼制度改革，并将落实证据裁判原则、推进庭审实质化作为改革方向，提出了"证据质证在法庭、案件事实查明在法庭、诉辩意见发表在法庭、裁判理由形成在法庭"的具体要求。如何发挥法庭在证据审查和事实查明中的核心作用将成为庭审实质化改革的方向，而有效的法庭调查更需要"控辩审三方"均掌握证据分析、证据论证、证据说理的技巧。这不仅是对司法工作者的新要求，而且也是证据法学教学内容和教学方法改革的新动力。

综上所述，从我国"证据法学"知识体系的变迁、现状及改革背景来看，证据法学知识从"二元论"走向"多元论"是知识内容革新的必由之路；而融入体现多元价值、凸显过程性的教学理念和方法则具有紧迫性和必要性。

二 EPF认知逻辑下"证据法学"的内容延拓与方法更新

在EPF认知逻辑下，证据法学的教学内容和教学方法应遵循证据（分析）、证明（论证）和事实（叙事）的逻辑，更为重视证据法学知识的应用性，强调从证据到事实认定过程的重要性。按照EPF的教学要求，本文基于西北政法大学自编《证据法学》① 教材，在教学内容、方法上进

---

① 参见魏虹主编《证据法学》，中国政法大学出版社2019年版。

行了如下探索。

（一）引介新的证据类型和证据调查方法

在教学内容充实方面，按照 EPF 秉持了教研理念和开放式的知识体系建构路径，进行了如下尝试：一是增加新型证据类型和证据规则审查判断的内容；二是参与讨论了本校自编教材《证据法学》的体例，撰写"证明过程""经验法则"等内容。

首先，充实"证据法学"教学内容，增补新型证据类型和证据调查方法。面对信息技术与诉讼活动的交叉融合，司法实践中出现了大量的新型证据类型和证明方法，有必要在日常教学活动中予以增补和引介。这是基于"证据法学"课程的实践性品格，即关注实践发展，面向实践教学，充实新型证据类型及其审查应用方法。其一，介绍区块链证据、在线鉴定等新型证据类型及其审查认定方法。2021 年 1 月，最高人民法院公开的《关于人民法院在线办理案件若干问题的规定（征求意见稿）》初步介绍了区块链及其使用方式。2021 年 6 月 17 日《人民法院在线诉讼规则》进一步明确了区块链存储数据的效力与审查方法[1]。实践中，区块链技术及其存证发展迅猛且表现多样，充分展现了其在处理海量数据[2]、确保信息安全及同步存证方面的优势。上述内容虽不是"证据法学"期末考试的内容，也并未出现在现有"证据法学"教科书之中，但其却在司法实践中存在并快速发展，有必要向学生介绍审查判断该类证据的特性与审查方式。其二，介绍证据规则在实践中的应用方式，将理论知识与司法实务紧密结合起来。我国"三大诉讼法"均规定了证人出庭接受法庭询问的规则，初步建立控辩对抗的发问构造，但因司法解释"禁止诱导性发问"，致使当事人法庭发问的空间和力度受到制约。对于法庭发问这类应用较强的知识，在展开教学训练之前，应全面介绍该规则在我国立法和司法实践中的样态。《证据法学》教科书通常并不会花费较大篇幅介绍法庭发问规

---

[1] 2021 年 1 月 21 日《最高人民法院关于人民法院在线办理案件若干问题的规定》（征求意见稿）以及在 2021 年 6 月 16 日最高人民法院公布了《人民法院在线诉讼规则》初步规定了"区块链存储数据"的性质、效力和审查规则。

[2] 参见《杭州互联网法院区块链智能合约司法应用上线存证量超 19 亿条》，中华人民共和国最高人民法院网址：http：//www.court.gov.cn/zixun-xiangqing-194221.html，最后访问时间：2020 年 6 月 20 日。

则的内容。在教学内容更新方面，笔者结合我国高法解释规定，增补了刑事法庭交叉询问的规范和实践，细致梳理了刑事案件法庭询问规则的表达和变迁，介绍了法庭发问规则在司法实践中的类型。

其次，参与修订西北政法大学《证据法学》教材的结构，增补"证明过程"和"经验法则"等内容。根据 EPF 教学理念，"证据法学"的教学内容不仅要介绍证据法规则及其法理，还应讲授证据分析、事实认定等经验性知识。换言之，《证据法学》的教学内容不仅局限于规范理解和掌握，而是要面向事实认定，体现从证据到事实认定的思维、方法和过程。为此，在修订本校"证据法学"时，经主编和教研室教师（项目参与人员）的共同讨论，西北政法大学"证据法学"的结构有如下变化[①]：一是重视单个证据种类的分析和判断，将原来"证据种类"一章增补为八章，分别介绍法定八种证据种类的审查认定规则；二是重新撰写"证明过程"，增补"经验法则"作为证明方法的一部分。从"证据法学"的增补和修订内容可知，未来证据法学教学内容的重点将聚焦于证据分析和证明过程，向学生介绍和展示证据审查、证明方法和事实认定等实用性、操作性的知识。

（二）注重事实认定过程的教学方法

1. 证据分析：图示法的尝试

图示法是英美法系证据法学教学实践中使用的一种证据分析、证据推理的方法。图示法又被称为"威格摩尔图示法"，是由美国著名法学家，曾任美国西北大学法学院院长的威格莫尔（John Henry Vigmore）提出的一种用于分析大量的证据，并将其组织成为一个整体的证据分析方法。图示法是一种能够帮助学生建构、检验和重建关于事实问题论证的技术。它将论证分解为简单命题，然后图解（mapping）或图示（charting）这些命题与次终待证事实之间的关系。早期的威格摩尔图示法过于复杂或抽象，并不利于普通人理解和适用。经过不断改良和测试，优化后的威格摩尔图示法包括以下内容：（1）澄清立场；（2）简述最终待证事实；（3）简述潜在次终待证事实；（4）简述案件暂时性理论；（5）配置关键事项表；

[①] 本校自编教材《证据法学》篇章结构已经确定，目前正处于修订撰写阶段，计划于 2023 年 6 月中旬完成教材初稿修订工作。项目主持人、参与人分别负责"证明对象""证明过程""证明方法"章节的修订工作。

(6) 准备图示; (7) 完善和完成分析。改良版的图示法更具操作性, 也能清晰呈现涉案证据的关系和逻辑连贯性[①]。

在开课之初, 笔者会向学生介绍"图示法", 并将图示法相关文献和操作方法上传至"学习通"平台, 要求学生围绕一个案件或事件制作一份证据图示, 并将其作为期中作业。图示法最终呈现的是一幅有关证据认定的逻辑结构图解。制作图示的过程需要学生充分了解案情、分析案件发展进程、选择有效的逻辑符号, 呈现证据分析和解析的思维过程。

经过半学期的学习和训练, 不少同学结合司法实践中的热点案例, 画出了案件证据分析和推理的图示(参见图1、图2)。从学生提交的作业来看, 他们愿意寻找自己感兴趣的案例或者热点案例, 而且大部分都是重

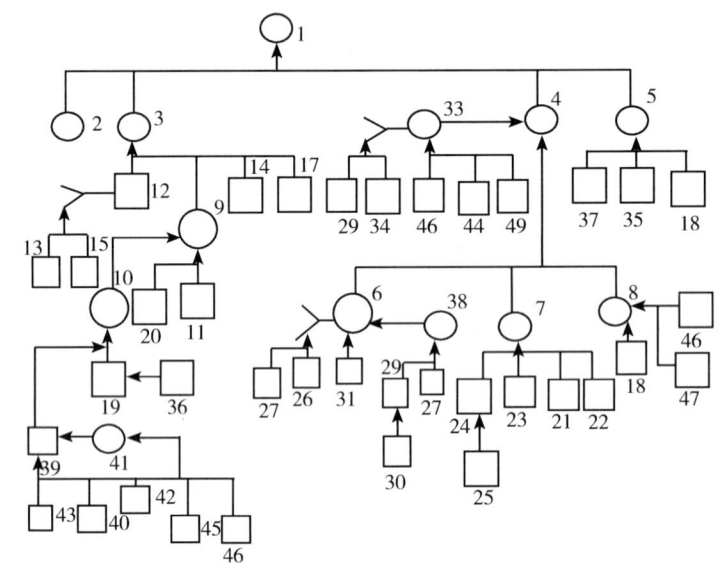

符号说明:
"○", 用于描述间接证据或推断性命题;
"□", 用于描述证言性主张;
">", 用于标识一个为他方提出的推论提供可选解释的论证;
"↑", 表示"有助于支持";
"←""→", 表示"有助于否定或削弱";

图1 "安徽于英生故意杀妻案"

---

① 参见刘铭《"证据视图"评析——一种面向侦查阶段的证据分析可视化尝试》,《中国人民公安大学学报》(社会科学版) 2017年第2期。

符号说明：
"○"，用于描述间接证据或推断性命题
"□"，用于描述证言性主张
">"，用来标识一个为他方提出的推论提供可选解释的论证
"↑"，表示"有助于支持"
"←""→"，表示"有助于否定或削弱"

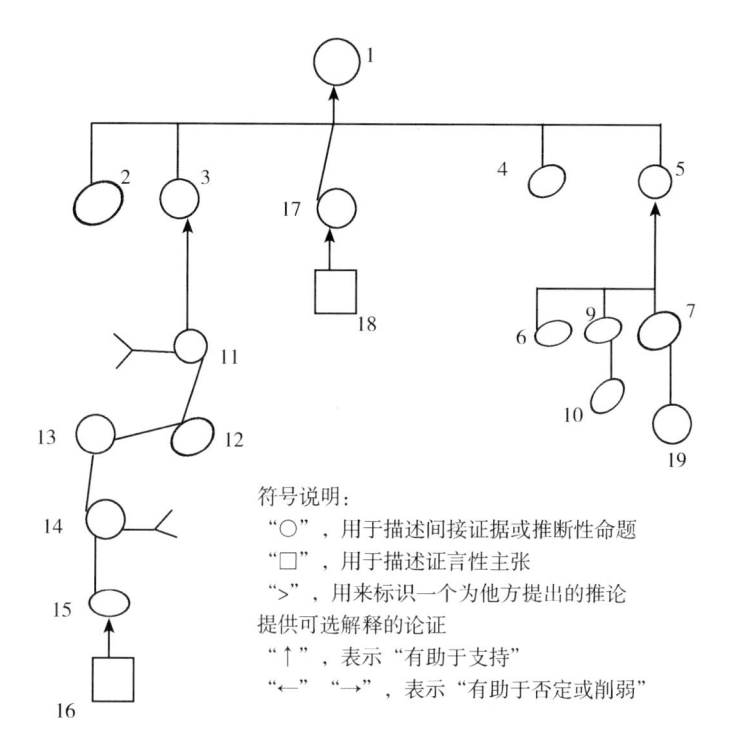

图2 "昆山反杀案"

大疑难复杂案件。根据图示法的训练，笔者发现如下现象：第一，学生更愿意采用文字方式去描述案件。但这种描述更多是叙述案情，而不是运用逻辑推理去呈现要件事实，叙事的逻辑性略显不足。第二，图示法比文字叙述更难，因为图示法要直接展现证据对事实认定的支撑力或削弱力。只有准确分析涉案证据和事实，才能找到从证据、证明到事实认定过程存在哪些关键证据、辅助证据、瑕疵证据。根据涉案证据及其分布状况，方能评价涉案不同证据的证明价值，推出认定案件整体事实还存在哪些缺漏和不足，是否存在推理的断裂和矛盾。

2. 证明过程：法庭发问的设计

如果认可每一份证据背后都需要一个"人"作为支持，那么就可以理解"交叉询问无疑是人类迄今为止为发现真实发明的最伟大的法律引擎"这句话的价值。2014年党的十八届四中全会报告提出"以审判为中心诉讼制度改革"以来，围绕侦查人员、证人、鉴定人出庭作证接受询问的改革和试点正在不断优化和推进。法庭发问规则和发问技术也在随之

丰富，控辩审三方如何在法庭通过发问方式调查核实证据是一个永恒的话题。在证据法学教学实践中，有必要讲授法庭发问规则、介绍交叉询问规则，演练和尝试法庭发问实训。

首先，讲解法庭发问的方式和规则。通过介绍近些年热点案件中的发问方式和技巧，让学生了解律师在法庭发问的基本类型。以"孙杨案"教学实践为例，学生需要在课前自行观看"孙杨案"庭审实录，观察律师发问的方式、技巧以及法庭发问的规则。在上课过程中，学生需要总结"孙杨案"法庭发问存在的问题及启示。总结律师发问的方式和频次可知，孙杨案控辩双方主要以"封闭式问题"和"开放式问题"展开法庭调查①。需要学生进一步思考，律师在何时会采用封闭式问题？采用封闭式问题会受到哪些约束？通过细致分析和总结律师法庭发问的技术，分析本案律师的发问技术和问题设计（参见表3），总结法庭发问的基本规则。在案例对比分析之后，我们仍需回到我国法庭发问的规则和实践之中，思考特定案件中，如何设计和展开法庭证据调查。

表3　　　　　　　　交叉询问对方证人的问题设计

序号	问题设计
1	报告是詹妮小姐写的，不是你，是吗？
2	您对本案未发表过证词，对吗？
3	詹妮给国际泳联药检小组提供了这个，我对此询问。接下来会对证词质疑。
4	我们还没有听到其他证人陈述，这份IDTM的文件不是他写的。关于授权书的问题，你说会向运动员出示这个文件？但你没有证据证明它，是吗？
5	詹妮的那份报告也没法得到证明，对吗？
6	你可能是第一次看到这个，这个是你的同事写的，交给FINA的报告。您同事表示，它是这样向运动员出示FINA的授权文件的，对吗？

除了通过观看法庭发问视频和阅读法庭调查实例之外，还可以改编真实案例，通过分组模拟、角色扮演等方式，演练法庭发问。

设例："王强、康宇抢劫案"发问实训

---

① 参见李锟《论国际体育仲裁法庭的发问规则——以"孙杨案"为中心》，《证据科学》2023年第1期。

案情：2021 年 3 月 28 日，王强持枪抢劫了位于西安市纬一街的一家昼夜超市。王强现年 23 岁，是居住于西安的福建人，身高 180cm，170 斤。被抓获时，留着光头。

2021 年 3 月 28 日凌晨 4 点左右，西安市公安局雁塔分局接到报警急电。称东纬一街与长安南路交接的超市发生一起持械抢劫。西安市公安局雁塔分局小寨派出所警官张三，李四和王小六一起赶到事发地。王小六注意到，在劫案发生的商店里有一位中年妇女（张丽）坐在柜台后方，惊魂未定，有明显哭过的痕迹；还有一位拿着手机的男人，后来王小六了解到他就是商店经理樊辉。（省略案发过程和询问笔录）

本案以真实案例的基础上，改编了部分案情，可以用于演练发问方式、发问对象、发问规则。本案的询问对象有五位，其中张丽、樊辉为证人（被害人）；张三、李四、王小六的身份为侦查人员（见证了部分案件事实、参与了抓捕和盘查）。以本案作为演练法庭发问的原因在于：第一，询问证人和侦查人员的方式不同。需要区分证人身份，确定发问方法。第二，先询问证人作证资格。两位证人身体状态（王丽新冠未康复）、空间位置（樊辉在仓库）、感知状况（樊辉听音乐）、获取信息的方式（樊辉通过监控）。第三，证人证言的真实性。第四，采用何种方式向王强、康宇发问，才能获取他们的体貌特征。诸如此类问题，需要同学们提前阅读并熟悉案情，通过实践演练体会发问方式与获取案件信息的关系，感受从证据调查到事实认定的证明过程。

3. 事实认定：案例法的应用

案件事实认定是分析涉案证据、实践证明标准的过程。从证据到事实认定是整合案件证据，训练微观到宏观证据思维的过程。在证据法学的研究领域，我们通常认为，事实是证据法学的起点，也是证据法学的终点。起点是客观存在的事实或事件，重点一定是经过证据调查之后的法律事实。这个事实有时与客观事实是吻合的，有时却与客观事实相背离。在事实论教学中，一方面需要通过解剖典型错案，展示证据法学视域下事实观的特殊性；另一方面也需要通过设例，解释案件关键证据或事实会成为影响整体事实认定的变量。

证据法学中的事实具有多重含义，需要在个案中理解客观事实、法律事实等抽象概念。作为起点的事实是已经发生的、碎片化的；待证事实是法律预设的规范上的事实；案件事实是经过证据调查和证明活动后，最终认定的法律事实。需要同学们通过图示理解不同阶段事实的定位和作用。图 3 是赵作海故意杀人案的证据类型，需要学生思考本案到底有哪些证据？为什么会错误地认定案件事实？哪些因素会影响案件事实认定？

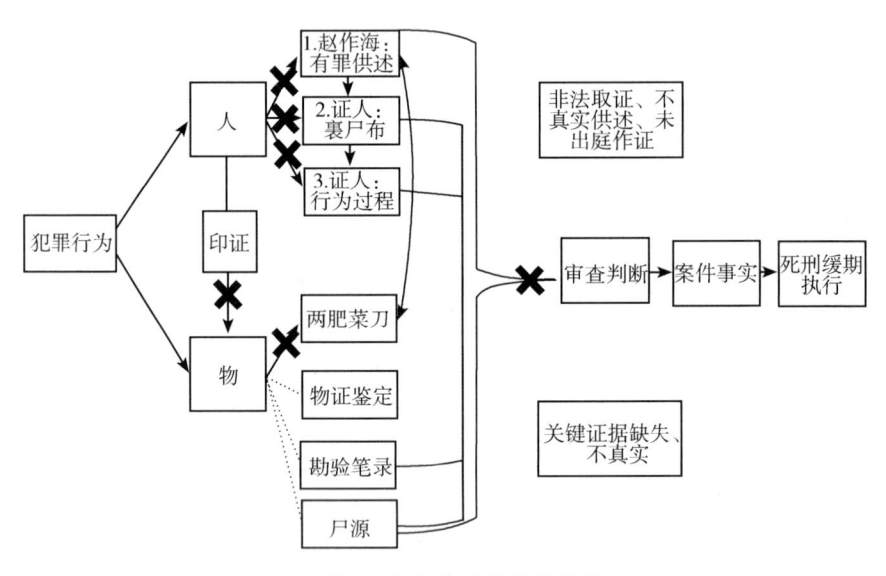

图 3 赵作海案的证据分析

三 EPF 视域下"证据法学"教学改革的经验与反思

（一） EPF "证据法学"教学改革的评估

与现有《证据法学》教学相比，"EPF"视域下的证据法学教学改革进行了以下尝试：一是在教学内容体现"证据、证明和事实认定"的认知逻辑，吸收实务性较强的证据应用方式和审查认定规则，充实现有证据法学知识体系；二是在教学方法上，要注重证据分析、证明过程和事实认定，训练学术应用证据法规范、分析证据和认定事实的能力。为评估"证据法学"授课的内容和方法，本人针对 2022 年"证据法学"的授课学生进行了问卷调查。调查对象为项目组成员教授的"证据法学"必修课班级和选修课班级，前者为实验组，后者为对照组①。通过问卷调查获取了学生对"证据法学"授课内容和方法的反馈。

通过问卷调查可知，学生对"证据法学"课程定位和教学方法的观点如下：第一，参与调查学生认为，"证据法学"课程的突出特点在于实践应用性较强。必修课有82.1%的同学认为，本课程的实践应用性较强，选修课有67%.2的同学认为，本课程的实践性较强。第二，在学习"证据法学"过程中，学生遇到的最大困难仍在于如何将理论知识变为操作性知识。实验组同学认为理论过于抽象、找不到法律规范、无法理解相关概念是排名前三的难点。对照组同学认为，理论过于抽象、找不到法律规范、案例距离我们太遥远是排名前三的难题。第三，对"证据法学"课程内容最感兴趣的为典型案例和司法实务经验。与教科书知识、国外制度、法考真题相比，大部分同学认为典型案例和司法操作技能是他们最感兴趣的。第四，选修课有98%的同学认为，"证据法学"应成为法科生的必修课。这表明在同一年级的课程设计中，大部分同学认可"证据法学"的作用，认为有必要将其作为必修课。尽管该门课程在法律职业资格考试中的比重仅有10分左右，但其在司法实践中的地位和功能仍然得到了大部分同学的认可。

基于上述改革思路和实践效果，EPF教学改革项目的功效在于：第一，根据特定知识类型，补充《证据法学》教科书知识，充实授课内容，特别是要塑造证据、证明和事实认定三种证据法知识的定位、功能和实用方式。第二，基于证据、证明和事实认定的逻辑关系，注重"事实认定"在证据法学教学内容中的重要性。第三，介绍典型案例和实务操作方法，将抽象证据法学理论基础和证据规则具体化，分享证据法应用的司法经验。第四，利用"学习通"线上学习平台，分析证据法的规范、案例和授课资料。这主要是通过问卷方法进行互动和学情调查。例如，针对证人为何不出庭这一困扰司法实践中的问题，通过发放问卷调查获取学生对这个问题的看法。与此同时，在未来的"证据法学"的教学实践中，也需注重证据法学的理论基础和司法实践经验的有机结合，注重展示证据分析、证明过程和事实认定的思维和方法。

---

① 实验组为证据法学的必修课学生，共有67人提交了有效问卷；对照组项目组其他教师负责的"证据法学"选修课，共有58人提交了问卷。

(二) EPF"证据法学"教学模式的经验

通过前期对《证据法学》教科书体系和知识传承的考察，以及在EPF视域下进行的教学实践，有以下教学经验值得关注：

第一，教学内容和知识体系上的更新。"证据、证明和事实认定（EPF）"是理解和研究证据法学的一种思路，也应成为完善证据法学教学内容的一种路径。与传统"证据—证明"二分制的证据法学知识体系相比，"证据、证明和事实认定（EPF）"的认知逻辑符合司法实践审查认定证据、证明案件事实的基本逻辑，尤其是其将"事实及其认定"作为了证据法学教学的核心议题，更值得推广。摆脱当前"证据法学"教学实践中重理论基础探索、轻实践应用困局，需借鉴应用性、逻辑性强化的证据法学知识体系。这也符合当前证据法学研究的趋势，即从探究理论基础到围绕规范解释，最终面向司法实践，关注证据分析、证明过程和事实推论。

第二，在教学方法上，尝试使用图示法、法庭发问法（叙事法）、案例情境法等能够展现证据分析思维和证明过程的方式，训练学生分析证据、理解案件事实的思维。在一些著名的证据法学教科书中，能够看到编者使用一个经典案例，[①] 串联全部证据规则和证据调查方法。通过几个典型案例，将本学期重要知识点能够串联起来，将更有助于使学生深入理解证据法学的知识和司法实践。因为任何一个真实的案件，都需要经过证据调查、证明活动和事实认定。通过典型案例训练，不仅能教授证据法学知识，也能模拟训练证据审查认定的过程。因此，需要筛选典型案例，编写可用于证据法学教学和知识呈现的模拟案例，建立证据法学教学案例库。

（三）EPF"证据法学"教学模式的完善

基于 EPF 教学改革实践，以及根据"证据法学"知识更新和实践发展，本文所提倡的"证据、证明和事实认定"的教研模式，仍有如下进

[①] 例如，艾伦教授主编的证据法教科书中，第一章介绍了"人民诉詹森案"，后续以本案为基础，串联了传闻证据规则、交叉询问规则、意见证据规则等内容。参见 [美] 罗纳德·J. 艾伦、理查德·B. 库恩斯、埃莉诺·斯威夫特《证据法 文本、问题和案例》，张保生、王进喜、赵滢译，高等教育出版社 2006 年版，第 1—97 页。

一步探索的空间：第一，利用信息技术辅助证据法学的教学和实训。证据法学是发现案件事实真相的规范装置。如何设计合理、高效证据规则是立法者需要思考的问题；但应用现有规范装置有效发现、呈现案件事实是司法实践和法学教育应关心的中心议题。当前，人工智能辅助审判系统已经开发并使用（上海"206系统"）、在线诉讼平台和规则正在普及（2021年颁布《人民法院在线诉讼规则》），经由信息技术而催生出了人工智能证据审查、案件事实"虚拟还原系统（VR）"。司法实践的部分探索已经走在了立法、学理研究及法学教育前面。因此，如何将现有的信息技术及其原理融入"证据法学"的知识体系，辅之建立虚拟法庭、人工智能辅助审判操作系统等实践性训练，成为未来需要关注的问题。第二，吸纳多学科背景教师，共同开设"证据法学"。教学内容包括证据法学知识和法庭科学内容，以解决"证据法学"课程知识内容单一、偏离司法实务的问题。在《证据法学》的授课过程中吸纳具备法医学知识、物证痕迹学知识的教师参与。第三，编制"证据法学"教学案例库，筛选经典案例，编写教学案例。

综上所述，从证据法学在司法实践中作用和需求来看，现有"证据法学"课程的定位、功能及其设计，对法科生实践思维的训练仍显不足，无论是在教学内容的开放性、体系性和实践性上，还是在教学方法的多元性、过程性和实用性，都亟待从理念、内容和方法上予以改进。EPF教研理念和认知逻辑为反思现有证据法学教学理念、内容和方法提供了有益的视角，值得结合我国"证据法学"的知识传统、时代发展和信息技术进行持续性探索和思考。

Teaching Reform Practice of Evidence Jurisprudence from the Perspective of Evidence, Proof and Fact-finding (EPF)

Li Kun

Abstract: From the knowledge change, teaching status and reform background of Evidence Law, we know that the knowledge system of evidence law is mainly based on the theory of evidence and proof, and lacks the part of fact theory. The teaching content is based on scattered legal norms and fails to cover new types of evidence and their examination methods. The teaching method is based on the analysis of legal norms and fails to reflect the practical character of evidence jurisprudence. It is urgent and necessary to integrate the teaching ideas and methods which embody the multi-value and highlight the process. According to EPF cognitive logic, the teaching content and teaching methods of evidence jurisprudence should follow the logic of evidence (analysis), proof (demonstration) and fact (narrative), pay more attention to the application of evidence jurisprudence knowledge, and highlight the importance of the process from evidence to fact recognition. In terms of teaching content, it is necessary to uphold an open stance, constantly absorb and reflect the knowledge types of EPF, and introduce new knowledge such as blockchain evidence and big data proof. In terms of teaching methods, it tries to introduce graphic method, court questioning method, case situation method and other methods to promote practical teaching oriented by evidence application, proof process and fact inference.

Keywords: evidence jurisprudence; EPF teaching and research model; evidence analysis; proof process; fact-finding

新文科下法科生毕业论文写作的问题、方法与路径*

——基于实证素材的省思

许 聪**

摘　要：法科毕业论文写作能力是新文科下法学教育的重要培养目标，也是法科生必须具备的基本素养。实证材料表明，当前法科生论文的选题、开题、写作各环节仍存在问题，这既有毕业论文指导机制难以落实的窘境，也有教师指导方式及其效果的因素，更是毕业论文（设计）教学目标与司法实践需求脱节的反映。新文科建设强调学科交叉融合，创新传统文科建设模式与研究范式。应区分职业发展目标，确立针对不同法科生的论文写作规范和指导的分类培养目标；结合新文科要求，运用交叉学科和信息化的研究方法提升法科生论文写作能力；"麻雀式解剖"，构建以学生为主导的诊所式论文写作培养机制；转换教育督导评估监测视角，探索过程导向监督路径。

关键词：论文写作；新文科；法学教育；法科生写作能力；文献检索

2021年习近平总书记到清华大学考察时强调，要用好学科交叉融合的"催化剂"，推进新文科建设。① 新文科建设强调通过培养人文精神，跨学科交叉融合，创新传统文科建设模式与研究范式。回应全球化背景、

---

* 基金项目：2021年西北政法大学校级教育教学改革研究项目"新文科背景下'诊所式论文写作'的探索与应用"（项目编号：XJYB202102）；中国博士后基金第67批面上资助（项目编号：2020M673634XB）。

** 许聪，西北政法大学行政法学院（纪检监察学院）讲师、博士后研究人员，研究方向：中国宪法学。

① 参见《习近平在清华大学考察时强调坚持中国特色世界一流大学建设目标方向 为服务国家富强民族复兴人民幸福贡献力量》，《人民日报》2021年4月20日第1版。

跨学科环境的变化，融入信息技术成为新文科建设的应有之义。法学论文写作能力作为新文科在法学教育的重要培养目标需要学生具备包括法律文献检索和论文写作在内的基本技能。信息技术在提升学生论文写作能力，推动文科教育质效提升方面具有重要作用。

国外法学院普遍会为学生提供法律信息检索技能训练的课程，如耶鲁、哈佛和斯坦福大学法学院针对法学不同研究方向的学生开设专题文献检索课程。在法律博士的培养当中，还要求学生完成写作课程的学习，目的是加强学生法律研究能力、分析推理能力以及写作能力。[①] 美国的法学教育，特别是信息素养教育在20世纪90年代中期以前采用单独开设信息技术课程的模式，20世纪90年代中期以后普遍采用信息技术与学科整合的方法。[②] 国内也有部分院校将文献检索与论文写作作为公选课来开设。但教学通常着重介绍常用的数据库检索与使用和论文的写作格式与投稿，教学和考核方法忽视了课程的前沿性和实践性强的特点，只有理论，使学生丧失了学习的主动性。[③] 有数据显示，国内设立法律检索课的图书馆只有7家，其中的五大政法院校图书馆占4家，其余3家为清华大学法律图书馆、厦门大学图书馆法学分馆和浙江大学光华法学院图书馆，近90%的大学法学院系尚未将法律检索作为一门体系课程，除厦门大学以外，其余院校均将法律检索作为选修课。[④] 在学生毕业论文写作改革方面，国内部分高校将学生的实习与毕业论文写作相结合，在一定程度上增加了学生论文写作的现实针对性，[⑤] 但是也未能从根本上提升学生的写作技能。

培养和提升学生的信息检索能力和论文写作水平是全面提高学生创新意识和综合素质的重要环节。深入扩展文献检索教学基本要求，提升学生

---

① 参见张秀峰、高益民《美国法学教育中专业学位与学术学位人才培养模式比较研究——以耶鲁大学法学院法律博士和法学博士培养为例》，《学位与研究生教育》2015年第9期。

② 参见刘明、王玉刚《信息素养教育在美国法学教育中的角色分析及思考》，《知识管理论坛》2015年第4期。

③ 参见田凤霞、赵丽英、张明、杜丽、臧建磊《地方院校文献检索与论文写作课程教学模式的探讨》，《教育观察（上半月）》2017年第1期。

④ 参见蒋隽《我国法学院图书馆现状调查报告：以图书馆网站为视角》，《法律文献信息与研究》2014年第1期。

⑤ 参见廖斌《地方高校培养卓越法律本科人才探析》，《河北法学》2011年第12期。

论文写作水平和信息检索能力势在必行。本文拟以法科生毕业论文指导实例作为分析样本，结合国内法学院校论文指导实践素材，剖析法科生毕业论文写作的普遍问题与现实障碍，论证新文科背景下法科生论文写作能力的重要性，构建提升法科毕业论文质量的可能路径。

一 法科毕业论文写作的规范要求

毕业论文作为必修实践教学环节之一，既是本科教学计划中的重要环节，也是本科学生取得毕业资格的必要条件。按照西北政法大学《本科生毕业论文（设计）工作管理办法》（以下简称《管理办法》）的规定，"本科学生毕业前均须完成毕业论文（设计）环节，通过后方可取得毕业资格。"毕业论文的主要目的是，"培养学生综合运用所学知识和技能进行独立分析问题和解决问题的能力、初步进行科学研究的能力以及问题意识、创新创业意识和获取新知识的能力；培养学生严谨、求实的治学方法和刻苦钻研、勇于探索的精神"[①]。按照《西北政法大学本科各专业人才培养方案（2021级适用）》（以下简称《培养方案》）的要求，"毕业论文"占4个学分，在整个法学专业的课程设置中，属于学分较高课程。[②]

（一）毕业论文各环节及撰写时间安排

毕业论文包括选题、开题、写作和答辩环节（如表1）。具体工作的开展从大四上学期开始持续到大四下学期第十周。

表1　　　　　　　　毕业论文各环节及撰写时间安排

毕业论文各环节	时间安排	时长
选题	第七学期第四周至第六周	两周
开题	第七学期第七周至第九周	两周
写作	第七学期第十周至第八学期第二周	不少于十二周

---

① 《西北政法大学〈本科生毕业论文（设计）工作管理办法〉》（2018年7月修订），资料来源于西北政法大学教务处官网：https：//jwc.nwupl.edu.cn/wjzd/glzd/93653.htm，最后访问时间：2022年6月22日访问。

② 在法学专业课程设置中，每门必修课通常为2—6个学分不等，选修课为2—3个学分。必修实践教学环节的7门课程中包括"毕业论文"在内的三门课为4学分，四门课为2学分。

续表

毕业论文各环节	时间安排	时长
答辩	第八学期第三周至第六周（正常答辩） 第八学期第十周前（延期答辩）	符合各学院要求

选题环节于大三上学期第四周至第六周期间完成，约两周时间。学生通常要在二级学院选题库①内选取题目，有时是随机分配，有时也可跟指导老师沟通后，自主确定选题。当然，在经本学院和选题相关学院同意后，法科专业学生还可以在各法学院之间跨学院选题。根据学生选题情况，各学院为学生确定指导教师。通常每位指导教师指导学生的人数原则上不超过 10 人。②

开题报告的完成时间为大三上学期第七周至第九周，约两周时间。学生选定题目后，指导教师指导学生完成开题工作，包括指导学生明确论文题目的意义和要求，了解选题的研究现状，提炼问题意识、拟定论文写作提纲。学生根据学校教务处统一格式、各学院制作的开题报告模板撰写开题报告。开题报告的基本内容包括选题的目的和意义、文献综述（或国内外文献综述）、论文的写作提纲（具体到三级标题）和主要参考文献等。开题报告的字数不应少于 2000 字。

写作时间为大四上学期第十周到大四下学期第二周，安排给学生的写作时间应不少于十二周。写作期间，指导教师指导学生拟定论文写作计划和写作提纲，审阅论文初稿，指导学生完成论文写作。按照《管理办法》指导教师指导、答疑次数不应少于四次。学生在毕业论文写作期间，需要积极主动与指导教师联系，按照指导教师提出的各项修改意见和建议及时对毕业论文进行修改。

答辩开始前，各学院对学生的毕业论文进行学术不端行为检测（如表2）。这项工作通常在答辩前两周完成。文字复制比≤30%的，视为合格，准予参加答辩。30%<文字复制比<50%的，给予一次限期修改的机会，修改时间不少于 2 周。修改后经复检合格的，准予参加答辩。文字复制比≥50%以及根据前述规定限期修改后再次检测仍不合格的，必

---

① 选题库由各教研室（研究所）组织建设和更新。
② 特殊情况下经主管院长同意可适当放宽，但不得超过 15 人。

须延期答辩。

表 2　　毕业论文学术不端行为认定标准及处理结果

毕业论文初检文字复制比	认定和处理
文字复制比≤30%	视为合格，准予答辩
30%<文字复制比<50%	视为不合格，限期修改，时间不少于2周
	修改后复检，文字复制比≤30%，视为合格，准予答辩； 修改后复检，文字复制比>30%，延期答辩
文字复制比≥50%	视为不合格，延期答辩；重大修改，时间不少于4周
	修改后复检，文字复制比≤30%，视为合格，准予延期答辩； 修改后复检，文字复制比>30%，总评成绩为零分

学生的毕业论文通过学术不端行为检测，且指导教师评分及格，才可以参加答辩。在答辩环节，学生需要向答辩小组（通常为3人）报告毕业论文的主要内容、研究的主要方法和手段、所引用的文献资料及对毕业论文的自我评价。答辩小组在答辩时向学生质询与毕业论文有关的基础知识、基本方法，考察学生的综合能力。

（二）毕业论文写作的格式规范

本科生毕业论文的正文篇幅应不少于8000字。论文要具有一定的理论高度，表述较为严谨，论据可靠充分，具有新见解。论文严格按照《本科生毕业论文（设计）格式要求》及《本科生毕业论文写作格式范例》要求执行。《本科生毕业论文（设计）格式要求》中详细列明了"论文的装订要求及页面设置""本科毕业论文注释格式""图表格式"及"参考文献格式"等要求，还说明了摘要和关键词的作用，具体规定了摘要、关键词和正文的字体、字号、行间距和字数要求。

（三）与毕业论文相关的本科生写作课程协调性

在法学专业人才培养方案所设置的法学专业课程中，① 除了"毕业论

---

① 《西北政法大学本科各专业人才培养方案（2021级适用）》规定的法学专业人才培养方案中，法学专业课程设置的基本情况如下：必修课包括全校通识必修课22门和专业必修课25门；选修课包括全校通识选修课167门（人文科学类37门、社会科学类32门、管理科学类24门、自然科学技术与健康教育类41门、文学艺术类33门）和专业选修课111门；必修实践教学环节7门。

文"外，与之相关的写作课程主要有"法律文书写作"和"学年论文"。其中"法律文书写作"属于专业选修课，2个学分，开课学期在大三下学期；"学年论文"和"毕业论文"同属必修实践教学环节，2个学分，需要在大三上学期的课余时间完成。值得注意的是，根据《本科生学年论文（设计）管理办法》（2017年7月修订）第十一条和第十二条的规定，学年论文成绩不及格，未按规定要求与时间补做学年论文或学年论文经补做成绩仍不及格的学生，不能参加毕业论文的写作。

通过指导法科生撰写毕业论文，能够加深学生对前期理论知识的理解，提高逻辑思维、语言表达和文字写作的能力，培养学生查阅文献资料、调查研究的技能，使学生掌握使用工具书、操作计算机办公软件等基本技巧。

二 法科生毕业论文写作的问题及其原因

根据《培养方案》和《管理办法》，对本科生而言，无论是取得大学文凭的现实需求还是培养创新意识、提高写作能力的重要途径，毕业论文写作都是至关重要的。然而，从笔者实际指导的毕业论文质量情况看，学生在撰写毕业论文时仍存在不少问题。[①]

（一）法科毕业论文质量存在的现实问题

1. 论文选题不适当

选题是做好毕业论文的重要前提，是论文写作的关键。"题目选得适当与否，在很大程度上会影响论文的质量。"[②] 好的选题还能持续激发学生写作的动力，坚定论文写作的信心。在论文选题阶段存在的问题主要有：

第一，选题指南中的主题较为陈旧。毕业论文的选题来源通常是各学

---

① 也有其他学者表示目前随着法学教育规模急剧扩大，法学教育质量存在下降趋势。从学生培养角度看，一个突出的问题就是法科学生的专业功底不扎实，毕业论文写作质量下降。参见冯玉军《略论当前我国法学教育体制存在的问题》，《政法论丛》2014年第1期。

② 《中外法学》编辑部编：《经验与心得：法学论文指导与写作》，北京大学出版社2016年版，第155页。

院建立的适合本科生毕业论文的选题库,也可以由学生结合兴趣特点自主拟定。通过学院建立的毕业论文选题库选择主题的好处在于选题方向的正确性已经明确,学生只需在大的选题方向下扩张或限缩主题,可减少"大费周折"自拟选题实际却无研究意义的选题风险。但选题库选题的弊端在于,因题库更新不及时,题库的选题方向和当下的理论研究与实践发展相比存在滞后性。如 A[①] 法学院网站上公布的包括"宪法学部分""行政法学部分""行政诉讼法、行政程序法、外国行政法"三个方向的学生论文选题指南时间为 2015 年,距今已有近八年。在此期间,宪法学与行政法学领域涉及的立法修法情况较多,如我国宪法已于 2018 年修改;行政处罚法于 2017 年和 2021 年做了两次修改;行政许可法于 2019 年修正;行政复议法和行政诉讼法于 2017 年修正。但选题指南没能体现近年来宪法、行政法、行政诉讼法方面存在的大量理论与实践问题。随着 2016 年来国家监察体制改革的深化,国家权力配置发生重要调整。2018 年 4 月,A 法学院在全国率先成立监察法教研室,建设纪检监察学科。学院开设了监察法学和党内法规学等课程。但在论文选题方面,学院公布的指南中并未及时增加监察法方向的论文选题。如果学生缺乏对国家监察立法实践的密切关注,或者没有指导教师在学生论文选题环节加以引导,学生很难通过目前的选题库获取监察法学相关的主题方向。

当然,学生也可结合自己的兴趣选择毕业论文的选题。实际上,如果学生在日常学习中是"有心人",便能在学习和观察中发现新颖、前沿的论文选题。如笔者指导的学生论文中,有关注个人生物信息保护问题的,还有关注自媒体时代下的网络言论自由权的。这些选题本身并不是选题指南明确列明的,但恰恰又都是当下社会存在的、亟待关注的现实问题。笔者认为,对于本科生而言,能用所学的专业知识观察、解释、分析当下社会热点问题,要远比研究某一学理概念、进行制度比较更有意义,至少选题是学生自己感兴趣的。但事实上,选题阶段真正能够结合自身兴趣自主拟定主题的学生还是少数。大部分学生仍要依赖既有的选题指南拟定论文选题。

第二,学生拟定的论文选题较为宽泛,问题意识不足。论文选题可大可小。但对本科生而言,"小切口大问题"仍应是选题方向的首选。而在

---

① 为表述方便,本文以字母替代具体学院及其文件。

写作初期，学生拟定的论文题目通常较为宽泛。甚至在毕业论文撰写过程中部分学生对自己所要研究的内容都没有清晰认识。在笔者指导的毕业论文中，学生定稿时确定的毕业论文答辩题目和最初在导师分配环节中提交的论文题目几乎都有差异。小的改动可能在研究主题的表达精确性或者题目各主题词间的结构调整。大的改动则可能是选题方向的变更。以A学院2021届本科毕业论文为例（如图1），在182个定稿的毕业论文题目中，除了2个没有原始题目的论文外，仅有18个论文题目与选题阶段的题目大体一致；有28个论文题目仅在原有题目基础上作了微调。无变化和作微调的比例占所有毕业论文的25%。大部分毕业论文题目要么是在原有选题方向基础上进行了必要的限缩，要么直接换题。其中通过添加副标题或其他形式对标题限缩的比例占32%，42%的学生则直接换题。

如a学生的论文初始标题为"行政征收研究"，经指导老师修改后的标题为"农地征收补偿标准的问题及对策"。b学生将标题初拟为"突发公共卫生事件应急处置与依法行政"，经指导老师指导，修改为"突发公共卫生事件中的紧急征用规则及完善探究——以云南大理征用口罩事件为例"。还有些学生直接将现有的选题做了大方向的调整。如c学生最初拟写题为"高校办学自主权的法律边界"的论文，后转为研究"疫情之下网络舆情的防控与治理"。

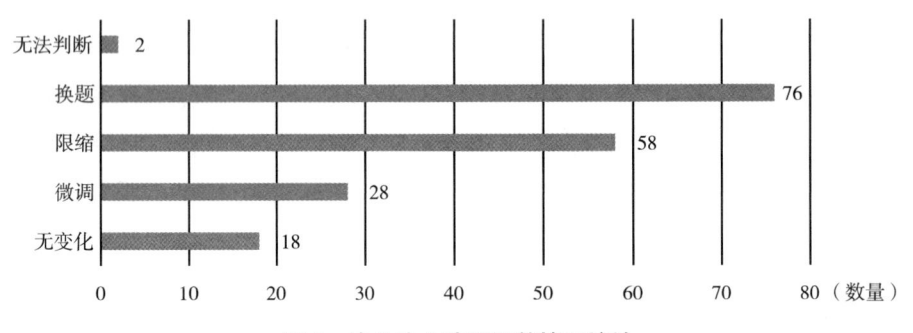

图1 毕业论文选题调整情况统计

2. 开题报告的定位不清

论文主题选的好不好，论文最终会呈现怎样的面貌，开题报告可谓是承上启下的重要环节。在笔者指导学生的论文写作过程中发现开题阶段主要存在的问题有：

第一，未认识到开题报告和论文写作之间的关系。开题报告是论文写作的前提和基础。开题报告所包括的选题确定、研究综述、研究价值、参考文献等内容都可以成为学位论文的组成部分。可以说，开题报告的完成度会直接决定学生论文写作的质量。但现实是，大部分同学并不重视开题报告写作，实践中甚至经常出现"先有论文，后有开题报告"的情况，只有在提交毕业论文之时，才会重新整理开题报告。这一方面是因为，学年论文训练阶段并不要求有开题报告，大部分同学都是在老师指定了论文题目后，直接开始写作。而进入大四上半学期应提交开题报告时，又会因为与法考、考研等时间冲突，拖延开题报告或"应付"开题报告。因此，开题报告并未对正式的论文写作发挥实质性功效，反而成为形式化的要件。

第二，开题报告所呈现的文献综述不全面、不具权威性。学生在撰写开题报告时，不会写研究综述，找不到本学科或本主题的核心文献。实际上，资料习惯上被分成三级：第一级资料是"原始"资料，用于提供"原始数据"或证据，第二级资料是以第一级资料为基础的书籍、文章和报告，第三级资料是在综述了第二级资料后为大众读者而写的，如教科书、百科全书和大众杂志中的文章。① 而大部分论文均以第二级或第三级资料为主要依据。即使对于一些选题新颖，具有实证研究价值的论文，学生也较少主动获取第一手数据或经验材料，鲜有开展实质性的研究。事实上，与其他学科相比，就法科论文写作而言，无论是在选题、论证还是资料获取方面都有获取第一级资料的便利途径。例如，中国裁判文书网、中国庭审公开网和12309中国检察网等平台，都公开了大量可作为第一级资料的案例、数据。在笔者所作的论文写作调查问卷中，② 关于学生论文写作时收集材料的主要方式，③ 上网"百度"最普遍（如图2）。

而具体到研究领域的文献类型，学生撰写开题报告所阅读的文献通常没有囊括选题相关的专著和译著。大部分学生只是通过"中国知网"检

---

① 参见 [美] 韦恩·C. 布斯等《研究是一门艺术：撰写学位论文、调查报告、学术著作的权威指南》（第4版），何卫宁译，新华出版社2021年版，第67—68页。

② 2022年6月21日，笔者组织了关于论文写作的问卷调查。此次调查的对象为西北政法大学法学专业的大一、大二、大三的部分本科生，共随机发放问卷48份，回收问卷47份，有效问卷为47份。问卷的有效回收率为97.92%。

③ 本题设置为多项选择题。

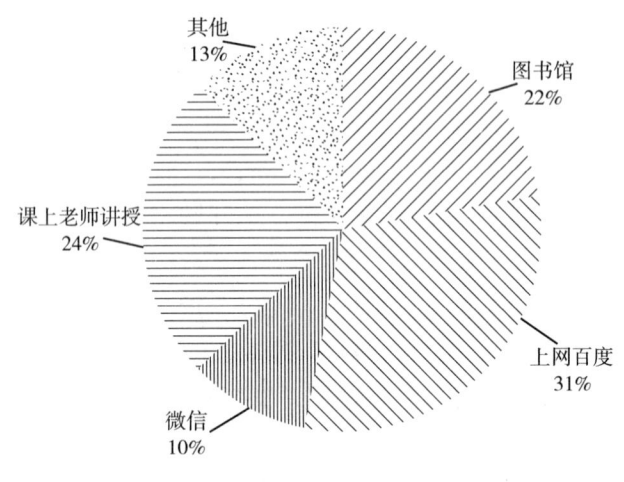

图2 收集材料（%）的占比

索标题，在没有辨别和筛选的情况下，简单将部分期刊甚至是没有任何学术价值的"负面清单"期刊中的内容纳入参考文献范畴，缺乏对相关选题的名家名篇和其他权威性文献资料的阅读。还有相当一部分学生"热衷于"将硕士论文作为自己研究综述的重要参考文献。总体而言，学生缺乏对文献材料的"鉴赏"能力。能够识别、阅读外文文献资料的学生，更是寥寥无几。

第三，学生没有掌握撰写论文的基本行文方法。研究方法是进行学术研究和论文写作的重要途径。但学生对研究方法似乎并不了解，甚至在开题报告的撰写中常常对论文采用的研究方法"避而不谈"。部分学生撰写的论文要么如同政策文件，要么与其他非法学专业论文没有区别，不能凸显法学专业的基本特点。换句话说，部分指导对象还没有掌握，或者没有有意识地运用法教义学研究方法展开写作，不清楚如何围绕文本展开教义学层面的规范分析。据笔者观察，开题报告中列举法、比较研究法、文献阅读法是学生常用的"研究方法"。且不说学生是否在研究过程中真的采用了这些研究方法，其表述是否正确本身就是存疑的。

第四，论文写作提纲不具体。论文的写作提纲是正式论文写作阶段的前提，也是构建、理顺文章架构和写作思路的基础。学生撰写的论文提纲如能围绕"一个主题、一个逻辑、一个思路"，就能把本科毕业论文完成得不错。故而，写作提纲的完成情况反映了学生对所写论文的初步构想。写作提纲越细致，说明学生对论文的思考相对越成熟，也会达到事半功倍的效果。根据学校的规范，开题报告要求论文的写作提纲应细化到三级标题。而因为前期文献阅读不足，学生在撰写论文开题报告时常常不知如何搭建论文写作提纲。因此，论文框架最终只能呈现到二级标题，甚至只有一级标题。

当然，与前述问题相比，最令人担忧的是个别学生违反学术规范，直接将相关主题的期刊论文和硕士论文框架抄写下来作为自己的论文写作提纲使用。

3. 论证说理缺失，谋篇布局意识不够

一篇好的毕业论文除了要有好的选题和论文框架外，还要在论证说理和谋篇布局上下功夫。[①] 但在实际的论文写作实践中，常常会出现以下问题：

第一，力求多点开花，但是重点不突出。本科阶段的毕业论文不同于硕士论文甚至博士论文。硕士论文更系统、更全面。硕士论文架构会涉及选题相关的基础理论，域外制度比较，相关问题的原因分析和解决对策。而对本科生而言，如能在论文中把问题理顺、原因剖析清楚就足够了。然而，据笔者观察，初学者通常以"大而全"的铺陈，试图论证文章的中心论点。

第二，缺乏必要论证，文章没有说服力。论文的体裁终究是议论文，要有论点、论据和论证的过程。充分有力的论证是连接论点和论据的纽带。而在笔者的指导实践中发现，指导对象常常存在"言而无据"的情况。如一指导对象写我国城市化进程中的农民社会平等权问题，其指出，"据了解，城镇居民的医疗保险基本达到全覆盖，而且报销比例大，但农民医疗保险的覆盖率相对较低，依然有很多农民因为无法支付高昂的医疗费而离世。"医疗资源确实存在配置不均等的问题，但由就医保障不足直接导致死亡的结论则有些武断。因缺少必要的数据支撑或者典型案例等客观事实，使得文章表述不严谨，没有足够的说服力。

4. 格式规范

毕业论文的撰写说到底是一种基础的学术训练，首先应文理通顺，书写整洁，格式规范，符合基本的形式规范要求。西北政法大学特此规定了本科毕业论文（设计）格式要求，统一规范学生在撰写毕业论文时可能

[①] 参见何海波《法学论文写作》，北京大学出版社2014年版，第112—176页。

存在的形式问题。但在统一规范的前提下，指导对象提交的毕业论文仍存在以下问题。

第一，对学术论文的构成没有清晰认识。学生对一篇结构完整的学术论文没有明确的认知，甚至不知道学位论文或学术论文应由哪些基本要素构成。这就导致部分学生提交的论文在形式上不符合规范要求。例如，有的论文初稿没有摘要、关键词，甚至全文没有注释；还有部分论文没有结论、参考文献。由于不知道论文应有哪些基本构成要素，也缺乏论文写作课程的指引，大部分指导对象的论文在结构上缺乏逻辑性，在写作形式上缺乏规范性。事实上，对于本科生论文写作训练而言，规范性应大于实质性，形式逻辑重于观点的合理性。如若缺乏必要的规范训练就无法培养法科生写作的规范意识和逻辑思维，亦不利于学生日后在工作中的司法文书写作。

第二，标题、摘要和关键词不规范。标题是论文的眼睛，是最为直接有效传递论文中心主旨的内容，理应得到重视；而摘要和关键词更会反映论文的核心观点，是检索收集论文的直接信息。上述要素都是一篇学术文章所应具有的基础性内容。学生在没有经过系统有效的论文写作训练下，在标题、关键词和摘要的写作中，常会出现以下问题：一是不够重视论文中的标题、摘要和关键词。学生通常没有认识到三者之于论文的重要性。二是无法精准凝练概括出标题、摘要和关键词。部分论文标题无法反映文章的核心思想，甚至表述都存在明显错误。部分论文摘要无法全面囊括论文观点，不能独立成文，很难准确表达论文的中心主题。在关键词的选用上，法科生论文存在的通病在于，随意搭配关键词，不注重关键词对于论文核心观点的标识性。三是英文摘要的翻译不规范。因为大部分论文的中文表述尚不规范，更遑论将其翻译为英文。

第三，论文注释格式和参考文献格式相互混淆。按照本科毕业论文格式规范的说明，注释应当是对论文中直接引用或者间接引用他人成果的标注，也用于详细说明正文中的某一具体问题。而参考文献是作者写作时所参考的文献书目。无论是使用方式、编号形式还是书写规范，注释和参考文献均不相同。而学生在写作过程中经常将注释和参考文献混同。更有甚者，在一篇规定在8000字以上的论文中不标注任何文献来源和出处，也不对文中引用的他人观点进行说明。

(二) 法科毕业论文质量存在问题的原因

1. 毕业论文指导机制难以落实

指导教师有责任指导学生拟定论文写作计划，指导学生完成论文写作。在毕业论文指导期间，指导教师通常会结合指导对象的论文写作进度，和同期毕业计划等实际情况，随时调整指导计划。根据《管理办法》，论文写作从选题、开题到写作自大四上学期开始一直持续到大四下学期第十周，共计约十六周的时间。然而，根据论文指导的现实看，指导计划落实情况并不尽如人意。指导对象真正投入论文写作的时间恐怕远没有《管理办法》拟定的时间长。基于指导对象一般为大学四年级本科生的实际情况，学生一般要在大四学期上半年准备国考、考研和出国；加上指导对象所学专业为法学，通常还要准备号称"中国第一考"的法考。面对日益严峻的就业形势和日趋激烈的竞争压力，毕业论文写作与指导相较于这些决定学生前途命运的"大考"，显然"不值一提"。能全身心投入毕业论文写作的学生寥寥无几。以笔者三年指导的7位指导对象情况看，指导当年除了1人打算直接就业外，其余6人皆选择考研。且在指导初期的沟通中，选择考研的指导对象皆希望笔者给予其充分的复习时间，待研究生入学统一招生笔试结束后再进行毕业论文的写作。这就导致在指导计划拟定过程中，笔者需兼顾指导对象的意愿，将指导计划中的第七学期第四周至第十六周时间尽量留给指导对象复习升学、就业考试。按学校规定原本不少于4次的论文指导次数很大程度上也因为学生撰写论文的时间被其他备考时间占据而大大缩水。论文指导当然需要指导教师提供必要的论文指导建议，但富有实效的论文指导还需要指导对象的配合。繁重的升学就业压力使学生没有足够的精力完成毕业论文，即便指导教师给出指导意见，指导对象敷衍了事的心态也常导致毕业论文的修改无法达到指导教师的要求，失去了实质指导价值。

2. 线上指导方式难以实现指导效果

根据指导方式的载体不同，指导教师指导学生的方式包括线下的面对面指导，线上的电子邮件指导、微信指导和通过腾讯会议等远程视频指导。而在笔者看来，相较于线上的几种指导方式，线下的面对面指导无疑是最优的指导方式。① 学生在论文写作中涉及的论文写作基本要求和规范，有必要通过线下授课加以系统指导。同时，通过面对面的交流，指导教师能够直观捕捉学生的状态，包括学生对论文主题的把握程度以及学生自身的情绪和心理动态，在即时的"讲—问—答"的过程中加强师生交流，提高论文指导效率。基于2023年之前，笔者对学生的面对面论文指导因各种"不可抗力"被迫改为线上指导。虽然线上指导不受时间和地点限制，可以采取更灵活的方式，提高论文的指导频次，但不可否认的是从指导效果看，大部分的线上指导方式难以实现"认知在场、社交在场和教学在场"② 三者的有效结合，论文指导的效果大打折扣。

3. 创设毕业论文（设计）实践环节的目标存在偏差

毕业论文写作训练的目标除了要求学生提交一篇形式规范、逻辑完整、言之有物的论文外，应当能在撰写毕业论文过程中体现其一系列的综合能力与研究水平。这里的综合能力与研究水平主要包括写作能力和学术能力两方面。写作能力主要指撰写论文的书写能力；学术能力主要指撰写论文过程中体现的研究能力，更强调论文的学理性、学术性与创新性，能通过严格遵守学术规范得出学术结论的能力。然而，在服务于新时代社会发展的目标下，法学教育的人才培养更应当重新思考，如何解决我国法学教育所面临的突出矛盾。③ 与法律实务部门重视法律技术、法律技能的训练相比，法学院更希望法科学生接受精深的法学理论和法律精神的教育，接受系统的法律知识，为未来的法律职业或法律工作奠定良好的基础。④ 而在与职业教育的罅隙之间，法学教育中的法科论文写作又应承载

---

① 有学者调研发现在当面指导、电话指导、邮件指导、QQ或微信指导以及其他指导方式中，当面指导评价最高。参见管华、何晓琴《法学本科生学年论文写作调查》，载黄进主编《中国法学教育研究》（2015年第3辑），中国政法大学出版社2015年版，第72页。

② See D. Randy Garrison, Terry Anderson, Walter Archer, "Critical Inquiry in a Text-Based Environment: Computer Conferencing in Higher Education", Vol. 2, *The Internet and Higher Education*, 2-3, 2000, pp. 87-105.

③ 张文显教授在"教育部高等学校法学学科教育指导委员会和中国法学会法学教育研究会年会"上所作的闭幕词中谈到，中国法学教育面临三大矛盾，一是规模与质量的矛盾，二是社会对高级法律人才需求与学校培养能力不足的矛盾，三是法学中的素质教育与职业教育的矛盾。参见张文显《张文显法学文选》（第10卷 法学教育），法律出版社2011年版，第33—35页。

④ 参见张文显《张文显法学文选》（第10卷 法学教育），法律出版社2011年版，第34页。

怎样的培养目标？论文写作的目的究竟是什么，定位是什么？法科论文写作的目标当然是锻炼学生的写作能力，培养学生的法学思维。但在不同的发展路径下，能否有效区分法学研究和实务部门所需要的写作目标？能否针对不同的职业发展对象设计出不同的毕业论文（设计）实践环节目标？

三　提升法科生毕业论文质量的路径

"新文科的最大特点是文理交叉，法学教育方面也要学会运用现代的科学技术。"[①] "继承与创新、交叉与融合、协同与共享"，[②] 在新文科建设背景下，如何在传统研究范式转变的情况下，有效利用大数据采集和处理技术提高法科生毕业论文质量变成了亟待解决的问题，也成为高校新文科建设需要迎接的挑战。

（一）目标区分式写作：针对不同法科生论文写作规范和指导的分类培养目标

新文科建设要求法学教育以社会需求为导向，强调人才培养在社会实践与理论教学的深度融合。[③] 结合就业去向的实际，法学高等教育的毕业去向主要包括两种，一种是继续从事学术研究，也就是进入研究生阶段继续深造的学生，这部分学生通常将继续深入进行法学学术研究领域；另一种是直接从事法律实务工作实践的学生，这部分学生通常会直接接触法律实务操作，如从事律师、法官、检察官、法律顾问等工作。《关于加强新时代法学教育和法学理论研究的意见》指出，"健全法学教学体系"要"适应多层次多领域法治人才需求，扶持发展法律职业教育，夯实法学本科教育，提升法学研究生教育"。针对两种不同的职业发展目标，有必要在法学毕业论文写作中区分不同面向的论文写作目标，即面向理论研究的学术规范写作和面向司法实务的论文写作。前者以提升学生法学思维、写

[①] 徐显明：《高等教育新时代与卓越法治人才培养》，《中国大学教学》2019年第10期。
[②] 参见王铭玉、张涛《高校"新文科"建设：概念与行动》，《中国社会科学报》2019年3月21日第4版。
[③] 参见刘艳红《从学科交叉到交叉学科：法学教育的新文科发展之路》，《中国高教研究》2022年第10期；杨雅妮《新文科建设背景下法学教育的变革》，《新文科教育研究》2021年第2期。

作能力为目标，后者以学生和现实需求为基本，建立多层级的毕业论文设计。现实中，毕业论文实践环节与毕业生毕业去向之间存在张力。其一，研究生阶段对学生进行理论探索和研究的要求更高，需要其具备独立研究的基础能力，本科毕业论文的写作训练恰恰是培养研究、写作能力的重要时期。但大四考研的学生主要将精力和时间都投入了考研复习应试上，忽视了本科阶段最重要的学术论文写作训练。其二，现有的毕业论文实践培养目标与部分学生选择从事实务工作的实践要求不符。如在从事法律实务中法科生更需要学会如何撰写起诉书、答辩状、检察意见等具体实务文书，掌握基本的法律文书撰写技巧。对于准确发现法律问题、事实问题、如何在事实问题中发现法律问题更是法科生应当具备的基础能力。对于这类发展方向的学生而言，毕业论文写作所要求的正确撰写注释和参考文献，撰写摘要和关键词又是否必要？在一定程度上，将实务中说理论证的逻辑与法律文书写作结合起来，设立多层级的毕业论文（设计）类型对缓解高校培养目标与用人单位现实需求之间的矛盾，弥补法律实务在职业实践上的能力欠缺将有所帮助。

（二）新文科的融合发展要求：运用交叉学科和信息化研究方法提升法科生论文写作能力

新文科是国家为了使学科建设适应新时代发展而提出的新要求。[1] 其具有的本土性、开放性和技术性三重属性要求法学教育中的论文写作质量提升也应当聚焦于方法的转型创新。[2] 对法学教育而言，新文科提倡在研究方法上，运用包括法学在内的社会科学知识，鼓励不同学科之间的交叉融合，加强不同学科知识的对话和沟通，观察和思考法学问题的中国实践，提出不同的解读视角和更深层次的质疑。例如，部分法科论文已在尝试使用相对开放、包容的实证研究方法，探索法学研究的新路径。这也对指导教师提出了新的挑战。因而必须要在新文科背景下，秉持更为开放的

---

[1] 参见黄锡生、王中政《新文科与法学教育的现代化转型》，《法学教育研究》2022 年第 1 期。

[2] 参见黄锡生、王中政《新文科与法学教育的现代化转型》，《法学教育研究》2022 年第 1 期。有学者指出，对于高等院校而言，新文科建设的科研转型提升，应重点聚焦于科研模式创新、评价体系创新、方法转型创新以及学术话语创新。参见宋继伟、刘颖《新文科建设背景下人文社会科学研究转型提升之路径探索》，《贵州师范大学学报》（社会科学版）2022 年第 2 期。

研究态度，扩展传统法学研究方法。① 在研究工具上，利用各种电子文献资源和数据库，教授资源发现和文献信息分析等专业性知识，通过实际操作，培养学生获取信息资源、有效利用数据资源分析问题的能力。教育机构应建立完善的人工智能校对系统，解决对论文查重、语法校对、检验论文形式的规范问题。

（三）"解剖麻雀式指导"：以学生为主导的诊所式论文写作培养机制

构建以培养学生写作能力的论文写作培养机制对培养学生论文写作的学术思维和规范意识，促进学生对知识的体系性思考，提高学生的学术研究水平，增强职业技能至关重要。无论是论文选题、开题、论证、布局还是格式规范，仅仅依靠高中的写作训练来实现学生在法学高等教育写作水平的要求是不可能的。利用大数据带来的便利，提升学生自主获取学术资源和写作技能，发挥资源检索和论文写作的能力在训练学生逻辑思维和应用表达方面的作用是极为重要的。在笔者关于论文写作的调查问卷中，有95.7%的同学表示有必要开设法科生学位论文写作的训练课程。

具体而言，在对写作训练课程中比较重要的教学环节调研中（如图3），42.5%的学生认为老师逐篇指导论文的环节比较重要，25.5%的学生认为自己亲手撰写一篇论文比较重要，还有14.9%的学生认为应当邀请专业编辑老师进行指导。而认为课程中由授课教师单纯讲授写作技巧、学生彼此研讨对方论文的环节比较重要的学生占比分别为12.8%和4.3%。由此可知，法学高等教育中，论文写作训练是极为必要的。学生渴望老师逐篇指导论文，并且有必要通过自己撰写论文的实操环节检验学习效果。

法学论文写作是所有法律写作的基础。资源检索和在此基础之上的论文写作也是法学训练培养的基本能力。无论是毕业论文还是律师职业的法律意见、法官判案的司法判决，甚至是出国读书的申请材料，都需要写作表达的基本功。文献检索和法学论文写作是国外法学院普遍开设的基本课程。国内法学教育中却缺少了这一部分。实际上通过介绍学生所需要撰写的论文类型，具体介绍论文写作的要素和各种写作技巧，指导学生如何更

---

① 参见杨帆《法科学生从事实证研究应该注意的几个问题》，《法学教育研究》2021年第3期。

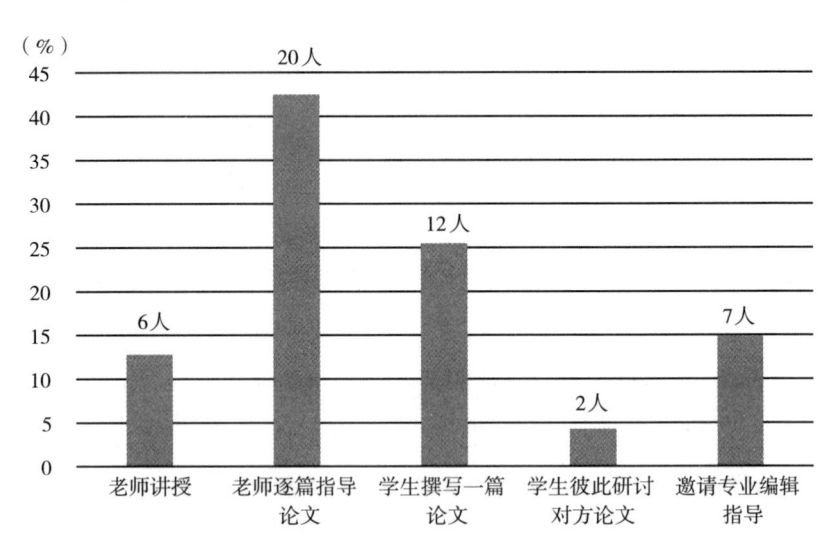

图3 写作课程指导中最重要的是什么？

加精准地收集资料，以及在论文准备阶段和撰写当中所必备的调查研究方法可以帮助学生系统了解和学习资料检索和法学论文写作。以笔者的指导实践看，撰写论文过程中，指导对象普遍缺乏系统的资料识别、学术写作及其规范训练，法科论文写作形式化、被动性特征明显。与之相对，搭建以学生为主导的诊所式论文写作训练课程，一方面能够加强论文写作的规范训练，另一方面也能鼓励学生多读多写。

根据学生提供的论文进行"麻雀式解剖"，开展包括开题报告在内的法学学术论文写作指导，增强学生在写作中的问题意识和规范意识，引导学生认识到写作表达的重要性。[①] 第一，在论文选题中，从小处着手，避免过于宽泛、概括和抽象的论文主题。第二，培养学生在论文写作中树立规范意识，具体包括三个维度：一是逻辑层面，主要指论文结构的逻辑层次，句词之间的逻辑关系。二是方法层面，主要指具体采用的写作方法、研究路径和分析架构。三是形式层面，主要指论文写作应当符合基本的学

[①] 部分高校已经投入诊所式论文写作训练的实践，如吉林大学法学院于2016年底开始不定期举行"诊所式论文写作沙龙"，意在为学生提供包括论文写作理论基础、逻辑思维和语言表达等内容的训练平台。参见《大成公法论坛（第9期）（总第26期）："诊所式论文写作沙龙（1）"顺利举办》，资料来源于吉林大学法学院官网：http://law.jlu.edu.cn/info/1082/2128.htm，最后访问时间：2023年2月5日。

术伦理和形式规范。

（四）教育督导评估监测视角：从结果到过程监督路径

2021年教育部出台的《本科毕业论文（设计）抽检办法（试行）》（以下简称《办法》），要求每年对本科毕业论文抽检，保证本科人才培养基本质量。抽检结果是本科教育教学评估、一流本科专业建设、本科专业认证以及专业建设经费投入等教育资源配置的重要参考依据。《办法》要求对选题意义、写作安排、逻辑构建、专业能力和学术规范作为考察重点。以"结果"为导向的毕业论文教育督导评估监测，虽然使论文抽检结果成为各种考评的重要根据，但也要考虑到论文写作教育教学的一般发展规律。实际上，从选题、开题到写作过程和答辩各环节都应当纳入论文写作督导评估的日常监测范围。论文督导评估监测由结果导向转为过程导向，建立对毕业论文指导和写作工作的全方位监督体系，形成论文开题—论文写作—论文答辩—学术规范四环节的论文督导评价清单，科学量化论文教育督导评价监测指标，在论文写作与指导中及时发现问题、解决问题。

四　余论

本文所发现的问题及其原因既具有普遍性也具有地方性，就新文科背景下如何提高法科生的毕业论文质量，乃至构建以写作为核心的法学思维训练和教学改革，如下问题仍需要持续思考：一是如何衔接法学论文写作与法律职业能力之间的关系。身处于"琳琅满目"的法学课程中，法科学生可能意识不到论文写作、司法文书写作等相对"边缘"课程对于自己司法职业能力塑造、学术能力培养的重要性，因而大部分学生只有在步入职业共同体内时，才会感到将法学思维转变为各类文字的艰难。因此，法学教育与法律职业能力脱节是制约法科生毕业论文写作能力和写作质量提升的背景因素。二是如何将新文科的教学要求和教学方法深度融入法学论文写作课程建设之中，诸如新文科所要求的交叉学科、信息化建设与法学论文写作中选题、研究方法、写作规范、技术监督等如何衔接、交融和创新，仍是需要回答的问题。本文所做的尝试也仅是从当下法科生论文写作的现实问题、理念更新和改进方案入手，从理念上接近新文科所要求的教育范式转化，但在研究方法交叉性、制度衔接性和技术应用性上还需持续关注新的规范和实践。

诚然，法科生毕业论文质量是新文科背景下法学教育质量的重要体现。相较于专业课程教授的法学知识，法学论文写作同样是一个重要的法学训练过程。各高校的教学培养过程中，除了向学生传承知识，还要重视学生法学论文写作的系统性训练。掌握论文写作的规范和方法，既是完成合格学位论文的必备条件，也是今后从事法律实务工作的有益帮手；对于从事法律研究工作而言，更是不可缺少的学术训练。当然本科毕业论文质量的提升需要指导教师系统讲授、悉心指导，需要学生主动学习、脚踏实地，还需要教育部门全方位的评价监督。新文科建设要求法学教育特别是实践环节的教育手段和教育方法进行转型，于教师、学生、教育部门而言，都任重道远。

Problems, Methods and Paths of Law Students' Graduation Thesis Writing under the New Liberal Arts: Reflections Based on Empirical Materials

Xu Cong

Abstract: The ability of graduation thesis writing is an important training goal of law education under the new liberal arts, and it is also the basic quality that law students must have. Empirical materials of current law students show that there are still problems in the topic selection, proposal and writing of the thesis. This is not only the dilemma that the graduation thesis guidance mechanism is difficult to implement, but also the factors of teachers'guidance methods and their effects, and it is also a reflection of the disconnect between the teaching objectives of graduation thesis (design) and the needs of judicial practice. The construction of new liberal arts emphasizes the interdisciplinary integration and innovation of traditional liberal arts construction models and research paradigm. We should distinguish the career development goals and establish the classified training goals for different law students' thesis writing standards and guidance; combined with the requirements of the new liberal arts, use interdisciplinary and informatized research methods to improve the thesis writing ability of law students; "Sparrow Anatomy", construct a student-led clinic - style thesis writing training mechanism; transform the perspective of education supervision and evaluation monitoring, and explore the path of process-oriented supervision.

Keywords: thesis writing; new liberal arts; law education; writing ability for law students; literature search

法科研究生项目驱动培养模式创新*

董青梅**

摘　要： 研究新文科背景下项目驱动的硕士研究生培养模式变革问题，以西北政法大学与诸暨市的"枫桥经验"项目为例展开实证研究，研究其资源配置、知识生产、学术与政策的互动，以及由此引发的研究生培养模式变革。探讨基于成果导向的项目驱动方式下法学研究生培养中的学习力提升、多层面互动的知识链条、学术与实践互动、尊重与合力等独到的创新，推动总结法治本土经验，推动建构中国自主法学体系，服务教育行政部门、国家治理的决策。

关键词： 研究生；项目制；成果导向；培养模式

依托"枫桥经验"与社会治理研究院等，西北政法大学汪世荣教授主持的"基于'枫桥经验'研究的法科研究生创新能力培养模式探索与实践"，入选2022年高等教育（研究生）国家级教学成果奖推荐成果。该成果系教学团队十七年来寒暑假期导师和研究生共同调研、讨论、阅读、交流、写作，研究生从整理资料入手并写出初稿，导师完善、修改、理论提升，师生导学共进，在实践基础上建构新的知识创新与人才培养模式。在探索中，实现了"教学—研究—服务"等三种大学的价值，服务于国家治理的需要，成为中国社会治理知识的总结者、提炼者，并走在全国前列。[①] 本文通过对该教学成果的生发生长的背景、做法、借鉴与创新等进行分析，认为该项改革实践

---

* 基金项目：西北政法大学教学改革研究项目"项目驱动方式下非全日制硕士研究生培养模式研究"（项目编号：XJYY202202），陕西省"三秦学者"支持计划"西北政法大学基层社会法律治理研究创新团队"项目。

** 董青梅，西北政法大学法治学院副教授，法学硕士，研究方向：法理学。

① "对新时代'枫桥经验'的理论阐释做出了非常重要的贡献，在此方面的研究已然走在全国前列。"习近平法治思想与新时代"枫桥经验"基本理论问题学术研讨会顺利召开，（2020-11-29），https://mp.weixin.qq.com/s/r3xVMZfsPhL1yR3NLQHXVQ。

与国家"构建起具有鲜明中国特色的法学学科体系、学术体系、话语体系"的目标高度契合。① 基于此，本文试图凝练该成果基于项目式驱动的法科研究生模式创新经验与成就，从而服务法学教育的中国本土学科、学术与话语体系建设。

一 法科研究生培养的突出问题

西北政法大学对诸暨市"枫桥经验"的研究，始于该团队走出象牙塔，走访、调研浙江诸暨市的"枫桥经验"，是一种"入世式学术"的践行②。入世式学术有助于生产来自实践、接地气的实践学术型知识，是生产本土知识的一种建设性通道和方法。③ "枫桥经验"研究团队从2006年就开始与诸暨市合作，历经十七年的持续调研、提炼、总结等，展现了中国江南区域治理的本土制度知识图谱，也是弥补法学教育方法不足的一条南北交流、学习、沟通的途径。法学入世学术，源于对传统法学研究生培养中存在的一些突出问题的破解。

（一）法科研究生教育偏重强调法学高深学问

法科研究生培养普遍偏重以学科窄细和精深为特征的学术专业训练，侧重象牙塔内的学术型理论知识和高深学问的传承，对以问题逻辑组织的培养方式重视不够。高深学问发源于中世纪大学，立足于哲学、逻辑学、修辞学等人文学科基础上，其学术兴趣在于对知识、德性、美好生活理想的追寻，这种特殊而非凡的理论能力，具有将深奥的知识进行转换，形成处理法律世界之难题的学说、原理、概念、方法等特有的法学知识形态。然而，学术是一种公器和社会事业，肩负引领社会健康发展的重大责任，转向解决社会文化、科技发展中的瓶颈问题，对社会重大问题予以回应。传统法学教育偏重强调法学高深学问，难以回应这些问题的解决。在

---

① 《关于加强新时代法学教育和法学理论研究的意见》要求"构建起具有鲜明中国特色的法学学科体系、学术体系、话语体系"。

② "入世式学术"（engaged scholarship）倡导研究者在研究过程中要保持与实践者、多学科学者、政策制定者等多元利益相关者的密切联系，以回应和解决现实复杂问题。

③ 参见武亚军、葛明磊《以史为镜，吾道不孤——"入世式学术"生产本土管理知识的回顾与前瞻》，《外国经济与管理》2020年第8期。

"枫桥经验"项目研习这样一种合作模式中,学生论文的选题来源于政府、企业运转中有待于研究、解决的问题,学生将得到大学学术界、政企实务界导师双重指导的机会,既纠偏学术界导师脱离本土国情的理论空化,又能防止实务界功利主义目的下的价值极偏。

(二) 法科研究生教育关照社会复杂问题不足

法科研究生科研创新能力培养中,存在理论与实践、科研与教学、法学教育与司法实践之间缺乏有效的科研合作的问题。作为快速转型中的大国面临的问题尤其复杂,面对复杂的现实情景,需要多学科知识、理论和方法。数字科技的发展、产业结构的变化、国家整体的规划,都超前于研究生教育调整的步伐。研究生教育是培养创造性人才的过程,面对与未来时代的张力,实践充满复杂性和各种发展可能性,不能脱离实践盲目接受知识。而传统的法科研究生教育则以偏重理论和教学模式相对封闭而远离这些复杂性与可能性。而通过项目育人则有利于培养研究生勇于实践,善于发现问题、解决问题的能力。在学科与现实问题的互动中,以学科交互与融合应对复杂问题,激发研究生论文选题,推动对复杂政策、问题的深入思考和研究。高校通过一套成熟、完备的课程体系和研究指导,政企协同进行项目攻克的过程也是高校培养人才科研创新能力的赋能过程。

(三) 法科研究生教育远离实践型知识生产方式

传统教学模式中,法科研究生了解社会、参与实践训练的机会不多,学校和社会给学生提供科研活动的资源不够充足,平台建设存在一定的短板。除了导师指导学生写作、发表论文,研究生实地观摩、考察、社会调查、访谈等活动不足,参与式、体验式等对学生个体化、有针对性的科研训练和指导也不足。体现法科研究生培养效果的高质量学位论文较少,学位论文的质量与研究生培养方案要求的规格标准存在差距。学位论文选题缺乏现实针对性,对数据、案例等实证资料运用不够,不能解答时代问题,没有问题的研究是无病呻吟,是学风与研究的致命伤,因而就无法找到并掌握解决问题的钥匙。以上种种都说明法科研究生教育严重脱离实践型知识生产方式,从而严重制约了其培养质量。

总而言之,传统教育模式中,研究生培养在"教学—研究—服务"

三种价值上还没有很好地得以整合，尚未与实务界建立良好的信息交换通道、形成良性互动与对话机制。社会发展需要的法律专门人才，高等学校在教学实践基地、经费与实务界司法案例学习与研究等方面都存在着一定的不足。法学研究生教育亟待改革，以通过高等法科院校与不同层级、不同地区的司法实务部门的合作，把法科院校的丰富多智的理论优势和司法实践具有的丰富经验优势结合起来，培养能够以问题为导向运用理论知识解决现实问题的高层次法律应用型人才，形成沟通理论界与实务界的科研成果，为法学理论增添司法实践的素材、数据和经验，为司法实务界提供解决问题的理论智慧、对策建议和可行方法。

二 "枫桥经验"项目式研究生培养模式的特点

在"枫桥经验"项目研习教学中，项目驱动的法科研究生培养有助于资源配置的优化和本土化知识生产。法科研究生创新能力培养需要依托现实情境和问题，培养基本环节包括文化认同、人格塑造、专业知识学习、思维提升、资源利用、成果产出和转化等，在基层真实、丰富、复杂的法治实践中研究真问题，更好地实现个人阅读实践无字书与经典理论相结合。学生通过调研、讨论、与教师和同龄人互动来获取材料、信息和理论知识，而不仅仅是坐在教室从课堂教授的东西中获取信息和掌握知识。

（一）基于实践性研学平台提升学生学习力

为师生搭建挂职和研学平台，提升科研创新能力。导师以身示范，严谨勤奋。西北政法大学成立"枫桥经验"与社会治理研究院等15个校内实体研究机构对接校外资源，建立辐射全国的研学基地，作为横向课题研究、调研、研究生实习实训的平台，其中在陕西、新疆、河南、广东、浙江等生源集中的省份，建立49个研学基地，利用研学平台[①]实现法学院

---

① 该平台类似于压顶石课程。压顶石课程是一种顶峰体验课程，主要集中在一个专业项目上，通过深化综合前几年的学习，灵活运用不同阶段的专业知识，使学生获得专业知识学习的愉快体验和生命意义。培养学生发现问题的能力，应用具有知识和技能解决问题的能力，批判性思维能力和表达结论的能力。压顶石课程的教学方式多种多样，包括项目研究、个案研究、小组学习、班级讨论、口头交流、书面交流等。

校与社会的互动。十七年来团队坚持寒暑假期导师和研究生全员调研，在调研中传帮带，及时、有效指导，参与调研人员总数超过 600 余人次。汪世荣等全国优秀教师、陕西省"五一劳动奖章"获得者、省级教学名师始终在教学、研究一线指导研究生，引导学生树立中国特色社会主义法治理念，将知识、伦理、责任相结合，教学、科研、社会服务相结合，做人、做事、做学问相结合。通过导师示范，引导研究生从"要我学"转变到"我要学"。[1]

研究生在导师指导下对实习内容进行记录、反思和检讨。指导教师要求学生通过实习日记、提纲或思维导图、调研报告、拍照录音等图文以及手写与智能工具相结合的形式，实时记录、整理、思考实践中学习到的内容，并联系理论知识进行分析总结。这些实习记录，可以使学生锻炼文字记录、表述能力，尽快掌握先进的科研智能助手工具。为现实问题寻找答案的思考和阅读，被问题推动着不断优化知识结构，更新知识拓宽学术边界，激发创新意识提升创新能力，也积累和历练了他们利用专业知识服务社会的能力，增强未来职业的选择力、竞争力，同时也适应信息时代现实中及时解决问题的工作效率。学术导师通过微信、腾讯会议等方式，随时随地可开展阅读辅导、读书会、专题讲座、问题回复等，实习基地导师指导学生对各类文献的收集和整理，为研究生在当地进行实地调研提供帮助和支持，学术导师和实务导师各有分工并互相配合，共同指导研究生的学习和成长。学生通过在江浙的项目，开展调研与实习实践，极大地拓宽了学生的视野，丰富了其生活经历。

（二）师生基于项目多层面互动建构知识生产链条

科研能力的核心是发现问题与解决问题。"爱因斯坦（Einstein）和菲尔德（Infeld）曾指出，发现和提出一个问题比解决一个问题更为重要。"[2] 笔者作为导师团队成员，感受到师生研究问题来自四个方面：具

---

[1] 本部分资料和数据均来自汪世荣等："基于'枫桥经验'研究的法科研究生创新能力培养模式探索与实践成果总结"，在此予以感谢！https://grs.nwupl.edu.cn/gjjhcgsb/cglj/103794.htm，最后访问日期：2023 年 4 月 17 日。

[2] 许祥云、张茜：《美国本科生科研核心能力图景、培育路径及其启示——基于美国研究型大学的教育实践》，《比较教育研究》2020 年第 4 期。

有研究和应用价值的课题启动、课题组调研、感兴趣的现实问题、调研基础上的文献阅读。针对问题指导学生阅读、思考探索解决问题的过程，也同时是问题解决能力的培养过程，并给予学生在真实情境下实际锻炼、成长的机会。在论文撰写阶段，则集中培养学生运用法学知识和理论分析、论证并解决问题，课题组师生圆桌会议讨论、导师圆桌会议集中进行精心细致指导。导师群组、师生群组、生生群组形成同人、朋辈激励和互帮互助的课题组氛围，对论文撰写相互启发、相互帮助，达到知识交流、视域融合碰撞后的认知升华和理论创新。对学生而言，项目研习就是通过依托项目平台"做"，"做"就是参与实践，以"做"促"学"，以"学"增"智"，以"学"促"干"，并在导师指导下完成一定阶段性成果。成果导向的项目研习能促进研究生通过参与实践，在研习基础上取得一定的研习成果。让经历、情感体验都成为学习的一部分，能更好地实现教学从"讲授"向"体验"并以"成果"体现出来。

围绕中国本土的法治实践，导学团队与实务部门开展24项纵向课题和120项横向课题的联合攻关。导师和学生共同完成调研、成果撰写、论文发表或专著出版等特定的目标任务，在科研中完成学术写作能力的提升。"高校科研团队的主要任务就是知识的创新与创造，知识创新的能力是团队学术成就的主要来源。"[①] 通过高频次的以线上、线下等各种灵活的方式进行案例分析、专题研讨、学术沙龙、主题会议等学术交流，发挥同伴学习的作用，先后建立了110个混合不同专业、年级的兴趣读书小组，实现研与学、教与学、教与研多方向和多维度的互动，培养导师与导师、导师与学生之间的合作意识，培育求真求实、协同探索的团队文化，形成全国知名的"枫桥经验"西北学派。

(三) 基于学术与实践互动促进创新性服务

推进法治中国建设实践，需要不断创新中国特色社会主义法治理论。法治理论通过创新适应了我国社会的经济发展，解决了全面推进法治中国建设的实际问题，达到良法善治国泰民安，实际上所有的参与者都从中获益，政企获取最新的理论提升和成果，成果附带启示着进一步规划发展的

---

① 李志宏、王娜：《高校科研团队核心能力研究——从知识价值链角度》，《图书情报工作》2012年第2期。

"金点子"和新思路,高校是天然携带智库的文化阵地,高校也获得了法治实践中的一手材料,学生获得了实践知识并与理论知识融合后取得了研学成果,掌握了科研能力,国家达到长治久安并收获了强国建设所需要的高素质法治人才,培养植根中国大地具有强烈家国情怀的法治人才,是全面依法治国的重要组成部分。扎根中国现实,提炼本土问题,将实践中中国自主的法学知识创造作为学习来源和教学内容,强化法学实践教学,全过程阶梯式提升研究生的创新能力。加强课程学习、实践教学、实习实训、学位论文写作等环节的衔接。通过研究生学位论文培育办法,实施优秀研究生创新成果孵化计划,90%的研究生学位论文和课题或实训内容相关,实现科研能力培养的全过程贯穿。在常规学位论文指导程序的基础上,建立课程学习、实践教学、实习实训、学位论文环环相扣的全过程训练机制。依靠团队成员不同专业、不同特长的人有效地相互支持、协调与配合,并具有持续的资源性投入,不断地学习、交流、吸收、产出成果,形成知识积累与转化。"'入世式学术'主要包括四个环节,分别是问题形成、理论建构、研究设计、问题解决。在研究的每个阶段,研究者可以根据情境需要,引入政策制定者、专家学者、多学科研究人员等不同利益相关者参与到学术研究的活动中,通过协同合作,共同致力于研究问题的有效解决。"[①]

学术与实务人士间知识沟通、移转、谈判、相互尊重与合力,形成一个学习社区群,共同研究一项复杂的社会问题。学术、实务界关心的问题不同,故需要倾听对方意见,来调适并整合不同的观点,通过互动与融入,来进行合作探索。学术群、学生群与实务群,各有特色优势,又能补强、碰撞和提升。学术界对现象的解析与理论反思,掌握现实社会的深层问题,形成理论与实务良性互动与对话,并持续与实务界分享研究的新发现与新成果,建立良好的意见交换渠道。创造互补的知识价值和增量,研究者提供了实务界未知或不清楚的观点与洞见,创造被需要的价值与互补性。研究院始终与浙江保持良好的互动与沟通过程,每隔一段时间与浙江面对面进行意见交换与沟通,把值得研究的问题分享给团队师生。而实务部门也会告诉汪世荣教授,他们站在实务部门的想

---

① 李鹏虎:《从分科治学到科际融合:"入世式学术"视野下新文科建设的基本理路》,《黑龙江高教研究》2021年第11期。

法与做法以及需要进一步解决的问题。借此互动,研究团队成果会变成实务部门政策落实的方针与指引。例如,"枫桥经验"写进中央文件,深化到问题解决的社会实践,实务界对团队的信任,也是团队的学术坚持与研究累积,形成正向的理论循环。以回应和解决现实复杂问题为研究的出发点,在研究过程中与实践者、多学科学者、政策制定者等多元利益和相关者保持密切合作,这既是一种新型的知识生产方式,同时也是一种深化的新型社会服务。

(四) 基于尊重与合力构建了项目式研究生培养模式

该实践建构了基于尊重与合力的项目式法科研究生培养模式。坚持课题牵引、目标导向,全面提高法科研究生直面"中国问题"的意识及创造性解决问题的能力。围绕课题任务形成跨学科的导学团队,课题研究、人才培养、社会服务有机结合。重视团队内部分工、交流、分享、协作,资源共享,优势互补。运用课题制调动实务部门、社会资源,发挥教师、学生两方面的积极性,满足国家治理现代化对高层次法治人才的需求。导师组对学生实行集体指导和共同评议,发挥团队指导的作用,全程参与并指导学生开展座谈、案例研讨、专题调研、开题报告和学位论文写作等教学环节。"高校科研团队知识价值链分为三个部分:输入知识、知识分享与创新、输出价值。"[1]

在高校科研团队创新的过程中,研究院成员依托自己原有知识,结合项目调研获得的资料,与研究院文化聚合下形成的知识,经过再融合、再内化,新的知识共享、流动升华为知识的创新。导师组中的校内导师任组长,牵头负责各项指导工作的组织和实施。研究院实施"1+1+0.5"培养模式,第一年完成课程教学计划,第二年进入枫桥经验研究院或实践基地进行实践能力训练,最后半年回校完成学位论文。通过科研与教学、社会服务与教学的融合,将实际工作部门的优质实践教学资源引进高校,把法治实践的新鲜经验和生动案例引进课堂。优化、强化导学团队,提高横向课题质量,实现导师、研究生和教育措施的"三提升"。加强法科研究生培养的系统性、整体性,通过导师和学生、学生相互之间充分交流,创

---

[1] 李志宏、王娜:《高校科研团队核心能力研究——从知识价值链角度》,《图书情报工作》2012年第2期。

新训练全学程贯穿，培养研究生从事科研的志趣、服务基层的能力。通过学术会议、讨论、调研聊天等方式了解研究生的优劣势，结合研究生的知识结构、阅读兴趣、学术志向、性格特长、职业规划和学术功底，个性化地制定不同的研究计划。"交流"在本项目中占据重要的地位，贯穿于培训、旅途、工作、调研等各个环节，与不同身份、不同背景的人员打交道，也是重要的能力构成。

三 项目驱动法科研究生培养取得多层面成效

西北政法大学基于诸暨市"枫桥经验"项目的研究生培养实践取得了显著的人才培养成效、知识与学术创新成效与服务咨政的社会效益。该实践中研究生的科研创新能力和成果显著提升，法科研究生对基层社会的同情和责任感得以增强，逐步创新了研究生培养模式；取得了法学研究的理论成果，并且在社会服务中提高了社会治理能力，服务行政和国家治理决策。

（一）探索出项目驱动下法科研究生培养流程

传统的法学教学模式是"教师通过课堂讲授、学生坐在教室听，学生背教材参加考试"。而"枫桥经验"项目驱动的法科研究生培养，它通过带动学生做项目的活动，为法科研究生教学和培养带来了创新与变革。这一教学活动包括项目开发、项目规划、项目开展、项目评价四个阶段。

首先是启动项目开发。法科研究生项目驱动学习的目的是解决问题，问题来自浙江诸暨市政法委政企实践中需要解决的矛盾化解方式问题；其次是进行项目规划。当项目主题确定之后，项目组导师团队需要详细规划整个项目的具体实施方案，设计能促进学生深度思考的问题链，利用问题链将项目主题串联起来，列出项目需要解决的问题，以及如何开展研究等方面，项目化培养和学习是一种"以研代教"的新探索；再次是进入项目开展阶段。在项目开展阶段，导师团队不断抛出问题，引起学生求解的欲望，通过检索资料，交流小组或个人的研究成果；最后是进入项目评价阶段。导师团队对研究生在项目学习实施过程中的表现开展表现评价，以及研究成果的评价。

（二）法科研究生培养取得了本土知识创生与学生成长与发展的成果

习近平总书记指出，"要推动更多法治力量向引导和疏导端用力，完善预防性法律制度，坚持和发展新时代'枫桥经验'，完善社会矛盾纠纷多元预防调处化解综合机制，更加重视基层基础工作，充分发挥共建共治共享在基层的作用，推进市域社会治理现代化，促进社会和谐稳定。"[1] 该团队探索独特的培养方案和培养模式，发现中国的问题，研究解决方案，将问题意识镶嵌在中国大地的脉络情景中，产生的新知识是在调研基础上，与本土法律实践互动中提升的，在实践中提升理论，理论与实践融为一体所形成的活的知识，亦是经由实践检验的知识，服务中国学派，产生中国的理论价值。2022年4月25日，习近平总书记考察中国人民大学并发表重要讲话，指出"加快构建中国特色哲学社会科学，归根结底是构建中国自主的知识体系"，而西北政法大学则更早地在践行这一政法教育的总指导。研究生学以致用，以使培养的学生能够为国家、社会服务，同时也是法学院学生在法学背景下，对中国国家治理模式的实践性学习和总结，成为治理法学人才的新生长点，也成为西北政法大学在常规研究生课程外，创设的具有西北法学院校特色的复合课程，显著提高了西北政法大学独特的竞争力和声誉。

团队研究生在导师指导下发表有影响力的"枫桥经验"研究成果。研究生与导师合作或独立出版专著9部、发表论文113篇。在读期间获得国家级比赛、中国法学会、国家奖学金、挑战杯等校级以上重要奖励31项。在陕西省1—6届研究生创新成果展中获一等奖8项，二等奖26项，三等奖39项，优秀奖13项。[2] 团队研究生在毕业后工作业绩突出。如杭州师范大学沈钧儒法学院副院长、"枫桥经验"与法治建设研究中心主任余钊飞教授已经成长为研究"枫桥经验"的全国知名专家。毕业研究生

---

[1] 坚持和发展"枫桥经验"，习近平总书记这样说。http://www.qstheory.cn/laigao/ycjx/2021-03/02/c_1127157904.htm，最后访问日期：2023年4月17日。

[2] 本部分资料和数据均来自汪世荣等，基于"枫桥经验"研究的法科研究生创新能力培养模式探索与实践成果总结。https://grs.nwupl.edu.cn/gjjhcgsb/cglj/103794.htm，最后访问日期：2023年4月17日。

曹宪强获"全国模范法官"荣誉称号，张艳娟、郑莉获"全国优秀公诉人"荣誉称号，王东海、孙佰明被最高人民检察院评为"全国侦查监督业务能手"，薛永毅入选陕西省检察院首届调研人才库，获"全省人民群众满意的政法干警"称号。研究生综合素质高，获得基层实务部门充分肯定。近5年，全日制法律硕士毕业生一次性就业率为86.5%，在陕西、甘肃、宁夏、青海、新疆和西藏等西部地区就业的毕业生50.09%，其中56.43%在政府机关、法检两院、律师事务所、国有企业法务等法律方面工作。有93.1%的用人单位认为我校毕业生政治站位高、综合素质强、理论扎实；在西部艰苦地区能够"下得去、用得上、留得住、能干事"；实践工作能力强，能够很快将理论知识应用到实际工作当中。

（三）成果服务学校与教育行政部门的决策

成果在校内得到应用转化为校研究生培养制度。学校采纳团队成果，出台《关于加快推进新时代研究生教育改革发展　全面提高研究生培养质量的实施意见》《关于提高研究生教育质量工作的实施方案》《研究生科研成果奖励办法》《优秀研究生学位论文培育项目管理办法》《研究生实务训练管理暂行办法》《法律硕士人才培养方案》等文件并实施。全国八所学校借鉴或实践本成果。浙江大学、杭州师范大学、枫桥学院、甘肃政法大学、河南财经政法大学、新疆师范大学、喀什大学、青海民族大学等校应用成果，以我校做法为样板纷纷建立"枫桥经验"研究机构，目前已组建"枫桥经验"研究联盟。

研究成果转化成了全国教指委的工作文件。西北政法大学副校长、中国法学会法学教育研究会副会长王健教授参与了全国法律专业学位研究生教育指导委员会1997年版、2006年版、2009年版指导性培养方案的修订，起草了法律硕士教学基本要求、法律硕士学位论文规范的起草、制订和评估方案，成为全国教指委工作文件，并参加了相关培训工作。2021年，中办、国办印发《新时代法治人才培养规划（2021—2025年）》。《陕西省新时代法治人才培养工作举措》围绕陕西省法治人才培养总体要求，提出了培养方向和途径、培养领域、保障机制、组织实施等40项措施任务，强调"六要"和"六兼容"的法治人才培养方向和培养途径，即政治站位要高、专业本领要硬、为民情怀要深、创新意识要强、职业品格要正、国际视野要广，理念上的家国情怀与专业素养兼容、培养目标上的知行兼容、培养规划上的综合与专项兼容、培养模式上的守正与创新兼容、培养机制上的开放与多样兼容、培养评价上的供需兼容。① 法律教育政策的制定，部分来源于顶层设计，部分来源于法律教育实践中积累的经验。

四 结语

法科研究生项目驱动培养，是面向法律实践，坚持问题导向、协同育人，构建师生学术共同体。通过课题牵引的方法，实现法学教育和法律实践互促互动，建立教学促进科研，科研反哺教学的机制。建设校内教学、科研训练的平台和载体，将课题研究和校外实践教学基地建设、实训环节结合。采取阶梯提升的方式，综合施策，提升学位论文质量。创新"做中学，学中做"的法科研究生科研训练方法，优化全学程科研创新能力培养训练的顶层设计方案。

---

① 王健：《2022年法学教育大事回眸》，《法治时代》2023年第4期。

Programs Driven Law Graduate Training Model Innovation

Dong Qingmei

Abstract: This paper studies the reform of the training mode of postgraduate students in the project-driven way under the background of new liberal arts, takes the "Fengqiao Experience" project of Northwest University of Political Science and Law and Zhuji City as an example to carry out an empirical study, and studies the resource allocation, knowledge production, interaction between academia and policy, as well as the resulting reform of the training mode of postgraduate students by referring to the application materials of national teaching achievement Award. This paper discusses the unique innovations in the cultivation of law graduates based on the results-oriented project-driven way, such as the improvement of learning power, the multi-level interactive knowledge chain, the interaction between academia and practice, respect and synergy, etc., to serve the decision-making of education administration and national governance.

Keywords: graduate student; project-based; result-oriented; cultivation mode

工程认证背景下的线上+线下多元化混合教学设计与困境对策研究*

殷春武 何 星 何 波**

摘 要： 将理论教学与实践教学有机结合的多元混合式教学模式，是高校持续深化工程教育改革的主要发展方向，对提升高校教育教学质量具有重要的促进作用。本文以工程教育认证的毕业要求12个观测点为依据，首先探讨了线上线下多元化混合教学过程中，如何通过教学设计和课程组织来提升学生解决复杂工程问题的工程能力；接着针对多元混合教学中存在的教学平台与优质教学资源甄选问题、学生时间分配问题、校园信息化建设与网络资费问题、学生成绩评价等问题进行了分析，有针对性地给出了解决问题的对策和建议，以有效提升多元混合教学模式的教学效果。

关键词： 工程教育认证；混合教学；工程能力提升；对策

一 引言

为应对新一轮科技革命和产业变革挑战，将我国建设成制造强国，提升我国的综合国力和在世界上的核心竞争力，我国以加入国际工程教育

---

* 基金项目：西安建筑科技大学青年基金项目（项目编号：QN1727），陕西省教育厅专项科研计划项目（项目编号：20JK0728），西安建筑科技大学自然科学专项（项目编号：ZR19049）。

** 殷春武，西安建筑科技大学信息与控制工程学院副教授，硕士导师，博士后，研究方向：评价理论与方法，非线性控制理论与方法。何星，西安建筑科技大学信息与控制工程学院副教授，硕士导师，博士，研究方向：预测与健康管理。何波，西安建筑科技大学信息与控制工程学院副教授，硕士导师，研究方向：计算机控制系统设计与算法研究。

《华盛顿协议》组织为契机，在高校实施工程教育认证①，促进高校持续深化工程教育改革，加快培养一批适应社会发展需求、能解决实际工程中复杂工程问题的卓越工程师。工程教育改革的核心是培养大学生的实践能力和创新精神，让学生利用所学的工程知识分析工程问题，并创新性地提出解决复杂问题的策略②。工程教育改革要求高校教师打破传统理论知识传授的授课模式，注重以理论教学与实践教学有机结合的多元混合式教学模式开展教学。混合式教学是传统线下面授和在线资源以及现代教学技术的结合，也是从传统教师主导教学向学生自主学习和师生间、学生间的合作学习转变的一种新型教学模式③。通过多元混合式教学，能有效提升学生的自主学习能力、自主创新能力和团队合作能力，培养学生的终身学习意识，提高课堂教学的效率，增强师生之间的感情。因此，从工程教育认证的角度，结合工程教育认证中的12个观测点，探讨线上线下多元混合教学中，如何通过教学设计和教学组织形式来提升学生的工程能力，并对多元混合教学过程中存在的问题进行分析和对策研究，对高校教师进行多元混合式教学设计和课堂组织具有重要的参考价值和指导意义。

二 线上线下多元混合教学的设计与工程能力提升

在线上线下多元混合教学设计和课程教学组织过程中，要切实理解工程教育认证中的毕业要求12个观测点，并根据观测点来合理设计课程内容和组织教学。工程教育认证通用标准中明确提出，工科学生工程能力教

---

① 孙春玲、孙立晓：《新工科建设驱动下工程造价专业高等教育认证存在的问题及发展进路研究》，《黑龙江高教研究》2023年第2期。蒋有录、刘华、刘景东：《工程教育认证背景下的专业核心课程改革及建设》，《中国大学教学》2022年第12期。孙彬、张瑜、陈薇：《新工科和工程教育认证背景下材料成型及控制工程专业应用型人才培养模式改革——以沈阳大学为例》，《黑龙江教育》（高教研究与评估）2022年第11期。

② 王宏燕、张晓静、陈超等：《工程认证背景下复杂工程问题驱动的新工科人才培养模式探究》，《高等建筑教育》2022年第5期。

③ 张亚茹：《基于BOPPPS的课程思政混合教学模型构建与实践》，《高教学刊》2022年第36期。邵璇、高俊山、孙晓波等：《抗疫背景下，"停课不停学"在线教学与多元化教学模式融合辨析——以现代控制理论课程为例》，《高教学刊》2021年第17期。

育要从工程知识、问题分析、设计/开发解决方案、复杂工程问题的研究、现代工具的使用、工程与社会、环境和可持续发展、职业规范、个人和团队、沟通、项目管理、终身学习12个观测点进行评价，以确证毕业生达到国际公认的工程教育毕业要求。工程教育评估实质是要培养具备解决复杂工程问题的能力的学生，在多元混合教学过程中，最关键的是对学生解决复杂工程问题的能力的培养。线上线下多元混合教学在课程组织上主要包含课前预习阶段、课程线下教学阶段和课后巩固阶段共三个阶段，下面以"线性系统理论"课程教学为例，分别对每个阶段的教学设计与课程组织进行说明，并指出如何通过教学设计和课程组织来提升学生解决复杂问题的工程能力。

第一阶段是线上课前预习的教学设计与组织。线上预习阶段采用"MOOC或雨课堂网络教学平台+课件+同步QQ（微信）交流群"在线教学方案，通过"PPT课件+在线测试+在线练习+在线反馈/答疑"的教学模式，让学生完成知识的自主学习。在设计线上课前预习的教学过程中，教师要对每节课的教学内容进行精心研究，合理安排教学过程，提炼每节课的教学知识要点和难点，按照教学要点分别制作教学PPT和在线测试或练习，对课程难点录制讲解视频，以帮助学生理解课程要点和难点。根据课程教学进度，提前两天在MOOC或雨课堂网络教学平台上传教学PPT和录制的教学视频，提供网络学习资源链接，发布细化的课前预习清单。要求学生观看PPT课件和讲解视频，完成在线知识点测试或练习，引导学生学习并掌握课程重点内容，并对知识点进行归纳、总结和思考。教师和学生通过QQ/微信交流群进行交流和答疑，教师及时查看平台课程预习统计数据，对未完成课前预习和在线测试学生提出警示，以提升教学质量。通过学生线上学习过程，能有效提升学生使用恰当的技术、资源等现代信息技术和工具的能力，提高学生的持续学习能力。

第二阶段是线下面授的教学设计与组织。进入线下课堂教学时，教师要科学规划教学内容，合理安排授课时间与学生互动讨论时间，全局把控整个教学过程。教学内容规划包含整个课程的教学内容规划和每次课（2课时）的教学内容规划。

在课程教学内容规划上，采用项目驱动式的教学模式，根据解决实际工程项目中的应用问题，结合课程教学内容，逐步分解教学要点，完成教学内容安排，如在"线性系统理论"的课程设计中，以实现对RLC电路系统的稳定控制为驱动项目，来分解"线性系统理论"的知识点。首先，要完成实现对RLC电路系统的稳定控制，必须要建立RLC电路系统的数学模型，从而导出"线性系统理论"课程中的系统建模和各种模型之间的转换等知识点；其次，对RLC电路系统中各关注变量的动态特性进行分析，对实现RLC电路系统稳定控制具有重要的参考价值，导出"线性系统理论"课程中的线性系统方程的求解等知识点。要完成RLC电路系统的控制，前提是RLC电路系统能被控制，引出《线性系统理论》课程中系统的可控性定义和可控性判据等知识点；状态反馈是RLC电路系统稳定控制最常用的控制器，但系统状态未必总能测量，需要设计观测器估计系统状态变量，引出系统状态的可观测性定义和可观测的判据，以及系统能控标准型、能观标准型及其结构分解等知识点。当RLC电路系统完全能控且状态可完全观测器时，需设计控制器使RLC电路系统的输出位于给定位置，可导出"线性系统理论"课程中状态反馈、极点配置和状态观测器的设计等知识点。通过对RLC电路系统的建模、分析、控制的项目驱动式教学，逐步细化了"线性系统理论"课程中各个知识点在项目中的应用，不仅保证了课程体系和知识要点之间的连贯性，同时让学生具有利用理论知识系统性解决实际工程问题的体验，知道所学理论知识能解决实际工程应用问题，可有效提升学生的学习积极性和主动性。同时，通过项目驱动式教学，在完成整个课程学习后，学生不仅具有工程知识，还能综合应用所学知识对工程应用问题进行分析和总结，并通过学生的自主学习和创新研究，设计/开发出新的解决复杂工程问题的方案，提升学生解决实际工程应用问题的能力，满足课程教学对学生工程教育质量认证的支撑。

在每次课（2课时）的教学组织上，上课前要求学生在线签到并实现分组标记，便于课堂互动讨论。教师按照课前预习知识点，采用"PPT课件+板书+案例讲解"的方式授课，通过案例和实际应用讲解，促进学生对线上学习内容的消化理解和融会贯通。在知识点讲解完毕后，组织学生对所学知识点进行讨论和总结，要求学生分组形成知识点的思维导图或是计算步骤总结，并采用所学知识点解决实际工程问题或完成练习题，且要求总结或练习题在课堂上及时通过雨课堂等网络平台提交，以提升学生的总结归纳能力和团队协作与沟通能力。课程结束前随机选择一组学生展示总结成果，并对其进行点评。

第三阶段是线上课后知识巩固的教学设计与组织。下课后，教师及时发布每次课程的知识点思维导图或计算步骤总结，并通过雨课堂或 QQ 群等布置线下作业，督促学生持续巩固所学知识点。在作业布置方面，结合科研发展动态适当增加具有启发式的选做作业，让学生通过网络平台查询相关知识，自主学习并找到解决方法，以提升学生的现代工具使用能力、创新能力和自主学习能力，如在完成"线性系统理论"课程中系统稳定性的知识点后，可提出如下开放性的问题："系统渐近稳定的收敛时间为无穷大，而实际工程应用中的系统稳定时间应该很快，渐近稳定性控制策略不能满足实际工程应用需求，是否能给出系统稳定收敛时间更短甚至收敛时间可任意预设的控制策略？可参考查阅有限时间控制、固定时间控制、预设收敛时间控制相关理论。"通过该开放性问题，不仅让学生认识到当前所学理论知识在实际工程应用中的不足，还能调动学生的学习探索兴趣，促进学生通过查找资料实现自主学习。当学生通过资料查询有限时间控制、固定时间控制和预设时间控制等控制方法的概念，不仅能掌握解决被控系统快速稳定问题的时间最优控制方法，还能突破课本教学知识体系，了解到控制理论中的最前沿研究方向，激发学生的探索精神。学生提交作业后，教师及时批阅，了解学生学习现状，并对出错较多的知识点录制讲解微课。

在完成整个课程完成后，通过调查星发放教学满意度匿名调查问卷，依据学生问卷调查结果反思线上线下混合式教学中的不足，并根据实际授课中出现的问题调整教学内容与方式，持续改进线上线下混合式教学模式与策略，实现从"教为主"到"学为主"的策略，切实以培养具有工程应用背景的新工科人为主要目标。

三 线上线下多元混合式教学中的问题与对策研究

以工程教育为背景的线上线下多元混合式教学，虽然能提升学生的教学质量，增强学生的工程应用能力和终身学习能力，但是在具体实施过程中也会面临一系列问题有待针对性地解决。

(一) 教学平台与优质教学资源甄选问题

在多元混合式教学过程中，课前预习和课后作业都是在线实施，各位老师因教学课程的差异性，以及自身对学生综合能力评价方式的不同，会有不同的软件功能需求。随着疫情期间在线教学平台的建设，当前已经有包含中国慕课、雨课堂、超星、腾讯、钉钉等多个在线课程平台，各平台根据授课教师对平台的需求不断完善其功能，但各教学平台之间也存在差异，导致教师授课时面临教学平台的选择。同样问题也存在教学资源的选择，海量线上资源，各教学视频时间较长，看完每个视频内容根本无法实现，如何查找、辨识并找到合课程教学的资源也是教师面临的问题。

针对教学平台的筛选问题，各教师从软件系统架构、软件的流畅性、自身教学资源的丰富性、外部教学资源链接的可移植性、互动功能、统计分析功能、个人偏好等方面制定一套线上教学平台评价体系，通过对各个教学平台的测试使用，按照教学平台评价体系自主评价，以选择出最符合教师个人偏好的教学平台。针对网络教学资源的甄选问题，首先应该选择双一流大学等较高水平大学或各平台知名教师的视频，解决视频有无的问题；再逐步通过教师日积月累的逐步识别，找到更符合本校学生学习的教学视频。

(二) 工作量的增加导致的时间分配问题

线上线下多元混合式教学比传统教学多了在线学习时间，额外增加了学生课堂授课之外的学习时间，而教师在甄选教学资源、在线答疑等环节中也会增加工作量。

新工科背景下的教学改革，使更多专业前沿课程进入本科生培养计划，增加了本科生的课程量和课时量，导致很多专业的总课时量本身超标；当采用线上线下混合教学课程较多时，会导致学生将大量时间用于任务学习，可自由支配的时间较少，不利于学生运动、兴趣爱好等综合素质能力的提升，还容易因学业压力较大让学生产生抵抗心理，甚至出现心理抑郁症，因此，线上线下混合式教学设计时，必须考虑学生的时间分配问题，尽可能地给予学生一些支配时间。为解决学生的时间分配问题，首先是不能要求所有课程都采用线上线下多元混合式教学，每学期至多安排2门专业基础课程实施多元混合式教学；其次是教师在准备线上预习课程时，内容和学习视频长度不能太长，最好控制在 15 分钟内学完；预习内容以知识点提炼为主，视频最好是经过提炼后的重难点讲解；对于长视频则建议作为选学发给学生，让学生根据自身时间安排学习，不记入学生平时成绩考评中；再次是课后总结或课后作业的难度和作业量要适中，以巩固课程知识点为主，并适当放宽交作业时间和频次。

线上线下混合式教学也会额外给授课教师增加更多的工作量。一方面要组建课程组，由几位教师共同合作完成一门课程的各种资源建设，分担教学工作量压力；如还未形成课程组，则由主讲教师准备资料清单，聘请助教或研究生帮助收集和整理学习资料，最后由主讲教师统筹定稿，形成最终的教学资源；另一方面则需要行政管理部门配合，增加线上线下教学工作的工作量系数，以对教师工作量的肯定，必要时聘请助教对开展线上线下教学的老师予以支持。

(三) 网络等信息化建设与网络资费问题

多元混合式教学中的线上和线下教学离不开网络，校园网网速的快慢直接影响学生的学习效果和教学进度。很多高校普遍存在住宿区网速慢，教学区教室角落无信号的问题，严重影响学生的自主学习和教师在教室无法使用教学平台。另一问题是学习设备不足和网络资费问题。当前大多数学生购买了电脑，但依然存在部分学生未购买电脑的实际情况，只能依赖智能手机学习和娱乐。手机流量为包月服务，当流量超过包月限制时会额外增加学生的支出，使得学生在手机流量使用上较为谨慎。因此，学校应该加大校园信息化建设，不仅要提升学生宿舍区域的网速，还应该加强教学区的信息化建设，保证整个教学区无死角的网络覆盖，要尽可能地提升无线网络的覆盖面积和无线网络的网速，让学生在校园内能随时连上 WiFi，并流畅访问网络资源。适当增加校园网的网络包月流量，让绝大多数学生能安心使用校园网流量；甚至可对参加线上线下混合式教学课程的学生，在课程周期内按月赠送校园网流量，以解决学生的后顾之忧。

(四) 学生成绩评价问题

线上线下混合教学更注重学生学习过程的评价，但过程考核中带有更多的主观性，同一人对大样本的主观评价，会很容易导致评价成绩的偏差较小，无法区分出学生成绩的优差。另外是如何设置过程考核与考试成绩的占比，过程考核成绩普遍较高，考试成绩则有高有低，如果过程考核成绩过高则容易导致所有学生的最终成绩都及格。为解决该问题，一方面是教师要严格评价指标和评价标准，并在平时成绩的认定上要着重区分优秀、一般和较差的学生，让平时过程考核成绩拉开差距；另一方面是根据学校规定和课程设计需求，确定好过程考核与考试成绩比例，并在开课时就向学生公布评价指标、评价标准和考试比例，让学生掌握考核标准，并能按照标准参与课程学习。

四　结语

加强高校工程教育改革，构建符合时代发展需求的新工科，为国家培养更多具有解决复杂工程应用问题的卓越工程师是国家的宏观发展战略。线上线下多元混合式教学能有效提升学生的创新能力和实践能力，成为当前工程教育改革的主要发展方向。本文从工程教育认证中对毕业生毕业要求从观测点的角度出发，结合实际教学经验总结，探讨了如何通过教学设计和课程组织来提升学生的工程应用能力，并针对多元混合教学过程中存在的困境进行了分析，有针对性地提出了解决问题的对策和建议，以期对从事线上线下多元混合教学的教师提供参考和借鉴。

Online+Offline Diversified Blended Teaching Design and Dilemma Countermeasures under the Background of Engineering Certification

Yin Chunwu   He Xing   He Bo

Abstract: The multiple mixed teaching mode, which combines theory teaching and practice teaching, is the main development direction of deepening the reform of engineering education in colleges and universities, and plays an important role in promoting the quality of education and teaching in colleges and universities. Based on 12 observation points of graduation requirements of engineering education certification, this paper firstly discusses how to improve students'engineering ability to solve complex engineering problems through teaching design and course organization in the process of diversified online and offline teaching. Then, the paper analyzes the problems of selection of teaching platform and high-quality teaching resources, student time allocation, campus information construction and network fees, and student achievement evaluation, and puts forward targeted countermeasures and suggestions to effectively improve the teaching effect of diversified mixed teaching mode.

Keywords: engineering education certification; mixed teaching; engineering capacity improvement; counterplan

思政课程与课程思政

新时代高校行政管理专业课程思政建设：理论指引、核心元素与路径创新

周 伟*

摘 要：课程思政是新时代构建思想政治教育课程新体系，实现立德树人教育目标的必然趋势和重要途径。新时代高校行政管理专业课程思政建设要坚持以马克思主义基本理论、社会主义核心价值观和习近平治国理政思想作为理论指引，围绕公共精神、法治观念、责任意识和服务理念等课程思政核心元素深挖专业课程思政资源，从教学目标、内容、方法和方式等方面不断探索创新，将知识传授与价值引领有机统一，专业教育与思政教育协同推进，充分发挥专业课程思政在立德树人中的主阵地作用，为实现国家治理现代化和中华民族伟大复兴培养德才兼备的高素质人才。

关键词：新时代；行政管理；课程思政；立德树人；课程育人

一 引言

中国特色社会主义事业进入新时代。新时代推进中国特色社会主义现代化建设和实现中华民族伟大复兴的中国梦都需要一大批"德才兼备"的高素质人才。高校肩负着"培养什么人、如何培养人以及为谁培养人"这个重要使命。新时代高校应如何贯彻落实"立德树人"根本教育任务、培养德智体美劳全面发展的社会主义建设者和接班人[①]？2016年12月，习近平总书记在全国高校思想政治工作会议上为我国高等教育发展和人才培养指明了前进方向：强调"要坚持把立德树人作为

---

* 周伟，西北政法大学政治与公共管理学院副教授，博士，研究方向：行政理论与方法。

① 《中共中央关于党的百年奋斗重大成就和历史经验的决议》，《人民日报》2021年11月17日第1版。

中心环节，把思想政治工作贯穿教育教学全过程，实现全过程育人、全方位育人"。并指出"做好高校思想政治工作，要用好课堂教学这个主渠道……使各类课程与思想政治理论课同向同行，形成协同效应"。①2017年2月，中共中央、国务院印发的《关于加强和改进新形势下高校思想政治工作的意见》中指出，高校思想政治工作要坚持全方位育人，将思想价值引领贯穿教育教学全过程②。为了全面贯彻习近平总书记的指示和落实党中央、国务院的文件精神，2020年5月，教育部印发了《高等学校课程思政建设指导纲要》，强调"专业课程是课程思政建设的基本载体，结合专业课程特点分类推进课程思政建设"③。由此可见，课程思政是新时代高校将思想政治教育工作融入教育教学全过程，落实"立德树人"根本教育任务、培养"德才兼备"高素质人才的必然趋势和重要途径。

课程思政是思政课程在专业课程领域的延伸和拓展，是从高校人才培养和国家人才需求战略高度构建新时代思想政治教育课程新体系④，是在专业课程内在体系中对思政课程的一般原理、主要内容和基本要求的具体深化。"课程承载思政，思政寓于课程。"⑤通过将思想政治教育目标融会贯通于各专业课程的教学设计和教学过程中，从课程内部结构中提炼思政元素和原生内容中挖掘思政资源，发挥课程思政"唤醒课程的育人基因"和"实现立德树人润物无声"的目标⑥。课程思政是思想政治教育的重要内容，其质量的高低直接决定着"立德树人"根本任务的落实成效。课程思政建设"要守好一段渠、种好责任田"。作为我国高等教育公共管理学科体系的重要组成部分，行政管理专业的主要育人目标是为党政机关培

---

① 习近平：《把思想政治工作贯穿教育教学全过程开创我国高等教育事业发展新局面》，《人民日报》2016年12月9日第1版。

② 中共中央、国务院：《关于加强和改进新形势下高校思想政治工作的意见》，（2017-2-27）[2023-4-10] http://www.gov.cn/xinwen/2017-02/27/content_5182502.htm。

③ 教育部：《高等学校课程思政建设指导纲要》，（2020-6-6）[2023-4-10] http://www.gov.cn/zhengce/zhengceku/2020-06/06/content_55176。

④ 章忠民、李兰：《从思政课程向课程思政拓展的内涵意蕴与实践路径》，《思想理论教育》2020年第11期。

⑤ 邱伟光：《课程思政的价值意蕴与生成路径》，《思想理论教育》2017年第9期。

⑥ 张旭、李合亮：《廓清与重塑：回归课程思政的本质意蕴》，《思想教育研究》2021年第5期。

养治国理政的专门型人才和为公共事业单位及社会团体等公共部门培养复合型、应用性的新型管理人才。相较于其他专业，行政管理专业的人才培养目标，不仅要求学生具备本专业的理论知识、专业技能和创新思维等，而且要求学生具有忠于党和国家、扎根祖国大地、奉献国家、服务人民的家国情怀和坚定理想。

因而，新时代高校行政管理专业在人才培养过程中，必须将"立德树人"根本任务贯彻落实到专业课程全方位和课堂教学全过程，充分发挥专业课程和课堂教学在思想政治教育中的主阵地作用，结合党和国家的大政方针、社会主义核心价值观和习近平新时代中国特色社会主义思想等，不断提炼专业课程思政元素和深入挖掘专业课程思政资源，在专业课程教学中注重培养学生的家国情怀，引导学生以天下为己任，寓价值观引领于行政管理专业知识传授和能力培养过程之中，立足于发挥行政管理专业全部课程和全体专业课教师的育人功能。从而实现专业教育与思政教育的协同推进，知识传授、能力培养和价值引领的有机统一，形成全员全过程全方位育人的行政管理专业课程思政建设工作新格局，为推进中国特色社会主义现代化建设和实现中华民族伟大复兴的中国梦，培养一大批"德才兼备""又红又专"的高素质专门人才，这是新时代高校行政管理专业人才培养、教育教学改革和课程思政建设的必由之路。

二 新时代高校行政管理专业课程思政建设的理论指引

新时代高校行政管理专业课程思政建设要因事而化、因时而近和因势而新，要将马克思主义基本理论、社会主义核心价值观和习近平治国理政思想作为课程思政建设的理论指引，紧紧把握历史使命和时代课题，促进专业知识技能传授和忠党爱国为民教育相融通，彰显行政管理专业课程思政教育的核心价值和时代价值。

（一）马克思主义基本理论

马克思主义是人民的理论和实践的理论。第一次创立了人民实现自身解放的思想体系和指引人民改造主客观世界的自觉行动，也是指引中国特色社会主义事业建设与发展的总指导和总理论。在中国革命、建设、改革的历史进程中，马克思主义的人民性和实践性得到充分彰显。"人民性"是马克思主义最鲜明的品格。马克思主义自从诞生的那一天起，就将"为全人类解放而斗争"作为一以贯之的价值使命。马克思、恩格斯在《共产党宣言》中指出："过去的一切运动都是少数人的，或者为少数人谋利益的运动。无产阶级运动是大多数人的，为绝大多数人谋利益的独立的运动。"马克思主义首次旗帜鲜明地站在人民的立场，探寻人类自由发展的人间正道，为建立一个自由、平等、民主的理想社会指明了方向。中国共产党自诞生以来就一直把"人民"理念根植于心、贯彻于行，把"一切为了群众，一切依靠群众，从群众中来，到群众中去"作为党开展一切工作的生命线和根本路线。坚持为人民谋幸福、谋福利和以人民为中心的发展理念是中国共产党属性的本质要求，是马克思主义方法论的时代表达。"实践性"是马克思主义固有的品格，是马克思主义理论区别于其他理论的显著特征，也是马克思主义理论永葆强大生命力的要义所在，认识只有在实践中才能得到检验、发展和完善。中国共产党在百年来各个时期始终坚持马克思主义实践观，将马克思主义基本原理与中国实际国情相结合，持续不断地推进理论实践创新和中国现代化，党和国家事业取得了举世瞩目的成就，发生了翻天覆地的变化。新时代实现中华民族伟大复兴的中国梦离不开全体中华儿女的努力，推进中国特色社会主义现代化建设需要在实践中不断探索。行政管理专业肩负着为党政机关培养治国理政的专门型人才和为公共部门培养新型高级管理人才的重任，这就要求行政管理专业的学生必须具有"胸怀天下"的人民情怀和实事求是的实践精神。毋庸置疑，马克思主义的人民性和实践性在行政管理专业课程思政建设中处于"立德固本"的地位，坚持把马克思主义的人民性和实践性贯穿于行政管理专业课程思政建设中，有助于将"人民性"价值理念内化为学生内在信念，以"实践性"为指导思想形塑学生的外在行为。

（二）社会主义核心价值观

一个国家、一个民族有其与自身历史文化传统、时代发展需求密切联系的核心价值观；开展核心价值观教育，是一个国家、一个民族传承历史文化基因、凝聚社会思想共识、实现民族复兴的必然举措，是开展国民教育的必要内容。党的十八大提出，倡导富强、民主、文明、和谐，倡导自由、平等、公正、法治，倡导爱国、敬业、诚信、友善的社会主义核心价值观。社会主义核心价值观是中国优秀历史文化基因的传承和当代中国民族精神的集中体现，凝结了全党、全国人民的共同价值追求，体现了社会主义核心价值体系的根本性质和社会主义现代化国家建设的主要目标，对国家建设和社会发展起着重要的价值引领作用。党的十八大报告对社会主义核心价值观体系建设提出了明确要求，强调"要深入开展社会主义核心价值观体系学习教育，用社会主义核心价值观体系引领社会思潮，凝聚社会共识"。党的十九大报告明确提出，"培育和践行社会主义核心价值观，要以培养担当民族复兴大任的新时代新人为着眼点，强化教育引导、实践养成和制度保障"。习近平总书记强调，要"引导广大师生做社会主义核心价值观的坚定信仰者、积极传播者、模范践行者"。高校思政工作最根本的是要全面贯彻落实党的教育方针，解决好培养什么样的人、怎样培养人、为谁培养人这个根本问题。当代大学生是一个正在成长且发展的群体，肩负着民族的希望和未来，承担着中国社会主义现代化建设和中华民族伟大复兴的重大历史责任。高校课程思政建设，尤其是行政管理专业课程思政建设更要以社会主义核心价值观为指引，把社会主义核心价值观有机融入专业课程教学内容、教学课堂、教学活动之中，推动社会主义核心价值观进教材、进课堂、进头脑，使社会主义核心价值观内化为学生的价值观念，外化为学生的自觉行动，引领学生把社会主义核心价值观作为明德修身、报效祖国、服务人民的根本遵循，努力成长为担当中华民族伟大复兴重任的时代新人、忠于社会主义事业的建设者和接班人。

（三）习近平治国理政思想

党的十八大以来，以习近平总书记为核心的党中央聚焦时代课题、擘画宏伟蓝图，紧紧围绕坚持和发展中国特色社会主义这一历史性课题，结合中国特色社会主义现代化建设的时代特征，先后提出了统筹推进"五位一体"总体布局，协调推进"四个全面"战略布局，全面从严治党、建设社会主义法治国家，推进生态文明建设、建设美丽中国，实现中华民族伟大复兴的"两步走"战略，促进区域协调发展、实现全体人民共同富裕，坚持和平发展、促进合作共赢，构建人类命运共同体等一系列治国理政的新思想新战略，把马克思基本原理同中国具体国情相结合、同中华优秀传统文化相结合，实现了理论创新、实践创新、文化创新和制度创新等各方面的创新，形成了系统完整、科学严密的科学理论体系。习近平治国理政思想从理论和实践结合上回答了新时代坚持和发展什么样的中国特色社会主义、怎样坚持和发展中国特色社会主义这个重大时代课题，为夺取新时代中国特色社会主义现代化建设伟大胜利、实现中华民族伟大复兴的中国梦、实现人民对美好生活的向往提供了行动指南，也为推动构建人类命运共同体、促进人类和平与发展事业贡献了中国智慧和中国方案。习近平总书记提出要求："加强对党中央治国理政新理念新思想新战略的研究阐释，提炼出有学理性的新理论，概括出有规律性的新实践。"高校行政管理专业承担着为党和国家培养治国理政专门型人才的主要任务，将习近平新时代治国理政思想融入行政管理专业课程，引导学生正确认识党治国理政的新方略、形成良好的价值取向，深刻领会中国共产党为什么"能"、马克思主义为什么"行"、中国特色社会主义为什么"好"。面对中国特色社会主义现代化建设和中华民族伟大复兴的中国梦目标，坚持用习近平新时代治国理政思想武装头脑、讲好中国故事，培育熟知中国国情和具有创新精神、适应新时代国家治理体系和治理能力现代化要求，扎根祖国大地不断探寻国家战略发展的治国理政人才。

三　新时代高校行政管理专业课程思政建设的核心元素

新时代高校行政管理专业课程思政建设应以培养目标为导向，以专业特点为基础、以教学内容为载体，将公共精神、法治观念、责任意识和服务理念等作为专业课程思政建设的核心元素，围绕核心元素深挖专业课程思政资源，实现专业教育与思政教育协同推进，知识传授与价值引领有机统一，充分发挥专业课程思政核心元素在"立德树人"中的关键作用。

（一）公共精神

公共精神是指孕育于现代市场经济和公民社会之中的，位于社会层面的基本道德观念和位于政治层面的价值理念，是以促进社会和谐、经济繁荣、政治稳定和实现公共利益为依归的一种价值取向，它包含着基本的社会公德、社会规范以及对自由、平等、参与、公共利益、负责任等一系列公共规范、公共原则的维护和最基本的政治价值理念的认同。哈佛大学教授罗伯特·D. 帕特南指出："公共精神是一种关心公共事务，并愿意致力于公共生活的改善和公共秩序的建设，以营造适宜于人生存和发展条件的政治理念、伦理追求和政治哲学。"① 行政管理专业的人才培养定位主要是为党政机关培养具有正确政治立场、笃定政治方向的治国理政的专门人才和为公共部门培养具有专业知识技能与现代公共精神的专业人才。究其本质，从政治层面出发，行政管理专业人才培养要增强学生对中国共产党执政理念的高度认可和对中国特色社会主义制度的坚决拥护，坚决做到"两个维护"、增强"四个意识"、坚定"四个自信"，坚定不移地跟党走和自觉拥护中国特色社会主义制度；从社会层面出发，在关乎人民群众利益的公共事务上，能够积极主动参与到公共事务的行动中去，勇于承担责任和积极履行义务，自觉维护社会公共利益、增进社会公共福祉和促进社会公平正义。行政管理专业课程思政建设必须要紧扣公共精神这一核心元素，把忠于党、国家和忠于社会主义事业的职业理念贯穿到专业课程教学中，培养行政管理专业人才的基本政治素养和职业素养。

（二）法治观念

法治的要义在于正义的法律具有至高无上的权威，更能规范人们的行为方式和社会关系，对一切社会主体的行为选择具有普遍的约束力和强制性，有助于良好社会秩序的形成，也是公共治理的前提条件。党的十八大以来，以习近平同志为核心的党中央明确提出全面依法治国，并将其纳入"四个全面"战略布局予以有力推进。2020 年 11 月，中国全面依法治国工作会议在北京召开，会议明确了习近平法治思想在全面依法治国中的指导地位，习近平法治思想成为新时代全面依法治国的根本遵循和行动指南。全面深入推进依法治国，首先要推进法治政府建设，培养各级政府及其工作人员的法治行政观念。因为政府公权力存在滥用的可能而对法治秩序造成巨大破坏，所以法治的核心首先在于治官而不是治民，即"治国者先受制于法"。行政管理专业肩负着主要为党政机关和公共部门输送专业人才的重任，将来大部分学生毕业后进入党政机关和公共部门工作，他们的一言一行将对其他社会主体的法治信仰产生广泛影响，其法治观念不仅关系到政府的公信力，还关系到依法治国在社会各领域的落实。行政管理专业课程思政建设在相关课程教学中要提炼法治这一核心元素，以习近

---

① [美]罗伯特·D. 帕特南：《使民主运转起来》，江西人民出版社 2001 年版，第 56 页。

平法治思想为指引，将法治国家、法治政府、法治社会知识贯穿于教学过程中，培养学生崇法、知法、守法的法治观念。使学生明白政府及其工作人员在行政管理中不能将其权威凌驾于法律制度之上，在社会公共事务处理中不能以"人治"代替"法治"，从而有利于将来在工作中形成严格守法和严格执法的法治观念。

(三) 责任意识

责任意识是指一定的主体在社会生活和政治活动过程中对自己应该做的事或自己理应承担的责任的一种理性认识和自觉判断，也是对自己应该或者必须做出某种行为合理性和必然性的主动认可。可以说，责任意识是一定主体自觉的价值判断，也是决定一定主体实践动力的内在依据。"责任是权力的孪生物，是权力的当然结果和必要补充。凡行使权力的地方，就有责任。"[1] 人民将国家治理的权力赋予政府及其工作人员行使，这就要求政府及其工作人员必须积极履行职责与义务，必须对党、国家和人民承担起相应的政治、法律和社会等责任，主动完成党和国家交给的工作任务，积极回应社会需求并采取行动加以满足，这是行政人员的基本职责，也是责任政府建设的必然要求。公共责任是现代公共管理的核心理念，是建构和谐社会的关键机制，也是维护公共利益的重要保证。当代大学生作为社会主义事业的建设者和接班人，公共责任意识的强弱事关中华民族伟大复兴中国梦的实现，理应成为当代大学生成长成才的重要价值诉求。行政管理专业人才培养更要遵从党和国家、民族的共同愿景，把大学生成长成才与国家、民族的未来发展紧密连接在一起，在专业课程思政建设中紧紧围绕育人目标"为谁担当、为何担当、如何担当"等一系列问题，将（公共）责任元素融入贯穿专业课程教学全过程，引导大学生积极响应并服务于国家和社会发展战略需求，主动承担起对党、国家和人民理应承担的职责使命，这不仅是行政管理专业人才培养的职责所在，更是时代赋予的历史责任。

---

[1] [美] 法约尔：《工业管理与一般原理》，周安华等译，中国社会科学出版社1982年版，第24页。

（四）服务理念

我国政府是一个"以民为本、为民服务"的人民政府，建设服务型政府是我国各级政府的主要目标。服务型政府是一个以民为本、为民服务、被民监督、清正廉洁的政府。服务型政府要求政府及其工作人员具有服务行政理念，服务行政就是指政府在行政管理及社会公共事务治理中要以为人民群众服务为宗旨，政府存在的理由就是为广大人民群众提供其所需的各种服务。党的十八大以来，习近平总书记在一系列讲话中多次提到"人民"和"人民群众"两个词，提出了"江山就是人民，人民就是江山"思想，创新发展了党对于"人民"和"人民群众"的深刻认知，强调"以民为本"的治国理政思想，"坚持以人民为中心"的发展思想，贯彻落实不忘初心、牢记使命的人民性，直接回答了"发展为了谁、发展依靠谁、发展成果由谁共享"这个根本性问题。行政管理专业在课程思政建设中要紧抓服务行政这一核心元素，在专业知识传授中要使学生认识到，公共权力属于全体人民，政府只是受人民的委托、按照人民的意愿行使公共权力，政府应对全体人民负责，利用人民赋予的权力为人民谋福祉。习近平总书记指出，我们"必须始终把人民利益摆在至高无上的地位"，"人民群众反对什么、痛恨什么，我们就要坚决防范和纠正什么"。引导学生树立"人民利益至上""为人民服务""甘当人民公仆"的价值理念，反对"以官为本""以官为纲""当官做老爷"思想观念，把维护好、发展好、实现好人民的切身利益，不断提高人民生活水平，满足人民群众对美好生活的向往作为将来到党政机关和公共部门工作的初衷使命。

四　新时代高校行政管理专业课程思政建设的路径创新

新时代高校行政管理专业课程思政建设在坚持正确理论指引、紧扣核心思政元素的同时，还要从教学目标、内容、方法和方式等方面不断探索创新，充分发挥专业课程思政应有效能，全面实现"立德树人"育人功能。

（一）教学目标创新：德育与智育统一

目标设定是专业课程思政建设的第一步，也是最为关键的一步。"教育立场是教育本质认识和教育价值取向的有机构成。"① 高校行政管理专业肩负着为国家党政机关培养治国理政专门人才和为公共部门培养高级管理人才的重任，这就要求学生不仅具有扎实的理论知识功底和专业技能，而且必须具备本专业特有的政治素养和职业素养。因而，新时代高校行政管理专业课程思政建设在制定教学目标时，必须坚持知识传授与价值引领的有机统一、显性教育与隐性教育的有机结合，既不能忽视专业知识技能的重要性，又不能忽视价值引领的关键性。坚持德智融合的教学目标，要在遵循专业课程知识体系的实际情况下，合理设定各门专业课程的思政教学目标，在专业课程教学中围绕专业课程思政核心元素、深挖课程思政资源，通过"春风化雨""润物无声"的方式将课程思政目标融入课程教学目标中，实现思想政治的德育与专业知识的智育有机融合，将理论知识资源转化为情感价值育人资源，力争使行政管理专业相关课程具备思想政治育人功能，在完成知识传授、能力培养等目标的同时，充分彰显其价值引领功能。同时行政管理专业德智融合的育人目标，不仅要在不同课程教学目标中做到前后衔接、互为支撑、阶梯递进，从专业课程间的联系、育人元素与专业知识的结合上进行内容选择，而且还要将其贯彻落实到教育教学活动等人才培养的全过程，在增进学生专业知识技能的同时，培养学生忠党爱国为民的理想信念，增强学生服务国家治理现代化的本领和实现中华民族伟大复兴的责任感，培养"德才兼备"的高素质人才。

（二）教学内容创新：理论与实践相结合

课程思政建设在内容上要坚持理论与实践的融会贯通，以理论教育为价值指引，以实践教育为行为养成，实现理论与实践的统一是落实课程思政"立德树人"育人目标的关键。但现实中大多课程思政建设在教学中要么侧重理论灌输，要么侧重于实践活动形式，造成理论与实践的脱节。单纯地讲理论、讲道理的灌输式理论教育难以在学生间产生共鸣，更难以

---

① 刘庆昌：《教育之思的基本范畴及其理解维度》，《北京大学学报》（哲学社会科学版）2019年第4期。

融入学生的行为中去；一味地追求课程思政教育活动形式，忽视课程思政的理论引领作用，也会使学生产生一定的抵触和厌烦心理。理论与实践的脱节容易使课程思政教育沦为"无本之木、无源之水"，只会事倍功半。2019年8月，中共中央办公厅、国务院办公厅印发《关于深化新时代学校思想政治理论课改革创新的若干意见》中强调："坚持开门办思政课，推动思政课实践教学与学生社会实践活动、志愿服务活动结合，思政小课堂和社会大课堂结合，完善思政课实践教学机制。"[①] 习近平总书记曾强调，思想政治理论课要增强思想性、理论性和亲和力，坚持"八个统一"，其中理论和实践统一便是其中一项重要内容。这就要求新时代高校行政管理专业在课程思政建设中，要将理论课程与实践课程、校内教学与校外实践紧密结合起来，在校内专业课堂教学中通过典型案例和当下热点问题适时有效地向学生灌输相关理论；在校外专业实践教学中通过志愿服务、毕业实习、党政机关参观等加深学生对行政管理专业理论知识的理解，只有将理论灌输与实践感悟相结合，才能达到培养学生公共精神、服务理念、敬业精神、规则意识等职业素养，收到行政管理专业课程思政育人事半功倍的效果。

（三）教学方法创新：教师与学生互动

高校行政管理专业课程思政建设的落脚点在课堂教学。从现实情况来看，长期以来行政管理专业在课堂教学过程中，大多以教师直接讲授、学生被动接受为主，专业课程教学过程中的师生关系大多属于"权威—依存"关系[②]。这种专业课程教师讲授为主的教学方法，有利于学生在短时间内吸收更多知识，但容易忽视"隐形教育"，导致课程思政教育效果不佳。因此，高校行政管理专业课程思政建设在课堂教学中亟须从以"教"为中心向以"学"为中心转变，需要推动教师与学生共同形成一个致力于真理和价值追求的共同体。正如雅思贝尔斯所言："如果要用一个词来形容大学所进行的教学、研究和服务等多重任务的独特方法，那么这个词

[①] 中共中央办公厅、国务院办公厅：《关于深化新时代学校思想政治理论课改革创新的若干意见》，（2019-8-26），http：//www.gov.cn/xinwen/2019-08/26/content_5424553.htm。

[②] 易鹏、吴能表、王进军：《新农科课程思政建设：价值、遵循及路径》，《西南大学学报》（社会科学版）2022年第3期。

就是'共同体'。"① 思想观念与价值共识往往是在对话交流中转变与达成的，有效的对话沟通是实现知识建构、情感认知和价值生成的重要方式。行政管理专业课程思政建设在课堂教学中要促进教师与学生互动、形成师生共同体。在课堂教学中充分发挥教师引领作用的同时，不断增强学生参与教学的话语权，围绕时代特征与社会发展、理论前沿与时政热点等，采用专题讲座、案例分析、小组讨论、翻转课堂等互动式教学方式，让学生在课堂教学中拥有"对话的主体地位"，促进价值理念的单向输出模式转向双边互动的生成模式，减少课堂教学中师生在"教"与"学"之间的疏离与异化，增加师生在对话交流中的理念认知和共识达成，有助于在平等的对话交流中促进情感共鸣和价值生成。

（四）教学方式创新：线上与线下融合

现代信息技术的发展和网络教学平台的建立，打破了传统教学中的时空限制，"平台课堂""直播授课""专家咨询"等教学方式在虚拟网络空间开展，跨地域、跨时空的网络学习成为现实，不仅促进了信息交流和知识共享，而且丰富了人们学习的方式和接受教育的途径，极大地推动了现代教育事业的发展。新时代高校行政管理专业课程思政建设，应结合数字时代教育的新特点、新变化，顺应数字时代教育数字化发展潮流，充分利用现代网络技术教学平台，整合校内外、线上线下优质课程思政资源，进行"线上+线下"融合的课程思政教育方式，使课程思政建设延伸到教育教学各个环节。在做好传统"线下"课堂教学中专业课程思政育人的同时，要充分利用"线上"各类优质专业课程思政和思想政治教育资源，增加学生学习渠道和满足学生个性化需求。目前，各高校都在开展专业课程思政建设，可通过"学习通""超星泛雅网络教学平台"等软件和"慕课"等方式，促进优质专业课程思政资源在各高校行政管理专业人才培育中的共享，实现优质专业课程思政资源育人功能的最大限度发挥；还可向学生推荐与行政管理专业相关的影视剧、纪录片、名家访谈、电视节目、重要会议等，学生观看学习后提交观后感或心得体会，提升学生的学习兴趣。通过构建线上与线下相融合的课程思政教育方式，有利于充分利

---

① ［美］弗兰克·H.T. 罗德斯：《创造未来：美国大学的作用》，王晓阳、蓝劲松等译，清华大学出版社 2007 年版，第 29 页。

用各种思政资源,满足学生多样化的学习需求,实现"线上+线下"的课程思政协同育人目标。

五　结语

习近平总书记指出:"人才培养一定是育人和育才相统一的过程,而育人是本。"① 新时代高校行政管理专业课程思政建设要以"立德树人"为根本目标,坚持先进理论指引、把握正确政治方向,围绕专业核心元素、深挖课程思政资源,优化教学内容设计、创新教学教育模式,实现专业知识与育人元素"天然"融合,充分发挥专业课程教学"主战场"的思想政治教育作用,切实实现行政管理专业课程"润物细无声"的德育目标。诚然,课程思政建设是一项长期性和系统性的工作,行政管理专业课程思政建设还有诸多领域值得不断深入探索和勇于开拓创新,只有不断完善行政管理专业课程思政建设的根本遵循和方法路径,加快构建更高水平和更高质量的行政管理专业课程思政人才培养体系,才能为培养新时代国家和社会所需的"德才兼备"高素质人才提供保障。

---

① 习近平:《在北京大学师生座谈会上的讲话》,人民出版社 2018 年版,第 7 页。

Ideological and Political Construction of College Administration Course in the New Era: Theoretical Guidance, Core Elements and Path Innovation

Zhou Wei

Abstract: Curriculum ideological and political education is an inevitable trend and important way to construct a new system of ideological and political education curriculum in the new era, and to achieve the goal of moral education and talent cultivation. Realize the coordinated promotion of professional education and ideological and political education, fully leverage the main role of professional courses in moral education, and cultivate high-quality talents with both moral and talent for the modernization of national governance and the great rejuvenation of the Chinese nation.

Keywords: the new era; administrative management; ideological and political education in all courses; fostering virtue through education; ideological and political education through each course

红色资源与党史教育融合的价值内涵、场域基础与实践路径*

——以陕西地区为例

刘文沛 陆欣悦 曹 宇**

摘 要：作为记载中国共产党领导中国人民开展新民主主义建设与革命期间留下的宝贵物质性财富与非物质性精神财富，红色资源是党史教育所依托的历史痕迹与文化瑰宝。陕西红色资源具有迭代文化、革命文化、乡土文化的独特价值内涵，党史研究前期丰硕的研究成果，红色文化资源的系统性整合为高校创新党史教育形式提供了有效的政治场域基础，加强地域性党史学习，用好本土化红色资源，有助于增强大学生党性教育实效。本文以陕西红色资源为例，从制度困境的角度分析党史教育中存在的问题与不足，对如何依托红色资源加强大学生党史教育，弘扬伟大建党精神提出实践性对策，并对其加强党性教育的政治意义进行理论分析。

关键词：红色资源；党史教育；价值内涵；场域基础

2017年5月，《国家"十三五"时期文化发展改革规划纲要》指出：发扬红色传统、传承红色基因，用好革命历史类纪念设施、遗址和各类爱国主义教育示范基地等红色文化资源。[①] 2022年10月，党的二十大报告

---

* 基金项目：陕西高等教育教学改革研究项目"党史教育与政治学专业课程思政教学的融合性研究"（项目编号：21BY099）；陕西大学生创新创业训练项目2022年省级立项"'红星陕耀'陕西大学生党史学习平台——基于陕西高校红色资源课程思政教育的调研"。

** 刘文沛，西北政法大学政治与公共管理学院副教授，政治学博士，硕士研究生导师，研究方向为当代中国政治制度；陆欣悦、曹宇，均为西北政法大学政治学与行政学专业在读硕士研究生。

① 中共中央办公厅 国务院办公厅印发：《国家"十三五"时期文化发展改革规划纲要》，《中国对外经济贸易文告》2017年第35期。

再次强调,"弘扬以伟大建党精神为源头的中国共产党人精神谱系,用好红色资源,着力培养担当民族复兴大任的时代新人"。红色资源是中国社会主义革命与建设时期,在中国共产党领导下,浓缩无数共产党人的爱国情怀与崇高理想而形成的,是以中国化马克思主义为核心的中华民族的先进文化和优秀民族精神,凝聚着中华民族自强不息的精神追求,与之相关的红色文化精神镶嵌于社会主义核心价值体系,成为高校教学实施文化教育的特色资源。开展党史教育的目的在于延续中国共产党的红色精神,传承中国共产党人的红色基因。在新时代背景下,如何充分利用地域性红色资源及其承载的历史内涵,充分发挥红色资源的价值引领作用,使之与党史教育紧密结合,是政治学国家一流专业课程教学改革研究的重要课题。

陕西是传统的革命圣地,延安精神等红色资源种类丰富,内涵广阔,在依托省域红色资源的优势之下,对加强中共党史教育的实践路径进行分析,充分发挥红色资源思政育人的作用,探究互联网新媒体时代红色资源融入党史教育实践中面临的问题,并对未来依托地域性红色资源加强党史教育提出思路与展望。

一 陕西红色资源的文化价值内涵

陕西红色资源是指在中国共产党领导下,陕西省域在新民主主义革命、社会主义革命与建设时期所形成的历史遗产与文化存留,其物质表现有红色遗址、纪念设施、文物文献、文艺作品等;精神载体则表现为理论思想、英雄事迹、精神传统等。红色文化遗存丰富作为陕西的一大特点,其数量丰富分布广泛,影响力之深远,涵盖了中国革命的各个时期,是全国红色资源最丰富的地区之一。根据党史部门的普查数据,早在2010年,陕西革命遗址已达2051个,其中已确定为国家级爱国主义教育基地19个,省级爱国主义教育基地30个,数量名列全国前茅。[①] 如此深厚的革命传统历史赋予陕西红色资源独特的文化价值和政治内涵。

---

① 杨立川:《陕西历史文化资源与陕西电视业的发展》,《新闻知识》2012年第3期。

（一）独特的时空场域与迭代文化

陕西红色资源具有革命性、民族性、先进性等特点，具有独特而不可替代的优质文化，占据了我国红色文化中的内核地位。从时间上看，陕西红色资源分布时间跨度大，从共青团到中国共产党组织在陕西建立到解放全陕西期间均有分布，其中土地革命战争与抗日战争占陕西红色资源的主体，其数量众多，种类广泛，包含各种类型的红色资源；从空间上看，陕西红色资源在陕北、关中、陕南地区均有分布，尤以延安地区为代表，其丰富的红色资源，不仅有在抗日战争时期形成了以服务人民为主要内容的延安精神，还有许多纪念中共中央在延安期间的革命旧址，如延安革命纪念馆，中共中央七大会址，瓦窑堡革命旧址等。陕西红色资源大多以革命根据地为依托，红色资源基于不同根据地情况具有不同的物质形态，非物质形态的精神文化资源更体现地域特色与独特价值。

（二）厚重的革命文化精神与党性自觉

红色血脉是中国共产党政治本色的集中体现，是新时代中国共产党人的精神力量源泉。陕西红色资源作为中国共产党人在革命斗争中不断积累形成的宝贵财富，包含优秀的精神文化资源，以坚定正确的政治方向、解放思想、实事求是，全心全意为人民服务的根本宗旨，以及自力更生、艰苦奋斗的创业精神为主要内容。其所涵养的深刻历史意蕴与政治内涵具有良好的教育功能。有效利用陕西红色资源，将其融入党史教育教学过程中，以厚重的革命文化内涵与马克思主义与时俱进的鲜明思想引导激发大学生党史学习的热情，体味党史学习的深刻感悟。以"党史教育"为切入点，探究依托红色资源加强中共党史教育的路径，推进党史教育与政治学专业课程思政教学相结合，提升学生政治素养，增强青年党性自觉，树立"四个自信"。

（三）内嵌性的乡土热情与文化优势

学习党史是在深刻认识"四史"的基础上，学会用党的奋斗经验看问题、办事情、用党的奋斗精神激励自己，在风云变幻的世界形势下用党的奋斗历史坚定理想信念，坚持国家立场。在乡土氛围下，充分利用陕西红色资源进行党史教育，有利于更好地树立文化自信，弘扬红色文化，自发自觉培育党史学习的理念，将党史教育寓于生活之中，激发大学生党员在乡土热情下对学习党史的主动性、自觉性，利用好红色资源塑造陕西高校学习党史的优良环境，使得党史学习成为大学生生活文化浸润的一部分。要充分挖掘陕西本土化的红色资源，结合地域特色，寓史于学，将党史学习与思政教育紧密联系起来，设置案例生动的党史教学内容，尤其是结合陕西本土化的党史文化、红色文化、历史遗迹、革命精神等，挖掘党在长征时期、根据地建设时期、陕甘宁边区政府时期、国共合作时期与陕西地域相契合的元素，结合陕西的地域特色，使学生能够从党的百年历程中汲取智慧和力量，深刻理解党因何而生、红色政权从哪里来、新中国怎样建立、中国特色社会主义如何发展等党的发展问题，以史为鉴，更好理解党的执政理念与方针政策，真正做到理解党为人民服务的宗旨，为人民利益献身的发展方向，忠实跟随党的坚定信仰。

二 依托陕西红色资源加强党史教育的必要性

（一）有助于在新时代促进马克思主义大众化、时代化

为使马克思主义深入群众，使群众能够掌握马克思主义、深入理解其内涵，必须实现马克思主义的大众化。在将抽象的马克思主义理论转化为大众能够喜闻乐见的具体内容的过程中，宣传是必不可少的转化环节。红色文化与红色资源本质上是中国共产党与中国人民革命精神的结晶，是在马克思主义中国化实践过程中所产生的经验产物，是马克思主义大众化的历史痕迹。在贯彻为人民服务与实事求是的原则下，中国共产党以人民利益优先，在马克思主义的指导下进行革命与建设，在陕西境内留下了革命圣地、革命旧址、各类历史事件发生地、纪念馆等。这些历史遗迹反映了中共中央在陕西进行奋斗的光辉历程，其中所蕴含的历史价值与思政教育价值在党史教育中发挥着重要作用。在新时期背景下，弘扬红色文化，利用好红色资源，本质上是依托红色资源所附带的历史意蕴与精神指引，在红色文化与红色基因传播与传承的过程中，促进马克思主义大众化，且赋予红色资源新的时代内涵，将红色资源与创新精神、与时俱进精神、改革开放精神等民族精神和时代精神联系起来，体现出中华民族、中国共产党的优良传统与道德价值观，也是马克思主义时代化的体现。马克思主义时

代化的最终目的是维护最广大人民群众的利益，实现人的全面发展，由此可见利用好红色资源作为加强党史教育素材及手段，有利于促进马克思主义的大众化与时代化，更好地得到群众的支持与认同。

（二）有助于在实践中弘扬共产主义理想信念

在中国共产党革命战争期间，共产党人始终秉持一切为了人民的价值信仰与崇高的革命理想主义精神，激励了无数共产党人不畏惧牺牲，奋勇前进，共产主义崇高理想是激励共产党人砥砺前行的灯塔，是共产党人带领人民奔向幸福生活的不竭力量。共产主义理想信念作为共产党人前进动力与发展的目标方向，在继承长征精神、西柏坡精神等红色革命精神的基础上，继续传承与发展，为新中国建设时期与改革开放时期所形成的红色精神奠定了基础。陕西红色资源中所蕴含的红色精神，是共产主义理想信念在实践过程中的切身体现，为红色资源铺就了无产阶级彻底革命的底色，也为红色文化资源的构筑提供了精神支撑，为新时代弘扬共产主义理想信念，涵养红色资源提供了广阔的发展格局与长远的精神视野。

（三）有助于在精神上培育社会主义核心价值观，树立文化自信

发展优秀民族传统文化，就是对习近平新时代中国特色社会主义核心价值观的培育与弘扬，这离不开优秀民族发展的历史文化根基。作为传承革命文化与优秀传统文化的物质与精神载体，红色资源以其本身丰厚的历史底蕴与精神内涵，为进一步培育和弘扬社会主义核心价值观提供了精神助推[1]。在民族文化的基础之上，社会主义核心价值观与红色资源中蕴含的红色文化本身出自同样的底蕴基础，社会主义核心价值观中包含红色文化资源的部分内容，如为民族求解放，为社会求发展，为人民谋福利等，是社会主义核心价值观内核的重要体现。在当前全球化发展的时代潮流下，树立文化自信离不开对核心价值观的践行和培育，而产生于新民主主义革命时期的红色文化既是对优秀传统文化的传承，更是与时俱进的不断创新；同时，优秀传统文化中所包含的爱国主义情怀与担当精神，也是社会主义核心价值观中的核心溯源。依托好陕西红色资源，传承红色文化，

---

[1] 朱丽：《红色文化资源融入"课程思政"的价值意蕴与实现路径》，《湖北师范大学学报》2020年第4期。

赓续红色基因，是培育社会主义核心价值观，弘扬文化自信的有力手段。

三 依托陕西红色资源加强党史教育的场域基础

（一）以延安精神为核心的党史教育前期研究成果较为丰富

延安精神自诞生以来就受到了专家学者的高度关注，延安精神作为中国革命精神的主要代表，以延安精神为核心的党史教育研究成果较为丰富，内容主要涉及对延安精神的形成发展、科学内涵、时代价值、当代传承等多个维度，包括学术著作和重要文章，从高校到民间成立了相关的研究会，如中国延安精神研究协会、陕西省延安精神研究会等发表了丰富的学术成果，在20世纪90年代掀起一阵延安精神研究热潮，在陕西地区影响深远。现有的研究成果主要针对延安精神的核心内核，对其当代价值都给予了肯定，坚定了延安精神在党史教育中必不可缺的地位，在其传承路径和当代启示上也提出了大量切实可行的建议。

陕西作为延安精神的发源地，与延安精神血脉相承，基因相连，无论是从研究热度和资料储备以及学者数量上都有超越性优势，已有的学术成果为陕西党史教育进一步拓展深化提供了良好的场域基础，推动着陕西高校党史学习教育向纵深方向推进。

（二）以红色文化为资源的系统性整合成效较为显著

陕西红色文化资源丰富，近年来陕西针对红色文化资源开发和利用的系统性整合成效显著。陕西省有着极为丰富的红色文化资源，包括以延安精神为主体的精神资源，还有显性的载体资源，如凤凰山革命旧址，延安革命纪念馆等革命文化纪念馆。遍布于陕中地区的各种红色资源的革命遗址，如扶眉战役纪念馆、渭华起义纪念馆等。多年来，陕西省红色文化资源开发中存在着整体开发不足、红色文化资源品牌价值认知匮乏、开发速度缓慢和管理体制割据化等问题，掣肘着陕西红色文化资源的价值实现。但是近年来，在政府的努力下，提高了红色文化整合度，搭建起以延安为核心，由西安、汉中、渭南、咸阳为支持的特色红色旅游景区，完善交通和基础设施，并且持续加大了对延安及川陕两个革命纪念馆为重点的红色旅游观光区的建设，在发展红色文化旅游景区的同时，还将红色文化与其他产业融合，形成了红色文化与影视传媒、展会服务、艺术教育等结合的多种品牌红色文化产业，挖掘红色文化资源潜力，最大限度地释放其价值。陕西省正在挖掘更多的红色文化资源，寻找红色文化宣传和党史教育的契合点，致力于红色文化资源的可持续发展。

内容丰富、形式多样的陕西文化资源的存在，将中国共产党的民族精神具体生动地表现出来，在党史教育中，有利于受教育者了解到中国共产党不屈不挠的奋斗历史，从丰功伟绩中感受强烈的精神震撼，获得精神启迪。

（三）以高校"课程思政"为抓手的党史学习活动形式多样化

党史教育贵在坚持，重在落实。多样化的学习方式是党史教育常态化的制度保障。高校以课程思政为抓手，结合党史教育落实立德树人根本任务，将党史教育作为课程思政的重要组成部分，本质在于通过党史学习，利用正确的价值引领，提高受众党性素质，发挥党史精神的教育意义。陕西省的高等教育发达，大学众多，共有普通本科院校57所，专科院校40所。因此，陕西在高校党史教育上发挥着示范引领性作用。

陕西蕴含着丰富的文化资源，在这些文化资源中蕴含着丰富多样的精神和文化内涵，从红色文化遗址、红色文化纪念馆以及各种革命遗物中都能够感受到革命先驱的坚定信念和崇高理想，表现了陕西人民无畏的革命精神和优秀品质。陕西高校的党史教育以高校思政课堂为抓手，以陕西红色资源为基础，开展形式多样的创新型党史教育活动。教育对象上涉及全体师生，既包括高校内从本科生到硕士生全部主体，也有对高校内教职工开展定期的党史思政教育，营造浓郁的学习氛围。在教育内容上，明确了党史教育的重点和核心，借助本土优势，以延安精神为主体包含其他党史内容为逻辑的党史教育内容，创新性地建立起一套拥有陕西特色的党史教育内容。在教育手段和措施上，除了高校传统的直接讲授法，努力融入案例教学法和情境教学法等。努力拓展形式丰富的教学方法，借助红色旅游基地引导学生身临其境地感受党的历史，组织观看红色电影，感受党坚定的信念和崇高的理想。在党史的教育成果检验上，高校组织党史教育宣讲团，深入基层弘扬延安精神，巩固高校思政课堂党史教育成果，促进理解和吸收。开展形式新颖、内容充实、生动形象的课程思政党史教育活动，促进高校学生的认同和理解，以"课程思政"为抓手的党史教育更具有实效性。

四 依托陕西红色资源加强党史教育的现实困境

(一) 红色资源历史敬畏感的认识与约束较为缺失

中国共产党百年奋斗史是中国共产党初心与使命的历史见证,在学习党史的过程中要时刻怀揣敬畏之心,严肃对待革命历史与革命精神,尊重革命先烈。在参观红色遗址进行党史教育培训时,部分群众存在衣冠不整、打卡拍照、随意品评等不尊重历史的情况,对党史教育的意义认识不够深刻,缺乏一定的历史敬畏感。为保护红色资源,2020年以来,陕西省检察机关开展了红色资源专项监督活动,对若干红色文化遗址进行保护性修缮,但对待红色文化历史遗迹更多的是社会道德的约束,缺乏常态化的教育与监督。

(二) 党史师资培训存在地域性差异与非均质化管理等问题

在进行党史培训时,师资力量也是十分重要的一环。好的党史宣讲设计离不开优秀教师的讲解,优质师资能够保证党史教育课程的顺利开展。但是,由于陕西红色资源分布范围广、数量多,在依托红色资源开展党史教育的过程中,存在偏远地区的专业红色文化讲解员在数量与质量上都十分缺乏的情况,经过培训的专业党史讲解员大多存在于大型红色旧址、纪念馆等,偏远地区的小型红色遗址以志愿者兼职或导游讲解为主,在将党史教育与红色资源融合方面,师资力量需要进一步均质化管理。

(三) 地方政府缺乏对党史教育的统筹规划与设计

部分地方政府对利用当地红色资源加强党史教育十分重视,规划组织相关党史教育培训,大力挖掘红色文化、红色资源在党史教育中的作用,一定程度上也推动了党史教育的规模化培训与秩序化发展。但在统筹规划方面仍存在一些问题,导致党史教育与红色资源融合过程中没有平衡处理培训规模与培训质量之间的关系。部分地方追求党史教育的规模与数量,存在形式主义问题,对党史教育的质量缺乏制度性规定与监管,使得党史教育空泛于形，从本质上忽视了党史教育的根本目的，在红色资源与党史教育融合的过程中缺乏党性精神的引领，使得党史教育的培训意义大打折扣。

（四）依托陕西红色资源加强党史教育与时代发展的契合度不够

陕西作为红色资源大省，在依托红色资源加强党史教育方面具有显著优势。开展党史教育是弘扬新时代制度自信与文化自信的必然要求。长期以来，党史教育着眼于历史价值与红色精神，其内容与思想较为固定，讲述模式随着红色资源的成熟开发也固定了下来。但是在新时代背景下，或有旧的表述较为落后，或有延续下来的培训内容仍没有更新，与时代精神较为脱节，在社会大环境的衬托下有些格格不入。促进红色资源与党史教育的融合，既要注重传承与弘扬党史精神的内涵与思想，也要以发展的眼光看待党史精神，在传承的过程中融入时代精神与优秀文化，丰富党史精神内涵。

五　依托红色资源加强党史教育的实践路径

（一）重视新时代加强党史教育的政治意义

中共中央宣传部党史学习领导小组指出："各地要联系实际，认真贯彻落实，在组织开展各级各类宣讲活动中，使用好本地红色资源，引导广大党员干部群众学史明理、学史增信、学史崇德、学史力行，凝聚起奋力开启全面建设社会主义现代化国家新征程的磅礴力量。"党史作为中国共产党人为新中国建立的崇高理想而奋斗的伟大历史，蕴含着深刻的历史意识。大学生学习党史最重要的是增强人民的历史意识，坚持中国共产党领导，跟随党的步伐，将党的精神与新时代社会主义建设相结合，将理想信念外化为未来职业追求。重视党史教育，本质上就是坚持马克思主义的发展路线与发展观，坚持唯物史观与辩证唯物主义的基本要求，在深层次把握马克思主义的立场与观点，理解中国特色社会主义的发展脉络与理论实践。党史教育作为党的工作中的重要环节，有助于加强大学生党员的理论修养，深化大学生对党性的认识与信仰。

（二）以红色资源为切入点提升政府党史教育质量

首先，从本质上加强红色文化的涵养。充分挖掘红色资源内涵，大力传承、保护红色资源，更好地发挥红色资源在教育引领与社会发展方面的推动作用。加强对革命遗迹、纪念设施等红色资源的管理，重视红色资源的价值挖掘与保护传承，当地有关政府部门可制定具体保护的规定措施，明确责任单位。

其次，注重非物质性红色文化、红色精神的协作传承。政府需要充分调动各部门的积极性，及时挖掘保护具有教育意义的各类红色资源，以文字或影像等方式保存下来，制作党史教育更具有感染力的文化素材库，让真人再现历史，使得历史以另一种方式"活"下来。

最后，加强地域性红色资源的整合优化。加强陕西各地红色资源间的交流合作，避免分散为政，创新合作机制，使陕西红色资源成为系统性资源，打造各地区红色资源共享共惠发展，促进共赢的新格局，形成红色资源的健康发展模式。

（三）依托红色资源加强红色教学队伍建设

发展红色教学离不开高水平教学人员队伍的建设。要提高教师政治水平，建立具有红色资源属性的教师队伍。针对偏僻地区专职党史讲解员人数不足的问题，一方面，要加大力度选聘优秀教学人手，建立相应的人才保障机制，保证充足的教学人员数量；也可采取灵活的录用与管理机制，交叉运用专职讲解员与兼职讲解员，缓解教学人员人数不足的压力，大力号召志愿者参与红色资源讲解的志愿活动，既从某种角度促进了红色资源的宣传，也为教学人员的培养提供后备队伍。定期组织教学人员进行红色精神与党史教育的专业培训，提升本土教学人员素质；另一方面可选派专家学者、革命后代等具有专业特色的教师队伍对红色资源进行巡回访问讲解，既解决了某些红色遗址、纪念馆人数不足的问题，也能有力地带动本土教学人员的学习热情，构建优良的学习氛围，并组织专家学者对本土教学人员进行培训，提高其在党史教育方面的专业化水平。重视师资人员的资格审查与日常考核机制建立，做好相应的监督管理工作，提升教学人员的服务意识与服务技能，定期进行相关培训。建构全程培养的教师服务体系，促进教学人员终身学习理念的形成。

（四）建设融合地域特色的高校专业化党史教材

党史教育中的课程教学需要有充分的红色资源支撑，陕西在红色资源的数量与质量方面具有明显优势，陕北、关中、陕南等地都留存有各具特色的红色遗迹。但是也有与此相对应的问题产生，即陕西在红色资源丰富的同时也面临着红色资源分散的零散性。为解决陕西党史教育中存在的问题，研发配套指导教材成为解决红色资源分散性问题的有效手段。红色革命资源教材对现有党史资源进行有效整合，既有助于解决学生缺乏党史学习专业教材的问题，又能为课程中党史实践任务的设置和开展提供必要的资源支撑，解决当前红色实践方向少、质量不高的问题。将红色资源作为党史教育的配套资源，寓教学于实践中，促进党史教育专业化，学习手段多样化，为系统性党史学习提供教材支撑，从根本上加强党史教育高质量发展的育人基础。

（五）新时代创新发展党史学习的互联网+模式

加强党史教学方式的互联网化，要充分利用当今互联网时代所带来的沟通便利，根据当今党史学习者的身心特点以及时代特征，制定多样化、直观化、碎片化的教学形式，整合各类党史教学资源，在建构线上互动学习平台的基础上，拓展课程思政的教学深度和广度，为党史学习者营造积极的学习环境，既可以在休闲娱乐中学习到更多的党史知识，也能在潜移默化中提升自身的道德素养，促进党性精神的弘扬，构建丰富的课程思政教学形式。将现今互联网、人工智能、VR技术的发展与红色资源在党史教学中的应用联系起来，一方面可以使党史学习者足不出户体验红色资源，增加党史学习的便利性；另一方面采用VR交互的设备体验，促进党史学习的互动性，使红色资源真正做到"活起来"，既解决网络党史教学资源利用率不足的问题，也顺应时代发展的趋势，充分利用互联网发展依托红色资源进行的党史教育。

六 结语

在陕西红色资源形成的不同阶段，红色文化就深深扎根于陕西的党员群众灵魂中，学习党史更是已经成为三秦大地上一种类似于本能的政治呼唤。陕西具有丰富的红色资源，浓厚的党史学习氛围底蕴，依托红色资源加强大学生党史教育是一直以来蕴藏在高校教学改革中的潜意识。新时代背景下，高校教师要让党性精神更好地弘扬传承，既要理性继承红色资源所带来的历史文化遗产，发挥其促进党史教育的优越功能，更要感性传达红色资源中具有的永恒精神价值，培育符合社会主义核心价值观的崇高信仰与文化自信。相信在党史教育与红色资源的深度融合下，专业化的课程教学改革会更好地促进红色资源同"四史"教育相结合，使青年大学生深刻认识到我们党、我们国家从何处来到何处去，继往开来，实现对党史学习的守正创新，以党性精神促进新时期中国特色社会主义思想政治建设。

The Value Connotation, Field Foundation, and Practical Path of the Integration of Shaanxi Red Resources and Party History Education

Liu Wenpei   Lu Xinyue   Cao yu

Abstract: As a record of the precious material wealth and non-material spiritual wealth left by the Chinese people under the leadership of the Communist Party of China during the construction of new democracy and revolution, red resources are historical traces and cultural treasures on which Party history education is based. Shaanxi red resources have the value connotation of iterative culture, revolutionary culture and local culture, and the early stage of party history research has achieved fruitful results. The systematic integration of red cultural resources provides an effective political field foundation for colleges and universities to innovate the form of Party history education. Strengthening the study of regional party history and making good use of localized red resources will help enhance the effectiveness of party spirit education for college students. Taking Shaanxi red resources as an example, this paper analyzes the problems and deficiencies in party history education from the perspective of institutional dilemma, puts forward practical countermeasures on how to rely on red resources to strengthen party history education for college students, carries forward the great party-building spirit, and analyzes the political significance of strengthening party spirit education.

Keywords: red resources; party history education; value connotation; field foundation

课程思政视域下专业类课程教学设计研究*

——以"社会保障学"课程为例

李文琦　李佳莹**

摘　要："课程思政"是党和国家立足于新时代新思想下孕育的新教育理念。科学合理的教学设计不仅能够更好地落实"课程思政"教学目标，提高"课程思政"课堂教学质量，同时作为教师和学生之间的桥梁，也能够缩减教学目标期待状态水平和学生实际状态水平间的差距。目前，针对专业课"课程思政"教学设计中普遍存在的教学目标同质化、教学内容僵硬化、教学评价体系欠科学等问题，应通过"类别+特色+层次"教学目标改进、"新度+梯度+适度"教学内容重设以及"重学+多元+全程"教学评价改革予以解决。

关键词：课程思政；教学设计；社会保障

社会保障是人民生活的安全网和社会运行的稳定器。党的二十大报告明确提出要"健全覆盖全民、统筹城乡、公平统一、安全规范、可持续发展的多层次社会保障体系"。为了深入贯彻这一以人民为中心的发展思想，扎实做好民生保障工作，社会保障专业人才培养任务艰巨，亟须"快马加鞭"。

课程思政是党和国家立足于新时代新思想下孕育的新教育理念。2020年5月教育部印发《高等学校课程思政建设指导纲要》指出，管理学专业课程应帮助学生了解相关专业和行业领域的国家战略、法律法规和

---

* 基金项目：西北政法大学教改项目"'课程思政'视域下专业类课程教学设计研究——以《社会保障学》课程为例"（项目编号：XJYB202117）。

** 李文琦，西北政法大学副教授，研究方向：社会保障理论与政策、弱势人群社会保障研究；李佳莹，西北政法大学管理学院社会保障专业2022级在读研究生。

相关政策，引导学生深入社会实践、关注现实问题，培养学生经世济民、诚信服务、德法兼备的职业素养。"社会保障学"作为公共管理学科下辖专业——劳动与社会保障专业的一门核心课程，如何在教学设计中，将课程思政理念恰如其分地融入其中，应是每位任课教师认真思考的重要问题。

一 专业类课程推进"课程思政"教学设计的重要意义

设计从字面理解就是设想和计划。《现代汉语词典》（第七版）将其定义为："在正式做某事之前，根据一定的目的和要求，预先制定方法、图样等。"《辞海》（第七版）将其解释为："一种设想、一种计划，以及为实现这种设想和计划所实施的一系列策划方式和实施方案。"依此，我们可以将"社会保障学"课程思政教学设计理解为教师为了达到"社会保障学"课程思政教学预期目标，以时代教育理念为引领，以现代教学理论为指导，依据劳动与社会保障专业学生的特点及所在高校的学科优势，对课程整个教学活动提出系统规划和具体教学方案的过程。主要包括教学目标设计、教学内容设计和教学评价的设计。

教学设计是开展教学活动的前提和基础[①]。科学合理的教学设计不仅能够更好地落实课程目标，提高课堂教学质量，同时作为教师和学生之间的桥梁，也能够缩减教学目标期待状态（水平）和学生实际状态（水平）之间的差距，实现课堂教学的最优化。"社会保障学"课程在内的专业类课程思政教学设计于此基础上，更加具有如下重要意义。

（一）有利于"专业课"与"思政课"交相呼应，同向同行

习近平总书记在全国高校思想政治工作会议中强调，所有课堂都有育人功能，不能把思想政治工作推给思政课。其他各门课都要守好一段渠、种好责任田，承担起相应的责任。专业类课程思政教学设计一方面在育人

[①] 汪应、陈光海、韩晋川：《高校教师信息化教学能力构成研究》，重庆大学出版社2018年版，第12页。

目标环节可以寓价值观引导于专业知识传授和能力培养之中，帮助学生树立正确的世界观、人生观和价值观，实现"专业课"和"思政课"同标同责；另一方面，在育人内容环节也可以通过"互补式"课程体系设计，打造"专业课"与"思政课"资源共享、内容互润。

（二）有利于"显性教育"与"隐性教育"融会贯通，互渗互助

根据《高等学校课程思政建设指导纲要》，高校应科学设计课程思政教学体系，要根据学生所学专业的特色及优势，深入研究育人方法，挖掘蕴含于其中的思想价值和精神内涵。这就要求教师能够将"显性教育"和"隐性教育"这对相辅相成、辩证统一的教学方法恰如其分地内置于专业类课程思政教学设计当中。[①] 通过思政课教育主渠道，正面、直接塑造和提升学生思想政治觉悟与道德素养的同时，运用专业课隐形思政教育属性——柔性、间接地将思政元素渗入专业知识讲授之中，让学生不知不觉地将其内化为自己的思想品质和道德行为，潜移默化地实现"育人"和"育才"相统一的人才培养目标。

（三）有利于"思政课""通识课""专业课"教师协同联动，各司其职

开展课程思政的目标即是要建立思政课"价值引领"、通识课"人格塑造"、专业课"润物无声"的课程思政教育教学体系，利用"三课"协同育人平台聚集功能，将教师资源聚集整合，形成思政教育合力，提升育人实效。当然，要实现这一目标，必须通过系统、具体、科学的教学设计。换句话，只要在科学合理的教学"顶层设计"中将思政课教师、通识课教师、专业课教师各自所需承担的教学任务予以明确系统规划、界定、分解和衔接，就能从根本上解决长期以来思政教育分散无序、各自为战的状态，使课程之间真正做到齐心聚力、同向发力、协同推进，从而扎实、高效地实现课程思政要求的全程育人、全方位育人、全员育人的"三全育人"总目标。

---

① 李静：《高校显性教育和隐性教育的辩证与融通》，《中国成人教育》2022年第3期。

二 "社会保障学"课程思政教学
设计现状及存在问题

高校"社会保障学"课程思政自2018年教育部启动"三全育人"综合改革起,已走过了四年发展历程,期间不乏学者从不同学科、不同视角对课程教学设计进行了广泛研究,取得了丰硕的研究成果,积累了丰富的实践经验。但同时也显现出有待进一步深入探讨的空间。

(一)"社会保障学"课程思政教学设计中的成绩表现

1. 教学内容:充分挖掘专业课思想政治教育元素

为了帮助学生理解专业知识的同时提升其思想认知水平,近年来各高校任课教师利用多种途径积极挖掘、深入梳理课程育人元素。一是对照育人目标,从"章节知识点"中挖掘。如从社会保障制度体系、养老保障、医疗保障、低保制度、灾害救助等章节挖掘并凝练出"中国特色社会主义制度与道路""尊老爱幼传统美德""健康中国战略""集体主义思想""无私奉献精神"等思政元素,以期培养学生确立正确的政治方向、树立崇高理想信念、提升践行良好道德自觉性以及锤炼个人实践能力的育人目标;[①] 二是立足"理想信念"核心指向和"爱党、爱国、爱人民"基调主线,从社会保障法律法规及政策体系中挖掘。如通过引导学生深入学习中国基本养老保险制度中"以公平为主,兼顾效率"的"统账结合"模式设计,增强其对党的创新理论的思想认同和对我国社会保障制度的信心;[②] 三是从国家战略和社会热点问题中挖掘。通过带领学生学习《中共中央关于制定国民经济和社会发展第十四个五年规划和二〇三五年远景目标的建议》中提出的"实施积极应对人口老龄化国家战略",使其理解并感受到"坚持以人民为中心,全心全意为人民服务,带领人民创造幸福生活"是中国共产党始终不渝的奋斗目标,是维护国家人口安全和社会

[①] 李春根、仇泽国:《高校课程思政元素的挖掘与育人功能——以"社会保障学"》,《中共南昌市委党校学报》2021年第2期。

[②] 吕永强、司睿:《建构主义视域下课程思政融入课堂教学的实践探索——以"社会保障原理"课程为例》,《黑龙江教育》(高教研究与评估)2022年第7期。

和谐稳定的重要考量,等等。

2. 教学方法:运用智慧教学提升认同,增进互动

为了提升学生学习效果,增进学习体验,同时结合时代要求不断拓展课程思政的广度、深度和温度,各校任课教师一方面通过雨课堂、学习通、腾讯课堂、钉钉等网络教学平台软件,把与课程知识点相关的思政视频、音频植入课堂,让学生感受其中思想意境的同时,了解世情、国情、党情、民情,进而增强对党的创新理论的政治认同、思想认同和情感认同;① 另一方面,积极采用线上教学、对分课堂和情景模拟等教学方法,充分调动学生学习的主动性和积极性,形式多样地开展德育教育。如采用微信、弹幕、QQ 等通信手段与学生开展线上交流和讨论;利用课件、短视频、视频剪辑等软件让学生展现自主学习成效,等等。

3. 教学评价:对标学习目标,严格课程阶段性考评

为了避免学生将"专业"学习与"思政"学习割裂化,学习中要么重"专业"轻"思政",要么偏"思政"轻"专业",各校任课教师一方面重视以课程为单元的"知识"评价,对照"课时—单元—模块"预定的课程教学目标,采用"纸笔测试"对学生习得的专业知识进行诊断性测评,另一方面引入育人阶段性达标模式,对照特定阶段学生的专业思想政治素养提升发展要求,采用"档案袋评测",把与课程思政教学相关的课程论文、调研报告、轶事记录、阅读心得等及时纳入"档案袋",通过评阅鉴定,适时了解、掌握学生情感、态度以及行为等方面的变化。

(二)"社会保障学"课程思政教学设计中存在的主要问题

1. 教学目标:同质化现象严重

根据已有文献并结合各校实际不难发现,目前"社会保障学"课程思政教学目标要么直接引用《高等学校课程思政建设指导纲要》中提出的"明确课程思政建设目标要求"等相关内容,要么笼统地提出要实现"知识、能力、价值观、素养"相统一的四位一体化教学目标,而少有基于学校优势学科资源、立足学校人才培养总目标以及劳动与社会保障专业人才培养目标研究制定课程教学目标的。这不仅造成专业课课程思政目标

---

① 姜雅净、程丽萍:《三全教育理念下高校课程思政改革实践》,上海立信会计出版社 2021 年版,第 204—205 页。

与学校人才培养总目标相背离，同时也使专业课课程思政目标与本专业人才培养目标之间的关系模糊。

2. 教学内容：育人育才僵硬化

专业课是课程思政建设的基本载体。①"社会保障学"课程思政中的"思政"原本应以传授社会保障知识为基本内核，做到学术为基、育人为要，但是实际调研中发现并非如此。当前，五分之三的任课教师认为专业课教师理应以传授专业知识和专业技能为主要职责，"思政"学习点到即可；五分之一的教师认为育人育才同等重要，课时分配应各占一半；其余教师则认为课程思政就是专业课程思政化，教师在教学过程中应把价值观培养放置首要位置，将学生灵魂塑造与精神培养作为核心教学内容②。

3. 教学评价：体系设置不科学

首先，缺乏战略高度，本末倒置。目前，几乎所有高校都对"社会保障学"课程思政建设的重要性予以反复强调，而对其规范性操作标准却少有涉及；其次，重教轻学。从多所高校"社会保障学"课程思政教学评价体系及其内容来看，评价对象主要针对的是教师，包括课程思政教学大纲、教学方案、教学内容、课程考核等多个环节，但对于学生"学"的评价仍是"重结果轻过程"。部分高校开展的所谓"形成性评价"也多流于形式，不仅评价指标选取和权重设计欠缺明确依据、评价方法缺少定量定性整合，而且评价主体单一、评价数据不透明，严重影响了教学评价应有功能的发挥。

三 完善"社会保障学"课程思政教学设计的对策思考

科学合理的教学设计是顺利开展教学活动的基本保障。在"社会保障学"课程思政教学设计过程中，任课教师应注意将指导性、整体性、操作性和创造性教学设计的四大基本特征融入其中。

---

① 张庆奎：《润物细无声 大学课程思政研究文集》，苏州大学出版社2021年版，第320—322页。

② 彭爱萍：《消除高校专业课课程思政实施的误区》，《中国教育报》2019年11月7日。

(一) 教学目标：类别+特色+层次

教学目标是教学活动的风向标，决定着教学活动的全过程。教学目标设计的科学与否直接关系到教学的成败，影响着教学内容设计、教学方法设计、教学评价设计和教学效果等多个方面。"社会保障学"课程由于开设于不同优势学科背景的高校，因此课程思政教学目标设计理应做到"学科+专业+课程"一体化基础上的"类别+特色+层次"一体化实施。具体而言，一是要依托学科特性和学科发展规律要求，通过理论联系实际，达到涵养学生精神成长和提升文化自信的目的；二是要立足本校优势学科和办学经验定位的专业特色进行设计；三是要针对课程类别（学院平台课、专业基础课等）和授课对象进行设计；四是要准确把握教学目标设计的层次性，厘清专业思政目标、课程思政目标和单次课程思政目标之间的内在逻辑关联。

如以西北政法大学为例，首先"社会保障学"是管理学下辖公共管理学科专业之一——劳动与社会保障专业的一门核心课程，课程思政应遵循公共管理学学科特质，明确教学目标是要帮助学生通晓民生保障领域的国家战略、法律法规和相关政策，引导学生深入实践，关注社会保障前沿课题，培养学生经世济民、诚信服务、德法兼备的职业素养。其次，该课程开设于一所中央和地方政府共建，由省级人民政府主管的高等法学院校。教师设计教学目标时，应体现专业人才培养特色，充分依托学校在法学教育和法学研究方面的雄厚实力，注重以习近平法治思想引领"社会保障学"课程思政教育，培养学生坚定法治理想信念、坚守法治精神。再次，从课程属性来看，该课程为学院平台课。即授课对象除劳动与社会保障专业外，还包括政治学、行政管理和公共事业管理三个专业的学生。因此，为了更好地发挥骨干课的育人功效，课程教学目标设计应针对不同专业有所侧重。例如，针对劳动与社会保障专业的学生，应让其懂得人民至上是中国共产党的执政理念。社会保障制度是提高人民群众获得感、幸福感、安全感的重要举措。通过讲授中国社会保障制度的产生、发展与改革，进一步增强学生对党的创新理论的政治思想认同，坚定中国特色社会主义道路自信、理论自信和制度自信；对于行政管理专业的学生，则应让其懂得政府在社会保障事业中的基本职能，知晓公权力的本质是为人民服务，公共行政的基本精神是以完善公共服务体系，保障人民群众基本生活,不断满足人民日益增长的美好需要,促进社会公平正义,形成有效的社会治理和良好的社会秩序等。最后,应将专业思政目标分解到每门课程当中,通过课程之间的思政协同化,显现思政教育有机融入专业教育的体系化、规范化和系统化设计。例如,"社会保障学"作为一门专业基础课程,与"社会保险""社会保障基金管理"等专业方向课相比,既不能片面追求课程思政的广博,也不能片面追求某一职业领域的精神,而应立足专业课程群的思政"顶层设计"理念,引导学生了解马克思主义的社会保障思想和中国特色社会主义的社会保障思想,通过思(专业思政教育)、学(课上课下学习)、训(专业实践与操作)、创(创新创业项目训练)之"四链融一"教学模式帮助学生树立良好的专业思想和专业意识,提升专业认同感,明确专业目标,尽早确立专业职业定位、制定职业规划。

(二) 教学内容:新度+梯度+适度

动态性是思想政治教育的重要特点。不同于其他部分专业课知识,课程思政的动态性主要表现为:一是没有相对稳定的教材,思政内容是在党和国家大政方针指引下,随时代的变化而变化的;二是没有相对稳定的教学时间规定,每学期、学年都有新要求、新内容;三是受师生个人因素影响,对课程思政的重视程度会有较大波动。[①] 因此,在教学内容设计中一定要提高课程思政的"新度",做到"抓住教学要点、紧跟时政热点、关注学生特点"。例如,在讲授"中国社会保障制度发展"这一知识点时,教师应引导学生领会当前我国社会主要矛盾的变化,理解习近平总书记在党的二十大报告中提出的"健全覆盖全民、统筹城乡、公平统一、安全规范、可持续的多层次社会保障体系"这一新要求的深刻内涵,并向学生分析中国社会保障事业改革发展中遇到的新挑战,启发学生运用专业理论知识分析问题、解决问题。

梯度性是思想政治教育依次递进、衔接照应、联结一体的重要属性。为了避免专业课课程思政单向度、片面化造成的内容重复、知识碎片化等问题,任课教师在设计教学内容时,一是应厘清不同课程之间的逻辑关

---

① 姜秉权、韩秀艳:《形势与政策课教育的动态性探索与实践》,《知识经济》2013 年第 20 期。

系；二是应突出不同课程知识点之间的层次性和递进性。如以劳动与社会保障专业为例，"社会保障学"突出的是专业基础理论、基础知识，反映的是社会保障学科发展前沿动态；"社会保险学""社会救助与社会福利"等方向课程突出的是专业知识和专业技能，对学生掌握专业发展以及分析、解决专业领域的实际问题具有不可替代的作用；"社会保障职位模拟""社会保险信息化工作实务"等实践类课程则重在培养、提高学生的专业实践操作与应用能力。从课程体系的梯度性来看，各门课程既应体现知识积累上的纵向衔接与递进，也应体现知识理论和运用层面的高度与深度。以不同课程中的相同知识点——"养老保险"为例，设计如下（见图1）。

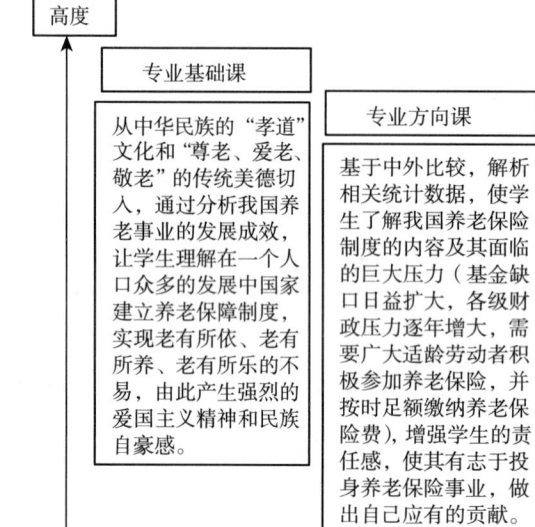

```
高度
  ┌──────────────┐
  │ 专业基础课    │
  │ 从中华民族的"孝道"文化和"尊老、爱老、敬老"的传统美德切入，通过分析我国养老事业的发展成效，让学生理解在一个人口众多的发展中国家建立养老保障制度，实现老有所依、老有所养、老有所乐的不易，由此产生强烈的爱国主义精神和民族自豪感。│
  └──────────────┘
       ┌──────────────┐
       │ 专业方向课    │
       │ 基于中外比较，解析相关统计数据，使学生了解我国养老保险制度的内容及其面临的巨大压力（基金缺口日益扩大，各级财政压力逐年增大，需要广大适龄劳动者积极参加养老保险，并按时足额缴纳养老保险费），增强学生的责任感，使其有志于投身养老保险事业，做出自己应有的贡献。│
       └──────────────┘
            ┌──────────────┐
            │ 专业实践课    │
            │ 在介绍"中国精算师之父"陈思度先生对民族保险业和精算职业不朽贡献的基础上，要求学生完成指定地域劳动力人口和基本养老保险数据统计，在养老保险精算基础上，运用PSCPF软件完成基金收支预测，培养学生不畏艰难、不懈探索的职业精神。│
            └──────────────┘
                                          → 深度
```

图1 专业类课程相同知识点思政内容梯度设计

适度性是处理思想政治教育与专业课知识之间关系的重要原则。正如习近平总书记早在2016年全国高校思想政治工作会议上强调的那样，思想政治工作应该像盐，但不能光吃盐，最好的方法是将盐溶解到各种食物中自然而然地吸收。这个生动形象的比喻对于如何设计专业课课程思政内容有着深远而重要的启发意义。众所周知，食盐作为人体必需的营养物质，摄入不足会造成身体疲乏无力、多汗，严重时还会造成多脏器功能性障碍。但尽管如此，也并不意味着多多益善。摄入过多，则会增强淀粉酶活性，加速淀粉消化和小肠吸收游离葡萄糖导致高血压、糖尿病等疾病。可见，"适度"是关键。只有适量摄入才能满足"食客"之味觉体验，又不影响其身体健康。① 思想政治教育是含教育工作在内的所有工作的生命线，专业课课程思政是高校思想政治教育创新发展的需求，是落实立德树人根本任务的重要一环。把握并设计好专业课课程思政教学内容能够为学生提供科学的思想基础和正确的方向引领，能够满足学生的精神诉求和期待，是学生在学习和生活中不可或缺的"营养品"和"调味剂"。但是，正如"适度摄盐"一样，专业课课程思政的教学内容同样要恰如其分、"咸淡适宜"，避免削弱专业知识的传授以及在此基础上学生相应能力训练的主体性任务。例如，在"社会保障学"课堂，切记用"积极应对人口老龄化、健康中国、就业优先、乡村振兴、区域协调发展"等战略安排、"责任、爱心、服务、奉献"等人文精神，以及《社会保险法》《老年人权益保障法》《残疾人保障法》《慈善法》等现行法律的讲授或影片播放填满课堂，忽视"社会保障学"课程本身知识的学习。

（三）教学评价：重学+多元+全程

如前所述，目前绝大多数高校采用的都是"重教"型"面向过去"式终结教学评价②，这种方式不仅忽视了教师的心理诉求，而且也不利于实现评价是"为了教育"③的目的，因此应予以尽快改进。依据2020年6月教育部高教司负责人就《高等学校课程思政建设指导纲要》答记者问时提出的"课程思政要在教育教学方法上不断改进……，深入开展以学生为中心的教学方式和学业评价方式的改革"要求，专业类课程思政教学评价首先应从"重教"型转向"重学"型。即由传统关注教师教学行为为中心转向关注学生学习过程与结果为中心。社会保障是一种实践性强、内容与形式多样且系统复杂的社会经济活动，其各部分构成在发展过

---

① 张啸飞：《好的思想政治工作应该像盐》，《内蒙古日报》2018年7月16日。
② "重教"型"面向过去"式终结评价，即着眼教师课堂表现，重在评价教师已具备的素质和专业技能，并将评价结果作为教师晋升与否、加薪与否、解聘与否的判定依据。
③ 日本教育学家尾田堃一指出，对于那种将教学评价客观性目的化，以致造成了和教育活动取得更好目标相矛盾、相对立的现象，以及常以难以把握为由而忽视了在教育目标中占有核心位置要素的评价方式是有失公允或妥当的。

程中面临着不同的发展环境、发展要求和发展问题，只有全面系统地参与学习，才能充分掌握并发现其中最为本质的内容，这无疑对学生的学习过程提出了更高要求。为了能够及时、准确地了解学生对于专业知识和课程思政学习的掌握情况，教师应在坚持方向性、主体性、多元性等评价原则的基础上，从认知能力、非认知能力和实践技能三维度着手，由浅入深地设置相应的学习评价指标对其进行教学评价。① 首先，认知能力维度应从对社会保障知识的掌握、领会、运用、分析、综合等方面进行评价；非认知能力维度应从对"社会保障学"课程学习的感受、反应、价值评判、创新观念、知识内化等方面进行评价；实践技能维度应从基本动作、反射操作、知觉能力、操作技巧、团队协作以及沟通技能等方面进行评价。②

其次，专业课课程思政评价主体应多元化，尤其应兼有社会性。因为高等教育不仅受政治制度、经济制度和社会制度的制约，而且也影响并服务于社会。换句话，高校是连接个人发展需求和社会发展需要的"桥梁"。学生来自社会，人才回馈社会；科研源自社会，成果服务社会。因此，定期的社会评价应是高校教学评价体系中不可缺少的一环。也唯有如此，才能让学校和教师对学生的学习行为与结果做出合乎目的、合乎逻辑、合乎理性的价值判断，才能使评价是"为了教育"的目的真正地得以实现。"社会保障学"以社会保障活动及其发展规律、基本原理等为主要研究对象，这些原理和理论以及于此基础上的课程思政教育能否被学生内化于心、外化于行，同样需要接受社会实践活动的检验，需要在实践活动中予以修正和完善。因此，现阶段一是要尽快弥补专业课社会评价缺口，二是要重视专业课社会评价结果，正确对待正反两方面反馈信息，加快提升教学质量水平。③

最后，专业课课程思政教学评价应是一个系统性的"全程"活动过程。这一方面是因为教师对学生人生观、世界观、价值观的影响必须经过长期的课堂教学方能潜移默化；另一方面由于教学效果具有滞后性，其决

---

① 董春燕：《智慧教育背景下高校课堂教学评价体系的构建与创新》，吉林人民出版社2020年版，第62—97页。

② 俞佳君：《以学习为中心的大学教学评价研究》，华中师范大学出版社2019年版，第48—78页。

③ 荀振芳：《大学教学评价的价值反思》，中国海洋大学出版社2006年版，第89—90页。

定了课堂教学成效并不能立竿见影。因此，无论评价教师的教学行为或是评价学生的学习行为，均应贯穿教学始终。具体而言，教学前可通过前置性评价，在了解学生个体差异的基础上，实施针对性教学；教学中可通过形成性评价和诊断性评价，在了解学生学习进展和学习困难的基础上，及时调整教学策略，帮助学生纠偏；教学后可通过总结性评价，考核学生学习结果的同时，核实教学目标的实现。①

---

① 严先元：《学习评价的理论、方法、技能与应用》，天津教育出版社2015年版，第123—135页。

Research on Teaching Design of Professional Courses from the Perspective of "Curriculum Ideology and Politics":

Taking "Social Security" Course as an Example

Li Wenqi   Li Jiaying

Abstract: "Curriculum Ideology and politics" is a new educational concept that the Party and the state have nurtured under the new thoughts of the new era. Scientific and reasonable teaching design can not only better implement the teaching goal of "curriculum thinking and politics", improve the teaching quality of "curriculum thinking and politics", but also serve as a bridge between teachers and students. It can also reduce the gap between the expected state level of teaching objectives and the actual state level of students. At present, aiming at the common problems in the teaching design of "curriculum ideology and politics" of specialized courses, such as the homogenization of teaching objectives, the rigidity of teaching content and the unscientific teaching evaluation system, etc. It should be solved by improving the teaching objectives of "category + feature + level", resetting the teaching contents of "newness + gradient + moderation" and teaching evaluation reform of "relearning + diversity + whole course".

Keywords: curriculum ideology and politics; teaching design; social security

基于第四届陕西本科高校课堂教学
创新大赛之课程思政创新分析

闫亚林　张曌鑫[*]

摘　要：课程思政创新是教学改革的重要环节，是提升育人质量的关键举措。本文以第四届陕西省本科高校课堂教学创新大赛的一等奖项目为基础，分析发现：课程思政部分的改革痛点主要在于学生学习获得感不足；专业课教师课程思政意识、认识和能力不足；课程专业理论的中国本土化程度低；同向同行协同育人机制尚未建立。梳理了陕西高校课堂教学创新大赛中所涌现的主要思政元素：家国情怀、优秀传统文化、社会发展、专业前沿以及三观塑造。最后重点总结陕西高校课程思政改革在机制、案例库及社会实践方面的创新经验。

关键词：课程思政；本科教育；教学创新

课程思政是教师进行育人创新的重要环节，也是实现知识传授与价值引领相结合的重要途径，成为评价课堂教学创新质量的重要标准之一。为了响应教育部深化教育改革创新引领的要求，陕西省自 2018 年举办首届课堂教学创新大赛至今，已成功举办四届，涌现出一大批优秀的教学创新成果。为更好地理清课堂教学改革中课程思政创新的情况，本文主要以第四届陕西省本科高校课堂教学创新大赛的一等奖项目作为分析样本，总结获奖项目的课程思政改革痛点、元素要点及创新经验，助力各高校创新课程思政，提高人才培养质量。

---

[*] 闫亚林，西北政法大学高教所，三级研究员，博士生导师，研究方向：高等教育管理、高等教育政策。张曌鑫，西北政法大学管理学院教育经济与管理专业 2021 级研究生。

一　课程思政改革痛点

课堂教学创新大赛对于课程中思政元素的融入一直高度重视，这一点从比赛的成绩评定规则就可以看出。选手的得分由课堂教学实录视频、教学创新成果报告、教学设计创新汇报三部分组成，成绩评定采用百分制，分别以 45%、15%、40% 相加为选手的最终得分，课程思政分值分别占到各部分的 20%、20%、10%。进行课程思政创新是一门课程不断迭代升级的重要环节，要实现思政之"盐"真正融于课堂之"水"并非易事，教师也只有在真实教学实践中才能发现痛点问题，找到课程思政建设需要整改的方向。总结获一等奖的 33 个课程项目资料后，笔者发现，课程思政的改革痛点主要包含以下几个方面。

（一）学生的学习价值感不足

教育部于 2019 年启动一流课程建设"双万计划"，也就是"金课建设"计划。金课是指建立在立德树人根本任务基础上的新时代高校精品课程[1]。而课程思政作为打造金课的核心与关键，其所具有的育人功能与金课的"两性一度"要求高度统一，课程思政成为推动课程具有高阶性、创新性和挑战度的有效方法[2]。但在实际教学过程中，教师通过课程思政设计来提升课程质量，往往是从专业知识的视角出发，尽可能向金课标准看齐，并没有将挖掘学生内需动力与提升学生的价值感放在首位，忽视了课程思政建设的成效在于学生这一关键点[3]。

据教师们反映，学生在专业学习中缺乏对个人价值和社会价值的思考，大多数学生知道所学课程具有极高的价值意义，但无法从学理层面阐述价值缘由，对学科前沿不甚了解，所学知识与其社会价值的联系未完全

---

[1]　杨祥、王强、高建：《课程思政是方法不是"加法"——金课、一流课程及课程教材的认识和实践》，《中国高等教育》2020 年第 8 期。

[2]　宋专茂、江波：《课程教学"两性一度"评价的指标建构与实施方法探索》，《上海教育评估研究》2021 年第 2 期；何玉海：《关于"课程思政"的本质内涵与实现路径的探索》，《思想理论教育导刊》2019 年第 10 期。

[3]　李国娟：《课程思政建设必须牢牢把握五个关键环节》，《中国高等教育》2017 年第 3 期；张大良：《课程思政：新时期立德树人的根本遵循》，《中国高教研究》2021 年第 1 期。

建立，对其认识长期处于知其然不知其所以然的状态。部分课程内容涉及国家重点领域建设，如航空航天、导弹发射技术等，课程教学受学校资源条件限制，很多内容只能以多媒体的形式向学生展示。大部分学生在学情调查中反映学习过程"学而无感"，缺乏沉浸式教学体验，由无感的教学过程所映射出的思政精神感悟少之又少。课程思政改革创新最终还是要以学生成长需要的价值满足感作为改革成效判定的依据，所以学生成长需要什么和想要什么，才是决定课程思政给予什么和怎样给予的关键所在①。金课之所以能称为金课，不仅代表课程的含金量和挑战度高，最重要的是实现立德树人的根本目的，使学生在夯实双基的同时，丰富精神世界，形成正确的三观。课程思政的融入就是要把有限的课时从简短的学习经历转化为学生受用一生的人生体悟，很显然大部分专业课程在这一点上做得还不够，学生的学习价值感不足成为课程思政改革创新亟待破除的障碍之一。

（二）专业课教师的课程思政意识、认识和能力不足

教师作为课堂教学的第一责任人，其思想与行为直接影响课堂教学质量与人才培养成效，是推进课程思政的关键因素。与思政课教师不同的是，专业课教师对于课堂中思政教育活动的推进具有较大自主权与裁量权，他们对课程思政是否积极投入与刻苦研究很大程度上是由其对于课程思政的认同感与教师的使命感所决定的②。在专业课教学实践中，有部分教师对课程思政的认识不足，没有领略到课程思政的真正价值，认为课程思政没有必要，甚至觉得思政内容的渗透挤压了专业知识教学的时间。抑或是流于形式地将专业教育与思政教育做加法，二者并未发生微妙的化学反应。也有教师愿意推进课程思政，但教学话语运用技术生疏，一味地枯燥宣讲导致政治性过强，学生不仅难以理解，还易引起学生的厌学情绪。但若是以学生更易接受的通俗流行语进行教学，又会造成教学重心偏移，学生只听有趣不懂深意，无法产生情感共振。还有教师对于课程思政的融

---

① 陆道坤：《新时代课程思政的研究进展、难点焦点及未来走向》，《新疆师范大学学报》（哲学社会科学版）2022年第3期。

② 成桂英：《推动"课程思政"教学改革的三个着力点》，《思想理论教育导刊》2018年第9期。

入时间与融入环节缺乏有效设计,将课程思政偏激理解为时时有、事事有的满堂灌。专业课教师的思政意识、认识不到位,课程思政能力不足,最终只会造成专业教育与思政教育分离成"两张皮",无法实现真正意义上的隐性思政教学。

思想不到位,更何谈行动。专业课教师首先应具有自觉的育德意识,其次是合格的育德能力,最后是终身学习、持续提升自身素养的信念与行动。从逻辑上讲就是先解决专业课教师建设课程思政"愿不愿"的动力问题,然后是"会不会"与"能不能"的实践问题。教师作为推进课程思政改革创新的关键,须从思想和行动两方面破除一系列障碍,形成引领课程思政改革升级的前进力量①。

(三) 专业理论的中国本土化程度低

传统课堂环境下,教师教学重点普遍围绕知识传授而展开,教学过程中的素质教育被极大忽视。随着教育部全面推进高校课程思政建设工作的逐步开展,教师在课堂教学中重新审视教书与育人的辩证统一关系,极大地提升了专业教育的价值定位。然而,面对以讲授外来理论概念为主要内容的课程,课程思政教学的推进并非一帆风顺,面临着一系列教学难点,首先便是专业理论如何实现中国本土化。中国本土化,顾名思义即指以维护中国、维护中华民族、传统的与现实的一系列活动②。专业理论的中国本土化,则是在大的中国本土化的概念下,以外来理论教学为切入点,融合外来文化与中国文化的创新,在国际化背景下持续延伸与提升本土特色的教育文化活动。面对涉及此类概念的课程教学,教师如何在知识讲授过程中渗透体现本土特色的素质教育,如何帮助学生建立国际化视野的同时实现专业理论的本土化运作,这不仅是教学推进的难点,同时也是课程思政的建设障碍。

一等奖中有部分课程内容95%以上的理论都是在西方情境下开发的,在分析学情和翻转课堂教学的基础上,教师发现学生的理论视野受到知识

---

① 蒲清平、何丽玲:《高校课程思政改革的趋势、堵点、痛点、难点与应对策略》,《新疆师范大学学报》(哲学社会科学版) 2021 年第 5 期。

② 沈慧、高文莹:《高等教育"国际化视野、本土化运作"的策略分析》,《煤炭高等教育》2005 年第 6 期。

局限，难以自发联系西方理论与中国现实，面对理论无法匹配相适应的中国案例，面对社会问题想不起用何种理论来解释与创新解决方案，最终造成"只会学不会用"的尴尬局面。教会学生学会运用所学理论有效解决中国本土的现实问题，能够在国际语境中加入中国叙事、立足中国国情，讲好中国故事、树立文化自信，这是实现教师推进专业理论中国本土化的关键举措。课程思政源于中国教育现实的探索，但发展在广博的世界文化中，其教育功能在文化交流、传承与创新的基础上被进一步放大，成为一条新的纽带，连接中西方文化，内化知识形成内在精神。根据已有学情分析，课程思政建设在专业理论中国本土化方面的做法并不完善，仍有极大的提升空间，这也成为课程思政建设工作推进的又一难点，同时也是重要的突破口。

（四）同向同行协同育人机制尚未建立

课程思政并不是一个特别针对学科课程提出来的育人要求，而是为实现立德树人根本任务的一种包含了多元主体、各类课程和多种平台的综合性教学理念。课程思政整体设计目标是积极调动各方主体共同参与，有效整合各类思政资源，最终形成一种同向同行的"协同效应"，并以一系列保障措施为辅助使"协同效应"转化为一种稳固的育人机制[1]。但就现实状况来讲，高校的管理体系长期处于条块分割的状态，校内与校外的联合存在壁垒，致使协同育人机制的建设进行得并不顺利[2]。主要体现为：一是思政课教师、专业课教师与辅导员队伍之间缺乏深度交流，导致思政课程、课程思政与日常思政被分割开来，无法做到教学主体上的协同。二是面对学校的思想政治工作，各部门的责任要求不明确，缺乏系统的顶层设计，学校的思政教育工作条理性不清，还有很大的优化空间。三是思政信息不对称，课上教学传达的课程思政理念与课外实践中学生对课程思政的感悟之间存在偏差，思政资源挖掘不充分，缺乏有效整合，一定程度上影响课程思政育人功能的发挥，育人成效大打折扣。这些问题也从侧面反映

---

[1] 王学俭、石岩：《新时代课程思政的内涵、特点、难点及应对策略》，《新疆师范大学学报》（哲学社会科学版）2020 年第 2 期。

[2] 蒲清平、何丽玲：《高校课程思政改革的趋势、堵点、痛点、难点与应对策略》，《新疆师范大学学报》（哲学社会科学版）2021 年第 5 期。

出课程思政协同育人理念还不够深入人心，各主体积极性尚未广泛调动，协同育人机制建设还有很长的路要走，这是课程思政改革工作不可忽视的痛点问题。

二 深挖课程思政元素要点分析

课程思政与思政课程最大的区别就在于思政元素的来源不同，思政课程有已成体系的教材和教学资料，教师可将现成的思政元素通过教学话语技巧转化为学生容易理解的内容，课程思政则需要教师深入课程内容挖掘思政元素，探究思想政治教育与专业教育之间的密切联系，培养学生的政治思维和人文素养。课程思政改革痛点的发现过程，同时也是思政元素的挖掘过程，教师不仅要找出可挖掘的思政元素，还要理清哪些思政元素是有必要深挖的。笔者从获奖教师的汇报中发现，被反复提及的课程思政元素主要分为家国情怀、优秀传统文化、社会发展、专业前沿以及三观塑造五个方面。

（一）聚焦家国情怀

我国高等教育旨在培养德智体美劳全面发展的社会主义建设者和接班人，课程思政建设工作的推进亦要遵循人才培养目标要求，要坚持办学正确政治方向，坚定马克思主义信仰，坚持不懈培育和弘扬社会主义核心价值观。专业课教师在教学过程中秉持着"教书育人"教师之天职，深度融通专业知识与思政教育，以知识传授作为教学基础，厚植家国情怀提升课程价值层次，推动课程整体向高阶育人发展[1]。每一门专业课程的设置都是以社会发展需要和学生个人发展需要作为基础，课程思政作为贯穿课程教学的价值链条，将个人价值与社会价值紧密联系，使学生的学习情感从"这门课能教会我什么？"升华为"学会这门课我能为祖国做什么？"例如，西北农林科技大学的"机械设计"的思政教学思维目标主要围绕培养学生的高度责任心和社会责任感来设计，教师在教学过程中引入思政案例，增强学生的家国情怀意识，深入讲解我国农业领域的巨大成就，树立学生的民族自豪感，有志为我国农业机械化发展贡献力量。家国二字不

---

[1] 魏勃：《提升高校思政课教学实效性探究》，《学校党建与思想教育》2019年第16期。

是简单的以小见大，而是指学生在通过专业学习获得实现个人价值的能力基础上，用所学知识回报社会，以己之力报效祖国，以星星之火点燃社会主义事业，早日实现中华民族伟大复兴。挖掘专业知识中能够体现家国情怀的思政元素，是课程符合高阶性要求，持续深化课程教学改革的必要条件，更是专业课教师不断提升自身政治素养，落实立德树人根本任务的关键所在，是值得广大教师持续深挖的育人富矿。

（二）聚焦优秀传统文化

中华文明博大精深、源远流长，经过5000年漫长的沉淀，给人类留下一座绚丽的文化宝库。面对如此丰富的优秀文化瑰宝，教师在课程教学中理应运用好中华民族优秀传统文化这一育人资源，发挥好教育的文化功能，实现学生从"文化的传承者"向"文化的创造者"转变。中华民族优秀传统文化作为一项具有极大育人功能的课程思政元素，不仅大量运用在以优秀传统文化为背景的专业课中，教授西方文化背景的专业课也同样能够运用这一元素对学生进行思想政治教育。例如，西安外国语大学的"实践俄语"，教师以主题学习项目引导课程思政，通过"世界—祖国—家乡—传承—家庭—阅读—梦想—实践"主题线教学，帮助学生在外语学习环境中讲好中国故事，真正做到补充知识放大"度"、技能磨炼凸显"志"、素质传播提升"爱"、价值引领彰显"国"。学生在接触和了解西方文化知识的基础上，通过优秀传统文化进课堂、入思想等一系列活动，深化中西方文化的对比认识，在提高文化鉴别能力和思辨能力的同时，树立起跨文化意识，培养跨文化能力，不断增强文化自信，提升人文素养。将中华民族优秀传统文化元素融入于课程思政中，这不仅是当代的教育诉求，更具有重要的新时代育人意义[①]。

（三）聚焦社会发展

大学生是社会中最具活力、最具发展潜力的群体，是社会发展的预备力量，肩负着建设社会主义、复兴中华的伟大重任。本科教学阶段是学生实现学生角色向社会角色转换的关键阶段，在专业课的教学中教师

---

① 敖祖辉、王瑶：《高校"课程思政"的价值内核及其实践路径选择研究》，《黑龙江高教研究》2019年第3期。

要帮助学生树立起正确的社会认识和积极的就业观念，就必须结合社会发展元素对学生展开思政教育。以专业课知识为基础，社会现实问题为切入点，让学生学会运用新的视角看社会问题，用新的理念阐释社会问题，进而激发学生用新的思想解决社会问题。例如，陕西科技大学的《公共政策学》，教师紧密结合中国政策实践发展，以社会现实问题案例引导学生关注公共政策问题，提升公共政策意识，培养政策分析能力，构建政策创新思维。以专业技能学习为基础，技术在社会中的实际应用为切入点，展示大国工程伟大建设，深入认识国之重器的进步意义，激发学生的学习动力，培养学生的行业信念感。引入工程事件案例，加深对民生安全重要性的认识，如西安邮电大学的"数字信号处理"，教师引入FFT算法在5G通信中的应用案例，讲述华为作为世界上拥有5G专利指效最多的通信企业，面对美国"封杀"如何从容应对、绝地反击，让学生明白关键核心技术国之重器必须掌握在自己手中，激发学生的学习主动性和科技报国的理想信念。同时也要重视社会发展元素在课堂教学主阵地之外的应用，通过社会实践活动和相关创新竞赛，提高学生的社会参与感，深化学生个体的社会角色认识。例如，陕西师范大学的"班主任心理健康教育"以社会实践为载体，让学生提前体验班主任角色，来检验课程知识的真理性并内化吸收。以社会发展作为课程思政建设的元素之一，是学生树立完整社会角色的重要途径，也是当代人才培养要求的重要组成部分。

（四）聚焦专业前沿

物理学家牛顿曾说过："如果说我比别人看得更远些，那是因为我站在了巨人的肩上。"面向未来的学习必须立足于过去，已有的知识成果是高等教育更上一层楼的坚实基础。教师可利用国家级奖项的研究历程与创新贡献作为课程思政切入点，结合专业知识教学培养学生的科学精神与创新精神。例如，西北工业大学的"高温热结构复合材料"，教师以工程前沿引导教学延伸，通过国家科技奖的"历程—理论—创新—应用"四个层次支撑教学，用国家科技奖项目艰苦的研究历程与伟大成就，在学生心中埋下科技报国的种子。还要运用好科学家的励志故事这一育人元素，用榜样的力量对学生产生潜移默化的积极影响，发挥课程思政的隐性课程育人效果①。例如，西安理工大学的"大学物理"，教师巧用物理学家案例故事与物理学发展史中的中国元素，结合教师自身的成长历程与人生感悟，带学生领略物理精神，培植爱国情怀，助力人生规划。知识的更新速度远快于教材的更新速度，专业课教师一方面要发挥教科书资源的最大价值，另一方面也需做到"不唯书只唯实"，利用前沿学术论文带动学生对专业知识进行及时更新与热点捕捉，激发学生的求知欲望，培养学生的问题意识和探索精神。例如，西北工业大学的"组织行为学"，教师开发基于中国情境的研究导向型教学，从前沿学术论文中引入研究问题，带领学生展开激烈讨论分析，最终从理论的改良发展和情感认同两方面得出研究结论。以专业前沿引导教学延伸，拓展课程思政教学的深度与广度，是知识、能力与思维三维教学目标融合式实现的有效途径。

（五）聚焦三观塑造

十年树木，百年树人。人才培养是一个漫长的过程，需要义务教育、高中教育和高等教育对学生进行连续阶段式培养。高校入学新生大多刚刚成年，还有部分学生是未成年，他们的世界观、人生观和价值观尚处于不稳定的状态。专业课教师必须认识到价值塑造、知识传授和能力培养之间的紧密联系，不可在教学过程中使三者分裂开来。以课程思政作为抓手，将价值塑造深度融于知识传授和能力培养的过程中，帮助学生塑造正确的世界观、人生观、价值观②。例如，西北大学的"科技考古学概论"，教师以"探索未知，揭示本源"作为教学核心，坚持"以史育人和知识报国"两个基本点，从课内教学与课外实践两方面渗透课程思政教学，润物细无声地帮助学生塑造正确的三观。并从马克思主义立场观点出发，实现课程教学中科学与哲学的辩证统一。例如，西北工业大学的"空气动力学"，教师将动力学中的达朗贝尔悖论与马克思主义唯物辩证法的"否定之否定"哲学规律联系起来，将附面层分离理论与马克思哲学的内因

---

① 章忠民、李兰：《从思政课程向课程思政拓展的内在意涵与实践路径》，《思想理论教育》2020年第11期。

② 石建勋、付德波、李海英：《新时代高校课程思政建设重点是"三观"教育》，《中国高等教育》2020年第24期。

与外因的辩证统一联系起来，培养学生的科学辩证思维。根据不同专业的特色与优势，从课程内容、思维方式和价值理念中深挖课程思政元素，对学生进行世界观与方法论教育，帮助学生从不同视角认识客观世界，从而树立正确的世界观，反思人生观，提炼价值观，真正做到德学谐进、知行合一。

三　课程思政创新经验分析

在明确了课程思政改革痛点并理清了可挖掘的课程思政元素的基础上，下一步就应该围绕如何运用这些元素来解决痛点问题这一中心，展开一系列的创新设计并付诸实践以检验其有效性。笔者对获奖教师关于课程思政创新方式的汇报讲解进行了分析总结，主要有以下三点。

（一）融合专业知识创新课程思政实现机制

课程思政是课程的一部分，但不是教学中单独的一个模块，而是融于知识传授与技能培养中，以隐性课程的形式进行具有专业知识特色的思想政治教育，从而达到一种"吃盐不见盐"的境界[①]。大部分获奖项目的课堂教学创新都包含了课程思政机制的创新，虽实现路径略有不同，但共性特征也很明显。

长安大学的"文化遗产与旅游审美"全方位搭建思政融合专业的知识体系，以内容选取—教学设计—方法选择作为设计思路，建立思政建筑、文化内涵和美育外延三位一体的知识体系，营造有温度、有张力、有共鸣的教学氛围。陕西师范大学的"班主任心理健康教育"通过认知、情感、行动、反思这四项活动的统一来创新课程思政的实现机制，来激发认知，升华情感，进一步反思让行动落地，从而实现立德树人的目标。西安交通大学的"流体力学"以提升课程"两性一度"为着力点，融合"知识要点—实际应用—课程思政—前沿热点"，构建四位一体思政强化模式。空军军医大学的"诊疗基础之医学影像学"在教学内容方面建立点—线—面的课程新思政，抓住医学影像学特有的思政点，开篇思政医文结合，梳理专业案例中医学影像的突出贡献作为思政线，展开全面贯穿病

[①] 王尧：《再论课程思政：概念、认识与实践》，《中国大学教学》2022年第7期。

例的思政面，潜移默化润物无声地将人文关怀思想和为军为战意识扎根于学生心中。西安翻译学院的"高级英语"在夯实语言综合能力的基础上，关照现实问题、热点问题，形成了由思政元素点、案例线、活动面组成的育人机制。

通过以上分析能够发现，教师在课程思政创新机制的设计上，都利用了课程思政所具有的嵌入式特征，知识背景、教学情景与教学案例等均可作为课程思政融入的载体。将专业教育与思政教育紧密联系在一起，在专业学习过程中，隐性德育的情感得到持续升华，使学生能够在夯实基本专业知识与基本专业技能的同时，做到思政精神入耳—入脑—入心—入行①。课程思政建设植根于专业知识教学中，并始终围绕专业培养目标和学校培养目标展开，这样的课程思政才是合目的性的育人教学。相对应的，专业知识的教学也要选择正确的价值维度作为支撑，使学生的学习过程不仅符合知识逻辑更要符合价值逻辑。有效改善专业教育与思政教育"两张皮"的现象，使二者能够融于课堂，实现一体化教学，成为提升教学水平，优化育人效果的制胜法宝②。

（二）建立特色思政案例库支撑本科教育教学改革创新

案例教学法的本质属性主要是理论联系实际，以实践反思理论，能够使学生从生产生活实践的角度理解理论的应用价值及应用的情境条件，从而获得知识与个人、知识与社会关系等价值认识，成为巩固知识学习，升华课程价值的有效教学手段。整合思政案例元素，建立课程思政案例库，对于课堂教学改革创新起到了画龙点睛的作用。以思政案例库作为课程思政创新要点的获奖项目，所建立起的案例库都富有专业特色，且符合当代学生学习特点。

西北工业大学的"组织行为学"通过建立中国企业与企业家的课程思政案例库，进一步激发学生的创新精神、奉献精神和家国情怀。西北工业大学的"理论力学"通过构建融合式课程思政案例库，结合力学思维

---

① 马亮、顾晓英、李伟：《协同育人视角下专业教师开展课程思政建设的实践与思考》，《黑龙江高教研究》2019 年第 1 期。

② 高德毅、宗爱东：《从思政课程到课程思政：从战略高度构建高校思想政治教育课程体系》，《中国高等教育》2017 年第 1 期。

培养、学科融合，构建知识传授、能力培养、价值塑造三位一体的育人模式。西北工业大学的"空气动力学基础"以树立航空航天报国情怀，培育科学探索精神和科学辩证思维作为课程思政设计的总体思路，设计思政案例库，以知识体系为轴，贯穿代表人物的科研事迹，培育学生的科学探索精神和行业信念感。西安理工大学的"大学物理"针对教学设计不适应工科课程思政要求，采取了设计融合科技前沿与思政内涵的课程元素库的策略，以目标引领维度、素材挖掘维度与教学授课维度"三维合一"的理念为导向建立大学物理课程思政特色素材库。空军军医大学的"心血管系统疾病"以"真问题引发真讨论，真讨论导出真兴趣"的教学策略为基础，让学生领会"三好医生"与"五术医生"的价值内涵，建立以医疗领域的社会热点案例为主的思政案例库，从专业角度切入，展开有关救治知识的讨论，从思政角度切入，引发学生对于医生责任与担当的思考。西安建筑科技大学的"钢结构设计原理"将专业理论知识与社会实践应用相结合，建立思政案例素材库，以身边人物感动学生，以大国工程激励学生，以工程事故警示学生，进一步加强理论学习与价值传播的关系，让学生在实际案例中深受启发。

　　课程思政融合课程内容，经过内化吸收、反馈，能够变被动认知为主动认知，进而铸就教学的进阶动力。而思政案例教学作为开放互动式教学法的典型代表，有利于教师活化课程内容，塑造学生正确的价值观念，培养学生用马克思唯物辩证法和历史唯物主义的思想分析和解决问题的能力①。在教学过程中，教师普遍选择以人物事迹、社会应用、热点事件等案例作为案例库的主要组成部分，这部分案例贴近现实生活，更加生动，使学生能够沉浸于课堂，易于引发学生深入思考，蕴含大量的育人价值。以层层递进的方式挖掘案例价值，对案例进行表面评析，专业知识点播，进而渗透思政价值。教师能够把握好基于课程知识的案例主体与基于问题导向的思政说明之间的联系，融合学科资源与思政资源，用鲜活的案例串联知识体系，调动学生的学习主动性与积极性，营造出良好的教学氛围。课程思政案例库的建立使思政案例在教学中的应用再度升级，零碎松散的思政点可以通过案例库结合在一起，成为贯穿课程知识教学的价值链。根

---

① 冯筱佳、邵二辉、谌夏：《高职院校课程思政建设的价值及其实现》，《学校党建与思想教育》2021 年第 16 期。

据知识逻辑顺序编排的课程内容，同样可以借助案例库帮助学生理清知识所蕴含的价值逻辑顺序，使思政元素有序外显，学科知识合理内化，形成由浅入深、由易到难，易于学生接受的教学过程。高等教育时代的课程思政案例教学也逐步向系统的、全面的、全过程的方向发展。

（三）搭建社会实践平台，让思政理论落地

课堂作为实施教学的主阵地，是学生进行学习活动最熟悉的形式。但教书育人不是只能在课堂上进行的活动，越来越多的教师认识到课外实践对人才培养的重要积极影响，纷纷开展课外实践教学创新，向多平台、全方位育人模式发展。

陕西科技大学的"公共政策学"创新了课程思政的教学路径，融入实践教学，把思政的小课堂通过社会大课堂结合起来。鼓励学生踊跃参加公共政策案例分析大赛等课程相关竞赛，聚焦"中国之治"，深挖实践"富矿"，讲好中国政策，激发学生深度了解公共管理问题和中国现实国情的热情，发挥好文科教育特有的价值塑造和道德培育功能。陕西师范大学的"班主任心理健康教育"创设了课程思政的三个课堂路径，课堂教学主阵地作为第一课堂，为学生创设情境，引导学生进行案例分析、角色扮演，并通过学习行为反馈教学效果；校内实践主渠道作为课堂教学的延伸，向学生布置定向学习任务，是课程思政的第二课堂；第三课堂则是以社会实践为载体，邀请名师班主任进校分享经验，同时为学生提供走进学校、走进班级的机会，让学生在实践中获得真知。陕西师范大学的"广播播音主持"在课堂延展实践中也融入课程思政教育，教师带领学生举办围读会、朗诵会，与传统媒体相连接进行学习工作指导。还通过抖音、微博等新媒体，进行线上信息的连接，打破时光的局限，使思政理念融于实践，做到精准滴灌、润物无声、价值塑造。

"纸上得来终觉浅，绝知此事要躬行。"课程思政虽生于课堂，但不止步于课堂。深深扎根于社会实践，拓宽课程思政的育人场域，才能最大限度地释放课程思政的育人效果[1]。从上述的课程创新中可以发现，充分发挥第二、第三课堂的育人优势，强调学生成为学习的主人，发挥学生的

---

[1] 朱献苏、杨威：《新时代推进"大思政课"建设的实践理路探究》，《中国高等教育》2022年第2期。

主观能动性，以社会实践活动为纽带，拉近学生个体间的距离，培养学生的团队精神和集体荣誉感，能够让课程思政深化于心，学生集体立德于行。在信息资源高度膨胀的 21 世纪，知识内容更新需要跟上互联网发展的步伐，虚拟社会空间也逐渐成为学生学习的平台。重视虚拟网络教学中课程思政的融入，创新课程思政的话语体系以适应新媒体环境的变迁，加强对学生在网络环境中的价值引领，这对很多课程的设计都提出了挑战，也涌现出一批优秀的教学改革成果，引导学生正确应用网络平台，延伸实践活动至社会信息空间，带领学生正确利用信息资源传播专业知识所蕴含的思政价值，启发学生动手创造新的信息资源，营造正能量的虚拟环境①。

---

① 沈瑞林、张彦会、李昕钰：《我国高校课程思政话语体系建设的困境与对策——基于费尔克劳夫话语三维模式的考察》，《江苏高教》2022 年第 3 期。

Analysis of Curriculum Ideological and Political Innovation Based on the Fourth Shaanxi Undergraduate College Classroom Teaching Innovation

Yan Yalin　Zhang Zhaoxin

Abstract: The development of core values throughout the curriculum is an important part of teaching reform and a key measures to improve the quality of education. Based on the first prize project of the 4th Shaanxi Undergraduate University Class Teaching Innovation Competition, this paper analyzes that the pain points of reform in the development of core values throughout the curriculum part of teaching innovation achievements mainly including in the lack of students'sense of acquisition, the lack of awareness, knowledge and ability of the development of core values throughout the curriculum of speciality teachers, the low degree of mode fit for China of professional theories, and the synthetic peer cooperative education mechanism has not yet been established; The author has sorted out element points of the development of core values throughout the curriculum including national identity, excellent traditional culture, social development, frontier research of professional field and the shaping of view of life, world view, values; The author focus on summarizing the innovative experience of teaching innovation achievements in the mechanism of the development of core values throughout the curriculum, ideological and political education database and the social practice of the development of core values throughout the curriculum.

Keywords: curriculum ideology and politics; undergraduate education; teaching innovation

比较研究

一流本科教育如何炼成：MIT 教育教学创新的历程、经验与启示[*]

宋鸿雁　李延康[**]

摘　要：对本科教育教学进行阶段性回顾总结与前瞻是 MIT 推动改革创新的重要方式。本文以 MIT 在 1999、2006、2014、2021 年度所发布的四个重要研究报告为基础，梳理了其 20 余年来的本科教育改革历程。在此基础上总结了 MIT 本科教育教学创新的三方面经验：以全人教育理念引领教育改革的整体性，以本质主义引领通识教育体系适应性优化，以学生为中心强化学生服务系统支持力度，以强烈问题意识推动前沿性教育教学改革。最后对我国一流本科教育创新提出三方面启示：深刻认识通识教育本质与价值，完善通识教育体系；切实着力全面发展的人的教育，完善五育并举的体制机制；切实重视变革管理，提升教育教学改革的深层动能。

关键词：MIT；本科教育；改革与创新；通识教育；整体性；战略管理

麻省理工学院（MIT）创建于 1861 年，是世界一流大学的代表。其创办目的在于推动国家的产业革命，毕业生动手能力强，拥有强烈驱动力，创造发明了很多基础性技术，发展新的产业，创造百万计的工作岗位。MIT 具有鲜明的世界性，吸引着全世界的优秀人才，通过教学科研与创新，追求服务国家与世界的使命。目前已经拥有 100 个诺贝尔奖项。本

---

[*] 基金项目：陕西省 2021 年高等教育教学改革研究项目重点项目"陕西高校本科教学改革与创新的理论与实践研究"（21BZ050）；陕西省高教学会 2021 年高等教育研究项目"美国高校推进本科教育创新案例研究"（XGH21153）。

[**] 宋鸿雁，西北政法大学高教所研究员，教育学博士，研究方向：比较高等教育管理、高等教育政策。李延康，西北大学教师。

科教育是 MIT 的重要组成部分，持续创新是其本科教育的鲜明特色。我国高校可以从 MIT 本科教育改革创新的历程与经验，获取造就一流本科教育的相关启示。

一　MIT 本科教育教学改革创新的历史踪迹

（一）1999 年的《MIT 学生生活与学习》报告

1. 背景还原

MIT 在 1949 年 Lewis 委员会报告以来，到 1999 年已经来到一个新的历史节点：科学、技术和人类组织经历了快速而巨大的变化。首先，技术力量与社会发展产生了前所未有的影响与需求。信息技术给产业经济与社会带来巨大变革，带来新的教学方法，对以住宿为基础的教育提出挑战。社会面临的问题复杂性更高，相关科技问题的解决必须置于更广泛的复杂性中。学生要很好地服务社会，就必须拥有相应的灵活性与自信心。其次，学生人口特征及就业前景也在变化。学生群体更加多元化。学生将参与日益全球化的经济，期待承担更多领导性角色。由于工作年限延长，技术与社会变化快速，必须确保学生在多种职业角色中能够成功。而且在职业规划方面，MIT 由之前在本科阶段进行专业教育转变为超过 60% 的学生继续深造。同时职业发展路径也更为多样化，工程实践成为更有整体性和全球性的职业，需要管理、经济以及跨文化理解能力。甚至由于经济发展对问题解决能力、良好判断和领导力的要求，工程本科毕业生还需要从事非传统工作。而 MIT 被批未在团队合作、沟通和领导力训练方面为学生做好充分准备。再次，持续面临上述要求与课程容量之间的矛盾张力。尽管 MIT 坚守少而精的格言和永恒主义课程理念，却日益遭遇课程扩张的内外部压力。其他大学的本科教育逐渐扩展其在数学、科学与工程领域的学习要求与课程教学以提升学生竞争力。MIT 很多教师也希望在其课程和专业中纳入更广泛的科目内容以同步该领域的专业发展。但同时，删减比增加难得多。欠缺审慎的课程扩张与其致力于卓越与有限目标以及对课程本质主义的追求相背离。因此 MIT 不得不持续评估和审视其整体的课程体系，而非随机地增加各种要求。最后，经济力量驱使 MIT 战略性地评估其教育使命、市场与流程。

高等教育成本持续增加，超出学费与公共财政投入。MIT教育必须确保对其学生、投资者捐赠者具有足够的价值。在此背景下，1998年成立"学生生活与学习委员会"，重新审视其教育原则、教学科研核心任务，并提出改进建议。

2. 完善教育原则，并界定了受过教育者的素养

委员会在回顾历史基础上提出和总结了11条教育原则并对何谓受过教育者进行了界定，进一步明确了MIT人才培养的基本目标与原则。11条教育原则是：坚持有用知识的价值、社会责任、做中学、专业教育与通识教育融合、为生活做准备的教育、本质主义价值、卓越与有限目标、教师的团结（全体教师对本科教育负责）、教学科研与社群建设三位一体、充满强度好奇与激动的教育活动、多样化的重要性。而受过教育者的特征主要是理智、知识与智慧。（1）受教育者拥有发展良好的批判与理智推理能力。理解科学探究方法，能够获得、评价和利用信息以提出和解决生活工作中的复杂问题。为此，需要拥有坚实的量化推理，能够处理复杂性与模糊性。（2）在特定领域拥有扎实的知识及有深度的实践经验。同时，能够将这些知识与社会中更大的问题相关联，理解科学、技术与社会之间的互动关系。智识上充满好奇，有持续学习的动机。（3）拥有人类精神最好的品质，形成判断感、美感和应对重大变化的灵活与自信。拥有历史智识，理解人类文化和价值系统，将这些知识与判断感相结合批判性地思考伦理与道德问题。拥有清晰有效的沟通能力，以便与他人很好地合作，并利用所有上述特征对社会做出积极与实质贡献。

1999年报告发现学生的学习与生活关系密切，结合结构性学习与非结构或非正式学习很关键，它有助于教育完整的人。三位一体的教育表明未来的高等教育必须超越课堂学习。学生合作和师生互动无论在正式还是非正式场景中，都是MIT这个以校园活动为中心的大学的教学、科研与服务的特征。信息技术的发展使得正式与非正式学习的关联更重要。

3. 本科教学科研方面的审视与建议

在评估了本科教学与科研的现状与问题的基础上，该委员会提出系列对策建议：扩大本科科研机会和由各系提供的新生咨询性科研项目制度（a system of Freshman Advisory Research subjects：FARs）；对本科生参与科研以及教师的相关活动给予正式认可；创建合作咨询团队强化咨询系统；

打造本科专业评估制度；鼓励教育实验，特别是通识教育课程领域；推进精心设计的远程学习和教育技术试验。同时，委员会也评估了非正式教育的重要性、不足，并提出相关举措。认为非正式学习可能比正式学习更重要，它是联结教学科研与社群服务的纽带。

4. 提出加强社群建设的意义与对策

社群指为了提升受过教育者品质的共同目的而汇聚到学校的学生、教师和校友。社群建设的目的是增进学生之间、师生之间基于学校和跨越学校与国界的、围绕共同兴趣与价值追求的交流互动与合作共享，从而进一步促进归属感与意义感。MIT社群致力于打造重视发现与学习的文化。在这里，非正式的个人互动是社群的生命。特别是在信息革命正在削弱地域与组织边界的情况下，通过社群活动强化学生非正式学习意义更为重大。在发展学生理智、知识与智慧方面，仅靠结构性学习是不够的，非结构性非正式学习必须发挥更大作用。并提出了社群建设的具体措施。

5. 强调变革意识与文化转型

首先，提出需要强化变革意识。委员会报告的潜在挑战是帮助全体MIT人思考未来，认识到该报告所提出的建议不是孤立的观点，而是有关MIT社会角色的整体设想。MIT必须改变和适应以满足社会的需求。本报告的核心发现是今天的社会要求MIT提供一种能够很好地整合学生生活和学习的教育。为实现有机连接各独立领域的初衷，学校必须在很多层面做出改变。其次，提出需要文化转型。尽管该委员会报告包含很多特定战略与结构行动，但一堆决策并不足以带来所期待的改变，而必须推动MIT文化转型。包括从分离学生生活与学习的要求转向要求它们不可分割；从聚焦正式教育转向同时重视正式与非正式教育；从由空间、场地和地位所区分的社群转变为因对学习的尊重而团结起来的社群；从将科研、教学和社群活动相分离转向尊重其各自的价值。

（二）2006年的《本科教育公共课体系》报告[①]

1. 背景还原

要在改革中处于领先地位，培养年青一代在承担科技主导的行动中的

---

① Task Force on the Undergraduate Educational Commons, http://faculfygovernance.mit.edu/reports.

领导力，MIT 就必须阶段性地评估其课程体系。科技领域的挑战要求 MIT 重新评估其科技教育的内容是否足够弹性；具有深厚科学与技术知识的本科生需要在新的社会挑战与文化交流方面做出贡献。这种紧迫性来自内外两方面。一方面，它需要回应国家发展的外部需求。美国的持续繁荣与安全有赖其大学的繁荣。美国国家科学院在 2004 年、2006 年相关报告强调了本科工程教育对国家重要性及其当下落后于科技与社会发展的现状，要求工程教育进行变革以满足社会与技术的变革。这些报告都认识到科技教育是美国经济繁荣的关键链条。考虑到这些，MIT 的广泛使命要求其从国家利益出发再次审视其教育现状。全美高校都在审视与改革其本科教育，其中一个共同兴趣就是加强与扩展其科学与技术领域，这对 MIT 的引领地位与特色优势构成挑战。

另一方面，从内部看 MIT 确实非常关心其对改善国家与世界人类境况的贡献。MIT 本科课程必须继续保持其传统活力，同时适应新的挑战。1999 年报告以来，MIT 已经进行了十多年出色的基层教育创新。这些在科学、人文社会领域以及扩展国际学习机会方面的创新成果也需要在 MIT 课程改革中予以巩固。该次委员会的任务是进一步推动本科教育创新，使其从少数积极改革者的行动推及全面。具体而言，MIT 需要聚焦解决如下问题。（1）科学课程要求规定性太强，也过于狭隘。（2）人文、艺术与社会科学课程要求过于复杂而未能营造一种文化与社会受到足够重视的环境氛围。（3）国际环境要求本科生能够熟悉其他国家人民的文化、态度与规范。（4）借助这次通识课程的调整来认真考虑重建支持核心本科教育使命的基础设施。在考虑本科课程组织的过程中，需要关注三大领域的变化：科学与技术、文化与社会、学生学习准备性与期望。本科教育不可能提供完全满意的职业准备，MIT 的重要任务是建构终身学习的教育基础。基于以上背景和问题，2006 年有关本科共同课的委员会着重在以下方面进行了研究，并提出相关创新建议。

2. 反思 MIT 使命与目的

重申 11 条教育原则并将其整合为 5 个领域，以指导 MIT 本科教育改革：对学习的持久热情、认知多元、以创新方式获取核心知识、合作性学习、致力于负责任领袖的教育。重新界定的教育目的涉及概念、专业能力、公民活动与科研能力。要求每个本科生必须理解和掌握现代科技的最重要概念；有足够专业能力以便成功地探究挑战性的科技领域；拥有对社会人文特征的足够智识，从而作为有效和富有创新力的公民参与社会活动；通过参与本科生科研项目机会（UROP）、撰写严肃论文、在国际实验室实习等至少一种科研活动，以提升其学术水平。2006年对公共通识课程的调查研究报告实际是延续并深化了1998年报告第二部分有关正式课程的建议。

3. 对通识课程（GIRs）做出重要改变

一是使科学数学工程（SME）和人文艺术社会科学（HASS）的结构更为协同。尽管两者各自结构不同，但各自的要求应为学生尽快转入不同方向以满足其好奇提供路径，这是因为学生有不同的背景也需要为不同的职业做好准备。二是建议对于SME和HASS而言，一年级经验被看作一个整体。具体建议如下：（1）科学核心课程、科学与技术限选课程和实验课程被单独的8科目的SME必修课程代替。此要求的核心特征是要求通过结合全体学生必学的一组科目（即单变量微积分、多变量微积分、经典力学3门课）和一组有限的基础科目来掌握基本知识内容，后者又分六类：化学科学、计算与工程、生命科学、数学、物理科学、项目导向的一年级经验学习，学生在其中进行六选五的科目（5门课）学习。（2）HASS必修将变为8科目必修，分为基础和专精两阶段。基础阶段有4科目：1门说明文写作和分布在HASS领域的3门基础选修课。专精阶段有来自各系或是跨学科领域支持的4个专攻领域。（3）明确与外国人生活和工作作为MIT本科教育的重要特征，扩展当前成功的国际教育项目，开发新策略创造凸显科技重要性环境的新机会。要使MIT每个学生有机会在国外开展有意义的学习、工作和实习而不受财政或学术不足的影响。（4）利用本次课程修订强化基础设施支持卓越的本科教学。包括促进一年级课程的协调；提升一年级引导与辅导；提升课堂教学质量，提升课堂教学组合与教学需求的适应性水平；更完全地记录各种促进不同群体学生有意义互动的努力；继续拓展和提升追求教育卓越的专业性；调试教师治理结构使其满足课程更新的需求。新方案的特点是通识教育体系的人文社会与科学技术内部以及相互之间的进一步整合，同时增进学生选择自主性。

(三) 2014 年的《MIT 教育的未来》报告[①]

1. 背景还原

2014 年报告所面临的挑战是：严肃审视在线与混合教育背景下的 GIR、探索课程教学以及完成学位时间的灵活性方案、探索教学创新服务全球学习者、强化全球学习共同体的知识基础。需要争取新的资源以投资世界水平的教学与研究设施，维持人才吸引的竞争力。还需要去除入学障碍，提高教育的可负担性。在守正创新的过程中，必须以学校的教育原则和价值来引导特定的教育结果和所希望的高品质 MIT 文化。在快速变化的世界中推进 MIT 教育的持续演进是无尚的责任也是艰巨的任务。

2. 报告提出的改革建议

2014 年报告进一步批判性地审视了 MIT 的教育模式，提出 16 项建议，推动 MIT 面向未来改革其教育模式，重视学校教育的整体性、教学模式转变、扩展 MIT 对世界的影响、扩展高质量和负担得起的教育机会。总体上鼓励勇敢的改革实验，实现学校未来规划。充分利用技术在环境创设、教学计划和教学参与等层面实现个性化的潜能，在全校创建创新港以进行各种教改实验，包括本科专业与课程改革。同时提出这些改革必须嵌入治理结构。

在教学模式方面提出系列改革创新举措。其中与本科教育相关的有：启动未来教育大胆实验、扩展新生学习共同体、利用在线与混合教学促进沟通技能的教学、设置本科服务机会项目。（1）在本科教育实验方面，给本科核心课程注入更多灵活性；扩展基于项目和混合教学模式等多样化教学法的应用；课程中引入模块化；研究学生评价新方式。考虑计算思维与计算可视化进展以及各层面的虚拟化所提出的新知识与技能要求。持续反思通识课程体系：其对本科生应对世界的充分性、能否满足当下与未来的教育需求、能够找到一种方式同时维持 MIT 的共同核心课程优势又增进灵活性；在提供暑期学分课程方面，旨在试验面对面密切互动、混合教学法、模块化、项目式学习等教学法，这些在探索完善探客、设计、合创、重混等教学法方面较学期教学计划更有优势，以营造同伴及与师生合

[①] Institute-wide Task Force on the Future of MIT Education Final Report, https://www.docin.com/p-1432528255.html.

作学习的文化，并探索、评估和催化新的教学法。在创造全校各学院协同的学习生态系统方面，为学生提供一种语境/处境，在保存不同视角价值的同时强化联结与相关性。好的联结有助于学习的提升，如人文社科学院（SHASS）与工学院（SOE）和自然科学学院（SOS）的联系机制有助于促进 MIT 工程与科学专业本科生的沟通技能。鼓励教师跨院系提供教学资源，支持各种旨在课程中沟通不同话题与结果的项目与实验，如采用线上资源促进联结性，利用模块化提升灵活性。（2）在新生学习共同体成功经验基础上，扩展同伴为基础的新生学习共同体模式。在线混合学习为新生学习共同体建设提供了新的机会。为避免在线学习模式的孤独感，持续探究咨询、辅导、师生互动的方式与效能。例如，新生可以在一些 GIRs 课程中利用 MITx 平台进行翻转课堂教学，并采用更多模块化课程结构和有力的教师指导。还可以强调动手体验性学习以加强新生 GIRs 课程及之间的联系。当下的四个新生学习共同体需要与 GIRs 保持一致。（3）利用在线和混合教学强化沟通技能的教学，沟通技能在 STEM 专业教育中非常重要。（4）提供本科服务机会项目 USOP，学生参与真实世界活动能够为学生提供有价值的情境。在 D-Lab、Public Service Center 等已有的服务相关项目基础上，USOP 需要与已有学习更好地整合。USOP 可以与全球教学机会关联，如为全球 MITx 班级提供地方性辅导，也可以包含社会创业内容。

（四）2021 年的《MIT 的 2021 及未来》报告[①]

1. 背景还原

新冠疫情的暴发要求学校迅速重新界定生活与工作、学习与教学以及进行研究的方式，要求从校园突然退出，并引起严重财政困难。未来可能再也无法完全回到过去熟悉的"常态"。在 MIT 继续努力管理和应对这一危机的同时，需要探索 MIT 如何创造一个繁荣的新未来。探究 MIT 最值得珍视的是什么？引起最大挫折的因素是什么？哪些经验取得超乎期待的效果？哪些方面需要结构性变革？校长要求"MIT 的 2021 及未来"任务小组凝练和应用所获得知识来一起想象，如何在保持学校特有价值与文化及其充满活力的教育科研与创新的同时，创造一个更好、更安全、更灵

[①] 2021 report_of_taskforce_2021_and_beyond.

活、更有效率、更有效益、更可持续、更包容、更公平、更可支付和具有财政保障的MIT。简言之，通过吸取MIT整个社群的专业知识与经验，形成一个更好的发展蓝图。

2. 教育教学理念提炼与改革创新建议

"MIT的2021及未来"任务小组的工作分为两个阶段。第一阶段旨在通过调查获得改革理念与初步建议。第二阶段旨在提出更细致全面的整改建议。与本科教育有关的内容主要有如下几点。

（1）第一阶段的调研成果

第一阶段调研内容涉及教学、行政、财务与数据、社群与文化等。其中"教学工作"设教育教学、学生经历、研究、教学与住宿空间、超越MIT这些分组。其中教育教学组调研提出的改革理念有：①主导性全人教育理念；②创造包含结构性、体系性与制度性官僚层级的教育；③体验同情：深化MIT学生之间、本校与世界之间的关系；④利用数字化教学强化无脚本的个人参与，并探查其对校园生活的影响；⑤终生学习；⑥重置制度性教育激励：全校范围讲师与高级教师的教育休假。

学生经历组调研认为当前的学生咨询顾问零碎而亟须重新构想。设想一个咨询顾问网络，更好地服务学生发展。该网络应该包括广泛的多样化人才，包括校友、员工、同伴、合作者等；训练学生发展成功的咨询关系；激励研究生与员工作为本科生导师；创建有活力的导师培训机制。特别重视课外活动的目的性，要求为所有学生提供成功的"隐性课程"，也要求学生毕业时能够拥有相关工具以便能过一种健康和有目的的生活。建议拆解隐性课程，教授其核心信条，如自我拥护、建立关系网络、评估资源等；要把学习健全生活与进行智识追求放在同等重要的位置上，教会学生观照自己的思想、身体和关系。建议重新审视MIT的核心使命，把人放在中心位置。科研组提出的诸多建议包括强化本科生科研。

总体而言，第一阶段的诸多建议性观点构成5个主题的穹顶式建筑模型。第一个是数据、体系、程序、财政的现代化，确保MIT教育体系的基础。第二、三、四个是作为支柱框架的主题：重新思考工作的方式与现状、重估课堂教育、促进整全性学习与教育的范围与程度。第五个是作为目的的穹顶：陈述与实现MIT的社会责任，使其渗入MIT的社群文化。

（2）第二阶段提出的整改建议

第二阶段是在第一阶段基础上研制出更具体的整改方案。主要聚焦16个具体领域，与本科教育相关但不限于：本科专业教育、本科经验：咨询辅导与发展、一个富有弹性的MIT、本科与研究生的生活与学习。整改方案是一个初步的和具有开放弹性的多年段计划，仅从初步方案的任务与流程可以看出其计划的严肃性与大致内容。仅以本科专业教育领域和本科经验：咨询辅导与发展两个专项组为例介绍其本科教育改革的设想。

本科专业教育整改专项工作组，负责社会公正与公民责任、校园数字学习、SME通识课程三项内容。其步骤与目的包括：①回顾GIR的历史报告，以理解当前GIRs的逻辑、演变规律与经历的变革。②回顾2019专项组对负责科学核心GIR课程的各系代表调研中的发现，并批判性地分析当前的课程体系。③安排与生物、化学、材料与工程、数学、物理系代表的座谈，以深度评估科学核心GIR课程的目的与内容，批判性分析其有效实现整改报告相关目标的程度。④建议各系利用这些会议机会描述其课程教学创新。专项工作组将对这些创新提供相关反馈。⑤专项组邀请教师、学生和管理者讨论当前SME必修课的情况及改革方向。需要对其所包含的160门科学核心课程、科技限制性选修课和实验课予以全面关注。规定了专项工作组人员构成的原则与提交报告的时间节点。

本科经验：咨询辅导与发展专项工作组。制定了2022年到2025年四年期的咨询实施计划。关注师资配备、教学资源提供、朋辈支持、评估和项目计划5个要素的建设。①2021—2023学年作为规划年，后面根据实际逐渐增加各要素的配置。第一年的行动包括：举行新生咨询业务研讨活动、设置校级导师（Institute Advisor：IA）角色，计划聘用新成员，升级现有一年级事务办公室职员角色；形成和强化相关计划（包括第一代低收入家庭学生服务项目）；形成评估计划，为2023年计划提供评估意见。②实施阶段分三段，分别是2022—2023学年、2023—2024学年、2024—2025学年。各年度实施任务主要包括以下内容，具体根据年度实际情况调节：第一，为所有学生提供新生研讨活动（FYS），使其有机会获得小组活动参与经验。这需要得到院系层面的支持以促进教师参与；第二，为新生安排校级导师，充实新生办公室力量；第三，发展有活力的同伴咨询项目，使受过培训和有薪酬的高年级学生帮助其同伴熟悉MIT的"隐性课程"；第四，加强校级层面的学业咨询服务支持，形成校级层面支持机制、分享成功经验、进行导师培训、作为校级平台方便学生获得指导。校级辅导支持系统应为学系提供培训、成功经验等。第五，对咨询活动进行先驱性评估，并形成咨询服务评估的制度化。持续评估同伴咨询计划、校级辅导支持、整体的咨询服务。应根据咨询结构的评估反馈来调整咨询导师的工作量和咨询实践。

二 MIT本科教育教学改革创新的主要经验

(一) 以全人教育理念引领教育改革的整体性

这种整体性首先体现在对人的发展的整体性认识上，其次体现在教育路径的系统性上。这与全人教育理念高度一致。全人教育最早可追溯到亚里士多德，孕育成形于整个20世纪，在90年代成为一场教育改造运动。全人教育汲取了人本主义、永恒主义、生态学、整体论、后现代主义、批判理论等思想，其理念充分体现在10条原则上。[①] 这些原则依据目的与手段可以分类为：为人类的发展而教、为参与式民主而教、为培养地球公民而教、为地球的人文关怀而教和将学习者视为独立的"个体"、经验的关键作用、整全的教育、教育者的新角色、选择的自由、精神和教育。

MIT的教育改革与创新从19世纪建校到21世纪的今天一直受到全人教育理念的指引。前述报告的很多创新改革中一以贯之地落实了全人教育的要求。全人教育理念在其办学定位历史上、使命陈述中都有体现，并在当前的改革中得以持续凸显。MIT开办技术教育之初，就要求培养学生能够有效地参与到社群人文活动中。1949年Lewis报告也提出要"为了生活准备而教"并于后来创建了"人文与社会科学学院"。从学校创办者及1949年报告中，再到1998年确立的11条教育教学原则，都充分体现了全人教育的理念。全人教育目标在其2020年的使命中也有体现："MIT倾力于为学生提供一种将严格学术研究和发现的兴奋与对多元校园社群的支持与智识性激励结合起来的教育。希望在每个学生身上形成从事明智的、创造性的、有效的工作的能力与激情，以服务于更美好的人类社会。"全人教育在最近的《MIT的2021及未来》报告中得到进一步强化。该报告

---

① 刘宝存：《全人教育思潮的兴起与教育目标的转变》，《比较教育研究》2004年第9期。

在第一阶段教学工作组提出了六条改革原则或理念，其纲领性的原则就是全人教育理念。为此提出继续在使命陈述中凸显该理念。提出要使学生认识到并批判性地参与到对塑造人们职业、公众与个人生活的"结构性、体系化和制度性等级制度"的讨论中。要求教会学生在他们的学科和未来职业中觉察和分析这种等级制度。还提出要培养学生的体验性同情：加深学生与波士顿地区以及世界的关系。鼓励学生参与公共服务项目，使学生通过 MIT 之外场域的沉浸式体验，重塑其视角，通过打破 MIT 与世界的界限来促进学生自我反省、关系建构和全面发展。

MIT 还从形式上，通过强化正式教育与非正式教育的整体设计、通过一年级经验整合和文理协同来促进教育的整体性设计。非正式学习与社群建设密切相关。MIT 将促进非正式、社群为基础的学习与结构化课程学习相结合。要求使其社群建设拥有与教学科研同样的卓越水平。通过非正式非结构的活动，学生设置优先活动目标、了解认知灵活性的价值，做出未来职业发展与学习路径选择。学生通过社群层面的同伴互动有望发展受教育者品质，如沟通与批判思维技能以及文化与智识多样性的经验。为此，MIT 需要在物力人力和项目计划方面努力，确保投入社群活动的资源是一流的，与 MIT 学生教育任务相匹配。具体的建议包括：认可社群参与活动；使住宿系统成为 MIT 教育的一部分，将住宿、餐饮、一年级项目、入学引导作为整体的教育项目进行设计安排；使全体本科生在一年级得到住宿安排；引导本科生、研究生和教师拥有共享经验；设计鼓励师生互动的住宿系统、餐饮系统和有吸引力的空间；为社群互动活动提供更多经费支持。

（二）以本质主义引领通识教育体系适应性优化

与永恒主义理念相一致，在少而精的原则下，强调最重要的知识作为学生发展的根基。相信最重要的知识也正是其办学的 11 条原则之一。也与终身教育相一致，说到底与教育的本质有关，点燃智慧，重视人的自身发展的潜能与动力；回归人本身的发展。

正是在全人教育与本质主义的基础上，MIT 一贯重视本科通识教育。1861 年建校初期，校长就以对人文社会教育的重视来培养健全的人，平衡科学技术教育，避免科学技术不当使用给人类社会造成的危害。1949 年学校组织 Lewis 委员会对其通识教育进行了系统的研究与建设。

1998年在关于学生生活与学习工作专家委员会的专项研究工作中，又在其正式课程改革板块中重新审视了其通识教育。2006年再次对学校通识教育进行专题研究。2014年面向未来的报告和2019年院校认证自评报告中，特别关注了通识教育在保持既有优势的基础上注入更多灵活性的问题。特别是2009—2019年专门对通识教育进行了两次修订，新的改革呈现更大的模块化和灵活性。2021年的报告对通识教育中的SME板块进行了专项研究。

其本科通识教育的持续改革就是为了根据时代变化保证其结构上的严谨性和在全人教育功能上的针对性，与时俱进的高质量通识教育体系成为MIT本科教育的关键优势。以通识教育课程体系为核心的全人教育作用有三：提供科学与人文的基础知识背景；代表界定MIT社群特色的共享文化经验；提供展示各种问题解决方法的机会。换言之，其目的在于提供进行更高级的学科教学的教育基石；教授每个学生都必须拥有的一些基本领域的认知素养；教授思维方法提供可迁移工具、技能和一般性问题构造、分析与解决的策略，培养创造性分析思维的方法。

（三）以学生为中心强化学生服务系统支持力度

MIT的卓越也源自其对学生发展的高质量、全方位、系统化服务。这从学生服务支持体系的建设中可以清晰地看到。学校设置咨询中心（主任），发挥整体的管理。该中心（主任）通过示范性咨询领导、过程管理、评估评价、公平与包容、持续提升等方式，支持学校提供连贯的、协同的学业咨询，保持有活力的师生关系，使学生将其兴趣与能力与MIT学术专业相结合。进行全校各类服务的日常管理工作。

MIT有由各种群体、办公室和项目支持打造而成的学生服务网络，它们发挥着各有分工又相互支持的作用。来自包括学校治理与政策层面、支持健康与学生生活、体验性课程、学系与专业、一年级活动计划、咨询服务、同伴咨询各系统的组织或者个体，在学生专业、课程、学业危机、学习资源、本科科研、校外国外学习实践、住宿生活、职业规划等领域，发挥着自己的正式或非正式支持作用。根据《MIT的2021及未来》，其2021年拟设置的校级导师是唯一在大学四年全程提供咨询服务、并且在广泛的学生咨询与支持领域中发挥协调作用的角色。MIT学生服务支持体系见表1。

表 1　　　　　　　　　　**MIT 学生服务支持体系**

服务类型	个体/团队（举例）	咨询的角色与内容	关系与依赖
治理/政策	本科专业设置委员会（CUP）	监管本科专业；负责咨询更新和课程变化 负责一年级研讨活动	审定本科课程和专业变化；学业表现评估等
	课程委员会（COC）	按建议创造、修订或削减本科科目与课程； 课程变化与一年级研讨活动	
	学业表现委员会（CAP）/教师导师	如果学生学业上存在危机，教师导师负责向学业表现委员会提出	
支持、健康与学生生活	学生支持服务	促进学业成功和学生经历的整体性，特别是本科生。学生支持服务通过在便捷和体面的环境中提供支持来强化 MIT 的核心价值。为学生提供建议、倡议，作为 MIT 社群的资源、教练和信息中心	提供持续的学生支持
	看护团队（CARE Team）	聚焦学生的资源，赋能学生掌控其个人信息，规划未来疗愈规划，与学生家长合作提供支持	
	住校支持团队	教师、专业职员、研究生和住房管理部门合作加强社群感，帮助学生最大化受益于在 MIT 的学习经验	
体验性课程机会	本科科研项目机会（UROP）	培育和支持 MIT 本科生与教师之间的科研合作	提供课程和课外活动以及全球学习机会
	Priscilla King Gray 公共服务中心（PKG）	为学生课外学习或参与世界范围的社群实习、合作与公共服务项目提供支持平台	
	MIT 国际服务与技术创新中心（MISTI）	为 MIT 学生提供针对性的国外实习、研究和教学机会	
学系和专业	系部提供与专业和服务相关咨询	由教师和同伴导师计划提供第一年后的专业选择咨询	提供各类学位的学术支持
一年级活动计划	一年级事务办公室	提供服务和项目以推进本科生探究和抓住机会，促进学业而成功和个人发展。丰富和支持本科生在校的教育经验	使学生尽快适应融入 MIT，提供社群建设机会和学业支持
	少数群体事务办公室	在劣势少数内群体学生方面促进学业优秀，建立强有力社群，发展专业意识	
	一年级学习社群	为学生提供机会参与小型、互动课堂，在校园有他们自己专用的实体休闲场所，参与各种项目与活动	

续表

服务类型	个体/团队（举例）	咨询的角色与内容	关系与依赖
咨询服务	校级导师（新设）	与学院教师导师合作在四年中提供持续咨询支持，引导、赋能、激励和支持学生从入学到毕业	使学生了解学校的项目、服务、资源。提供学科与学业建议。提供职业咨询建议和专业发展机会
	院系教师导师	当前主要是第一年，在学生选择专业后确定导师	
	职业咨询与专业发展（CAPD）	通过帮助学生发展核心能力和建立专业网络，赋能学生探索生活与职业目标，激励学生和校友参与自我发现，以打造具有智识挑战性、个体丰富性和有助于服务世界的生活	
	优秀生事务办公室	引导学生进入新的研究与职业选择时，通过反思与内省，引导学生深度理解其认知与专业偏好	
同伴咨询	定向引导负责者（OLs）	支持过渡班级转入MIT学习	伴随正式和非正式支持，提供转学和持续联系
	副（同伴）导师（AAs）	高年级学生为一年级学生提供学业支持和资源。与传统或研讨基础上的院系教师导师协作提供支持。通过在MIT学业问题和学生生活方面提供学生视角，副导师补充导师的工作。另外，副导师非正式地支持一年级学生宿舍生活	
	住校同伴导师（RPMs）	帮助一年级学生适应MIT学业和住宿生活。他们一般是高年级学生，负责4—10位新生，并有一个或更多学业导师一起提供支持	
	系部专门同伴导师	在有些系（如物理系），系里的高年级学生为专业新生提供咨询与辅导	

（四）以强烈问题意识推动前沿性教育教学改革

MIT坚守使命，追求卓越，具有高度主体意识与自省能力。正是因为其志存高远，使命陈述明确对更美好国家、世界和人类社会的责任，它始终敏锐于时势变迁和未来趋势。时刻关注国家、世界和人类社会的发展趋势及其面临的巨大挑战，以此审视自身当下的不足。面对挑战，MIT勇于直面问题，善于探寻机遇，重视教育创新与实验，而非被动受行政或政策驱使做出改变。着力全球领导力，追求以教育创新与试验领先定义教改前沿，志在全世界范围树立标杆和做出贡献。

从前述可以看出，MIT本科教育改革创新历程中一些重要调研任务与报告就是MIT密切把握时代风向，持续审视自身优劣，探究改革创新方向的努力。正是经过这些阶段性的战略性努力，汇聚全校智慧，围绕办学使命与教育原则、通识教育、本科科研、学生学习共同体、社群建设、学生咨询服务、治理结构等，确认了一段时期内MIT本科教育进一步发展的核心目标和关键性制约，为学校的持续进步起到了重要方向引领和动力注入的作用。

三 对我国一流本科教育建设的启示

借鉴MIT经验，通过目标上强化全人教育，手段上完善通识教育和学生为中心的全人教育体制机制，战略上强化变革管理，从而推进实质性教育教学创新和人才培养质量提升，保障一流本科教育建设政策成效。

（一）深刻认识通识教育本质价值，完善通识教育体系

首先要明确通识教育的本质功能，明确通识教育是本科教育必不可少的选择与坚守。目前，人工智能聊天软件ChatGDP迅速涨粉，很快将对传统教育——特别是我国的传统教育优势——产生强力冲击。通识教育的本质在于为学生提供更好的迁移能力基础。通识教育着眼重要知识，指向未来需求。MIT教育原则中对重要知识的坚信就是遵循本质主义、永恒主义观念，把握构建全面发展的人的核心知识能力架构。以关键知识为基石，四两拨千斤，为学生奠定可持续发展的牢固根基。在不可遏制的知识爆炸、信息过载和人工智能快速发展和人的生命有限性宿命的矛盾中，把握通识教育的本质与意义具有前所未有的重要性。从学校到教师和学生，都必须准确把握通识教育的本质价值。

其次要持续地优化通识教育体系的课程结构与内容。通识教育课程体系结构不是永恒不变的，而是必须回应科技进步与社会发展的时代要求。例如，对数字素养、计算机能力、跨文化理解与交往能力等的新要求。通识教育课程体系必须以合理的结构存在，其中不同类型课程对应不同的基础领域和人才培养目标结构面向。合理优化的通识教育课程体系才能有效地服务学生长远发展的准备，发挥未来发展的指路明灯的作用。这就提出了何谓通识教育课程的问题，即哪些可以作为通识课程、哪些应该作为通

识课程、哪些对于实现通识课程的价值没有意义？我国高校本科教育中，通识教育已经不是一个新鲜领域，但其中的课程是否值得作为通识课程？是否能够发挥通识课程应有的全人发展奠基石价值？结构上是否完善和精炼？通识教育课程教学是否被师生放在了重要的位置？认真回答这些问题才能建设高水平的通识教育课程体系。

（二）着力全面发展的人的教育，完善五育并举体制机制

培养全面发展的人无疑是我国的教育方针。除了通识教育，我国本科教育也进行了不少其他改革以推进全面发展的人的教育。如近十多年来持续加强立德树人的要求，强力推动创新创业教育，出台劳动教育相关政策措施，倡导和推动高校各类美育活动，高调推进课程思政政策，这些都是非常有益的探索。在高校人才培养中，课程是主阵地，这也是上述政策出台后，高校都纷纷增设相关课程的原因。但相关改革的针对性成效并不能令人满意，很多改革流于形式浮于表面，成为点缀。课程也不是唯一的阵地，更不用说它也受制于学制等时间条件。

反省相关问题，不妨借鉴 MIT 的思路。着眼学生成长与发展的内在需求，而非建成所谓的"戴帽"课程（体系/平台），依靠学生在校学习与生活经验的整体性设计，借助非正式课程对正式课程的有力补充与反哺，构建五育并举的新机制。有必要反思一切依靠正式课程的狭隘思路，无论创新创业还是劳育美育，或是课程思政，不一定依靠显性的、正式课程的形式来实现全面育人的目的。教育的影响除了显性知识与认知之外，还存在于情感体验与精神熏陶之中，而后者更多存在于基于交往的各种实践中。这就要高度重视学习与生活的一体化，重视两者的高度相关性。MIT 在全人教育中高度重视非正式教育和学生服务体系的完善就是出于对于教育的整体性的信念。其非正式教育包括不限于学校、地区甚至国家的社群建设，包括学生学习共同体建设、学生支持系统建设等，重视正式课程与非正式课程的整合。基于强大的社群建设，融会学生的课程学习、科研实践、服务性学习、文体活动、生活与社会服务，促进正式课程与非正式课程的结合，显性教育与隐性教育有机融通，从而使德智体美劳等方面的素养在学生的整体性活动中得以形成和发展。因此，我们为了实现创新创业、课程思政、美育劳育的目标，不妨加大社群建设力度，完善非正式课程，发挥非正式课程的隐性教育功能，促进学习与生活的联结贯通，促

进学生的各种人际联结、理论与实践的联结，校园与世界的联结，在互联的意义共享中，整体性地实现教育的全方位影响。

（三）切实重视变革管理，提升教育教学改革的深层动能

一流高校必须拥有强烈的危机意识和问题意识。要意识到在 21 世纪以及更远的未来，唯一不变的是变化本身。风险社会的来临，人口趋势的显著变化，全球高等教育普及化背景下对高质量高等教育的追求，信息化背景下对于个性化教育的需求，这些都要求高等院校要具有高度的危机意识与问题意识。随时关切时事变动，全面深刻认识自身条件，捕捉发展机遇，规避和化解潜在危机，才能保证高校发展不陷入落后和边缘化，墨守成规、不思进取都是非常危险的。危机意识是对外部环境因素的警惕，而问题意识更多是对自身内在不足的审视。

一流高校必须深刻把握改革理论，重视参与和意义共享的重要性，并制定有力的战略规划，才能有效推动改革不断取得积极的进展。从前述 MIT 历次教育改革调研工作流程可以看出 MIT 启动和引领变革的努力。仅以 1998 年报告为例。1998 年报告委员会是 1996 年 7 月成立的。委员会成立伊始就开始收集与学生生活学习有关的战略问题，包括审查大量历史报告文献，分析数据，进行师生与校友调查。并组织青年教师活动，举行与管理者、举办者和教师委员会的内部会议。参加本科校友会，与院系领导和其他本科管理人员交流。以及与 MIT 内外其他相关人士和群体沟通。信息资源来自包括教师、学生、学生组织、职员、学校各种委员会、校友、外部机构等。该委员会的学生顾问分委员会由 20 多位研究生与本科生组成，1997—1998 年积极提供各种反馈，并就如何实施教学、科研与社群服务三位一体的教育独立发表系列阶段性报告。该委员会所提出的战略性问题受到教师与管理者持续关注与讨论，最终提出观点明确的系列关键性改革举措。

2006 年、2014 年、2021 年的专项工作报告的流程与 1998 年报告基本类似，显示了改革从调查研究、凝聚共识、求同存异、战略规划等的全员全程参与性。也就是说，高校的改革创新必须获得主体责任、参与和意义共享、战略规划等层面的支撑。首先，这不是被动应变和计划的执行，而是变革的引发与推动是主动求变。高校需要拥有强烈的主体责任与使命意识，不断正视问题，发现问题，明确问题，聚焦问题。其次，重视变革

中各主体能动性的发挥，形成协同效应，而非上热下凉，或者变革只存在于规划文本中。要重视所有参与者的积极性，形成集思广益、凝心聚力、众人拾柴火焰高的改革机制与成效。使改革成为所有参与者的利益关切，而非少数领导者的一厢情愿和政策推动。这就要特别重视利用专家工作组、各种多方利益参与的机制、一定的政策流程，确保改革参与的广泛性、公开透明性、实质性。再次要制定明确的路线图，明确任务内容和时间节点，并且坚持定期评估，以实现动态监控和持续改进的作用。总之，就是要确保改革所应具备的伦理价值、改革实质、关系建构、知识建构、共享意义等变革文化的生成[1]，从而实现成功的变革管理，推动高校本科教学改革创新的实质推动。

---

[1] Fullan, Michael "The Change Leader", *Educational Leadership*, May 2002, Vol. 59, Issue 8, pp. 16-21.

The Route to First-Class Undergraduate Education: The Trajectory, Experience and Enlightenment of MIT Education and Teaching Innovation

Song Hongyan　Li Yankang

Abstract: It is an important way for MIT to promote reform and innovation to review, summarize and look forward to undergraduate education and teaching. Based on the four important research reports released by MIT in 1999, 2006, 2014 and 2021, the paper combs its undergraduate education reform process during the 20 years. On this basis, it summarizes three aspects of experience of MIT undergraduate education and teaching innovation: guiding the integrity of education reform with the concept of whole-person education, guiding the adaptive optimization of general education system with essentialism, strengthening the support of student service system with student-centered, and promoting the cutting-edge education and teaching reform with strong problem awareness. At last, it puts forward three enlightenments for the innovation of first-class undergraduate education building in China: deeply understand the value of general education and improve the general education system quality; focus on all-round development talents education, and improve the system and mechanism of simultaneous development of the five dimension educations; We should pay more attention to the management of reform and enhance the deep and sustained momentum of education and teaching reform.

Keywords: MIT; undergraduate education; reform and innovation; general education; entirety; strategic management

伊朗法学教育历史沿革及现状问题探析[*]

王永宝[**]

摘　要： 中东地跨亚非欧，历史源远流长，文明融贯东西。当今，在我国着眼大局提出"一带一路"倡议后，中东众多国家纷纷响应，而深入分析这些国家的法学教育状况，则无疑会促进双方或多方在各领域的合作关系，并将最终实现和谐共赢目标。伊朗在中东地区在现代法学教育领域具有代表性且在许多方面与我国有共通之处，但在法学教育改革过程中也面临着诸多亟须解决的现实问题，如教育制度不完善、课程设置不科学、教育资源不足、教学方法陈旧等。在全球化背景下，伊朗政府近年来以培养服务于国家和社会的法学人才为指导方针，在不断加大投入力度和改进教育理念，且欲成为法学教育领域的领航者，因而在与其他中东国家彼此相互影响作用下，有可能使该区域在法学教育领域形成新一轮竞争态势。

关键词： 伊朗；法学；教育

前言

伊朗在中东地区乃至世界，是具有极高战略地位的国家。其历史源远流长，文化底蕴深厚，可追溯至公元前 3200 年，因而自古就在世界舞台上扮演着重要角色。当今的伊朗伊斯兰共和国，是在 1979 年"伊斯兰革命"取得胜利之后才建立的，其法学教育也伴随着法治建设的艰难历程，

---

[*] 基金项目：教育部人文社会科学规划基金项目"伊斯兰法理思想研究"（项目编号：19YJA820042）。

[**] 王永宝，西北政法大学国家安全学院教授，法学、哲学博士，研究方向：中东法学教育。特别说明：本文撰写过程中，西北政法大学 2019 级硕士研究生陶巧玲积极参与了相关文献资料的采集工作，并为此付出了宝贵时间，深表感谢！

总体呈起伏不定状态。2004 年，《伊朗国家教育发展愿景目标（2005—2025 年）》①（以下简称《愿景目标》）确定了伊朗高等教育发展方向、职责和任务，法学教育才出现了快速发展的趋势。总体而言，经过 40 多年的发展，伊朗的法学教育是有一定进步的，尤其在课程设置、教学方法以及法律职业教育等方面，均发生了显著变化。然而，需注意的是，在全球化和美国对伊朗实施经济制裁等复杂背景之下，以及受其他不定因素的影响，伊朗的法学教育也面临着诸如法学课程设置不够完善、法学学位制度发展缓慢和法律职业训练机制缺乏有效性等挑战，而对应之策就是其未来法学教育发展方向和目标。

一 法学教育历史沿革

（一）古代

伊朗的古代文明可追溯至埃兰时期（公元前 3200—前 539 年）和米底王朝统治时期（公元前 678—前 550 年）。公元前 550 年，居鲁士大帝（Cyrus the Great，约公元前 558—前 539 年在位）推翻米底王国建立了波斯第一帝国，此后逐渐形成了波斯文明，其中法学教育与琐罗亚斯德教（Zoroastrianism）密不可分。琐罗亚斯德教是基督教诞生之前中东最有影响的宗教，其经典为"阿维斯塔"（Avesta），亦称"袄教圣书"或"波斯古经"。其中三分之一的内容涉及法律，如控诉等私法与公法。由此可见，法律是琐罗亚斯德教体系中的重要组成部分，其法学教育的宗旨和目标在于促进帝国神权统治②和服务特权阶级③。在伊朗历史上，法学教育一直是官方教育。

---

① 转引自王锋、郑晓婷、孟娜《伊朗高等教育现状与特点研究》，《比较教育研究》2019 年第 12 期。

② Bulsara, Sohtab Jamshedjee, *The Laws of the Ancient Persians*, Bombay, Hoshang T. Anklesaria, 1937, pp. 171–173.

③ Farhang, Abolghasem, "Education in Ancient Iran", *Interdisciplinary Journal of Contemporary Research* 4, 2012, p. 74.

(二) 中世纪

公元 7 世纪中叶，伊斯兰教取代琐罗亚斯德教成为伊朗的国家宗教，波斯地区的法学教育由官方垄断教育转变为民间普及教育。在这一时期，学生并未把自己与某一特定教育机构联系在一起，而是在动态中求知于著名法学家，所以清真寺，甚至私人住宅，就成为当时法学教育的主要场所。一般而言，教师以口授方式讲解伊斯兰教法，并对法律条文引经据典进行论述，学生完成学业须经过老师的考核、认定、许可，此后才能对法律发表个人意见和观点。

11 世纪末至 12 世纪初，波斯地区逐渐出现了专门的法学教育机构，即以清真寺为中心而建立且称为"麦克泰白"（Maktabah）的初中级学校和称为"迈德热赛"（Madarasah）的高等学府，其性质是伊斯兰教什叶派神学和法学进阶训练机构。学生完成初中级教育后，便可进入高等学府接受包括法学在内的一系列课程教育。相对而言，学生必须完成预科课程、专业课程、特定学派的法教义学、法学辩论训练，以及毕业时须撰写一篇学术论文，此后便可获得从教育人和发表法学见解的许可。

12—18 世纪，由于受苏菲主义影响，法学教育以教师口授和学生死记硬背为主，反对师生之间理性思辨和逻辑论证，由于教学方式僵化，逐渐与社会需求相脱节，加之 1258 年蒙古人西侵，致使包括波斯在内的整个中东地区陷入地方封建王朝割据之中，传统法学教育随之进入低谷时期，甚至可以说长期处于停滞不前状态①。值得注意的是，无论波斯地区王朝如何更迭，所有统治者都是以维护其特权地位为最终目的而建立法学教育机构②。

(三) 近代

18 世纪末至 19 世纪初，随着西方列强的不断入侵，恺加王朝（1779—1921）统治下的伊朗，逐渐沦为半殖民地、半封建国家。迫于内

---

① 张玉慧：《伊朗巴列维王朝的教育成就和局限性研究（1941—1979）》，硕士学位论文，西南大学，2019 年，第 10—11 页。

② Farhang, Abolghasem, "Education in Ancient Iran", *Interdisciplinary Journal of Contemporary Research* 4, 2012, p. 74.

忧外患所带来的压力，1906 年 12 月 30 日，时任国王穆罕默德·阿里·沙·卡哈尔（Mozaffar ad-Din Shah Qajar, 1853—1907）批准执行历史上第一部宪法《基本法》（The Fundamental Law or Constitution）①。同时需注意的是，日本明治维新和教育改革的成功，也促使恺加王朝统治者意识到移植教育比移植制度更容易，从而开启了教育西化的历程。1899 年，时任外交大臣米尔扎·奈苏荣拉·汗·纳伊尼·穆世儒·道莱（Mirza Nasr Allah Khan Na'ini Moshir al-Dawlah, 1840—1907）创立了具有一定现代意义的教育机构——"政治学院"（Madrasa-ye 'Olūm-e Sīāsī），但只为王朝的外交服务。该学院的师资由四名法国籍法律讲师和一些资深波斯讲师构成，但所招募的学生仅仅限于皇室和贵族的子女和后裔②。此外，恺加王朝最后一任君主艾哈迈德·沙（Ahmad Shah Qajar, 1898—1930 年）于 1911 年批准推行了《司法组织法》（Law of Judiciary Organization），并引入了第一部《律师资格宪章》（The First Charter of Attorneyship），该宪章要求律师入职前须通过律师资格考试③。至此，恺加王朝的现代司法体系初步形成。1918 年 12 月 13 日，时任司法大臣斐儒兹·米尔扎·努苏热图·道莱（Firuz Mirza Nusurat al-Dawlah, 1889—1937）委托教育部聘任的法国顾问阿道夫·佩尼（Adolphe Perney, 1911—1925 年在任）首创了具有现代意义的法学院（Madrasa-ye 'Ālī-e Hoqūq），从而成为讲授法国法律、培训法官和律师的专业教育机构。该学院的学术教育结构包括两年制预科和三年制本科教育，有权对毕业生授予法学学士学位④。

需注意的是，由于恺加王朝统治下的社会经济衰落和封建专制残暴，各地爆发人民起义。1925 年，上校礼萨·汗（Reza Khan, 1876—1944）推翻恺加王朝夺取政权，建立巴列维王朝（1925—1979）并出任国王，称礼萨·沙·巴列维（Reza Shah Pahlavi）。为了巩固统治地位，巴列维王朝统治者推动一系列改革措施，其中包括法学教育改革。1927 年，时任教育大臣赛义德·穆罕默德·塔达云（Sayyed Mohammad

---

① 张超：《伊朗中产阶层的形成与"立宪革命"》，《中东问题研究》2015 年第 2 期。
② https://ut.ac.ir/en/page/434/faculty-of-law-and-political-science.
③ Reza Banakar and Keyvan Ziaee, "Iran: A Clash of Two Legal Cultures?" in Richard L Abel et al., *Lawyers in 21st-Century Societies*, England, Hart Publishing, 2018, p. 2.
④ Tafreshi Majid, "Madarres-e 'ali-ye hoquqi va 'olum-e siasi dar Iran az ebteda ta ta 'sis-e daneshgah-e Tehran", in *GA 1* (*Spring*), 1991, pp. 29-53.

Tadayyon，1881—1951）将政治学院、法学院，以及 1926 年建立的商学院合并为"法律与政治学院"（Madrasa-ye Ḥoqūq o 'Olūm-e Sīāsī）。该学院设三年学制，前两年讲授核心课程，最后一年为专业实训课程①，从而标志着伊朗法学教育现代化历程的开启，但同时也使其法学教育逐渐走上了极端世俗化、西方化和民族化的发展道路。

（四）现代

实际上，伊朗的现代法学教育的历史主线应追溯至 1899 年恺加王朝时期建立的"政治学院"，抑或后来被更名的"法律与政治学院"。具体而言，奥斯曼帝国于 1923 年解体后，穆斯塔法·凯末尔·阿塔图尔克（Mustafa Kemal Atatürk，1881—1938）及其政府对土耳其社会的成功"改革"，被中东各国奉为典范，巴列维王朝境内各行各业掀起了效仿土耳其改革的浪潮，法学教育也概莫能外。1934 年，"法律与政治学院"正式更名为"法律、政治与经济学院"（Dāneškada-ye Ḥoqūq o 'Olūm-e Sīāsī o Eqteṣādī），伊朗议会批准与其他五所学院一起共同组建德黑兰大学（University of Tehran）。值得注意的是，"法律与政治学院"作为该大学下设的独立学院，一直以来都保留着其原有名称，学生人数自始至今整体呈增长趋势，尤其是女性因 1936 年获准接受高等教育而不断增加。此外，如前所述，在教育领域，巴列维王朝采取的是极端世俗化、西方化和民族化发展方针，法学教育亦不例外。为了消减宗教势力及弱化其影响力的基础，当局照搬西方教育模式，并于 1927 年将原本独立的政治学院和法学院合并为"法律与政治学院"②，其目的在于限制传统伊斯兰法学教育机构（Madarasah）的学生数量。同时，对司法部具有伊斯兰法学背景的官员开始转变为由接受过西方法学教育的律师担任，至 1936 年，法律明确规定法官必须持有法学学士学位③。此外，国王礼萨·汗为使现代法学教育成为法律实践的先决条件和强化其对司法领域的实际控制权，以西方法律取

---

① Hadi Enayat, *Law, State and Society in Modern Iran: Constitutionalism, Autocracy, and Legal Reform*, 1906-1941, London, Palgrave Macmillan, 2013, pp. 101-103.

② 张玉慧：《伊朗巴列维王朝的教育成就和局限性研究（1941—1979）》，硕士学位论文，西南大学，2019 年，第 70 页。

③ Ira M. Lapidus, *A History of Islamic Societies*, Cambridge, Cambridge University Press, 2002, p. 477.

代了伊斯兰法，并相应建立了世俗法院。最后，为实现教育的民族化，礼萨·汗 1934 年命令"战争部"（Ministry of War）组建委员会，以便采用波斯语对等词作为军事用语。1935 年经内阁批准颁布了《文字改革方案》（The Constitution of the Farhangestān），强行消除波斯语中的外来词（主要是阿拉伯语）①，教育都必须突出民族特色②。

1941 年，"法律、政治与经济学院"举行了新教学楼的落成典礼，师资除本土学者外，还有来自俄罗斯和法国的教授，课程以西方法律、政治和经济学为主，伊斯兰法学次之。从 1954 年至 1973 年，伊朗高等教育机构快速增加，其中包括该学院建立的许多学术研究与教育机构。1955 年在美国和法国学者的协助下，该学院开设了第一个法律、政治、经济三个学科领域的博士课程③。1957 年后，该学院把本科三年制改为四年制，其中前两年为必修核心课程期，而后两年则为专业课程期，课程强调波斯民法及其在什叶派伊斯兰法学中的基础。1960 年，伊朗其他大学也开始增设类似学院。1964 年，在其他高等学府影响下，该学院采用了美国的两学期制，并将学院教师分配在一些半独立的系部之下，同时也调整了研究生的最低学习期限，即硕士学位一年和博士学位两年学制。1965 年，伊朗女性获得担任法官和从事律师职业的权利。此处，值得一提的是，2003 年诺贝尔和平奖得主诗琳·埃巴迪（Shirin Ebadi，1947 年—　），她于 1965 年考入该学院法律系，1969 年毕业并通过了资格考试和 6 个月的实习，同年 3 月正式成为法官，后以在职研究生身份继续深造于该学院并于 1971 年获法学博士学位④。

进而言之，为培养国际法等领域的专家和研究人员，该学院于 1966 年正式成立高等国际研究中心（Markaz-e Motāla'āt-e 'Ālī-e bayn al-Melalī）并招收硕士研究生。同年，为促进司法实践发展，该院成立犯罪学研究所（Mo'assasa-yetahqīqāt-e 'Olūm-e Jazā'ī wa Jorm-æenāsī）并

---

① http://www.iranicaonline.org/articles/farhangestan.
② Ervand Abrahamian, *Iran Between Two Revolutions*, Princeton, Princeton University Press, 1982, p. 145.
③ Farhad Talaie, "A Description of the Law Curricula in the Iranian Colleges of Law", *Newcastle Law Review* 8, 2004, pp. 131-133.
④ Janet Hubbard-Brown, *Shirin Ebadi (Modern Peacemakers)*, New York, Infobase Publishing, 2007, pp. 21-23.

提供为期一年的犯罪学课程，旨在对司法领域的在职人员进行专业培训。然而，由于巴列维王朝统治下的社会经济衰退以及国内各种复杂因素，1977年起，伊朗各地游行示威活动不断升级，迫使国王于1978年更换内阁并出动大批军警镇压反对者，从而导致数万示威者死亡，且最终引发了"伊朗伊斯兰革命"。1979年，阿亚图拉·鲁霍拉·穆萨维·霍梅尼（Ayatollah Ruhollah Musavi Khomeini，1902—1989）宣布废除君主立宪制度，巴列维王朝覆亡。同年4月1日，霍梅尼宣布伊朗伊斯兰共和国成立，并以全民投票公决方式于10月24日通过共和国宪法（亦称伊斯兰宪法）[①]，12月3日生效，同时废除《波斯宪法》。

"79革命"后，伊朗的法律体系以伊斯兰教法及其原则为准，这一变化对其法学教育产生了重大影响。第一，伊朗科学、研究与技术部下属的"最高大学课程管理委员会"（The Supreme Council for University Course Management）赋予大学独立职权来规划课程和学位；第二，法学专业为四年制，每一学年分为两个学期，其中每一学期包括16周的教学时间和一至两周的考试时间；第三，学生必须按照设定的科目顺序学习；第四，根据最高大学课程管理委员会设定的学分标准，法学学士学位的科目学分由1—3学分不等。每个学分定义为45分钟课程，而课程则由必修课和选修课组成；第五，针对部门法设定专题研习；第六，最高大学课程管理委员会将法学硕士学位设定为32学分，并规定硕士研究生必须完成所有课程学习和毕业论文才能被授予硕士学位[②]。由此可见，这种学制实际上属于英式教育体系。此外，为确保伊斯兰教及其法律在伊朗的绝对影响地位，霍梅尼于1980年在库姆（Qum）建立了"文化大革命"总部（The Cultural Revolution Headquarters），并从此时起至1983年在全国实行"文化大革命"[③]，西方现代法学教育在此期间基本处于停滞状态。

至20世纪90年代，德黑兰大学的"法律与政治学院"遇到了保守派"欧莱玛"（'Ulamā，即宗教学者）的严峻挑战，因为后者一直怀疑

---

① https://www.wipo.int/edocs/lexdocs/laws/en/ir/ir001en.pdf.

② Farhad Talaie, "A Description of the Law Curricula in the Iranian Colleges of Law", *Newcastle Law Review* 8, 2004, pp. 117-140.

③ Nikki Keddie, "Culture and Politics in Iran since the 1979 Revolution", in Maribel Fierro et al., *The New Cambridge History of Islam*, Cambridge, Cambridge University Press, 2010, p. 441.

该学院是世俗主义和西方主义的堡垒。当该学院法律系开始培训法官和律师时，他们的怀疑进一步加剧，因为他们已经发现，伊斯兰法已被世俗化、西方化，甚至边缘化。毫不奇怪，该学院的所有教师是20世纪80年代"文化大革命"期间被清洗的第一批对象。为剥夺这些教师的基本职能，那些在司法部中占主导地位的"欧莱玛"于1982年成立了司法科学学院（Dāneškada-ye 'Olūm-e Qażā'ī），以便培训新成立的伊斯兰司法系统的法官和律师。此外，外交部于1983年成立了国际关系学院（Dāneškada-ye Rawābet-e bayn-al-Melal），以便培训符合伊斯兰教义教法的外交人员。

无论怎样，具有代表伊朗现代法学教育意义的"法律和政治学院"，经历了创新期和停滞期。成立于19世纪末的"政治学院"，使波斯精英们进入了现代社会科学领域，而其法律系则还在民法和刑事司法领域引入了现代判例及法律程序原则。然而，到20世纪50年代，该学院在陈旧的法语课程（虽略有改动）下一直停滞不前，如政治思想课程只涉及希腊政治哲学和中世纪的政治思想，而没有涉及现代政治理论。20世纪50年代末至60年代末，该学院开始创新变革，随着引入博士课程和附属机构，许多美国和法国学者成为核心师资，课程及其内容与时俱进。70年代，该学院一直是伊朗知识分子和政治精英的主要训练场，并为伊朗社会培养了大量人才。如今，该学院已发展成为伊朗最负盛名的法学教育机构。毕业于该学院的许多人物，对伊朗人民的政治和法律生活影响深远。

值得一提的是，伊朗高等教育部为推行现代化教育模式，试图通过大学使用远程教学方法以及其他新方法来改变传统教育观念[①]，如于1988年在首都德黑兰成立了帕亚米·努尔大学（Payame Noor University-PNU[②]）。该校神学和伊斯兰科学学院（Faculty of Theology and Islamic Sciences）下设法律系和伊斯兰法学与法理学系，并具有授予本硕博学位的资格。该学院通过电视播放教学节目、短期集中面授和网上授课方式向不

[①] Tabatabaie Minou, "Evolution of distance education in Iran", *Procedia Social and Behavioral Sciences* 2, 2010, p. 1043.

[②] http://en.pnu.ac.ir/Portal/Home/.

同层次的学生传授法学知识①。目前,一些大学已将在线教育模式纳入教学计划,并将之设置为当前课程教学模式②。2004 年,《愿景目标》确定了国家高等教育发展方向、职责和任务。与此同时,法学教育快速发展③,但政治化的司法秩序阻碍了法律职业自治化的发展。

二 法学教育现实状况

经过 40 余年的发展,可以说,伊朗的法学教育取得了一定进步,主要表现在课程设置、教学方法和法律职业三个方面,具体如下。

(一) 完善课程设置

自伊朗伊斯兰共和国建立以来,随着宗教思想及其意识形态的变化,各大学逐步开设了理论与实践相结合的法学课程,旨在培养实用型专业人才。从研习角度讲,内容主要涉及如何使用研究资源等。尤其在 2004 年《愿景目标》发布之后,伊朗各大学的法学院系不仅使原本设置的课程更加专业化,而且更加注重对部门法的专题化研究。

具体而言,伊朗法学本科教育学制四年,每学年分为两个学期,每学期的课程由必修课和选修课组成。必修科目分为三类,即公共课(10 个科目,总计 20 学分),基础课(8 个科目,总计 15 学分),专业课(46 科目,总计 94 学分)。法学研究生教育分为两个层次,即硕士和博士。法学硕士学制两年,课程共计 32 学分,研究生另需完成毕业论文。目前伊朗各大学的法学硕士专业有国际法、公法、民法等。此外,非法学本科的学生在攻读法学硕士之前需完成附加科目。至于法学博士学制,则一般为四年④,候选人可根据情况顺延。此外,法学博士学位分为论文型和课程加论文型,申请人可根据自身情况适当选择。

---

① 王锋、郑晓婷、孟娜:《伊朗高等教育现状与特点研究》,《比较教育研究》2019 年第 12 期。
② Tabatabaie Minou, op cit, p. 1045.
③ 王锋、郑晓婷、孟娜:《伊朗高等教育现状与特点研究》,《比较教育研究》2019 年第 12 期。
④ Farhad Talaie, "A Description of the Law Curricula in the Iranian Colleges of Law", Newcastle Law Review 8, 2004, pp. 117-140.

(二) 改进教学方法

传统的法学教育方法偏重于传授理论知识，从而已不能适应伊朗如今社会的发展。因此，2004 年《愿景目标》指出，通过加强现有教学方法和引进发达国家新的教育技术来提高教育质量，如引进美国诊所式法律教育。具体而言，为了顺应法学教育国际化的发展趋势以及改革传统模式，伊朗库姆省的穆菲德大学（Mofid University）法学院①于 2007 年创立了第一家法律诊所②。该诊所的临床课程，只对法学院的大三和大四学生开放，课程内容包括：采访寻求法律咨询和人权信息的客户和研究实际案例等③。

值得一提的是，2019 年，杰西普竞赛（Jessup Competition）中，来自伊朗阿拉米·塔巴塔巴伊大学（Allameh Tabatabaei University）法学院的学生迈兹亚尔·阿加斯·贾维德（Mazyar Aghasi Javid）获得了第 86 名辩手的荣誉称号④。总之，学生通过临床实践法学理论知识增强了教育效果⑤，亦对伊朗法学教育体系改革具有十分重要的意义。

(三) 强化法律职业

在法学教育体系中，法律职业教育担任着重要的角色。在伊朗，法官与律师的职业培训有所不同，法官需定期参加法庭听证会并参加特殊课程和讲习班培训，而律师则需完成 18 个月的学业并通过资格考试，同时需每月参加由律师协会举办的一次讲座和两次法庭听证会，并撰写相关报告和研究论文。此外，法学学士学位的获得者和合格的伊斯兰法专业毕业生，都有资格申请成为伊朗的独立律师，但作为独立执业人员，律师必须

---

① http://www.mofidu.ac.ir/departments/law/.
② http://www.mofidu.ac.ir/departments/law/.
③ Mohammad Mahdi Meghdadi and Ahmad Erfani Nasab, *The Role of Legal Clinics of Law Schools in Human Rights Education: Mofid University Legal Clinic Experience*, in Procedia-Social and Behavioral Sciences, Oxford, Elsevier Limited 15, 2011, p. 3016.
④ https://www.ilsa.org/about-jessup/.
⑤ Mohammad Mahdi Meghdadi and Ahmad Erfani Nasab, "The Role of Legal Clinics of Law Schools in Human Rights Education: Mofid University Legal Clinic Experience", *Procedia Social and Behavioral Sciences* 15, 2011, pp. 3014-3017.

通过资格认证程序。申请人必须提前计划申请哪个律师协会，而后才有资格参加年度国家考试。此后，考试成绩合格者必须进行18个月的法律培训。如果申请人是大学的法律讲师且年龄超过50岁，则实习期可减为9个月。每个律师协会均设立由三名律师组成的委员会或由律师协会负责人和两名司法人员组成，该委员会确定每年的受训人数。在受训期间，学员应由具有十年经验的律师监督，而且成功完成实习期后，必须参加两项专业考试，第一项由伊朗律师协会联合会（The Iranian Bar Associations Union）组织，而第二项考试则由高等教育部（The Higher Education Ministry）负责，内容包括两三个法律问题和一个宗教问题。学员必须通过所有考试项目，才能被伊朗律师协会录取并宣誓成为律师。在此阶段，如果某人申请成为律师的申请遭到某律师协会的拒绝，则有权向纪律法院（The Disciplinary Court）提起上诉。如果纪律法院批准上诉并判令发出律师执业许可证，则该律师协会必须遵守该项判令[1]。

2001年，伊朗司法机构设立了法律顾问职位，并且根据2000年《第三次经济、社会和文化发展计划》（Law of Third Economic, Social and Cultural Development Plan of 2000）第187条"授权在法庭上陈述案件"之规定，司法机构负责培训和审查其自身成员和事宜，并颁发执业许可证，其成员也必须通过法律资格考试并完成为期6个月的实习[2]。当前，根据背景教育，伊朗法官主要分为两个类别，即法学院和神学院的毕业生。值得注意的是，根据1982年颁布的《法官任命资格法》（The Qualifications for Appointment of Judges），只有男性才能申请成为法官的候选人，而且必须先通过选拔程序审查其资格，而该程序则是由最高选举委员会和情报部（The Supreme Selection Council and Ministry of Intelligence）负责，并且根据征聘和选拔法官的准则，审查内容涉及申请人的个人历史、宗教信仰和政治派别。此外，只有表现出对伊斯兰共和国忠诚并没有相反政治派别的

---

[1] https://www.ibanet.org/Article, "Balancing independence and access to justice: a background report on the justice system in Iran", *An International Bar Association Human Rights Institute Report*, 2007, p. 8.

[2] Reza Banakar and Keyvan Ziaee, "Iran: A Clash of Two Cultures?" in Richard L Abel et al., *Lawyers in 21st-Century Societies*, England, Hart Publishing, 2018, pp. 5-7.

22—36 岁的穆斯林男子才能通过选拔程序[1]。总体而言，随着伊朗法治化建设的推进，法律职业教育将成为法律学习和法律实践的重要纽带。

三 法学教育问题分析

当今伊朗法学教育依然存在很多问题，主要体现在以下几个方面。

（一）理论课程烦琐、教学模式单一

随着全球化进程的加快以及信息技术的迅猛发展，伊朗大学的法学教育所面临的首要问题是对专业理论课程设置的改革。由于目前法学专业涉及繁多理论课程，一方面增加了学生的课业压力，致使其对基础知识的掌握比较薄弱，另一方面因理论课程耗时长而必然忽视对其法律实践技能的训练，这也导致了缺乏足够法律实践训练的毕业生难以满足社会需求。

此外，伊朗大学的法学课堂教学很大程度上是以教师为中心，而非学生。首先，在一节课的有限时间内，教师不间断式的授课，与学生之间以及学生相互之间交流互动的机会也极为有限，从而导致学生缺乏批判性思维和法律推理技能。其次，教师使用的讲稿通常是一成不变的，而这些讲稿可能是几年前就准备好的，从而导致学生对新问题缺乏敏锐认知能力。因此，伊朗法学教育另一主要挑战是如何让学生积极参与学习过程，而参与度的重要因素则是学生对教学过程的及时反馈。然而，在伊朗的众多法学院中几乎都不要求学生对课堂、讨论以及教师做出评价。学生更多地是坐着和被动地接受教师灌输的信息，而非积极参与和思考[2]。同时，另一重要因素是学校对学生的定期评估，因为在教学过程中对学生定期进行评估，可以激发和促进其学习知识的积极性。但是，伊朗各大学对学生的评估方式主要是每学期结束时的考试，最终成绩以笔试为准，考试内容基本都是课本上的知识，而且不允许进行任何渐进式评估，从而对学生的学习

---

[1] Nargess Tavassolian, *Reform within the Judiciary of Iran*, London, Legatum Institute Foundation, 2012, pp. 2-3.

[2] Wilbert J. Mckeachie, et al., *Teaching and Learning in the College Classroom: A Review of the Research Literature*, Michigan, The University of Michigan, Ncriptal Pubns, 1986, p. 77.

参与产生负面影响是在所难免的①。

(二) 法律诊所发展受限、法学教育实训不足

如前所述，伊朗大学近些年来才开始引进法律诊所式教学模式，因而相关发展依然存在着许多问题，其中两个无论如何都不可忽略。其一，对法律诊所可能会破坏法学院和律师协会之间关系的无声恐惧；其二，与教师在法学临床教学方法上的局限性有关，即缺乏配套教科书、财政支持和基础设施。此外，大学对于学生从事法律诊所实习工作缺乏认可②。虽然伊朗法学教育系统要求法学专业学生在第二年学习后应在相关部门的监督下进入各类法院和法律中心进行法律实践，但由于资源有限，法科生在专业学习期间缺乏足够的法律实践培训。对于法学硕士研究生，伊朗各大学的法学院虽然设置了一门称为"实用司法培训"的课程，但只是认可一个学分的选修课，而且伊朗只有一个法律机构，即与伊朗司法部相关联的法学和行政服务学院 (The Faculty of Juridical Sciences and Administrative Services)③，为学生提供法律实训的机会④。

总之，经过40余年的发展，伊朗的法学教育虽然取得了一定成绩，但并未有效地兼容和结合法律职业训练机制，主要表现在以下几个问题。一是忽略法律实践。法律职业训练更多注重的是法律基础知识和法学理论，从而使之与法律实践严重脱节。尽管从2007年起，有些法学院引进了新型法学教育模式，如法律诊所和模拟法庭等，但仍处于萌芽状态。二是缺乏职业素养。法律职业培训忽视"职业行为准则"导致从业人员缺乏自治能力，从而直接损害了律师和法律专业的独立性，并破坏了司法系统的自主性和公正性，同时也使公众丧失了对法律和律师的信心。

---

① Mutaz Qafisheh and Stephen A. Ronenbaum, *Experimental Legal Education in a Globalized World: The Middle East and Beyond*, England, Cambridge Scholars Publishing, 2016, p. 148.

② Mutaz Qafisheh and Stephen A. Ronenbaum, *Experimental Legal Education in a Globalized World: The Middle East and Beyond*, England, Cambridge Scholars Publishing, 2016, pp. 149-150.

③ http://ujsas.ac.ir/index.php?slc_lang=en&sid=1.

④ Farhad Talaie, "A Description of the Law Curricula in the Iranian Colleges of Law", *Newcastle Law Review* 8, 2004, p. 123.

(三) 在线教学方式存在弊端

尽管在线教学有很多优势，但在伊朗各大学仍然存在一些弊端。首先，缺乏适当的电信基础设施。实际上，如果没有虚拟的通信基础设施，互联网网络的薄弱和小型电子学习系统很难支撑伊朗的在线教学活动。其次，文本冗长。伊朗的大部分教育系统课程都基于文本，并且会保留很长时间，而学生则需要通过在线课程提供简短内容来更好地理解。因此，这两种情况下的教育体系并不兼容，给教师和学生都带来了难以克服的现实问题。虽然师生互动是远程教育成功的关键因素，但似乎在教师方面所做的工作并不理想[1]。再次，学生会脱离社交生活。新教学方法虽然为学生提供了更多资源，但由于使他们远离社交生活而产生了一系列问题，如当学生使用计算机通过虚拟方式交流时，社会关系并未得到充分建立，从而会对他的思想和精神产生负面影响[2]。

(四) 学历学位制度发展缓慢

随着法学教育体系的演进，伊朗逐步出现了法学学位制度，但其发展比较缓慢。目前，伊朗各大学的双学位机制不够完善，法学专业学生很难涉猎其专业知识，从而致使法科毕业生的就业率处于低迷状态。此外，法律是适应社会生活高度抽象的规则体系，从业人员必须具备一定研究素质才能保证与时俱进，而目前伊朗的法学研究生学历学位制度限制了法律领域的创新。

四 法学教育未来展望

2018年5月美国重启对伊朗的经济制裁，但伊朗政府为保证教育资金也出台了一系列国家战略措施来应对困境，并期望能够于2025年使伊

---

[1] Tao Yu-Hu and Rosa Yeh Chu-Chen, "Typology of Teacher Perception toward Distance Education Issues-A Study of College Information Department Teachers", *Computers & Education* 50, 2008, pp. 23-36.

[2] Tabatabaie Minou, "Evolution of Distance Education in Iran", *Procedia Social and Behavioral Sciences* 2, 2010, p. 1045.

朗学科建设和人才培养走在中东和中亚的前列。就伊朗的法学教育而言，在历经了 40 余年的变革和发展过程后，虽然发生了显著变化，但鉴于其法学教育依然存在着诸多问题，其未来发展方向必然是进一步完善、规范法学教育体系，方可确保其法学教育在提升国家经济实力和文化软实力中发挥重要作用。具体愿景如下。

（一）通过远程教育实现全民优质法学教育

据悉，在促进伊朗全民优质教育方面，联合国教科文组织的教育部门所支持的南南和区域合作，对于伊朗的法学教育将发挥有效作用。具体措施是支持伊朗政府制定教育政策和加强系统能力建设，如数据收集和分析、课程开发并组织最佳实践和知识共享论坛、使用网络平台教学、为农村地区的居民提供知识、增强企业家文化、增进对劳动力市场需求的了解以及提供以市场为导向的优质职业技能培训，以便促进伊朗知识型社会的发展[①]。伊朗高教部自 1988 年成立远程开放型大学（帕亚马·努尔大学）以来，其他大学也逐渐采用了在线教学模式。目前，针对在线教学模式存在的问题，伊朗政府也在不断地提高网络基础设施和技术，以便改善课程设置和促进远程教育的发展。以穆斯塔法开放大学（Al-Mustafa Open University）为例，该校适用了最新互联网和互动式移动系统，从而将入学注册、选课、学术评估、培训、研究和文化服务的所有阶段都机械化，并对包括法学在内的专业提供多功能的学术和实践课程以及短期课程和模块化课程，以便满足全球学生的需求。该模式将以网络电子方式覆盖整个法学教育过程，并将实现为所有人提供平等学习法学知识的愿景[②]。

（二）通过转变教育评价激发学生的积极性

对于法科学生的求学态度，伊朗的教育评价有望将由心理测量转变为教育评估，因为心理测量模式强调排名和统计分布，如大学期末考试的排

---

① http://www.unesco.org/new/fileadmin/MULTIMEDIA/FIELD/Tehran/images/Iran.pdf, p. 9.
② https://www.onlinestudies.com/universities/Iran/Al-Mustafa-Open-University/.

名①，而且教育评估比标准考试更全面，由于摆脱了对分数的单一统计，所以会考虑其他形式的成就描述，如对法科学生表现的深度描述。此外，教育评估要求法科学生不再只是勾选正确答案，而需要其积极思考。同时，教师对学生的评估是教育评估的重要组成部分。当前，伊朗面临着考试制度的改革，教育评价范式的转变向政策制定者传递的信息是，首先，即使为了可计量目的，也需要包括多元的评估类型；其次，构建典型代表，着重评估深度和广度，以便重视不同学生群体的公平性；最后，尽可能地降低与评估相关的风险，尤其是在教师和学校层面②。至于针对伊朗现状下的法学课程，各大学也将做出较大幅度的调整。例如，适当减少理论基础课程和课时、增加选修课的数量、为学生提供更多的实践内容等。

（三）谋求多元合作建立法律职业共同体

近年来，伊朗许多学术领域面临着实际上无计划的增长，这意味着包括法律学科在内的人文和社会科学增长最快，其中超过 45.55% 的大学生所学专业是在上述专业之中③。此外，伊朗高等教育支出占政府支出的比例总体处于稳定状态，一直保持在 4%—5%，2017 年甚至达到最高值 6.54%④。

与此同时，由于美国严厉的经济制裁，导致其教育发展出现困境。针对教育经费紧张问题，伊朗政府通过亚洲开发银行、联合国开发计划署、联合国教科文组织等国际组织的各种基金来补充学校的资金短缺⑤。值得一提的是，随着中国和伊朗经贸合作、政治联系、文化交流的深入发展，中伊两国留学生规模将持续扩大，结构也将不断优化，而两国间的法学教育也可以通过开展人才联合培养项目、合作办学等形式促进交流，为

---

① Caroline Gipps, *Beyond Testing: Towards a Theory of Educational Assessment*, England, Routledge, 1994, pp. 138-176.
② 王玮：《伊朗教育现代化与挑战》，《现代教育论丛》2019 年第 3 期。
③ 王玮：《伊朗教育现代化与挑战》，《现代教育论丛》2019 年第 3 期。
④ 刘进、王艺蒙：《"一带一路"沿线国家的高等教育现状与发展趋势研究（二十九）——以伊朗为例》，《世界教育信息》2019 年第 12 期。
⑤ 王锋、郑晓婷、孟娜：《伊朗高等教育现状与特点研究》，《比较教育研究》2019 年第 12 期。

"一带一路"建设培养人才①,同时也将有助于伊朗的法学教育向良好趋势发展。面对各种挑战以及愿景目标的实现,伊朗政府为完善其法学教育体系,将进一步与其他国家合作并携手建立稳定的法律职业共同体。

五 结语

综上所述,伊朗自建国以来,其法学教育发展虽然受到了保守派和自由派之间长期矛盾的影响,但一直朝着现代化方向发展,而且其政府也为此做出了不可否定的积极努力。然而,伊朗想要真正实现法学教育现代化,核心问题在于深化改革国家法律制度和司法体系。根据伊朗政府提出的《愿景目标》,任何关于改进伊朗现行制度的建议,都将不断促进国家整体向良好方向发展,因而其法学教育未来前景,也应当是乐观的。

---

① 刘进、王艺蒙:《"一带一路"沿线国家的高等教育现状与发展趋势研究(二十九)——以伊朗为例》,《世界教育信息》2019年第12期。

An Analysis on the History and Current Issues of Iran's Legal Education

Wang Yongbao

Abstract: Straddling across Asia, Africa and Europe, the Middle East boasts of a long history, and the civilizations blending the East and the West. Nowadays, after the "Belt and Road Initiative" has been put forward in view of the overall situation, it has been echoed among many countries in the Middle East. The in-depth analysis of the status quo of the legal education in these countries will undoubtedly promote the cooperative relationship between the two or more parties in various fields for the purpose of achieving a harmonious cooperation and win-win result eventually. Iran is one of the representatives in the field of modern legal education in the Middle East, which has many similarities with China in many aspects. However, it also faces many practical problems that need to be solved in the process of legal education reform, such as imperfect education system and unscientific curriculum, insufficient educational resources, outdated teaching methods, etc. In the background of globalization, in recent years, the Iranian government has taken the education of legal talent who are qualified to serve the country and society as its guideline. It has continuously increased investment and improved educational concepts in order to become a leader in the field of legal education. Under the mutual influence of countries in the Middle East, it is possible that a new round of competition in legal education will be formed in the area.

Keywords: Iran; science of law; education

《西北高教评论》稿约

《西北高教评论》是由西北政法大学主办、中国社会科学出版社出版的以高等教育研究为主的学术刊物,计划每年出版两卷。

宗旨:恪守科学性、实践性、创新性、开放性原则,紧密围绕高等教育发展中的理论和实践问题,努力探索高等教育规律,研究发展趋势,把握难点热点,为提高高等教育质量和水平服务,为繁荣陕西省、西北地区和我国高等教育科学研究服务。

主要栏目:本刊主要面向高校教师、高等教育管理者、高等教育专业研究人员。主要栏目设置:[高教理论]、[高教发展]、[高校教学]、[高教管理]、[比较研究]、[高等教育资讯]等栏目。

本刊致力于搭建高水平的学术探讨平台,所有来稿均以学术价值为用稿标准。

稿件规范:
(1)中英文题目及作者姓名。标题尽量确切、简洁;
(2)中英文摘要(不超过300字);中英文关键词(3—5个);
(3)作者简介(含姓名、工作单位、职务职称、学历学位、研究方向、通信地址、邮政编码、联系电话、电子邮箱)。如果来稿系作者承担的省级以上科研基金项目,请注明项目来源、名称和编号;
(4)正文不低于6000字,鼓励深度长文;
(5)注释及参考文献一律采用当页脚注方式。注释:是对文内某一特定内容的进一步解释或补充说明。用圈码标注序号,采用当页脚注每页重新编号形式。著作类包括序号、著者、书名、出版社出版年、起止页码。论文类包括序号、作者、题目、报刊名出版日期或期号。不采用文末参考文献。

《西北高教评论》编辑部联系方式：

刊社地址：	西安市西长安街558号，西北政法大学长安校区，行政楼A座319室
信箱：	西安市西长安街558号西北政法大学长安校区80号邮箱（710122）
联系电话：	029-88182798
联系人：	宋老师　郭老师
电子邮箱：	xbgjpl@126.com
网址：	http://nwher.nwupl.cn
微信号	